先秦元典的思想内涵与精神意蕴

张 轩◎著

吉林大学出版社

·长春·

图书在版编目(CIP)数据

先秦元典的思想内涵与精神意蕴 / 张轩著. —长春：
吉林大学出版社，2020.11
ISBN 978－7－5692－7807－1

Ⅰ. ①先… Ⅱ. ①张… Ⅲ. ①先秦哲学－研究 Ⅳ.
①B220.5

中国版本图书馆 CIP 数据核字(2020)第 232242 号

书　　名　先秦元典的思想内涵与精神意蕴
　　　　　　XIANQIN YUANDIAN DE SIXIANG NEIHAN YU JINGSHEN YIYUN

作　　者　张轩 著
策划编辑　刘子贵
责任编辑　付晶淼
责任校对　刘子贵
装帧设计　嘉禾工作室
出版发行　吉林大学出版社
社　　址　长春市人民大街 4059 号
邮政编码　130021
发行电话　0431－89580028/29/21
网　　址　http://www.jlup.com.cn
电子邮箱　jdcbs@jlu.edu.cn
印　　刷　广东虎彩云印刷有限公司
开　　本　787mm×1092mm　1/16
印　　张　18
字　　数　322 千字
版　　次　2020 年 11 月　第 1 版
印　　次　2020 年 11 月　第 1 次
书　　号　ISBN 978－7－5692－7807－1
定　　价　118.00 元

❈ 前 言 ❈

　　初次触及先秦历史与文化还是在"批林批孔"的年代,报纸上广播里连篇累牍的"儒法斗争史"和小人书《孔老二罪恶的一生》成就了对那史、那事、那人的启蒙教育。紧接着是在班里懵懵懂懂听班主任给我们这些一年级小学生读报纸上的文章:《孔子杀少正卯说明了什么?》,知道了孔老二"子系中山狼,得志便猖狂"的反动本性和"残忍"杀害"革命者"的"罪行"。知道了那是个"百家争鸣"的年代,知道了"罪恶"的、"克己复礼"的"孔孟之道"。也还记得那时的一些重磅定位:孔老二是没落的奴隶主阶级的代言人,而法家则是革命派,是新兴地主阶级的代表。后来上了中学在语文课上学了鲁迅先生的《孔乙己》《狂人日记》《从百草园到三味书屋》等一些篇目,知道了中国几千年来"吃人"的封建礼教,知道了乏味、无用的私塾教育,顽劣的我们也学会了用"笑人齿缺,曰狗窦大开"来取笑掉了牙的小伙伴,学会了用"克己复礼"来嘲笑李姓的同学。再接触先秦、孔子及诸子百家则是在大学的讲堂里,听教授们讲"新文化运动",讲"打倒孔家店",讲"德先生"与"赛先生"。大四做毕业论文时也曾对庄子发生过一点兴趣,浮浅地寻找过庄子人生与尼采人生的异同,然而不久后求职的艰辛和入职的劳碌把这一切通通地都抛到了脑后。直到大学毕业后的一天,具体哪一年已不记得了,在路边的书摊上看到一本《四书全译》,突然想知道被我们批判了那么多年的孔老二到底说了些什么,就是这一点点好奇使我打开了一片陌生的新世界,原来"罪恶的孔老二"说的话好像并不是充满了罪恶的"大毒草"。不过真正下决心钻进先秦元典的海洋还是在步入不惑之年,没承想从此一发而不可收。在流连于先秦的文化典籍不能自拔之时,突然意识到两千多年前的先秦文化竟然是如此的深邃和精湛,五千年的中华文明之根原来是如此的恢宏和磅礴。不由得慨叹一个人最大的可悲之处不在于自己知道自己不知道什么,而在于不知道自己不知道什么,更在不知道什么、也不知道是什么时却敢于人云亦云。

　　中华文明"轴心时代"的思想家及其思想常常令我在无眠的长夜掩卷慨叹,这是一个怎样的时代,这里有一群怎样的智者,这是有着何等的情怀,这是一幅怎样的思想画卷……今天的我们是否已经淡忘了这段历史、模糊了这些思想、消弭了这段记忆。即使重拾起来,我们是否读懂了古人的良苦用心,是否真正体味了古人的睿智与立意,是否能感受到他们仍与我们同在。常常在夜深人静的时候默诵着闫月君先生的《月之中国》,领悟那"我们是她心甘情愿的鱼儿,争宠吃醋受苦于她的河,我们恋着的双腿永是成不了佛了",才更深切地体会到中华民族的精神之源、思想之魂。有考古学者说过,他最大的心愿就是回到他所研究考证的那个时代,与倾其毕生之心血力图弄明白的古人来一次"亲密"接触,从那里解读心中所有的困惑。研究历史者,又有谁会没有这样的梦想呢?

回到先秦,那个并不完美的年代,那个到处是征战杀伐、血与火、爱与恨的时代,那个鲜活的人要为死人陪葬的时代,那个充满智慧与良知的文明曙光,那个人性与思想凸显的岁月,那个真君子敢说敢作敢当的日子。那里有周公的忧患与自强,孔子的宽和与执着,老子的深邃与担承,庄子的逍遥与洒脱,墨子的侠义与事功,孙子的机智与狡黠,孟子的豪情与气概,韩非子的实用与冷酷,晏子的幽默与务实,公孙龙的逻辑与诡辩,尸子的四方上下曰宇、往古来今曰宙,春秋的微言与大义……这一切早已刻入中国人的骨髓之中、浸润在中国人的日常生活之中、附丽在中国人的思想和情感之中、流淌在中国人的血脉之中。

回到先秦,他们都说了些什么? 他们为什么这样说? 他们是怎样说的? 如果说古希腊哲人是从关注"水是万物的始基"——这样一个人之外的世界开始他们的思想之旅,那么先秦元典有着怎样的哲学意蕴? 他们看世界的立场是什么? 他们思想的出发点在哪里? 为什么做出了这样的选择? 为什么先秦元典里没有古希腊那么多"世界本原"是什么的思考? 为什么《周易》里讲"天行健",君子就要自强不息,"地势坤",君子理当厚德载物。天地与人之间的关系是如何建构的? 为什么要讲"天地人,三才者"? 为什么孔子说:"作易者,其有忧患乎"?

回到先秦,先秦的君子是如何对待死亡的? 如何抗拒死亡的恐惧和对"死亡恐惧"的恐惧的? 面对矛盾,为什么先秦诸子不同于西方哲人重在讲"斗争"、你死我活的"对抗",而要讲阴阳"和合"。这里有怎样的考量和用心? 体现出哪些不同的价值取向? 为什么总有人将"中庸"理解为没有原则? 如果是这样,那么为什么孔子要讲"君子和而不同,小人同而不和"?

回到先秦,先秦有怎样的政治观? 他们是怎样看待和处理君臣关系、君民关系、官民关系的? 如何理解"刑不上大夫,礼不下庶民",古代官员犯罪无须被惩戒吗? 中国人是怎样看历史的? 中国人是如何认识和建构政权合法性的?

回到先秦,中国人真的没有信仰吗? 难道只有宗教信仰才是信仰吗? 先人追求的"大同世界"是不是理想与信仰? 为什么叔孙豹认为:真正的不朽是在于德、行、言,即"大上有立德,其次有立功,其次有立言,虽久不废,此之谓不朽"。立德,立功,立言是在来世还是现世,是在未来还是当下? 如果是现世与当下,先秦诸子是怎样构筑这个信仰的? 这样的信仰是怎样支撑着中国人走过漫漫五千年的历史? 又如何铸就了五千年的灿烂辉煌?

回到先秦,先秦有怎样的历史观? 为什么那样重视历史? 在古代中国人的眼中历史是什么? 为什么中国人对英雄的悼念是"永垂不朽"? 对英雄的颂扬是"流芳百世"? 为什么在面对自古人生谁无死之际,要去追求留取丹心照汗青?

回到先秦,中国人是怎样看待"真善美"的? "天人合一""知行合一""情景合一"是如何并行不悖、相互合一的?

回到先秦,中国人没有绅士精神吗? 中国人没有幽默感吗? 中国人不讲自由、民主与平等吗? 中国人没有创造精神吗? 中国人是怎样理解平等的……

回到先秦,诸子的思想是十全十美的吗? 实际生活中社会运行模式和社会目标的选择与价值观的取舍难以做到面面俱到,先贤的选择更关注什么,又有什么关注不力,有哪些不足? 是怎样造成的? 对今天的中国有什么影响? 今天的我们应当怎样改造与克服? 近代的百年屈辱史让我们将先秦儒家及其思想视为落后失败的根源,这样做是不是在甩锅? 这样做合理吗、正确吗、公允吗?

回到先秦,今天应当如何对待先秦元典思想及其精神? 如何汲取,怎么扬弃,能否创新? 面对先人的思想与精神,我们该做些什么? 面对先人留给我们的思想和情怀,我们能够给后人留下什么? 我们留下的东西对后人有用吗?

回到先秦,有太多太多的东西需要我们重新认识和解读。我们的生活、思想、心理、情感甚至是潜意识里无不浸润着先秦的影子。是的,

纵使欢乐盛满五千年也是沉甸甸的

更何况太多的苦痛与伤别

而我们仍把你当少女的唇吻着

当慈母的怀抱倾吐

当圣洁的天使崇拜着

我们是心甘情愿的鱼儿

死去 活着 游弋于你的河

我们恋着的魂纵使飞天也成不了佛了

永是

一串串清泪啊

一声声中国

❖ 目 录 ❖
(CONTENTS)

第六章　先秦元典的思想内涵之以民为本与选贤任能——政治智慧

❖ 导 论 ❖

威尔·杜兰特曾经说过,

哲学具有一种乐趣,哪怕是形而上学的海市蜃楼也有它引人入胜的魅力,这是每一个学者都领略到的,虽然物质生活令人不愉快的必需品,会把他从思辨的天堂,拉回到经济上的利害冲突、患得患失、熙来攘往的生活。真理不能使我们富有,但它能使我们自由。①

对于人这个生而不自由的却不安于现状的物种,自由是美妙且充满诱惑的。自由不是先在的,自由是人们活动的目标和结果。如何得到自由,既是一个现实问题,同样也是一个思想问题。虽然自由不一定会给予人们带来希望与幸福,但没有了自由肯定不会有希望和幸福。

1.哲学产生的前提

就人类而言抽象思维能力不是生而有之的,是人类长期进化的结果。卡西尔讲"人是符号的动物"。这种能力是人与动物相区别的本质性特点,然而符号本身就是抽象的产物,不是先有符号后有抽象能力,而是先具备了抽象思维能力,然后能够创制符号并运用符号表达人对世界的理解与认识。语言与语言的载体——文字都是抽象思维的产物。如果没有语言与文字,讲什么"人是高等动物",那么这个高等动物与其他高等动物就没有什么本质的区别。不仅文字是符号,语言也是符号,即声音符号,图形也是符号。今天的计算机语言、自然科学的公式与代码同样是符号。

当然也有讲"人是能够制造和使用工具的高等动物",这是从人类的行为方式、活动内容而言。其实不仅如此,人还能够"制造'制造工具的工具'",人的生存是技术性的生存。在这一点上,人与自然界中的一些能够制造使用简单工具的动物是有着本质性的区别的。同时现代科学研究已经证实,人类制造工具和运用语言使用的是人脑的同一个区域——布罗卡区,换言之,人类制作工具和语言活动源于同一种大脑活动,这种活动都要受到目的的驱使,都要有预期的目标,都要有

---

① ［美］威尔·杜兰特著,金发燊等译,《哲学的故事》,三联书店,1997 年版,第 1—2 页

为达目标而进行的过程的思考,即对活动和思维的过程进行预判与设计,然后形成活动或思想的最终意图,进而指导人们的思想与行为活动。从认识的角度讲,人类的认识活动是反映、建构和虚拟相统一的过程。一方面希望最为准确、精确、全面、详尽地反映认识对象的本来面目,这被称之为摹写,好像达·芬奇画蛋的过程;另一方面又要依据人类特有的认知结构,对已经获知的信息运用人类自己创设的,人类自己可以理解和认识的方式进行加工和处理,这是一个建构的过程。同时,还会以人类特有的想象力去描绘人的希望、梦想和追求,用想象和虚拟创制一个自然中本来不存在的世界,并以此实现人的精神的升华与超越。人是用自己创设的符号理解和认识世界的,是人眼在看世界。

那么,人类是什么时候具备了这种能力?这种能力判定的标准是什么?从思维发生的角度来讲,有这样两点。

一是在思维中将精神与肉体区别开来;一是在思维中将自我与他物区别开来。

可以说,这两点是人类具备了抽象思维能力的标志。

1.1　抽象思维能力的形成

首先,尼安德特人居住的洞穴中的岩画的出现说明了这样一种能力的产生,原始人类可以用抽象的符号即线条来表达对事物的认知和理解。符号(线条)是抽象后的产物,是人借以表达自己认识内容的工具。符号是创制的,是从具象到抽象的演进。符号是文字的前身,文字是文明的基本要件。现代社会的数字化生存恰恰说明当下的人类是在符号意义下存在与活动,是通过符号完成生活和工作并赋予其价值和意义的。一般动物则更多地依靠声音和肢体语言传递和交流信息,而人类运用创制的符号来表达自己的思想和情感以及对世界的认知,或者说将自己的情感和思想以及对世界的认知通过符号表述出来。人们又可以通过自己创制的符号(在一般情形下主要是通过符号)来理解和认识自己的思想和情感,来理解和认识外部世界的林林总总,完成人与人之间的信息的交换和传递,这是人类独有的能力。当然,除了图画应该还有音乐,可惜如果没有记录的载体特别是能够长久保存的载体,声音是很难传承的。因此,声音的记录一定是在有了文字等符号以后。所以,我们还无法证实早期人类是否具备了运用音乐的能力,但人类独有的发音生理结构和机能,使我们相信这个情况是很可能存在的。在这个意义上,音乐和舞蹈都应该具有这样的功能。声音符号和形体符号表达着人对世界的认知,表达着人这个生命对世界的情感与向往。所以,卡西尔才说,人是符号的动物。现代语言哲学也致力于对语言文字——这一人类独有的符号系统——

的研究。语言及其记载语言的符号系统——文字的出现,意味着人类有了认识世界并记录这个认识内容的独有工具。著名语言学家索绪尔把人类的文字分为两种,他认为文字

> 分别和语言的音和意相关联。语言的要素只有音和意两种,如果一种文字根据语言的意义来构造形体,那就是表意文字;如果根据语言的声音来构造,那就是表音文字。①

其次,更为有意味的是尼安德特人的墓葬。可以推断的是尼安德特人的墓边神话标志着这一能力的初步形成。人类具备抽象思维能力的起点竟然是因为人类的祖先开始埋葬自己同伴的尸体。为什么这样讲?

对原始人类而言生存是最基本的需要,然而对以采摘、猎取为食物获取的唯一方式和来源的人类祖先,食物来源的困难是今天以制造和生产为满足需要基本方式的人们难以想象的。杀掉其他族群的人并吃掉他们,吃掉自己老弱病残或死掉的同伴当然是再合理不过的选项。在这里请不要用今天的道德和法律理念作为评判原始人类行为善恶的尺度,在探寻人类远古时的情形时请一定不要站在"泛道德主义"的立场上,文艺"小清新"和"圣母情怀"是不可能认识历史的。

问题是为什么以前"吃人",后来,却"放下屠刀"不吃了呢。是良心发现后的幡然悔悟?是对逝者的爱戴或尊敬?是对死亡的恐惧或厌恶?或者还有其他什么难以启齿的什么东西?

凯伦·阿姆斯特朗在其所著的《神话简史》一书中对此进行了分析:

> 考古学家从尼安德特墓葬群中发掘出武器、工具和用于祭祀的动物骸骨,这一切意味着某种信仰的存在——对类似于他们自身所栖居世界的另一个世界的信仰。……动物也会面临其他个体的死亡,但是,就我们所知,它们并没有对此进行过深入思考。但尼安德特人墓葬群表明,当人类先民产生死亡意识之后,便开始创造某类与死亡相反的叙事,以便能面对死亡。②

这实际上又提出一个问题,那就是远古时期的人类为什么对死亡会有不同于其他生命的体会?目前的解读可能只有一个,那就是进化中的古人具有了抽象思维的能力,同时还拥有了想象能力。抽象思维能力(即理性思维能力)使人类不仅要认识事物的表象,还要寻求事物的本质;不仅是看到结果,还要探究原因;不仅要掌握事物的本质,还要探寻事物的意义和价值。我们没有看到人之外的哪个生

---

① 转引自王宁,《汉字与中华文化十讲》,三联书店,2018 年版,第 33 页

② 〔英〕凯伦·阿姆斯特朗著,胡亚豳译,《神话简史》,重庆出版社,2005 年版,第 2 页

命会为生存的价值和意义而焦虑,我们也没有看到人之外的哪个生命为生命的短暂和生活的艰辛而烦恼。想象力是"人类的另一个独特之处,……个体具有超出理性之外的思考能力和经验。"想象力使我们具备了"一种思考非当下之物的能力,以及思考某种还没有客观存在事物的能力。"① 在这两种能力的作用下,一是在思维和想象中将精神与肉体区别开来;一是在思维和想象中将自我与他物区别开来。原始人类开始对感知觉之外的事产生了兴趣。关于这一点以及梦境对原始人的影响,恩格斯做出了精辟的描述:

在远古时代,人们还完全不知道自己身体的构造,并且受到梦中景象的影响。② 于是就产生这样一种观念:他们的思维和感觉不是他们身体的活动,而是一种独特的、寓于这个身体之中而在人死亡时就离开身体的灵魂的活动。从这个时候起,人们不得不思考这种灵魂对外部世界的关系。如果灵魂在人死时离开肉体而继续活着,那就没有理由去设想它本身还会死亡,这样就产生了灵魂不死的观念。③

现代人以平常心对待的梦境,在原始人那里竟然有如此丰富而悠远的意境。

就像弗雷泽指出的:原始人认为"有一个小的存在物或灵魂存在于活着的生命体内,但又与之有显著的区别,并且还可分离出来。"④

不仅如此,

"未开化的人们常常把自己的影子或映像当作自己的灵魂,或者不管怎样也是自己生命的重要部分,因而它也必然是对自己产生危险的一个根源。"⑤

记得童年时代,小伙伴们常常会去踩踏同伴被阳光或灯光投射在地上的影子,乐此不疲,内含的机理大体应当如此。在未开化的人们看来,

一个动物活着并且行动,只是因为它身体里面有一个小动物在使它行动;如果人在活着并且行动,也是因为人体里面有一个小人或小动物使得他行动。这个

---

①　[英]凯伦·阿姆斯特朗著,胡亚豳译,《神话简史》,重庆出版社,2005年版,第3页

②　注:在蒙昧人和低级野蛮人中间,现在还流行着这样一种观念:梦中出现的人的形象是暂时离开肉体的灵魂;因而现实的人要对自己出现于他人梦中时针对做梦者而采取的行为负责。例如伊姆·特恩于1884年在圭亚那的印第安人中就发现了这种情形。(关于梦中出现的人的形象是暂时离开肉体的灵魂等描写,见埃·斐·伊姆·特恩的著作《在圭亚那的印第安人中间》1883年伦敦版第344-346页。)见《马克思恩格斯选集》第4卷,人民出版社,1995年版第223、777页

③　《马克思恩格斯选集》第4卷,人民出版社,1995年版,第223-224页

④　[英]J.G.弗雷泽著,徐育新等译,《金枝》,新世界出版社,2006年版,第257页

⑤　[英]J.G.弗雷泽著,徐育新等译,《金枝》,新世界出版社,2006年版,第191页

动物体内的小动物,人体内的小人,就是灵魂。正如动物或人的活动被解释为灵魂存在于体内一样,睡眠和死亡则被解释为灵魂离开了身体。睡眠或睡眠状态是灵魂暂时的离体,死亡则是永恒的离体。①

涂尔干也提出,

"灵魂观念通常是由于自己在清醒状态下和睡眠状态下过着两重生活的现象理解不清而提出来的。尤其是野蛮人(或者叫原始人),将清醒时的表象和梦中感到的表象一同客观化了。为了解释自己的肉体在休息但是却又在同时去过远方的矛盾,只能相信灵魂的存在。"②

多么形象、生动而又深刻的认识。我们可以设想这样一些桥段:

场景一,一个快乐的原始人白天在河边看到自己倾慕已久的恋人,怯怯地上去搭讪,却被心上人轻蔑地拒绝,那种被视作空气般的存在的滋味委实太过痛苦。然而入夜后,小伙子在梦中又一次来到河边,再次看到自己倾慕已久的恋人,正在犹豫是不是该上前搭讪时,姑娘却发出了惊喜的尖叫,扑向了自己的怀抱……然而洞穴中冰凉的水滴惊醒了沉浸在甜美梦乡中的少年,这是怎么一回事呢?少年一面起身整理打猎的行装,一面反复回想着刚才的美梦。不知不觉中又来到河边,心爱的姑娘正在梳妆,小伙子不禁心跳加速,回想着方才梦中的情景,小伙子大胆地上前亲吻了姑娘,没想到姑娘回应的却是一记重重的耳光,小伙子一下子愣住了……姑娘这是怎么啦?这种天堂与地狱间的瞬时转换让小伙子感到的不仅仅是难言的痛苦更有难解的困惑:为什么白天的经历与梦中的甜美有那么大的差距?到底发生了什么?哪一个才是真实的呢?姑娘身上隐藏着什么秘密呢?为什么受伤的总是"我"?

场景二,小强和小兵是一对形影不离的好伙伴,也是大家公认的勇敢的猎手。在一次与剑齿虎的搏斗中,小兵受了重伤,不管小强怎样拼命地呼唤,怀里的小兵再也不能回应。夜幕降临,小强渐渐睡去。突然他听到小兵在叫他。你不是……,顾不上了,同伴又回来了,还有什么能比这更让人兴奋的呢?于是两个人一起又去捕捉猎物,可惜狡猾的猎物越跑越远,情急之下,小强大声呼喊小兵:快点拦住它!梦醒了……眼前什么都没有发生,只有洞穴中火堆发出的零星的火光,身边小兵冰凉而僵硬的身体。这到底是怎么啦?

---

① [英]J. G. 弗雷泽著,徐育新等译,《金枝》,新世界出版社,2006年版,第181页

② [法]涂尔干著,林宗锦、彭守义译,《宗教生活的初级形式》,中央民族大学出版社,1999年12月版,第50页

　　一定是有个什么东西,它存在于我们的身体之中,又可以在我们睡着的时候或死去时离开我们的身体。这是个什么东西呢? 对,是灵魂。活着的时候是灵魂,死了以后是鬼魂。除此而外,还能有什么东西呢? 她既看不见,也摸不着,但却是实实在在存在着的。既存在于我们的身体之中,又常常会开小差溜出去,还能够悄悄地回到我们的身体里。即使是鬼魂,它也会常常回来的。它回来时,发现我们把他已经吃了,这怎么能行呢?

　　于是,古人开始不再吃掉自己的同伴的尸体。当然对于敌人和作为战利品的俘虏还是要吃的,也是可以吃的。

　　在旧石器时代,北京猿人的尸体没有人为的目的性的置放,他们的骨骸是随意弃置的。这就说明,北京猿人还没有认为他们的灵魂会到另一个世界生活,换句话说,他们还没有灵魂的观念。北京猿人还不能发出多音节的语言,他们还不具备进行完整叙述、表达词语的能力即还不具备进行抽象思维的能力。在之后的尼安德特人那里,他们把死者的遗骸,放成了头东脚西。这表明,尼安德特人已经开始对生死有了自己的理解和认识,也有了对死者的怀念与不舍,或者有了对生命长存的希望。

　　在法国莫斯特洞穴中,曾发现一个青年尼人的遗骸,他的头枕在一块燧石上,身体周围放置着74件石器。左侧有一柄石斧,头部和肩部还用石块保护着。燧石是远古人类在石器打制过程中经常发出火花的石头。以燧石枕头,大约是想给死者一个光明和温暖的去处,用石块保护尸骸,反映了生者对死者能够得到永生的想象。至于在生产力水平极其低下的时代,用这样多的石器给死者做陪葬品,就很难解释为单纯的怀念了。这里已经可以看出,尼人认为死者将要到另一个世界。[①]

　　处在旧石器时代的山顶洞人,他们已经基本具备了现代人的体质,思维能力有了很大的发展。

　　山顶洞人的墓葬更明显地反映了他们的冥世观,山顶洞人所生活的洞穴,约12米长,8米宽,面积有90多平方米,洞穴划分为"上室"和"下室"。"上室"是生者的住室,"下室"则是死者的墓地。山顶洞人将死者一起葬在"下室",说明他们认为死去的亲人仍将在另一个世界中共同生活。对死者的遗骸,撒以赤铁矿粉末,是认为人的鲜血是灵魂寄居的所在,带有"输血"的含义。人们相信,赤铁矿粉末能使死者的灵魂归来,并在永恒的世界中去生活。这种做法实际上表现了,人们相信有

---

　　① 　罗竹风:《宗教通史简编》,华东师范大学出版社,1990年版,第4—5页

一个"彼岸世界"存在的思想。这些都说明,山顶洞人已经产生了冥世观念。①

同时,还可以看出原始人经初步地认识到血液对于生命的价值,这个鲜红的东西一旦流失,生命也将终结。诸多宗教对于血液的禁忌包括禁食血液的戒律的源头也是出于此,而将禁食血液神圣化并不具备什么科学的道理而是宗教意义的。将普通而常见的事物神圣化或者神秘化是诸个宗教难以拒绝并且常常是乐此不疲的选项。

灵魂观念的产生可以说明原始人类具备了这样的能力:在思维中将精神与肉体区别开来;在思维中将自我与他物区别开来。即原始人类具备了清醒的自我意识,能够意识到肉体与精神的差别,自身与他物的不同。关于自我意识需要再说明一下,动物学家做过许多这样的试验,当把一面镜子放在动物面前时,它们一般都无法意识到镜子中的那个东西竟然就是自己。一头豹子在看到"自己"后错以为是另一头豹子,因此向"它"发起了攻击。即使是动物界中最聪明的黑猩猩也不具备这种能力,在一段影像中记录了这样的场景:两只黑猩猩正在跟镜子中的对手"斗舞",但事实上,他们在镜子中的对手正是它们自己。而当它们感到最终无法征服镜子中的对手时,它们向镜子中的对手表现了臣服。科学家发现,只有很少的动物能像人类一样认识到镜子中是自己的反射,这个实验称为"镜像自我认知测试"。想一想,我们人类的婴儿是不是也是这样的表现呢?

抽象思维能力和想象能力的拥有让原始人有了对自身更加深刻且意味深长的思考。

尼安德特墓葬群表明了关于神话的五个重要层面。其一,神话根植于人类的死亡经验和衰亡恐惧之中。其二,从动物骸骨可以看出,在埋葬的同时举行了献祭活动。宗教与仪式密不可分,神话离开了仪式活动将黯然失色,这也正是仪式为神话带来新的生命力,从而也导致它不为俗世凡夫和亵渎神明者所理解。其三,尼安德特神话,可以称之为'墓边神话',它是在生命濒临极限之际的回光返照。所有最具分量的神话都与濒临死亡的状态相关,它迫使我们走出自身的日常经验。在这一刻,我们会以不同的方式抵达前所未闻之处,开始前所未有的行动。神话是关于未知的神话,是溯源到无以言说处的言说。神话由此抵达那伟大静穆的核心。其四,神话并不是一个自圆其说的故事,而是关涉到我们应有的行为举止。在尼安德特墓穴,有些尸身被摆放为一个初生婴儿的姿态,似乎是为了重生——已逝者甚至为自己准备好了死后的下一个步骤。可见只要能够正确地诠

---

① 罗竹风:《宗教通史简编》,华东师范大学出版社,1990 年版,第 5—6 页

释神话,他就可以给人类带来更为平衡的精神状态和心理状态,无论是在此世还是来生。其五,也是最后一点,所有的神话都言及与现存世界并存的另一个维度,这似乎也有据可寻。信仰这一不可见但更为有力的真实——我们把它称之为神之世界——这是神话的母题。这也被称之为"永恒哲学"。①

这代表着人类对自身存在的思考,对生命有限性的思考,对突破有限追求无限的希望,对有形世界和无形空间的想象。

人是要寻找生命的价值与意义的——追问;人是具有理性思考能力的——反思;人是具有超出理性能力去建构认识的能力的——想象。神话就是人话,是人类经验的总汇。是远古人类对"自己从何而来"这个追问的最早回答,是对"我们将往何处去?"这一追问的最早思考。神话是人类最早的"科学",但又不是真正的科学。科学是通过对因果关系的必然与偶然的探寻,建立起对因果关系的规律性的认识,并通过严格的逻辑推理与证明建构起来的人类的知识体系。而神话是通过想象,特别是拟人化的想象建构的。想象的方法很多,有类比、有夸张、有变形等等。不要忘了,想象力是创造力的源泉。

1.2 对未知永远的好奇

神话是人类最早的"百科全书",是人类最早的"十万个为什么",是先民对因果关系的最初探索,是对未知和困惑的解读和言说,是对人的好奇心与求知欲的满足。神话中充满了"问题"意识,每一个神话都是一篇"科学探索论文",是人尝试用经验、感觉和想象来回答"问题"。不过论述的方式不是逻辑的、推理的,而是讲"故事"。比如,对于生命演化的科学认识,海克尔的"生命重演律"就提出这样的推理:每个生物个体胚胎的发育史就是这个物种的浓缩的演化史。而神话则是通过类比、拟人、夸张的手法来说明生命的产生和变化。比如,人们熟悉的"女娲"用黄土抟人的故事,而中国人的肤色恰好是黄色的。在神话里经验与想象结合在一起,回答了先民的困惑与好奇。我们的先民用"故事"解读"是什么"和"为什么",就像我们的孩提时代总是追问"是什么"和"为什么",而其中很多的困惑是父母和长辈用"故事"来解答的。

"盘古开天地"回答了先民对天地的好奇,"女娲补天"回答了先民对星空的关注,"女娲造人"回答了先民对自身的关心。有意味的是在西南少数民族中还有这样的解答:女娲用泥土捏成小人后担心不结实,于是用火烧一下。第一次没有掌握好火候,烧过了于是烧成了白人。第二次火又太小了烧成了黑人。直到第三次

---

① [英]凯伦·阿姆斯特朗著,胡亚豳译,《神话简史》,重庆出版社,2005年版,第4—5页

恰到好处才烧成了小黄人——就是我们。除了对黄种人的肤色优越感,这里其实透露着原始人的生活经验和体会:首先,人们已经开始会使用火了。火的使用在人类进化史上有着非同寻常的价值与意义,火是人类利用的第一种能源。它的使用大大地改变了原始人的生活,提升了原始人的生活质量。火可以驱逐寒冷带来温暖,火可以驱散黑暗带来光明,火可以抵御猛兽的侵袭带来安全。然而"火"最大的功劳是改变了原始人的饮食方式。人类大脑发育所需要的营养成分主要来自肉食,但生肉是难以咀嚼和消化的。据考古研究发现,北京猿人在一天中要用十几个小时来咀嚼食物(特别是肉食),因此北京猿人的下颚骨极为强壮。一天到晚都在吃,人类的先辈就是一群"吃货"。火的使用则改变了这一切,用火烤熟的食物更容易嚼烂和下咽,更容易为肠胃所吸收,更能满足原始人身体发育的需要。所以人类第一次吃的熟食一定是烧烤。而烧制小人的过程恰同于烧制食物,火太大就会烧成灰烬,灰烬是白色的。火太小又容易烧糊或者烧黑,只有火候恰到好处时烧出的食物才是金黄的、最好的。原来黄种人是最好的,事实上黄种人的进化的确有其领先之处。同时对于火种的保存,使得人类学会观察、模仿、学习、创造和继承。其次,人们已经开始学会使用陶器,并且慢慢地学会了烧制陶器。烧制后的陶器更加结实、耐用。使用陶器后,人们对于植物根茎、枝叶和果实、籽粒的食用就更为方便了。要知道没有煮熟的草根、树皮、种子是很难消化的。学会使用和保存火,学会制作陶器,学会烧制陶器,有了这样的经验,加上丰富大胆的想象,人的来源之谜就有了一个极好的故事模版。

既然说到这里,不妨再说说原始人的"吃"。很多人往往以为原始社会没有阶级、没有压迫,人们共同劳动,共同生活,有难同当,有福共享,食物、衣物、用品平均分配,是多么的快活啊。事实上原始人的生存是极为艰难的,原始人不到二十岁的人均寿命恰恰说明了这一点。以采摘、渔猎为食物来源的古人类循着"吃"的线索将足迹踏遍了非洲、欧洲、亚洲、美洲大陆和澳大利亚,为了填饱肚子,史前人类灭绝了当时地球上的众多的生物,包括大型肉食动物——剑齿虎、袋狮等。古澳大利亚的物种和生态系统被重新洗牌,体长7米、体重达好几吨的"古巨蜥"被消灭了,体重超过50公斤的24种动物被消灭了23种,只剩下一种就是今天我们还可以看到的袋鼠。美洲大陆的动物以属为单位被灭绝,北美47个属被灭绝了34个属,南美60个属被灭绝了50个属。在欧洲,智人的对手也是人类的一支——尼安德特人被消灭了。大约距今两万五千年前到三万年前,这个世界上的最后一个尼安德特人死在了伊比利亚半岛,就是今天的西班牙境内。从此,这个世界上就再也没有尼安德特人了。有着高度发达的大脑,从而有着高度智慧的和强大社会组织能力的人在这个意义上可以说是世界上最残忍的物种。人类甚至不是为了那些具体实在的物质利益,仅仅出于立场的差异,价值观与意识形态的不同而自相残杀,并且毫不留情。

为了填饱肚子,人类可以说无所不用其极。当然,美食里并不都是残忍和血腥,还有一些有趣的故事。有了陶器之后,人类的饮食方式再次发生了很大的变化,那就是从烧烤走向了"火锅"。煮以及后来的蒸,是人类饮食方式的又一次革命(据说用于加热食物的箅子即笼屉也是中国人发明的)。而为了尽快地吃到"热锅"里的食物,聪明的中国先民还发明了叉和勺。在距今 5000 年前的甘肃马家窑文化遗址发现了一件骨质三齿叉,在齐家文化遗址也发现了一件骨质三齿叉。再后来,聪明的中国人又发明了"筷子"即"箸",这就大大简化了餐具的形制。这些聪明的"吃货"用两根树枝取代了麻烦的叉、勺,结果重于过程,内容大于形式;用两根相互合作的树枝完成"吃货"的意愿,缺一不可、相互配合。一根木棍什么也不是,两根组合在一起,情况就完全不同了。这些中国人更为关注的目标取向似乎从中国先民的餐具中就有了些许的体现。

还是回到神话的议题上来吧。神话是对问题的思考和回答,可以说没有问题就没有神话,因为人类是要寻求因果与意义的。可惜,神话又不是科学,因为神话是不能被追问的。神话往往这样开始:在很久很久以前……,如果听故事的人非要追问到底"有多久",那么,这个故事就没法讲下去了。神话在回答起源问题时往往会这样讲:天地间什么都没有,只有一个鸡蛋……,如果听故事的人非要追问"如果什么都没有,那这个鸡蛋是从哪里来的",那么,好尴尬啊。

神话是人类最早对世界的认识,认识天空、认识大地、认识花鸟鱼虫、认识雷鸣闪电、认识山崩地裂、认识你我直到认识自己。以后人们不满足于只是认识,还希望让这个"不听话"的世界服从人的意愿,于是有了巫术。如果说神话只是解释这个世界,满足人的好奇心和求知欲,那么巫术则是为了改变这个世界,让它满足人的意愿和要求。神话只是试图解释因果关系,巫术则是在对因果关系认识的基础上,运用这个关系,去实现某种结果。在这个意义上,巫术比神话大大前进了一步。从认识到改变,人类的信心和能力在提升;从服从到抗拒,人类体现出不同于其他生命的创造意愿与能动特性。神话只是言说、解释,巫术则是技艺和改变。人类开始把认识与行动结合起来,去满足自己的要求,就像之后人们把科学认识通过技术付诸实践。可惜的是巫术依然不是科学,也不是真正有效的技艺。它把幻想的联系当作真实的联系,把偶尔碰巧的成功当作必然如此的结果,把人的意愿的实现付诸巫师的神通甚至是运气(而事实上主要是巧合,再加上一点点运气）。提示一下，在原始人那里，巫术不仅仅是害人的技艺，而且还是能够救人的技艺。能够驱除妖魔、防治疾病、去邪驱害，能够"实现"人们幻想的目的，能够安慰那些面对残酷的自然、残忍的现实、残暴的人类而不知所措的脆弱的"小心脏"。

从认识世界到改变世界，人类还有很长的路要走。而天不生仲尼则万古如长夜，人类的认识活动和能力必须要一个质的飞跃。人类认识不仅是要满足生存的需要，还要满足掌控世界的需要，更是要满足想象世界的需要。人类需要深刻地认识和理解这个复杂变幻的世界。不仅需要面对大海，还要看到春暖花开。对人类而言，黑夜给了我黑色的眼睛，但我注定要用它寻找光明。

2. 哲学的脚步

2.1 哲学的诞生

柏拉图说过，惊疑，这尤其是哲学家的一种情绪。除此之外，哲学没有别的开端。人这个奇妙的生命对这个世界充满了好奇，又十分努力地想满足这些好奇。为此，甚至到了"朝闻道夕死可矣"的地步。当人类在进化的征程中逐渐具备了抽象思维的能力，并产生了语言和文字后，人类就一定要通过人类所独有的符号系统——语言和文字——去认识和理解整个世界，并通过这个符号系统去表达对世界的理解与认识。这个世界包括外部世界、人类社会和人自身。这时候，人类把握认知世界的方式就从经验走向了超验，不仅仅是感觉经验的总结，还是理性思考的升华。其他生命为了生存，需要不断改变自己，以适应环境的需要。过去人们常讲的物竞天择、适者生存就是此意。为此，人类常常惊叹自然界中生命的顽强与智慧，常常被它们独特的生存技能与强悍的身体机能所震惊。因为从生物自身的生理机能和先天技能上讲人与其他生命有很大的差别，更准确地说应当是巨大的差距。人类成为地球生命群体中的最强者，不是简单地靠人的生理机能，根本在于人类能够正确地认识世界，并将这种认识贯穿于人的行动中，以达到人类希望实现的目标及意愿。如果说其他生命体是改变自身适应自然，以满足生存需要；那么人类则是改变世界建构人化自然，以满足生存和发展的需要。如果人没有这种独特的认知能力，这一切都是难以想象更是无法实现的。

神话与巫术是人类早期认识和改造世界的努力，只是这种"技能"随着人类的成长已远远不能满足人类的需要了。人类认识活动的逻辑是一个从具象到抽象的过程，从"杂多"到"唯一"的过程，从表象到本色的过程。比如说，当人们发现了某个东西并把它命名为"狗"，赋予其一定的意义，那么之后所有的这种东西都将被称之为"狗"。这是一个从个别到一般、从个性到共性的认知过程，在这个过程中人对客观事物的认识是一个不断抽象的过程。先有对个别事物的认识，然后有对相同事物的规定，再有对不同事物的分门别类，最后对所有事物的概括和抽象。比如，狗猪牛羊马统统称之为动物，花草树木果统统称之为植物，植物和动物又通称为生命，砂石土块统统称之为无机物。最后是生命（有机物）和无机物的共性是什么？人对世界万物的理解和认知是以"类"的方式实现的，概念和范畴构成了人类思维的基本单位。在这个过程中，人类一步一步地实现对世界的认知和解读，不仅是感性和经验层面，更为重要和深刻的是理性和逻辑层面。有了这个前提，人类才能够进行推理，进行分析，进行预判，进行推测。有了这个前提，人类才有了幻想、梦想、理想甚至是妄想。

终于有一天有一个叫泰勒斯①的希腊人说：水是万物的本原，万物产生于水，最后又复归于水。因为这句话，他竟然被称之为"西方哲学第一人"。这是多么高大上的评价啊，多少学人毕生致力的就是自己的思想得到世人和历史的认可，如果还能拥有一个响亮的名号，还有什么能够比这些更美妙呢。由于时代久远泰勒斯的著作并没有流传下来，而就是这样看似极为平常的一句话却获得了这样的地位。怎么会是这样呢？原来，这样一种对世界万物的理解及其解读方式超越了用神话、巫术以及宗教中神创万物的方式解释世界的努力，人们开始用自然解释自然，从自然中寻找解释自然的理由与答案。用具体可感知的物质形态说明世界的产生和万物统一的基础，这就是早期哲学必须要解决并始终自觉承担的任务。有意思的是中国古代也有类似的看法，在《管子·水地篇》中是这样讲的：

水者，何也？万物之本原也，诸生之宗室也。

人类先贤的思考会有如此令人惊叹的神交，这不是巧合，这是人类进步与思考过程中的共性与必然。人们在思考世间万物产生的统一基础，思考万物可能的一致性。因此，可以这样讲，当人们将一种或几种具体的物质形态作为万事万物的本原时，真正的哲学思维就诞生了。米利都学派作为古希腊第一个哲学派别，它首次提出了万物的始基、本原的问题。试图用自然界中某种具体的物质状态来说明世界万物的统一性，用自然来解释自然，而不是用神话和宗教来解释自然。虽然观点和看法还显原始和稚嫩，但却是一个立场上的根本性改变，因此，它标志古代神话宇宙观向自然宇宙观的过渡，也标志着欧洲哲学的开端。

不过，这时的哲学还是比较幼稚的，类似的讲法比比皆是。如古印度哲学认为水、火、风、地四大元素是世界的本质。中国古代哲学的水、火、木、金、土，五种

---

① 泰勒斯（约公元前624年—前547年），米利都学派的创始人，被西方称为希腊"七贤"。

元素相生相克构成万物。古希腊阿那克西米尼提出"气是万物的始基";赫拉克利特提出"世界是一团永恒的活火"。有意思的是,早期哲学大都站在了唯物主义的立场上,这种唯物主义具有自发和朴素的特点。这里的朴素是指早期唯物主义思想还缺乏自然科学研究成果的有力支持,具有相当的想象和猜测的成分。同时,这种认识主要是对感觉经验进行总结的结果,而不是逻辑推理的产物。

当然,哲学自身对此也不会满意。因为,这样的思考依然有神话的痕迹,即追寻万物的起源与产生。宇宙万物的起源与生成问题不是哲学通过抽象思维就能够解决的,这理应是自然科学的本分。起源问题的追寻如果没有自然科学的支持,要么会走向循环论,要么会走向"神创论"。循环论看到事物变化不居和成长不息,但看不到事物变化中的更新与毁灭,即人们常说的新事物的产生和旧事物的灭亡。神创论把万物的产生归结为某一明确时空节点的神的创造,问题是即使神是不可怀疑的,因此不能追问谁创造了神,只就"神创造世界之前世界是什么或有什么"去发问,也会是十分令神尴尬的。可惜人类文明之初并没有哲学和科学的分界,作为人类最初理性思考的自然哲学是包罗万象的。

真正成熟的哲学思维是一个从具象到抽象的凝练过程,它真正要思考的是因果关系、本质存在和共性问题。哲学认知要从表象走进本质,从偶然中发现必然,从个别中提炼出一般,从形式中看清内容,从有限中寻求无限,从存在中探索意义。就好像世间有万千生命,只有人类才不断地追问生命存在的价值与意义,总是在追问"人为什么活着"这样永远难有标准答案的问题。其实对于个体生命而言,"人为什么活着"是个伪命题,因为任何人的出生都不是自我选择的结果,而是被决定的命运。我们也无权质问父母为什么生下自己。"人为什么活着"只有对人类这个整体性存在,即在"类"的意义上才具有实在性的意义。特别是人类的存在与已知自然界中的其他生命有着那么多的不同。对于个体而言,能够追问的只是"我活着是为了什么",即怎样让有限的生命存在得更加有价值,获得无限性的意义。

如果说哲学思考的不应当是"起源",那么,哲学应当思考什么? 又怎么来表达这种思考? 巴门尼德站出来说了一句话:只有存在是存在的,非存在不存在。如果不是已经知道我们是在讲哲学,这样的一句话会把正常人逼疯的:巴门尼德说的是什么?

这是哲学史上重大的一页,哲学不再思考那个靠思辨根本无法解决的"起源"问题,哲学本来就是追寻万物的本原或共性。即世间万物虽然千差万别,然而它们有无共同之处? 如果有,它是什么? 可以说,至此真正的哲学思维就开始了。

即哲学思考从万物的起源转向万物的本原,从时间在先转向逻辑在先,从生成性探索转向本体性思考。起源是时间意义上的,是生成、来源问题;本原是逻辑抽象意义上的,是共性或本质问题。简言之,此时哲学思考从宇宙生成论转向了本体论。哲学不再试图解答"万物的生成或来源",这个烧脑的问题留给以后的自然科学去回答吧,哲学思考的是"万物的本原"。万物的起源是个自然科学问题,虽然解决科学问题时离不开哲学。万物的本原才是哲学问题。自然科学问题的解决需要观察、实验和实证,哲学问题的回答需要逻辑、推理和思辨。万物的起源是从时间角度的思考,有一个先后的顺序,如:是鸡生蛋,还是蛋生鸡?它们之间谁产生了谁,谁在先、谁在后?

万物的本原是逻辑意义上的思考,是共性或本质的问题,是一个人的认识不断抽象上升的过程。这个过程不是一蹴而就的,在巴门尼德完成"高度地抽象"这一任务前,毕达哥拉斯学派提出这样的观点:一切事物是由"数"产生的,万物的本原是"一"。这个观点比起泰勒斯等人的说法有了不同,泰勒斯等人是用自然界具体的事物来解答万物的生成,毕达哥拉斯学派则是用"数字"即符号来说明万物的生成或本原。这就更加抽象、更具一般性,因为事物是具体的、实在的,数字是对事物的量的状态的表述。一方面用符号来表述本身就意味着对"万物的起源"的思考需要向对"万物的本原"的思考转换,另一方面是先有"物"后有"数",这也同时说明用"数"来表述万物本原还有很多问题。同时,还说明哲学家们认为万物的本原无论是什么,只可能有一个,而不是多个。到巴门尼德这里,他所讲的"存在"是永恒的,是不可分割的,是不变的。这个"存在"才是万物万事的共性和本原,是万物此在的基本状态。"存在"是宇宙自然万物在本质上第一性的东西,是逻辑上先在的东西。注意"逻辑先在"超越了"时间先在",万物本原的思考本来就应当是"逻辑"意义上的思考。讲到这里,对巴门尼德用"存在"来表达万物的本原的深刻意义想必大家能够理解了。可能有人会说巴门尼德的哲学思想具有唯心主义的特征,然而就哲学发展的诉求而言,无论是唯物主义还是唯心主义都需要对"世界的本原是什么"的问题做出回答,而这个回答首先是由巴门尼德做出的,而且还达到如此高度的抽象。从这个角度讲,今天人们总是热衷的哲学派别的划分,唯心主义和唯物主义的区别都是围绕着"存在"的内涵、本质与属性而展开的。

随便说一下,哲学史上的一些错误并不都是哲学家造成的。比如,近代西方学者在物质与运动、时间、空间的关系问题上的认识错误其实是以牛顿经典物理学为代表的近代自然科学的"杰作"。近代自然科学机械形而上学的思维方式,使其看不到事物内部和事物之间存在的必然联系,看不到任何事物都有一个产生、发展和消亡的过程,看不到事物变化发展的根本原因在于事物自身,因此错误地认为物质、运动、时间、空间是各自独立自在的实体。如果是这样,那么物质是如何运动起来的? 运动的物质是如何具有了时间和空间? 百思不得其解,只好借助"上帝之手的第一推动"。好在这个世界是公允的,出来混总是要还的,谁造成的问题就由谁来解决。爱因斯坦的相对论思想从物理学的角度回答了这一问题,证明了时间与空间是运动着的物质的存在形式,时间与空间之间也是不可分割的。解决了经典物理学自己给自己挖的大坑,同时也将经典物理学的适用范围限制在了宏观低速的世界里;同时将科学认识方式从经验层面推进到了理论思辨的层次。

没有经验基础就很难发现真理。但是,如果我们探索得愈是深入,我们的理论所包罗的范围变得愈是广大,那么,在决定这些理论时,经验知识所发挥的作用就愈小。①

相对论的提出既推动了自然科学的进步,也为哲学家洗刷了冤屈,原来将物质与运动、时间与空间割裂的始作俑者不是哲学家,而是经典物理学者。其实科学与哲学本来就是一枚硬币的两面。任何科学研究都应当是为人类服务、能够造福人类的。爱因斯坦为此特别强调:

仅凭知识和技巧并不能给人类的生活带来幸福和尊严。人类完全有理由把高尚的道德标准和价值观念的宣道士置于客观真理的发现者之上。在我看来释迦牟尼、摩西和耶稣对人类所做的贡献远远超过那些聪明才智之士所取得的一切成就。如果人类要保持自己的尊严,要维护生存的安全以及生活的乐趣,那就应该竭尽全力地保卫这些圣人所给予我们的一切,并使之发扬光大。②

在对自然规律的实然性思考之后,一定需要考虑存在与运行的合理性、应然性问题。特别是人类社会的发展是个逐渐趋向合理性、公正性的漫长过程。对规律的思考是以"是什么"为评价尺度的,对于运行方式与目标的思考是以"应当如何"为评价尺度的。

2.2 哲学的演进

探寻万事万物的本原只是哲学迈出的第一步,这一思考要努力回答的是"世界是什么",在回答了"世界是什么"之后(尽管哲学家们的观点各不相同,甚至相互抵牾),还要回答"世界是怎么样的"。在哲学派别的划分上一般会因为在这一

① [美]杜卡斯、霍夫曼,《爱因斯坦谈人生》,世界知识出版社,1984 年版,第 82 页
② [美]杜卡斯、霍夫曼,《爱因斯坦谈人生》,世界知识出版社,1984 年版,第 61—62 页

问题上的立场不同,把哲学派别划分为辩证法或形而上学。辩证法是指用联系和发展的观点看问题、识事物的哲学思维方式。强调事物是不断变化与发展的,发展是一个过程,事物的发展是有规律的,事物变化和发展的根本原因在于事物自身内在的矛盾。这一思维方式最为关键的是把事物变化发展的根本原因归结于事物自身。这才有了我们常说的,"你"为什么是现在这个样子的"你",是你自己做的结果。还有就是,自己的路要自己走,不要怨天尤人等等。"形而上学"在哲学史上大体有两种用法,一种就是大家比较熟悉的,往往用形而上学指称那种孤立、静止、片面地看待事物和对待问题,特别是认为事物变化的原因在于事物外部的哲学思维方式,是黑格尔首先这样使用的;再一种就是最早的用法,形而上学是哲学的同义词或者是指专门探讨万物的本原、事物的本质、属性和结构的哲学研究,这源于对亚里士多德著作的分类。后人将亚里士多德论述事物的本质、灵魂、意志自由等超出感觉经验的研究对象放在了研究事物具体形态变化的《物理学》一书之后,"超出物理科学"即形而上学,换句话就是"物理学之后"。其中文译名是由日本学者借用了《周易·系辞传上》中"形而上者谓之道,形而下者谓之器"一说,用古汉语中的"形而上学"指称"哲学"。近代西方哲学形而上学的思维方式与近代自然科学的产生是有直接关系的,近代自然科学从哲学中分离出来时,为确立自己的学科必须明确自己的研究对象,这时候需要对研究对象进行固定的、与他物相分离、解剖麻雀式的研究认识过程。虽然在人的经验认识过程中常常会犯这样的错误,做出诸如"刻舟求剑""守株待兔"的事情来,但近代自然科学曾经盛行的思维方式是那个时期必要的不可避免的,并且对近代哲学理性思维的影响也是难以避免的。

回答了"自然是什么"之后,还要回答人类及其社会是怎样的。在大千世界中,人是什么,与其他生命有什么相同与不同?人类社会与自然世界有什么相同与不同?人与他人有什么相同与不同?应当与自然、与他物、与群体、与社会、与他人如何相处?人为什么活着?人应当怎样活着?人的本质是先在的,还是后天生成的,还是既有先天性因素又有后天性因素,其中先天性因素是决定性的还是后天性因素是决定性的?人性是善的还是恶的,抑或兼而有之?什么是善?什么是恶?人性中有自然性、有社会性,有人性、有兽性,有理性、有非理性,这是为什么?为什么动物吃饱了就会很安逸,为什么人吃不饱的时候会很痛苦,吃饱了以后还有痛苦,甚至还冒出了没吃饱时不曾有过的痛苦?对于人而言,除了"食色"之本性,人还需要什么?人的种种需要能否实现,如何实现,怎样实现才是合理的、正当的?"成者王侯败者寇""一将功成万骨枯""窃钩者诛,窃国者为诸侯",怎么评价历史事件和历史人物？哪些是一世英名,哪些是一世骂名？历史上的"大人物"为什么成为大人物,"大人物"能够流芳百世或者遗臭万年,那么,"小人物"呢？"小人物"有必要存在吗？"小人物"存在的价值和意义是什么？人类社会的历史变迁是怎样的？如果历史的进程总是偶然性做主,那么埃及艳后克娄巴特拉"美丽的鼻子"为什么没有最终拯救埃及呢？如果规律是不可抗拒的,那么在社会发展的大势面前,人的努力还有什么存在的必要呢？人类社会是美好的吗？为什么人及其社会中充满了太多的苦痛,为什么人及其社会里总是有那么多血腥和丑恶？为什么人们总说"好人不长命,坏人活千年"？太多太多的问题,直到今天不仅没有公认的标准答案,而且各种理解都有其成立的强大理由。"拔一毛利天下而不为"就是最为卑劣的自私自利的情结吗？这里有没有其他方面的考量。"心里永远只有他人,从来没有自己",这样的人是真实存在的吗？如果人做不到"无私",那么又有谁能做到呢？难道是神吗,可是神不是人啊！

回答了"世界是什么"和"世界怎么样"（包括人自身的问题）之后,哲学面临的问题是"人是怎样认识到这些的","怎么证明人的认识结果的正确性"。换言之一是"眼见一定为实"吗？二是"为什么你的结论就是正确的"？简单地说就是"子非鱼,安知鱼之乐也"。人与鱼（包括人之外的各种东西）是不同的,人怎么认识到鱼是快乐的？又如何证明对"鱼是快乐的认识"是正确的认识。庄子的"子非我,安知我不知鱼之乐"是偷换概念,因为惠施问的是"子非鱼,安知鱼之乐?"惠施问的是"庄子是'人',而'人'不是'鱼'",即人与人的认识对象不是同类的,庄子回答的是"'你'不是'我'"。一个是人与人之外的物的关系,一个是人与人的关系,这两个关系是不同的。庄子怎么认识到"鱼是快乐的"？庄子怎么证明自己对"鱼是快乐的"的认识是正确的？显然,人不能自己说自己的认识是正确,就好像我们自己不能说自己是个"好人";认识对象也无法回答人对它们的认识正确与否,"鱼"是无法回答人"我们对它是否快乐的认识正确与否"。如果"石头会说话",人类认识世界会变得太轻松而没有意义。不仅自然物无法主动回答人对它的认识是否正确,人对人的认识就容易吗？男生不是常常因为无法了解女生想的到底是什么而抓狂吗？甚至于调侃:当女生说"是"的时候,其实她们说的是"不";当女生说"不"的时候,其实她们说的是"是";好烧脑啊。那么,人是怎样地去认识万千事物的,感性经验与理性思维的关系是怎样的,认识正确性的标准是什么,又如何证明知识的确定性既认识的正确性？人类除了经验与理性,有没有非理性的认知,如果有,它是什么？理性与非理性之间是什么样的关系？不同的哲学派别对此做出了不同的回答。

上述问题构成了哲学思考的主要领域:本体论、辩证法、认识论,加上对人自身的思考——历史观、人论。还要说明的是,这是西方哲学发展的主要模式,如果直接用它来套中国哲学,是困难和不适宜的。人们常说西方哲学思维以分析为主,中国哲学思维以综合为主。其实最有差异的是,西方哲学思维致力于寻求事物的本质,最后上升到万事万物的共性。本质问题解决之后,才是如何存在的问题,而且是保持个性、个体自在性存在,即自由。中国哲学思维则关注世间万物既然是存在着的,这一存在是人力不可改变的,那么万事万物之间是如何存在着的,它们之间是什么样的关系。它们之间应当是怎样的才是合理的、美好的。每个个体与他者之间在关系上需要关注的是本分即责任。在一个统一体中,每个部分应当如何担当才是和谐有序的。所以,在中国古代哲学中,本体论问题不是主要问题。对于人的问题,包括对人自身的问题(生存问题、价值问题、意义问题),人与人的关系问题(人与亲人,人与同仁,人与邻人,人与大人,人与下人,人与君子,人与小人等关系),人与群体的关系问题(人与家庭,人与家族,人与乡邻),人与社会的关系问题(人与社稷、人与异族)等成为中国古代思想家们所思考的,而个体在这纷繁复杂的关系中"应当怎样"成为中国古代思想家们最为关心的问题。

不过,东西方哲学有一点是相同的,那就是自其诞生之日起,都曾经是包罗万象的。几乎所有人类能想到的、感兴趣的问题都曾经是哲学关注的对象。威尔·杜兰特曾经说过:"哲学意味着包括五个研讨的领域:逻辑学、美学、伦理学、政治学和形而上学。"① 只是随着人类思想的不断进步,这些学科大多纷纷与哲学揖别,

科学似乎总在前进,而哲学却似乎总在丧失阵地。……她把胜利的果实留给她的儿女们那许多门科学了,而她自己则怀着神圣的永不满足的情愫又继续向前,去思考那些那未可必的未曾探索的事物。②

大可不必为此遗憾和难过,"那只是因为哲学承担着艰难困苦的任务,要处理科学方法迄今还没有解决的问题——诸如善与恶,美与丑,秩序与自由,生与死等"③。要知道

分析是科学的事,它给予我们以知识;哲学则必须进行综合,给我们以智

① [美]威尔·杜兰特,《哲学的故事》(上),三联书店,1997年版,导言第4—5页
② [美]威尔·杜兰特,《哲学的故事》(上),三联书店,1997年版,导言第3页
③ [美]威尔·杜兰特,《哲学的故事》(上),三联书店,1997年版,导言第3页

慧。①

　　知识回答的是确定性、实然性、规律性的问题,智慧回答的是可能性、应然性、或然性的问题。知识的答案可能是唯一性的,而人生的问题什么时候具有唯一性?

　　需要再次强调的是:哲学是人类最早的具备科学意识与意义的知识体系,人类文明的曙光在这一刻彰显出灿烂的光芒,构成了人类生活特别是精神世界的"普照光"。这一时候各个文明所萌生的先贤及其思想构成了人类文明的"轴心时代",其思想与著述则成为人类思想的"元典",他们对人生存的状态、价值、意义与超越性的思考,即哲学意义上的"你是谁""你从哪里来""你要到哪里去",成为人类生命旅程中无法回避、必须回答又永远无法说清楚的问题。"真理不能使我们富有,但是它能使我们自由。"②这样的思考与回应映照着此后人类文明前行的旅程,今后还将继续映照。

---

①　[美]威尔·杜兰特,《哲学的故事》(上),三联书店,1997 年版,致读者
②　[美]威尔·杜兰特,《哲学的故事》(上),三联书店,1997 年版,导言第 2 页

第一章 元典释义与解读方法

　　人类的进化历经数百万年,从生命家族中的普通一员成为万物之灵,其中一关键因素在于人类拥有语言与文字得以描述自己对世界的认知,还能将这种认知代代传承下去。因此,每一代人的进步总是在继承了上代知识和技能的基础上实现的。一代更比一代强恰恰是对这一进化旅程的形象表述,而所谓"六斤不如七斤,七斤不如八斤,八斤不如九斤"如果成立,也仅只在个别意义上存在,否则就是人类的大悲哀了。正在这个意义上,卡西尔才把人定义为"符号的动物。……只有这样,我们才能指明人的独特之处,也才能理解对人开放的新路——通向文化之路。"①

1.何谓元典?

　　当人类不再于想象之中、神灵之处寻求对自然、自身的解读时,当人类开始用经验、逻辑思维——理性——来解读世界时,人类的文明才真正地孕育起来。这个时期是人类文明的"轴心时代",即公元前 500 年前后(公元前 800 年至公元前 200 年),

　　最不平常的事件集中在这一时期。在中国,孔子和老子非常活跃,中国所有的哲学流派,包括墨子、庄子、列子和诸子百家,都出现了。像中国一样,印度出现了《奥义书》和佛陀,探究了一直到怀疑主义、唯物主义、诡辩派和虚无主义的全部范围的哲学可能性。伊朗的琐罗亚斯德传授一种挑战性的观点,认为人世生活就是一场善与恶的斗争。在巴勒斯坦,从以利亚经由以赛亚和耶利米到以赛亚第二,先知们纷纷涌现。希腊贤哲如云,其中有荷马,哲学家巴门尼德、赫拉克利特和柏拉图,许多悲剧作者,以及修昔底德和阿基米德。在这数世纪内,这些名字所

---

　　① 〔德〕恩斯特·卡西尔,甘阳译,《人论》,上海译文出版社,2004 年版,第 37 页

包含的一切,几乎同时在中国、印度和西方这三个互不知晓的地区发展起来。①

这是人类历史上各个主要文明的"青年时代",充满活力与好奇、质朴而深刻,因青春而生机勃发,因年轻而无所畏惧,因强壮有力、机敏好学而无不探索。这个时期正好是中国的先秦历史阶段中的西周、春秋、战国时代。其中,广义的先秦一般指夏、商、周、春秋、战国时期。

1.1 元典的产生

这个时期,世界上主要的几个文明都诞生了自己的精神领袖和思想导师,中国有以孔子、老子为代表的诸子百家,印度的释迦牟尼,以色列的犹太先知,古希腊诸贤。他们面对这个精彩纷呈又充满丑恶的世界,开始了自己的从表象到本质、从现存到本性、从实然到应然的思考。泰勒斯始终关注着遥远的星空,苏格拉底把希腊思想家的目光"从天下拉回到人间",巴门尼德思考万物万事的"唯一者",柏拉图寻找着"理想国",亚里士多德认为柏拉图固然可爱,但真理比柏拉图更可爱。犹太先知希冀拯救苦难的犹太人的灵魂。释迦牟尼希望人们摆脱现世的苦难去到一个幸福的来世。这个时期(即先秦时期)是中华文明的勃兴年代,众多贤者直面社会现实,开展着自己的智慧之思,形成了中国古代文化思想发展的第一个充溢着人文关怀和人性光辉,又饱含着忧患意识的思想高峰。老子告诫统治者要尊道自然,体恤民情,不要利令智昏、无所顾忌、恣意妄为,"无为"而治方可为天下大治。孔子力图"克己复礼",力倡仁者爱人,为吃人的社会尽力填补一点温情。孟子在培育自己充满"浩然之气"的大丈夫人格,去建立"与众乐"的"王道"社会。荀子看到人性的丑恶,希望通过教育改变人、改变这个血腥的时代。庄子渴望自己能够像鲲鹏一般扶摇直上九万里,享受心灵和精神的自由与洒脱。墨子倡导兼爱,讲求人人平等,大家能够凭真本领吃饭。通过技术与科学实现自己的追求。孙子告诉人们,战争是国家的大事,事关生死存亡,一定要慎之又慎。韩非认为权力运用的得当与否在于法,为政者要顺应时势。管子提出要发展本业,必须鼓励人们尽力消费。《吕氏春秋》提出:"天下非一人之天下也,天下之天下也"。《诗经》淋漓尽致地表现着青春期中国的激情、潇洒,还有美好的爱情;《尚书》认为"民为邦本,本固邦宁",维护政权安宁需要敬德保民、知晓民意;《周易》告诉人们"天下之大德曰生","生生之谓易",要有忧患意识,当自强不息、厚德载物;《礼记》提出"礼"使人成为人而同禽兽相揖别,美好社会的模样是"大同世界";《春秋》通

---

① [德]卡尔·雅斯贝尔斯,魏楚雄,俞新天译,《历史的起源与目标》,华夏出版社,1989年版,第8页

过微言记录着历史,传递着大义;《乐经》以为音乐的最高境界是天地之和。

正如雅斯贝尔斯所说的,"这个时代产生了直至今天仍是我们思考范围的基本范畴",他们的思想至今不仅奠定了这几大文明的基本精神、思想和价值体系,而且对整个人类文明依然产生着重大的影响。

这个时代的新特点是,世界上所有三个地区的人类全都开始意识到整体的存在、自身和自身的限度。人类体验到世界的恐怖和自身的软弱。他探询根本性的问题。面对空无,他力求解放和拯救。通过在意识上认识自己的限度,他为自己树立了最高目标。他在自我的深奥和超然存在的光辉中感受绝对。①

简言之,就是面对自然无穷的奥秘和人力难以抗拒的强大莫测;面对有限的生命——人总是要死的,生命总是如此短暂;面对浩瀚的星空宇宙,人类的根基在哪里,又如何构筑?怎么能够让有限的生命获得实在的价值,进而可能提升至无限存在的可能和永存的意义。这棵自然界最脆弱的苇草能不能从渺小迈向高大,在卑微中实现高尚。特别是面对人必有一死的困局,能不能在思想上实现清醒的认识,在精神上超越对死亡的恐惧,不仅对人类,对每个人而言都是一个重大的难题。为了寻求答案,从此时起"人在理论思辨中把自己一直提高到上帝本身",就像苏格拉底把"认识你自己"作为哲学的第一要务,认识人类自己成为哲学探究的最高目标。人必须通过自己的思考解决人自身面临的问题。哪怕这些问题永无准确的、唯一的、正确的回答。

人类的认识和思考从来都不是简单地"为了认识而认识","为了思考而思考"。人"为什么活着"?要回答这个问题务必要清楚人这个物种是自然进化的产物,是一个鲜活的生命有机体,因此首先面对的是人能不能活下去的问题,如果生存都已然不能保证,去奢谈生存的价值与意义是空话。对多数人而言,这个问题的正常答案应当是衣食无忧、身体健康、心情愉悦、幸福安康、儿女绕膝。而不是什么胸怀远大、总是奉献、无私无欲。这应当是社会常态运行的前提,也是凡人们的基本要求。对于人的生存的价值与意义的思考一定要先接地气,再接天线。人不仅要活着,还要活得好一点;还要努力让"好一点"成为常态,成为人类社会不断追求的目标和方向。在这个问题上的思考一旦离开了坚实的利益基础,就必然是空中楼阁,没有什么存在的必要。离开了利益高谈拼搏与努力,不仅会陷入堂吉诃德式的苦恼与困局之中,也必然会被民众所唾弃。致力于如此空谈的高尚人士亦不过是以此忽悠民众来实现自己的私利。

---

① [德]卡尔·雅斯贝尔斯:《历史的起源与目标》,华夏出版社,1989 年版,第 8—9 页

人要解决"为什么活着"的问题,还要解决"应当怎样活着"的问题。在"应当怎样活着"的问题上,大体要关注两个方面。一是如何在维护社会的正常运行的前提下,保持社会发展的充分活力。二是在尽力获得更多收益的目标下,充分考虑付出代价的适度性与合理性问题。为此,不仅需要认识人类自身,还需要认识人之外的世界,准确深入地认识和了解整个世界是人类生存的必然需要。与自然界有着非常趋同的一点是,人类社会同样是个竞争社会。自然界的竞争法度是"赢者通吃",人类社会在其进步的过程中,逐渐意识到完全以自然法则来支配人类社会的运行会导致严重的问题,这些问题如果不能适当地解决,对人类及其社会而言很可能是毁灭性的。因此,社会文明进步的一个重要内容是懂得和能够适当地保护弱者和失败者。然而,竞争仍然是社会前进和发展的基本杠杆。如果社会的利益分配不能充分、合理地保证获胜者的权益,这个社会就会陷入动力不足、活力匮乏的死气沉沉的状态之中。道理很简单,如果努力者、付出者得不到应有的回报,谁还会有奋斗拼搏的动力和意愿呢? 竞争的结果一定会造成人们在收益上的"不平等",这是必然的事实。只是人类已经逐步深刻地意识到,这个"不平等"结果需要必要的调整与改善,以尽力保证强者和弱者都有生存的权利,而不可以完全依循自然界优胜劣汰的法则。如果蔑视这一点,社会一定会通过剧烈的、常常是颠覆性的震荡——起义、战争、政权更迭、改朝换代——来强行调整和改变。

没有付出就没有收获,天上是不会掉馅饼的。奋斗是付出,而付出必然要求得到。成本与收益、投入与产出是任何时候、任何社会都必须要认真对待的问题。为达到某种目的而不惜一切代价,是非常态的行为模式,是极端条件下不得已的被迫选择。常态则是,一方面,在大多数情况下需要审慎地考量投入与产出的关系,努力以最小的代价获得最大的收益,即利益最大化。另一方面,要审慎地对待"以最小的代价获得最大的收益"这一指标。庸俗经济学常常用此来作为忽悠大家的说辞,以说明经济性和效率。然而冷静地分析这一目标时,一定要考虑对于利益的获得者而言的最小代价,是否有损害到他者利益的可能。这是一个考量社会行为可能产生的代价的边界,如果忽视这一点,将不可避免地造成对他人或社会的伤害。比如,假冒伪劣产品对于厂商而言的确是其成本付出最小化了,收益也最大化了,但对消费者来讲恰恰相反,付出最大化了,收益最小化了。许多社会问题的产生原因不是没有遵循"以最小的代价获得最大的收益"这个尺度,而是忽视了这一尺度的边界。

上述这些,是人类前行中必须具有的清醒、冷静的理解与认知。这些基础性的问题恰恰就是在这个"轴心时代"开始了深刻、理性的思考,并为后人留下了重要的思想财富,直到如今还具有重要的参考价值和指导意义。

1.2　元典的界定

北京大学出版社 2006 年编辑出版了一套"科学元典丛书",丛书《弁言》中有这样的说明:这套丛书中收入的著作,是自文艺复兴时期现代科学诞生以来,经过足够长的历史检验的科学经典。为了区别于时下被广泛使用的"经典"一词,我们称之为"科学元典"。这里所谓的科学元典,是指科学经典中最基本、最重要的著作,是在人类智识史和人类文明史上划时代的丰碑,是理性精神的载体,具有永恒性的价值。

学术界一般认为"元典"一词是冯天瑜教授首先使用的。1992 年,冯天瑜教授在《东南文化》第 2 期发表《论"文化元典"》一文,用"文化元典"这一概念"称呼各文明民族的首创性文本",并特别阐明"'元典'有始典、首典、基本之典、原典、长(长幼之'长')典、正典、大典、善典、美典、上典、宝典等意蕴",与汉字系统中已有的"经""藏"的含义相近。① 冯天瑜教授在《中华元典精神》一书中亦说明:

"元典"作为一个整词,系笔者创制,却并非生造。

"典",原指置于架子上的简册。

并非一切古老、重要的书籍都可视为"元典"。只是那些具有深刻而广阔的原始性意蕴,又在某一文明民族的历史上长期发挥精神支柱作用的书籍方可称之"元典"。

笔者曾以"原典"称呼此类特别文本,后经友人建议,决定改作"元典",因为"元典"更能表述本书所研讨的文本所具有的特性。

原典之"原",主要有初原、原始含义;而元典之"元",内蕴更丰,其中十义都切近我们所要论及的文本的性质。

"第一,起始、开端。'元,始也。'第二,首、头。'元,首也。'第三,本、原。'元,本也。'第四,长。'元,长也。'第五,正嫡。'元子,世子也。'第六,大。'元,大也。'第七,善。'元者,善之长也。'第八,美。'上美为元。'第九,上。'元,上也。'第十,宝。'元,宝也。'"②

正是在此意涵下,宋闻兵先生提出:

"元典"是指对一个民族乃至全人类的精神内涵及其发展流变产生深远影响

---

① 注:此处参考宋闻兵先生于《"元典"与"原典"》一文,载于《语文建设》2008 年第 4 期的解读。
② 冯天瑜:《中华元典精神》,武汉大学出版社,2006 年版,导论第 1—3 页

的文献典籍。"元典"和"原典"在词义方面的差异性还是非常明显的:"元典"强调典籍对人类文化和民族精神所具有的根本而又深远的影响意义,"原典"则强调典籍所保有的未经诠释或迻译的原始的性质。①

因此,所谓"元典"是指在人类文明(包括各大文明)从蒙昧混沌走向开化的起源时期,对人类(包括各个民族和文化)的思想内涵、精神寄托、价值取向、思维范式做出了原创性贡献,并且起着奠基性作用,对于文明进步和文化发展演变起着持久的导向和引领作用,并成为人类文明(包括各个民族和文化)的思想根基和精神支柱的文献典籍。如古印度的"吠陀文献",古希腊的荷马史诗以及希腊先贤的诸文献包括柏拉图、亚里士多德等为代表的一众先贤的论著,希伯来人的《圣经》即《旧约全书》,西方基督世界的《圣经》即《旧约全书》和《新约全书》,伊斯兰教的《古兰经》等。中华文化中的"六经"即《诗》《书》《礼》《易》《乐》《春秋》,以及先秦诸子的著述。这些典籍堪称各自文明的元典,构成各自文明的核心理念、基本立场和价值取向,导引着各个文明的发展方向,成为人类共同的精神财富,照耀与引领着人类前行的路程。我们今天关心和思考的各种问题在这个时期都已经提上了议事日程,并对此进行了多方位、多角度、多目标的探索。循着这些思考,不断形成、发展和丰富着人类的知识和思想。这也是为什么今天人们的思考往往会自觉不自觉地去到前人那里探寻思想的源泉。

就是说,之所以称之为"元典",是指这些文本在思想内涵、精神寄托、价值取向和思维范式等方面进行了原发性、开拓性、创造性的思想探索,从理性的角度思考和回答了各大文明不约而同地关心的深层次的问题。这些具有原创性的智慧之思,确立了各大文明基本的思维旨趣,奠定了各自文明的演化模式、目标和可能的发展方向,包括可能采取的各种态度(或乐观、或悲观;或执着、或洒脱;或入世、或出世;或世俗、或神秘;或理智、或怀疑),形成了各具特色的文明类型,构架了各个民族和文化的精神支柱,并始终对人类思想与精神的发展提供着养料。简言之,就是厘定了各大思想体系的立场和出发点,可能展开的各个方向和价值追求的基本目标。一方面,"元典"文本在内容上具有原创性,在范围上具有广阔性,在思想上具有深邃性。表现出在"元典"的创制过程中,先贤围绕人所关心的根本性、根源性的问题开展了深刻的思考,出现了一大批名垂史册的思想家,涌现了一些百科全书式的学者,形成了较为系统的思想体系,留下了价值非凡的一批文化典籍。另一方面,这些思考还具有反思性、超越性和理想性的特点。这个时期的

---

① 宋闻兵:《"元典"与"原典"》一文,《语文建设》,2008年第4期

贤人与智者已经深刻地感受到人的有限性,感受到人类面对的世界的多样性,感受到社会运行的复杂性;感知到人类自身的弱点与不足,痛感人性的复杂、多变与丑恶,深切体会到社会普遍存在的不合理、不公正,甚至是残酷无情的实质。希望通过深刻、清醒地反思,为苦难中的人类寻找到一条解决的出路,探索一个可能的发展方向。这一时期的众多见识往往具有强烈的"乌托邦"情结,为身处苦难中的的人们指引了或现实、或虚幻,或未来、或天堂的解决方案。

当然也要看到,这时候人们的思考更多地具有思辨性的特点,对于整个世界的自然科学意义上的探寻还比较浅显,科学技术发展的层次还比较初级,自然科学还杂糅于包罗万象的哲学体系之中,还没有真正确立现代意义的自然科学各个门类与知识体系。即使对人类及其社会的思考也同样存在着诸多不完备、不深入的地方,特别是从构建社会运行的良性制度与机制的层面上看,治疗社会问题、实现良善社会的方案里猜测与空想占据了相当大的成分。如,柏拉图的《理想国》、孔子的"大同世界"。许多思想家还常常陷入从人的自然生理本性中去辨识人性善恶的难题之中,更没有意识到用善恶来分析人性在理论上难有结论,在现实上难有良策。同时,宗教思想成为除去中国文化外其他重要文明体的基本内容,当现世与现实的苦难无法解决时,往往寄托于虚幻的来世或天堂,以求疗治现实的苦难。针对人类社会需要坚守的一些重要的价值理念,如自由、人权、民主、公平、正义、仁(博)爱、法治等,从内涵、类型、本质、特点、衡量标准、目标设定、实现路径等诸多方面的思考还比较简约。这些是与"元典"创制时期,各大文明还处在农业文明时代,社会形态还基本上都处在奴隶社会及向封建社会过渡的状态是直接相关的。这是各大文明的青春期。当然,在这里苛求两千年前的古人为我们解答所有的问题是不公正的,或者可以说是幼稚的。重要的是这一时期为后人提供了智慧的启示与思想、行动可能性的方向,毋庸置疑,如果没有这些思考,我们的文明可能还要在混沌中摸索更长的时间。

1.3　文化的"轴心时代"

在人类文化的"轴心时代",世界各个主要文明创制了自己的文化元典。对于人类,认识世界并不是一个轻松能够实现的目标,它必然地是一个漫长的几乎没有止境的过程,人类总是在无限地接近"终极真理",然而终点永远在前头。

自远古以来,人类对于自身历史的描述首先是通过神话来完成的,古希腊的宙斯众神、中国的盘古开天地、女娲补天、后羿射日、女娲泥土抟人等等无不如此。

可以说"神话是原始思维的化石"。① 之后巫术比神话又进了一步,神话只是企望解释这个世界,而巫术则要通过与天地神鬼的"沟通"来改变这个世界,使自然或他人满足于自己的要求与意愿。可惜巫术是一种无效的技艺,"它的可悲之处是把幻想中的实现,误以为是现实中的实现"。② 再后来,神学宗教用一个创造了世间万物的至高、至上、至大、至睿的上帝完成对自然、社会和人的规定与说明,只是这个"人造物"的伟大与无所不能被创造他的人推向极致时,也就走到了他的尽头,所以当人们质疑"上帝能不能造出一块自己也举不起来的石头"时,万能的上帝即刻陷入无法自拔的困境。中世纪欧洲的神学家殚精竭虑地论证上帝存在的可能性的最终结果只能是"因其荒谬,所以可信"。

卡尔(雅斯贝尔斯在其《人的历史》一书中,将人类文化的历史划分为四阶段。第一阶段是"普罗米修斯的时代",在这个时期人类开始了语言的应用,制造和使用工具和引火及用火;第二个阶段是在公元前5000年到公元前3000年期间,文明诞生于埃及尼罗河流域、美索不达米亚的两河流域(幼发拉底河、底格里斯河)、印度河流域,以及稍后出现的中国黄河流域;第三个阶段是在公元前800年到公元前200年期间,其中以公元前500年前后为中心,人类文化的思想核心与精神基础几乎同时又是各自独立地在中国、印度、波斯、巴勒斯坦和希腊开始奠定,而且直到今天人们依然附着在这种基础上。第四个阶段是科学和技术的时代,它是在中世纪末期萌芽于欧洲。17世纪建立了理论基础工作,18世纪末进入一个广泛发展的时期。③ 这里的"第三个阶段"即公元前800年到公元前200年期间恰恰是各个文明奠定自身思想基础、价值目标和终极精神追求的时期,是各大文明的"青春期"。

在人类进化的漫长时期,人类认识世界(包括认识自我)走过了从初始的猜测与想象、直观与经验,到通过现象探寻本质,透过表象追寻规律的演进历程。人类逐渐在各自文明的成长过程中形成了虽是独具特色却也是神交已久的文化元典,并在这种认识世界的方式和认识结果的作用上形成了不同的文化精神。各个文明都各有自己独特的认知、表达和思维范式。

冯天瑜先生认为,

---

① 林德宏,肖玲:《科学认识思想史》,江苏教育出版社,1995年版,第46页
② 林德宏,肖玲:《科学认识思想史》,江苏教育出版社,1995年版,第60页
③ 参见田汝康,金重远选编《现代西方史学流派文选》,上海人民出版社,1982年版,第38页

　　文化元典凝结着该民族在以往历史进程中形成的集体经验,并将该民族的族类记忆和原始意象第一次上升到自觉意识和理性高度,从而规定着该民族的价值取向及思维方式;又通过该民族特有的象征符号(民族语言、民族文字及民族修辞体系)将这种民族的集体经验和文化心态物化成文字作品,通过特定的典籍形式使该民族文化的类型固定下来,并对其未来走向产生至远至深的影响。文化元典因其首创性、涵盖面的广阔性、思考的深邃性而成为该民族垂范久远的指针和取之不尽的精神源泉。[①]

　　中华文明具有十分独特的鲜明色彩。与众多文明使用表音文字完成对世界的认识并记录认识的结果不同,汉字是表意文字。《荀子·解蔽》中说道:

　　故好书者众矣,而仓颉独传者,壹也。

　　就是说古时候创制文字的人很多,你造一个字,他造一个字,仓颉这个人很有心,他把这些字记录、整理并统一起来形成系统的文字。那么汉字是依据什么原则和方式创制的呢?《周易·系辞传(下)》讲的这段话很有启发意义:"仰则观象于天,俯则观法于地","近取诸身,远取诸物。"人类要认识事物,就要进行命名和分类,如果没有语言和文字是很难做到这一点的。人类要表达和记录自己的思想、情感,没有语言和文字同样是难以想象的。人类在认识自然(天和地)和自身的过程中,"近取诸身"就是从人的身体特征中寻求造字的形象,如甲骨文中的"目"字,就是人的眼睛的样子,横着写是平视,竖着写则表示俯视。"远取诸物"就是从周围的事物中寻找字的形象,如甲骨文中的"日"字,就是太阳的形象。再比如,繁体的"東"是由"木"和"日"构成,即指太阳从树梢升起的地方。"西"则是指小鸟归巢,两只鸟腿落在巢里,寓意太阳落下去的地方。"日"在"木"上为"杲",如海之深,如日之杲,表示太阳升起后四周一片光明。"日"在"木"下为"杳",太阳落下后,大地一片昏暗。"末"指树梢,"本"为树根。如此类似的例子不胜枚举。语言和文字是抽象思维的产物,然而汉字竟然能够把抽象和具象结合起来,而且结合得如此美妙,实在令人叹为观止。而在这种文字记载下的中华文化元典更是充满着智慧和神思。

　　中华文化元典当以"六经"为首。所谓"六经"即指诗、书、礼、乐、易、春秋。遗憾的是《乐》已亡佚,所以实为"五经",还有"四书"。"四书"则是由宋儒将《礼记》中的《大学》《中庸》两篇与《论语》《孟子》编纂在一起,称之为"四书"。再加上道家的《老子》《庄子》,墨家的《墨子》,兵家的《孙子兵法》,法家的《韩非子》,杂家的《吕

---

　　① 　冯天瑜:《中华元典精神》,武汉大学出版社,2006年版,导论第5页

氏春秋》。这些典籍堪称中华文化的元典。

1.4 元典的功用

作为自然界中的生命之一，人与其他生命的生存方式有着本质的不同。其他生命面对自然的选择和自身的需要时采取的是改变自身的方式，以保证个体的生存与种群的繁衍。非洲大草原上的食草动物为了防御食肉动物的伤害，不仅要改变自身的毛皮的颜色和纹理，还要具备敏锐的听觉或视觉，以及快速跑跳的能力。甚至是刚刚降生几个小时的幼崽就能够站立和奔跑，从而逃避敌害。这些生命本能在进化的过程中不断地被筛选，缺点不断剔除，优点不断强化。因此，大自然的存在法则一定是"物竞天择，适者生存"，遵循优胜劣汰的"根本大法"。人类在进化过程中，自身的生理机能并没有演化出能够超越天敌的机体自有本领，也没有演化出能够轻松战胜自然严酷考验的自然生理能力。关于人类起源的考古研究中，原始人类能够直立行走是人猿揖别的基本要件。然而直立行走给人类带来的并不都是福音。由于直立行走，人类奔跑的能力特别是速率大大下降，仅仅依靠奔跑是难以摆脱天敌的猎捕的；由于直立行走，人类被天敌发现的概率大大增加；由于直立行走，导致女性骨盆变小，带来的一个直接后果就是产道变窄，这不仅仅是造成人类分娩时很容易出现难产，危及母亲和婴儿的生命，更为严重的是造成人类的胎儿在母体中孕育的时间大大缩短，新生儿的脑容量在出生时远没有达到成人的脑容量，这在所有灵长类动物中是独一无二的；而人类的新生儿出生后，脑容量还要继续生长，这在所有灵长类动物中也是独一无二的；人类的新生儿在所有灵长类动物幼崽中也是最脆弱的。人类新生儿出生后完全没有自我生存的能力，还继续着相当长时间的哺育，如此漫长的成长期和性成熟期，在高等动物中是罕见的。这样的物种是如何在残酷的、弱肉强食的自然中生存与延续的？有这种可能性吗？谁能拯救人类？

还是直立行走。由于直立行走，人类运动时所消耗的能量大大减少；由于直立行走，人类"看"世界的方式发生了重大的变化，人类的视野（包括视角与视界）大大开阔了，这就有效地刺激了大脑的发育，因为这样可以获取更多的信息，良好的信息刺激对于提高原始人类的认知能力具有重要的作用。人类进化的过程中没有长出昆虫们具有全方位视界的复眼，也没有像动物那样灵活转动的颈椎，但直立使人观察上下、前后、左右时十分便利。由于直立行走，人类的前肢解放出来了。不再需要支撑身体的重量，不再承担奔跑的任务，可以去做点别的更有意义的事了——制造和使用工具。工具是人的器官的延伸，是人的体力、能力的延伸。工具的背后是技艺与技术。因此，理解人类生存活动的关键在于，人类的生存是借助于技术的生存,可以说技术是人的生存方式之一。正因为如此我们才特别强调人与动物的区别在于"人是能够制造和使用工具的动物",人类的进化史是以工具的制造为划分标志的,如旧石器时代、新石器时代、青铜时代、铁器时代等等。当然还包括对于人体之外的自然能量的使用,比如,火的使用。对于自然能量的使用和支配是人类进化史上的具有里程碑意义的事件。近代以来的煤炭、石油、电力、原子能等的使用分别开创了不同的工业时代,代表着技术革命的不同类型。不仅如此,人还是能够"制造'制造工具'的工具的动物"。为什么这么说,是因为自然界也有一些动物能够使用和制造工具,如聪明的乌鸦,人类的近亲黑猩猩等,在人工驯养环境下的黑猩猩能够制造和使用三十多种工具,但没有哪个人之外的动物能够制造"'制造工具'的工具"。今天人们的大多数活动都是借助工具完成的,今天人们使用的工具都是借助工具制造的。当今社会,制造业的强大与否,不仅在于制造终端产品的能力,更在于制造能够制造终端产品的工具的能力。我们说今天的中国是世界制造业大国而还称不上是一个制造强国,在很大程度上正是在这个意义上讲的。

制造和使用工具需要学习和继承,为此,人类需要相应的能力。即人类要做到这些,必须具备这样一些能力。一是认识世界,二是不断学习,三是持续创造和发明。当然,这些能力必须能够一代又一代地传递和继承下去,靠"结绳"和"刻契"记事是难以长久持续的,一旦记着这些的人没有把其中真实的信息通过口口相传的方式交代给后人,这些疙瘩就真成了死疙瘩了。因此,文字、承载文字和思想的书籍至为重要。

首先是认识世界,人为了满足自己生存和发展的需要必须能够认识这个世界。在这个过程中,我们不仅要认识自然、还要认识自身;不仅要知道"是什么""为什么",还要明白"怎么样""应该怎样"。这一过程是漫长的并伴随人类行进的始终的。而且人类是生命世界中唯一需要思考不仅要"活着",还要思考"为什么活着","应当怎样活着"的生命体。没有对世界的认识,人的生存及其活动只可能是盲目的、被动的。如何保证人类的生存与种群的繁衍,一是要对整个世界——自然、社会、人自身有不断深入的正确认识,二是要在这一基础上通过社会组织的建构和完善,借助不断发明的技术,改变世界满足人类的需要。在这个过程中不断建构更加合理、公正、高效的社会运行体制,不断提升、强化改变世界的能力和水平。这是一个"自然人化"和"人化自然"双向运动的过程。

其次是学习。学习对于生命的重要性是与生物的等级呈反向关系的,这就意味着物种的等级越高级,先天遗传的生理机能和技能对于生命的作用就越小。越高等的生命后天的学习在其生存本领与技能的掌握中的作用越重要,对生命的作用就越大。人类这个脆弱的物种,能够成为地球上的最强者,主要依靠的不是什么先天的生理机能和技能,至为重要的是依靠后天的学习。在这个意义上讲,人是学习性的存在。或者说,学习是人的生存方式之一。可以说,地球上所有的生命中没有哪一个物种像人类这样需要复杂、海量地学习和漫长的、甚至是终身的学习过程。这个学习是要使一个人从生物走向生命,是要认识自然、认识社会、认识自我,是要掌握制造工具、使用工具的技能,是要记取曾经成功的经验和失败的教训,是要完成对前辈的知识和技艺的继承,还要实现对前辈的本领的超越,不断增强人的技能和认识能力。因此,学习对每个人而言都是获得自我、实现自我、发展自我、完善自我的必然选项。现代文明社会对于每个人的学习提出了更高的要求,所以,学习同时也是一种十分重要的能力,能不能学习、善不善于学习;有没有坚持不懈努力的毅力、有没有持之以恒的品质将在很大程度上决定一个人的成败。孔老先生充分深刻地看到了这一点,没有学习难以完成一个人成长为真正的人的基本过程。也正是在这个意义上,他在《论语》的开篇就告诉人们:学习并且不断地思考和反省是人生中一大乐事——学而时习之,不亦说乎。而最基本和普遍的学习方式就是接受教育。

人类发展的目的在于使人日臻完善;使他的人格丰富多彩,表达方式复杂多样;使他作为一个人,作为一个家庭和社会的成员,作为一个公民和生产者、技术发明者和有创造性的理想家,来承担各种不同的责任。①

为此要建立全面的终身教育,建立一个不断演进的知识体系——"学会生存"。今天我们常常检讨学校教育存在的不足,却忽视了学校教育是完成学习的相对最为高效的手段,更在相当程度上忽视学校教育对人的学习能力、耐受力的培育,对于目标的执着力和过程的承受力的培育其实是一个潜移默化的过程。寒窗苦读获得的仅仅只是知识吗? 我们高校有的管理者认为教师应当时时刻刻渗透、陪伴在大学生的身边,却根本没有意识到大学教育的一个基本内容是教会大学生独立生活的能力。在每个人的一生中,没有哪个人会有另外一个人可以、能够一生陪伴着自己,能够做到这一点的只有自己。学会独立、懂得孤独、品味寂寞,知道自己的路要自己走,是青年人成长成熟的必修课。

第三是创造和发明。自然中的变化包括进化、退化、循环等类型,人类社会在

---

① 联合国教科文组织国际教育发展委员会编著,《学会生存——教育世界的今天和明天》,教育科学出版社 1996 年版,呈送报告第 2 页

总体上讲是一个不断进步的过程,这种进步的实现在极大程度上依赖于每个时代的人们的持续不断的发明和创造。每一次发明和创造都将人类改变自然的能力大大地提升一步,可以说,

> 没有任何东西比人类脑子里的思想更重要,人类的成就是建立在人类思想的基础上的。发明之所以引人入胜,是它常常使我们看到,历史上某个时候的某人头脑中的思想,是怎样改变了人类文明的进程。①

要注意的是发明与发现的不同,发明是原创性的,是创造出原来没有的东西;发现是找出已经存在却没有被人们所认识和了解的东西。发明一般在技术的意义上讲,发现一般在知识的意义上讲。现代社会里发明是要讲知识产权的,而发现则没有知识产权,只有优先权即首先发现的荣耀。中国人曾经给这个世界做出了为数众多、令人瞠目结舌的发明和创造,罗伯特·坦普尔在他的《中国的创造精神——中国的 100 个世界第一》一书中指出:

> 尚未揭露的最大历史秘密之一是,我们所生活的"现代世界"是中国和西方因素绝妙合成的结果。"现代世界"赖以建立的种种基本发明和发现,可能有一半以上源于中国。②

人类在发明中不断解决问题,不断提升自己的能力——制造工具、使用工具,不断满足自身的不断出现的需要。

最后,在这个认识世界和改变世界的过程中,人持续不断地获得自己的本质,持续不断地发展自己的本质。换句话就是说,人的本质不是先天的,不是先在的,而是后天生存活动的结果。在人的生存活动过程中,人不断地建构和丰富着自己的本质。从类的意义上讲是如此,从个体的意义讲同样如此。从类的意义上讲,人类通过自身的活动不仅改变着自然,而且不断地改变着自身;人类通过自身的活动不断地使自己从动物上升到人,不断地摆脱狭隘的动物性而上升为社会性的人。人是通过自身的活动使人成为人的,其他生命是被动地适应自然,人是主动地改变自然和自身,从而创造出一个不同于天然自然的人类社会和人化的自然。从个体的意义上讲,"我是谁"绝不仅仅是先天的规定,更为重要和关键的是后天成长的过程和努力的结果。在每个人的社会关系中,除了出生时的血缘关系和地缘关系无法由自己做主,其余的各种社会关系包括之后的性爱实现、生命传递所

---

① [英]德博诺编著,蒋太培译:《发明的故事》,三联书店,1986 年版,前言第 1 页
② [英]R.K.G.坦普尔,陈养正等等译:《中国的创造精神——中国的 100 个世界第一》,人民教育出版社,2003 年版,第 8 页

必需的血缘关系,各种人际关系,各种职业关系,可能不断变化的地缘关系等等都是个体生命活动的结果。而且这个内容是与每个人的活动的能力大小、每个人的活动的内容和质量决定的。"我是谁"是由"我"自己决定和创造的——"我命由我,不由天!"这就是我们非常熟悉的那句话:人的本质,在其现实性上是一切社会关系的总和。离开了各种各样的社会关系,离开了后天的努力与创造,人就不可能成其为人。

知识改变命运的轨迹,技术改变生存的方式。元典不仅是人类精神活动的结晶,是人认识理解自然、社会和人类自身的成果,元典还界定了人类思维活动的立场和出发点,建立了思维的方式即思维的逻辑,包括形式逻辑、辩证逻辑等,形成了人类追求的价值定位与目标取向,并为每个时代的人们的努力和奋斗规范着行为的方式和引领着追求的方向。后人的前行离不开对于曾经的文明成果特别是经典成果的学习与继承,而任何一次创新又必须站在前人的肩膀上。人的生存方式决定了元典对于人的发展和成长的基础性、关键性意义,人类的每一种文明类型都深深地被自身文明的精神元典所影响和浸润。

2. 如何解读"元典"?

纵观人类历史,器物层面的内容在历史演进中大多灰飞烟灭了,而思想与文化却一代一代地传递下来,成为人类文明的宝贵财富。一个拥有五千年历史、绵延不绝、从未中断的文明,同时在考古不断出现的新成果面前,这个文明的历史不仅不断地得到证实,而且其时长可能还会进一步延长。它是如何生生不息、延续至今的,只能从其独特的文化中探寻答案。先秦元典是中华文化的肇始,是中华民族的文化基因和精神命脉,是中华五千年生生不息的根本。离开了这一点中华文明就成了无源之水,离开了这一点中华文化认同就没有了根基,离开了这一点我们就难以建设和维护中华民族的精神家园。历史是对过去已往的经验与知识的记忆,抛弃历史将难以拥有当下与未来,对待先秦元典我们不能数典忘祖。

2.1 解读的原则

历史的继承是一个正反合的过程,也就是一个肯定、否定、否定之否定的过程。面对先秦元典,我们能够做些什么? 如何继承与创新? 从而为当下的中国提炼和凝聚负重前行的精神支持,是一个大课题。今天提炼先秦元典的精华,既不能固守过去的一切,妄言什么天不变,道亦不变。也不能彻底否定一切,甚至把自己前进道路上的失败与挫折统统地甩给古人去背锅。更不是简单地把过去移植到当下,不是简单地照搬照抄,不是像海绵吸水一般地不加取舍。而是将先秦元典的精华发掘出来,并对其进行改造,对其精华加以发展,为人类文化宝库提供新养料,这当是对待传统文化的四条基本原则。即一是立足扬弃,取其精华,加以继承;二是顺应时势,与时偕行,加以改造;三是认同共识,更化创新,加以发展;四是汲取人类文明共识,将民族性与世界性有机有序地统一起来,为人类文化做出中国创造和中国贡献。简言之就是批判性继承、创造性改造、创新性发展和普适性建构,并且这四个方面当有机地结合起来,唯此,才能为中华民族的伟大复兴提供中国话语的基本养料,为人类文明贡献价值共识,为世界文化增添中国声音。

那么,什么是批判性继承?先秦文化产生的历史背景是中国古代从"宗法"社会向"中央集权"社会的过渡,经济生活以农业生产为主体,社会生活以"村社"为单位,这与近代工业文明产生的历史条件是有很大不同的。工业文明的关键词是"资本""利润""平等""自由",农业文明的关键词是"土地""子孙""等级""责任"。今天的中国正走在工业化和后工业化的交叉地带,对于 2500 多年前的思想,像海绵吸水式的饥不择食很显然是不明智的。有学者为孔子"唯小人与女子为难养也"这一观点中轻视妇女的立场辩解,这样做完全没有必要,也脱离历史事实。纵览人类农业文明历史中妇女的地位一般而言都是比较低下的,这与妇女在当时社会各个领域中的作用是呈正相关关系的。这种人为"洗白"不是科学、客观的态度。任何伟大的思想都是其时代的精华,离开了时代背景难免因时过境迁产生适应困难和兼容困境。只能是"取其精华,去其糟粕"。当年鲁迅先生的"拿来主义"就是十分形象的表述,好像给小孩子洗澡,洗完澡后,水脏了,孩子干净了。于是应当把脏水倒掉,把洗干净的孩子留下来。只是说起来容易,做起来不简单。哪些应当继承,哪些应当改造,哪些应当扬弃?评判的尺度和标准是什么?只能是立足于唯物史观的立场,坚持历史评价的历史原则、阶级原则和主流原则,并适当地、极为审慎地加以道德评判。同时既不可盲目地肯定一切,也不应激进地否定一切。这里讲的"批判"是基于建设的批判,不是毁灭式的批判。不是只会批判,而不事建设。不仅要善于批判,还要有能力建设、善于建设。

什么是创造性改造?社会是一个不断变化发展的历史进程,人们的思想随着社会变化也会不断地变化。由此,对先秦元典也需要取"与时偕行"的立场和态度,实现"古为今用"。对先秦元典的思想不宜一味拘泥于其原初意义(包含着时代背景和对话情境),而是要提升出其一般意义和普遍意义。有的需要从内容上加以改造,但保留其形式。有的需要从形式上改造而保留其内容。比如,老庄的"无为"主张原本是对执政者讲的,希望他们能够体恤民生、与民休息。我们今天讲无为,或许更多地着落在休养心性的意义上。又如,孔子讲"亲亲相隐"是从父父子子的伦理关系层面讲的,体现了"两害相权取其轻"的价值内核,在今天法治建设中这一理念有其积极意义,但是从运用的角度上来说则是需要落在法治层面上的。再如,韩非子的法理学说与今天的法治思想是有着本质性的区别的。孟子的"王道"理想在今天来看是很低水平的,充其量勉强算是温饱型的社会。对此,要有准确的分析与辨别,要有这个能力和自觉。

什么是创新性发展?人既是文化的塑造者,也是文化的传承者,更是文化的创造者。"天不变,道亦不变"是糊涂的昏话,任何文化与思想都要随着社会变化而更化创新。先秦元典创制是处于农业文明时期,今天我们已经走在了信息社会的征途上。面对先秦元典的积极内核要根据时代的需要,进行修正、补充、完善和发展。要创造新的思想,满足新的需要。要创造新的文化,助益新的发展。这里的发展与创新还须注意本土性,切不可脱离中国人的生活和文化,离开中国人的传统和思维习惯,否则也会造成水土不服。创新就要不拘泥于前人的观点,不拘泥于已有的条条框框,要有学术自由与独立的精神,要有宽容的学术环境,要培育学术研究以自由、宽松、民主的氛围。科学研究、理论与思想的创新要讲实证精神、怀疑精神、民主精神,要有逻辑思维。另外,特别强调几点,其一,人文社会科学由于往往与利益相关,具有自身鲜明的立场和倾向性,所以坚守和保持客观性相对困难。学术研究要有学术话语,还要有相对独立性,不宜简单地照搬文件、讲话。其二,要警惕以"引经据典"替代逻辑论证的做法,"引经据典"是必要的,但经典不一定都是正确的,要有分析,有论证。其三,毛泽东曾讲过共产党党内一些同志研究中国问题时"言必称希腊",批评这是脱离国情。研究中国传统文化是讲中国立场,同时也要关注西方话语。同时,对西方思潮的学术研究与分析不可走极端,既不宜趋之若鹜,也不必视西方文化为洪水猛兽。要坚持以应然性为归宿,同时兼顾实然与应然的统一。其四,人文社会科学的研究者要有大情怀,要有点"乌托邦"精神。还要注意不可急功近利,当前有一些研究中国传统文化的人,经典没有读过多少,却大谈中华优秀传统文化,这就比较肤浅,不是好的现象,需要加以注意。

什么是普适性建构?就是要强调中国话语的确立,不能只讲民族性,不能只讲传统(传统是有可能改变的),不能只讲特色(特色不一定都是优秀的),要有大格局、大视野,要学习和借鉴人类文明的成果,要兼济世界性,要照顾普适性。我们批判并反对基于唯心史观的"普世价值",但我们应当也可以认同人类文明与文化的共识——既人类文明存在着的普适性原则。要自立于世界民族之林我们就不能满足于只是自说自话,要为世界文化、人类思想提供新思想、新理念。如果说新中国的成立让我们远离了"挨打",改革开放让我们远离了"挨饿",那么今天中国形象的塑造,中国话语的构建将使我们远离"挨骂",使中国的强大不仅是体格上的、物质上的,还是思想上的、精神上的。我们不仅要成为器物制造业的强国,还要成为思想创造的强国。我们反对(不是全盘否定)西方所谓的"普世价值",但我们要为社会贡献中华文化的共同价值。中华民族的自信不仅应当是"器物"层面的,还应包括"文化""制度"层面的。文化自信的建立是离不开对中华传统文化的客观解读的。国家、民族的强大不仅表现在"硬实力"方面,还表现在"软实力"方面。应当看到,在这个方面当前我们对世界文化的贡献还很不够,还缺少原创性的、有影响力的思想。

2.2　历史评价的原则

这些年来在历史虚无主义的扰动下,各种怪论奇谈频出。有的是为了博眼球,有的是为了标新立异,有的则可能是醉翁之意。其实若能坚持唯物史观的立场,遵循历史原则、阶级原则和主流原则,这样的情形可以大大地减少。对于传统文化的评价同样离不开历史原则、阶级原则和主流原则这三个根本性指标。同时还要落在效果与动机的统一层面上,以效果为重,兼及动机。

什么是历史原则?就是讲"时势"。人们常讲"时势造英雄",就是说任何历史人物的出现、作用的发挥及其沉浮都有其特定的时代背景。应依据其出现的时代背景对其作用的方向、作用的性质、作用的大小进行认识。对于传统文化的评价同样如此。一是要从当时的历史条件来看某一思想或主张,其内容是消极的还是积极的;二是要看从历史发展的过程(后续阶段)看,其作用是消极的还是积极的;三是比较某一思想或主张在不同历史时期,先后作用的性质有无变化和不同;四是从历史的延续来看,相比过去的思想或主张有什么样的变化,这种变化是进步的还是退步的,是积极的还是保守的。总而言之,就是是否顺应了时代和社会发展的方向和要求,是否顺应了人们思想发展变化的需要,是否顺应了人类文化前进的方向。当然文化现象的评价要比历史人物或历史事件的分析评价复杂得多。对于思想、主张、文化的认识,既要看当时,也要看当下,更要看未来,要看其是否具有导向价值和引领意义。同时文化和思想的评价不仅是当下的,还应当是历史长时段的。在当时看来超前,当下和未来是否超前?当时看落后,当下和未来是否落后?这种种可能性都是可能存在的,很难一概而论。

什么是阶级原则?就是讲"立场"或"归属"。一是要看提出这一思想或主张的人,看他所属的阶级,即所代表的阶级。看这个阶级在当时是进步的还是退步的,是积极的还是消极的,是顺应历史发展的方向还是逆历史而行。二是要看提出这一主张的人及其思想对其他阶级的影响是积极的还是消极的。三是要看这种主张或思想是否代表了大多数群体和阶层的利益和诉求。就是要看提出这一主张的人及其思想对整个社会各阶级的影响是积极的还是消极的,是进步还是退步的,是有益还是有害的。究其原因在于人类社会进入文明进程之后的主要时段都是阶级社会,每一个时代的思想家都会难免受到其所处的阶级或阶层的影响,而不同阶级或阶层面对同样的问题,其主张与诉求都是有差别的、甚至是对立的。另外,还要看从人类文明的一般性意义而言,某一思想或主张的阶段性问题。即仅仅是适应于特定的境况的还是具有普遍意义的,是否具有揭示人类思想和精神的深远层次的价值,是否具有推进人类文明进步的意义和作用。

什么是主流原则? 就是讲"主要方面"。任何事物当然包括思想和文化都不是十全十美、毫无瑕疵的,没有一种思想或主张是可以包医百病的。评价一种思想或文化就要看其主要方面是进步的还是退步的,是积极的还是消极的,对于人类文化贡献的大小,是利大于弊,还是弊大于利,通俗地讲就是"三七"开。对历史人物、历史事件的评价不能苛求完美无瑕,对思想或文化的评价同样如此。完全超越历史时段、阶级状况、社会背景的文化和思想是难以成立的,任何伟大的思想都是时代精神的精华。

对于传统文化的解读,不能脱离历史评价的原则。须注意的是,历史评价以结果为要,兼及动机。文化评价既要重效果,还要看动机。相比对历史人物、历史事件的评价,对于思想、文化的评价,动机的分量可能要更重一些。当然再美妙的构思与意愿最终还要看其在实际生活中发挥的作用、达到的效果,否则只有乌托邦般的空想分量。文化评价还应具有高度的包容性,文化的本性具有多元性。须警惕文化霸权,努力避免文化的排他性,倡扬不同文化间的相互尊重、相互包容、相互谅解、相互学习、相互借鉴、相互融通。

2.3　解读的方法

那么在技术层面上,怎样提炼先秦元典文化呢?

从思想逻辑和行文方式上讲,古代思想往往是通过隐喻或诗化的语言表述,透着机智、灵感与直觉,现代文化往往需要建构在充分的说理、严密的论证和严谨的分析的基础上。先秦元典大多采用"语录体""章句体""对话体"。在理论论证、逻辑推演方面并不完全适用于今天的文化解读、思想建构与传播要求。因此,需要加以整理和提炼,将先秦文化的精神内涵的逻辑原点和各个观点间的逻辑关系梳理出来,形成具有理论原发性基础和思想观点逻辑一致性的内生体,而不是当下流行的观点罗列。比如,中华优秀传统文化"有崇仁爱、重民本、守诚信、讲辩证、尚和合、求大同等思想,有自强不息、敬业乐群、扶正扬善、扶危济困、见义勇为、孝老爱亲等传统美德"。这些思想是如何生成的?他们之间的内在逻辑关联是什么?各种思想之间在逻辑上是怎样形成相互支持和渐次推进的?再如,天行健,君子自强不息。这是讲,天是处在不停地变化之中,这是事实,但为什么君子要自强不息。因为天的变动不居并不等同于人的自强不息,面对天的变动,人是可以有多种选项的。那么,这两者间的内在关联、逻辑可行性与合理性在哪里?只有运用理性分析,这样才能实现思想的一般性和普遍性。

从研究方法讲,以往的研究常常是传统训诂学①的方法,使训诂成为经学的附庸。因此当代学者对此多提出疑义,认为训诂是文化的重要组成部分,其探究的是文化的初始现象与含义。比如,孔子弟子称其为"丧家之狗",孔子欣然接受"然哉!然哉!"②如果离开了当时的语境,就很难准确地理解孔子的处境和心态,无法理解孔子"知其不可为而为之"的情怀与理想,无法理解一代圣贤的渴望与胸怀。"文革"大批"孔老二"时,以此作为孔子逆时代潮流而为、惶惶不可终日的表征,其离事实真相与孔子本意相去甚远,贻害大焉。又如对"爱莫能助"中"爱"的解释,《郑笺》讲:"爱,惜也。"即可惜的意思。然而《诗经·邶风·静女》中有

"静女其姝,俟我于城隅。爱而不见,搔首踟蹰"。

这里的"爱"又当何解呢?《说文解字》讲:"爱,行貌。"这种解读十分形象精辟,美女娴静、淑雅,约我在城角相会。(我兴冲冲地去见,她却悄悄地躲藏起来。)爱一个人,又见不着她,急得抓耳挠腮、左右徘徊。此状为"爱",实在是神似,亦可谓形神兼备。如此训诂可谓寓意深远,画龙点睛。如果是强调文献解释的唯一性和绝对正确性,可能会忽略了语境的多样性、复杂性、不可还原性和语义的多重性与歧义可能。不过,另一方面亦不必完全拘泥于古人的思想及其表达的语境,毕竟解读前人的思想与著作的主旨是要服务于当下和未来的。过去常讲的"古为今用"就是这个道理。

从研究范式讲,近代以来在全面向西方学习的过程中,往往运用西方哲学的话语模式解读中华传统文化。西方哲学讲本体论,讲存在(Bing),这是印欧语法的特点使然。汉语语法不可能这样讲。西方哲学的基本范畴与中国哲学亦有很

---

① 注:根据文字的形体与声音,以解释文字意义的学问。偏重于研究古代的词义,尤其着重于研究汉魏以前古书中的词义、语法、修辞等语文现象。训诂指解释古书中词句的意义。训,指用较通俗的话去解释某个字义,如人言为信。诂,指用当代的话去解释字的古义,或用普遍通行的话去解释方言的字义。

② 《史记·孔子世家》

大不同,西方哲学讲:本体,共相、殊相,主体、客体,感性、理性,自由、必然,与中国哲学大相径庭。中国哲学中的"道""气""阴阳",西方无论是直译还是意译都很难表达汉语言的多重内涵。西方重知识,关注本原、本质,本质只能有一个。中国重致用,关注关系。如果是关系,就意味着关系一定至少是同时存在两者,即在双方与双方之间才能成立。

因此,解读先秦元典要在解读范式、逻辑建构、理论升华三个方面做文章。在解读范式上应"以我为主",要按照中国文化特别是中国哲学的范畴为分析起点,以中国哲学的思维方式为叙述模板。同时兼及西方哲学的话语方式,揭示共性与不同,努力实现融通。在这里应当取"一致而百虑,殊途而同归"的研究心态和思维视野,应当是"海纳百川,有容乃大"的学术境界和思想胸怀。在逻辑建构上,要注意先秦元典多为"章句体""对话体",需要进行逻辑重构。既逻辑成立—逻辑分析—逻辑论证—逻辑建构—逻辑体系。先要解决先秦元典形成的理论原点,然后分析其各个方面的主要思想内涵,最后找出其各个部分的逻辑关联。再之后就是理论升华。

2.4 解读时需要注意的几个事项

首先,谈到先秦的思想人们常常讲那是一个百家争鸣的时代。诸子面对严酷的社会现实和紧迫的社会需要,从各自的立场与意愿出发,提出了不同的社会主张和社会理想。他们的主张与立场尽管不尽相同,甚至相互抵牾,但并不意味着水火不容。

"文革"时讲"儒法斗争史",人为地将儒家与法家截然对立起来。事实上他们之间既存在着相互的批评,也存在着相互的借鉴。比如,韩非对儒家学说进行了猛烈的批判,把它说成是愚诬之学、亡国之言。把儒者看成"五蠹"之一,认为五蠹之民不除,"则海内虽有破亡之国,消灭之朝,亦勿怪矣。"① 就是说五蠹不除,天下即使出现残破灭亡的国家,破败消亡的朝纲也并不奇怪。然而就是在同一篇文章中,韩非又讲"仲尼,天下圣人也。"他还在《说林上》中谈了这样一件事:

子围见孔子于商太宰。孔子出,子围入,请问客。太宰曰:"吾已见孔子,则视子犹蚤虱之细者也。"

子围向宋国太宰推荐孔子,两人相见后,孔子走了。子围向宋国太宰询问对孔子的看法。太宰对子围说:君王见了孔子之后如果再看到你,就会觉得你像跳蚤、虱子一般渺小。回答的这句话够狠,由此可见韩非对孔子的评价还是相当高

---

① 《韩非子·五蠹》

的。然而韩非对儒家社会主张的理想化色彩亦有清楚的认识：

是求人主之必及仲尼，而以世之凡民皆如列徒，此必不得之数也。①

从法家的立场出发，韩非认为要求君主达到孔子那样的境界，以"仁"治天下，以"德"平天下，就好像要求天下的平民百姓都要像孔子的门徒那样，有理想、有学识、有担当，这肯定是行不通的。

再如，因为庄子曾经多次批评孔子，后人常误以为儒道之间亦是不容。但实际上庄子叙事往往借助寓言的形式，因此在其寓言中出现的"孔子"往往并非孔子本人。在庄子《内篇》里，孔子或被视作颇有才学的高人，或被视作谦逊求教的谦者形象。而且儒家与道家亦非毫不相关，据史书记载，孔子曾经多次求教于老子，且对老子评价极高："吾今日见老子，其犹龙邪！"②孔子所讲的"天下有道则见，无道则隐"③的为政、做人之道，与道家的思想还是有内在的相通之处的，所以才会有儒家"穷则独善其身，达则兼善天下"的处事、立世原则。李泽厚先生就提出了"儒道互补"的观点：

表面看来，儒道是离异而对立的，一个入世，一个出世；一个乐观进取，一个消极退避；但实际上它们刚好相互补充而协调，不但"兼济天下"与"独善其身"经常是后世士大夫的互补人生路途，而且悲歌慷慨与愤世嫉俗，"身在江湖"而"心存魏阙"，也成为中国历代知识分子的常规心理及其艺术意念。④

冯友兰先生也说，

中国人所说的圣人，既在世界里生活，又不属于世界；中国哲学既是现世的，又是彼岸世界的。⑤

萧公权先生认为：虽然"先秦诸子各立门户，互相攻讦。"但由于"先秦学说既产生于大体相近之历史环境中，各派之间岂能避免交互之影响。今据诸子学说渊源之较可考见者略论之。"其中：

（1）墨子曾受儒家之影响。（2）法家思想一部分殆由儒家蜕变而来。（3）法家亦受道家影响。（4）道家与墨家殆亦相通。（5）农家曾受墨家之熏染。（6）诸子关系之最难定者，无过孔老。⑥

---

① 《韩非子·五蠹》
② 《史记·老子韩非列传》
③ 《论语·泰伯》
④ 李泽厚：《美学三书》，天津社会科学院出版社，2003年版，第49页
⑤ 冯友兰：《中国哲学简史》，新世界出版社，2004年版，第300页
⑥ 萧公权：《中国政治思想史》，新星出版社，2010年版，第28—29页

因此,在解读先秦诸子思想时不要先入为主地将各派学说简单地对立起来,他们之间原来就有相互联系、借用、吸纳、融通与认可。在诸子百家各执己见、百家争鸣的过程中,党同伐异的局面在所难免,但更多的是相互借鉴、相互吸收,形成你中有我、我中有你的态势。后来的杂家也在试图融合会通各家的思想,这也为今天再析诸子思想提供了积极的思路与适宜的态度。今人也不必拘泥、固执于古人的争论,继续帮古人吵架,完成他们没有完成的争执。而是应当积极地汲取他们思想的精华,加以整合、创新,完成重生。

其次,解读先秦元典还应注意一方面要从"章句体"式的语录中寻找逻辑关系、构架逻辑体系,形成结构清晰、内容完整的思想体系。另一方面还要看到思想特别是哲学思想具有"玄思"的特点。此中有真意,得意已忘言。正如冯友兰先生所说:

> 从逻辑上说不可能被感知的东西,自然超越于经验之上。既不可能被感知、又不可能成为思考对象的东西自然超越于智性之上。对那既超越于经验,又超越于智性的,人不可能说多少话。[①]

同样,海德格尔讲"诗意的栖居"亦是类似的意涵。对于哲学思考的问题,有些东西在一定意义上是难以用完全理性的语言与语句加以表述的,就像庄子所说的:"言者所以在意,得意而忘言。"[②]更何况有时候常常会"言不尽意",有的东西可能只可意会难以言传,有些事物及其意义或许用体悟来领会可能更有意味,非要把话说得明明白白或许会失去了本来的意蕴与风采。打个不太恰当的比方,关于"人为什么活着",可以说是仁者见仁,智者见智。每个人都有对生命本质的不同理解,每个人都有对生命内容的不同要求,每个人都要有对生命价值的不同目标。简单的一个模式或者一种道路如何概括或者规范所有人的想法与要求呢?对于思想更是如此,又何必强求一种色彩呢?对于某一时期的措施要求不得"妄议"是为了凝聚人心,鼓足干劲,朝向一个目标努力。对于思想、情感和感悟如何能够做到这样,换言之,如果都是一个样子,思想也就不成其为思想了。人类的思想与认识正是在各抒己见、争论争鸣中才有亮丽的色彩,才有勃勃的生气啊。文明社会的标志之一是"多元",是文化多元、思想多元、情趣多元、取舍多元。如同自然万物的丰富多彩一样,人类社会亦是多元多姿多彩方为根本。即使是司马迁这样的大家对于自己鸿篇巨制《史记》的评价也仅仅是"欲以究天地之际,通古今

---

① 冯友兰:《中国哲学简史》,新世界出版社,2004 年版,第 298 页
② 《庄子·外物》

之变,成一家之言"。①

　　再次,解读先秦元典不要只在自己的圈子里打转,需要走出去,与"他者"平等对话,过去常讲的"洋为中用"就有这方面的含义,当然"洋为中用"更重视学习他者。要比较客观全面地对待不同文明、不同文化的长处和短处。不要数典忘祖,也不要妄自菲薄。要尊重和学习人类各个文明的优秀成果。这是其一。另外,解读先秦元典要为今天服务,还要面向未来。今天紧迫的任务是拾取自信,因为曾经落后,我们很不自信。要向世界贡献"中国声音""中国思想",供人们了解、借鉴和参考。在这一点上要有自立的信心和能力,这个时候可能不会是完全的客观,特别是人文研究、社会科学的绝大多数很难做到完全的中立与客观。因为人文社会科学研究就是要面对现实和未来做出应然性的回答,是有着明确的立场和价值取向的。这是其二。如今有人解读"人类命运共同体"时讲什么"文化共同体",如果在国内讲是可以的,我们就是要通过发掘和弘扬中华优秀传统文化,推进国人的中华文化认同。但如果对外讲,则是很不合宜的。这样讲法要么是"低级红",要么就是"高级黑"。对外讲应当是文化相互欣赏、相互交流、相互学习、相互借鉴。文化的本性和生命力在于多元,而不是一元。这是其三。同时还要有大心脏,不要过于计较他人的批评或责难。过去我们不自信所以特别在意别人对我们的评价,讲我好就欣喜若狂,讲我不好就恼羞成怒。这样的心态太狭隘、太小家子气,如果对方又讲好的还讲不好的,怎么办? 故不要这样走极端,任何文化都有优点和缺点,没有十全十美的。要能容许他人的批评,有的批评可能是误解,有的批评可能是曲解;有的批评可能是恶意,有的批评可能是善意。这都不是不可接受的,海纳百川,有容乃大;有则改之,无则加勉,这是中华文化的长项。今天直至今后我们会越来越多地被人骂,要有容纳的心态和胸怀。挨骂怕什么,又骂不死人。此为其四。要注意文化的多层次,既要有阳春白雪,也要允许下里巴人。要雅俗共赏,但也要防止曲高和寡,同时还要防止庸俗、粗俗、低俗。"雅"到高处不胜寒,就失去生存的基础;"俗"到极致,就失去了文化的本意。雅文化是从俗文化中提升出来的,俗文化有着很强大的生存土壤。雅文化引领俗文化,俗文化是雅文化的来源,也是发扬雅文化的途径。要做到"雅"要"雅"得那么"俗","俗"要"俗"得那么"雅",倒不失为雅俗相合的一条路径。既要有"高大上",也要有"傻白甜"。此为其五。文化解读要努力实现工具理性与价值理性的有机统一,实然与应然的统一,不可偏执一隅。更不要搞二元对立,水火不容。既要追求理想境界,也要关

---

　　①　司马迁:《报任少卿书》

照现实需要。任何文化都是要服务于人的现实需要和理想追求的。此为其六。

在上述这些方面,中华文化是有大智慧的,文化思想还是需要"和而不同"的,要讲相互尊重、相互包容,还要讲相互妥协。今天常讲的"双赢"就是妥协和让步的结果,这里边就包含着"双输",没有"双输"就没有"双赢","双输"是为了达到"双赢"。不同文明之间的相处之道不能只是"不是你死就是我亡",除此之外别无他途,要相互包容,还需要相互忍让,要明白这个道理。

最后,还有一点需要再说说,先秦元典的产生有着其独特的自然、人文、经济、政治等社会时代环境加以支撑。依传统的说法,那是一个礼崩乐坏的时代。依唯物史观的方法,那是一个从奴隶社会向封建社会转型的时代,是一个以农耕文明为经济基础的时代。依历史学的看法,那是一个分封制走向中央集权、从诸侯自立走向国家一统的时代。依经济学的角度,那是一个自给自足的自然经济的时代。经济生产和生活方式从来都是左右社会存续和发展、左右社会性质和状态的基础性的核心要素,自然经济与商品经济(依其运行方式,人们也将其称为市场经济)在生产目的上是有根本性差异的,自然经济的生产首先是为了满足自己的需要,剩余的部分才用于交换。商品经济从一开始进行生产时其目的就不是为了满足自己的需要,而是为了交换,交换是为了获得更多的财富。商品交换的实质是等价交换,所以商品经济当然要求平等、自由,社会文化思想的发展也必然要服务于这一诉求。尽管这种平等和自由有很大的局限,马克思曾经在《资本论》中对其进行过深入骨髓的批判和讽刺。自给自足的自然经济希冀的是丰衣足食、子孙满堂、光宗耀祖,是鸡犬之声相闻而老死不相往来的小国寡民状态,更何况中国社会历来有重农抑商的传统。因此,自然经济背景下产生的思想与商品经济条件下形成的思想不可避免地存在着很大的差异。也就是说,西方文化是以强大的工业化为基础的,没有工业文明就没有西方文化今天在全球的尚无可替代的地位,即使今天已经进入后工业化时代。遑论工业化是人类文明必须经历的阶段,所以,西方文化在当下还是强势文化,就是因为近代以来,西方社会通过工业化取得了人类社会有史以来的巨大的成功。马克思在《共产党宣言》中对引领人类工业化的资产阶级给予了很高的评价:"资产阶级在历史上曾经起过非常革命的作用。"其中非常革命的表现之一就是:"资产阶级在它的不到一百年的阶级统治中所创造的生产力,比过去一切世代创造的全部生产力还要多,还要大。"尽管这种成功是血淋淋的甚至是肮脏的。

先秦文化是根植于农业文明、自给自足的自然经济的华夏大地,是中华文化的先师,但不是完美无缺的。今日有这样一种倾向就是动辄以"国学"的名号和态势慑服对手,不允许他人有质疑和微词。这本身就不是客观、适宜的态度。任何文化都不可能包病百病,更何况如今许多对传统文化的解读存在着诸多有意无意的误区。有段时间在一些地方风行的"女校",其传导的内容与思想可以不客气地说几乎尽为传统文化中之糟粕,却为一些人津津乐道。要知道这样一个基本的道理,传统与特色并不必然地等于优秀,更不必然地代表先进,同样也不是不可改变的。比如,汉民族有着春节放鞭炮的习俗,然而近年随着环保意识的增强,各地都对燃放鞭炮进行了必要的规定和限制。汉民族清明祭扫时有烧纸的习俗,同样在环保意识的驱动下,也在进行着艰难而缓慢地改变。

因此,要改变"传统的就是好的","原生态的就是好的","文化、习俗就应是原汁原味"的观念。传统有稳定性更有可变性,没有一成不变的传统,变化与适应是传统存在和延续的基本前提。传统的东西总是要在时代的进步中不断地改变,才能跟得上时代变迁的脚步,故步自封、一成不变的结果只能是被淘汰或者仅具有进入历史博物馆的价值。那种动辄追求原生态、原汁原味的观念和行为,在理论上是幼稚的,在心态上是保守的,在现实中是迂腐的,在实践中往往可能是极端偏执和危险的。说起来,我们的老祖先倒是看得很清楚,那是一个"未有火化,食草木之食,鸟兽之肉,饮其血,茹其毛,未有麻丝,衣其羽皮"①的时代。人类真正的原生态甚至不是刀耕火种,而是茹毛饮血。难道要热衷于追求这样的"原生态",梦回这样的"纯天然"?

另外,今天还有一种倾向同样未必有益于对中华传统文化的继承与发扬,那就是认为西方社会已全面陷入困境,西方文化自身存在着原生缺陷,已经不可能自己拯救自己,需要东方智慧加以挽救。这种想法未免过于天真和乐观,且不论当今世界仍然是以西方社会为主导,以美国的"芯片""大片""薯片"为代表的西方世界的硬实力与软实力仍然十分强大。仅就东方文化来说,还远没有成长到可以君临天下、傲视群雄的地步。而且按照东方智慧的运思,即使成功了也应是以德服人,怀柔四方,而不是一副"我行你不行"的、"我的眼里只有我"的得理不让人的样子。千万要警惕那种"说行时什么都行","说不行时什么都不行"的思想方式、行为做派,特别是我们祖上曾经"阔过",后来败落了。如今,我们还处在负重前行,向山顶攀登、向阶段性终点冲刺的关键时段。这恰恰会是最艰难的阶段,就好像马拉松比赛最为痛苦的往往是接近终点、你追我赶、争取胜利的时刻。保持冷静、清醒的头脑,执着、沉稳的定力还是非常必要的。

---

① 《礼记·礼运》

先秦元典思想的生命力不仅只在其历史意义,更重要的在于其现实作用。要从先秦元典的历史背景中实现超越,探寻其思想的普遍意义和一般价值;需要从其原初内容中引申出当代内涵;还应预留发展的空间。同时要服务当代中国发展需要,推进中华文化与马克思主义的融合。面对传统既不能数典忘祖,也不能固守不变。由此,批判性继承、创造性改造、创新性发展和普适性建构四者的有机结合才是应有的选项。

第二章　先秦元典概览

中国古籍可谓"汗牛充栋",以下对先秦元典的介绍包括主要两个部分,一是"六经",即诗、书、礼、易、乐、春秋。二是诸子百家的著作与思想。从学派上讲,主要介绍了儒家、道家、法家、墨家、兵家、杂家等。从人物上说,主要介绍孔丘、孟轲、荀况,老聃、庄周,韩非,墨翟,孙武,吕不韦,管仲等。从著作来看,有《论语》《孟子》《荀子》《道德经》《庄子》《韩非子》《墨子》《孙子兵法》《吕氏春秋》和《管子》等。另外,鉴于孔子在中国古代思想史上的特殊地位,特设"丧家狗——孔子"一节专门加以说明。

1. 先秦元典

"六经"是中华文明的源头和中华文化的核心典籍,中华文化的各个流派都可以从这里找到源流和线索,可以说"六经"是中华文化的根与魂。按照今文经学的排列,依内容深浅"六经"依次为《诗经》《尚书》《礼记》《乐经》《周易》《春秋》。

1.1 《诗经》

《诗经》是中国最早的诗歌集。反映了公元前十二世纪到公元前六世纪期间以黄河流域为主的中原地区人们的社会生活。歌以咏志,文以抒怀。诗歌在人类历史上产生的时期很早,可以说是人类最早的精神创造之一。《毛诗序》中说:

诗者,志之所之也。在心为志,发言为诗,情动于中而形于言。言之不足,故嗟叹之。嗟叹之不足,故咏歌之。咏歌之不足,不知手之舞之足之蹈之也。

《诗经》共收有诗歌 305 篇,分为"风""雅""颂"三大部分。其中,《风》含有十五国风,即十五个诸侯国或地区的诗歌,共有一百六十篇。从内容上看,以抒情为主。主要是风俗诗与讽刺诗,表现了当时社会生活的方方面面,如男女情爱、婚姻家庭、兵役劳役之苦、思乡怨妇之情,生产劳动的场景以及对贵族统治者残暴淫逸贪得无厌的批判。《雅》为"言王政之所由兴废"。分大雅、小雅,计一百零五篇。大雅是为朝会礼仪活动而作,小雅多为怨刺诗。《颂》为王室的庙堂祭祀乐歌,主要是称颂王之盛德,祭祀神明、昭告先祖。有《周颂》《鲁颂》《商颂》,计四十篇。

《诗经》是西周时期礼乐文化的产物,不仅具有很高的文学艺术价值、语言价值,而且具有很高的无可替代的历史文化价值。诗中反映了西周时期的哲学思想和政治观念,透露出西周时期上层社会的政治风貌和社会生活,记录着西周文明的方方面面,是真实记录周代社会的风俗画卷。

夏传才先生认为《诗经》"是周王朝在几百年之间陆续制作、收集和编辑的,供推行礼乐而应用的 305 篇乐歌歌词的结集。"是一部"中国上古由口头文学创作转化为书写文学创作的第一部诗集。"①正所谓"饥者歌其食,劳者歌其事"。《诗经》是中国文学现实主义的开山者,开辟了中国文学写作题材的广阔视野,成为中国后世文学的源头。其赋、比、兴的艺术表现手法成为中国古代现实主义诗歌的创作传统,其精湛的语言文字及其运用手法直到今天还鲜活地存在于我们的生活之中。如,一日三秋、战战兢兢、忧心忡忡、窈窕淑女、燕尔新昏(婚)、小心翼翼、天作之合、泾渭分明、不可救药、进退维谷、人言可畏等等。白居易在《与元九书》中对《诗经》给予了高度的评价,他认为:

人之文,六经首之。就六经言,《诗》又首之。……《诗》者,根情、苗言、华声、实义。

白居易将《诗经》比作一棵枝繁叶茂、硕果累累的大树,其根本在于情——真情、实情,优美的语言是它的枝叶,婉转的声韵是它的花朵,深刻的内涵与义理是它的果实。白居易十分推崇《诗经》的批判现实主义精神,在《新乐府序》中指出《诗经》创作是"为君为臣为民为物为事而作,不为文而作也"。即"五为一不为",就是说不是为了写诗而写诗,不做无病呻吟,作诗应当言之有物,要反映社会现实、直面社会问题,要有人文关怀和社会担当。如《诗经》中的怨刺诗具有强烈的批判精神,《魏风·伐檀》用"彼君子兮,不素餐兮""彼君子兮,不素食兮""彼君子兮,不素飧兮"讽刺了当权者的不劳而获。《小雅·十月之交》中写到"下民之孽,匪降自天",即民众之苦难不是上天降临的,而是"职竞由人",将民众疾苦的原因直接指向当权者。军旅诗亦有极高的造诣,《小雅·采薇》中描写军人出征、还乡之"昔我往矣,杨柳依依。今我来思,雨雪霏霏"堪称绝唱。而描写战士与爱人离别时誓言的"死生契阔,与子成说。执子之手,与子偕老"更是成为中国人表达忠贞爱情、彼此至死不渝的经典之作。

孔子云:

---

① 夏传才:《诗经讲座》,广西师范大学出版社,2007 年版,第 6、10 页。

诗三百,一言以蔽之,思无邪。①

《诗经》中以爱情和婚姻为主题的近百篇,在《诗经》305篇中占三分之一。描写了人们对爱情的渴望,对恋人的相思,对美好生活的向往,对男方背叛爱情的怨恨与哀愁。反映了相会的欢娱,相思的痛苦,情感的波折,失恋的悲伤,离别的痛苦,他人的流言,世俗的压力。开篇一首"关关雎鸠,在河之洲,窈窕淑女,君子好逑",词句优美流畅,情感真挚淳朴,举止大方有止,激情飞扬又含蓄内敛,可以说是"发乎情,止乎礼义"的典范之作,是对情爱男女之间青春生命勃勃生机和款款深情的精湛描述,其中"窈窕淑女""君子好逑""辗转反侧"等都成为后世经典。从"所谓伊人,在水一方"到"一日不见,如三月兮",从"宴尔新昏,如兄如弟"到"执子之手,与子偕老",一部《诗经》尽述了从相恋、相思到相约、相守的深情与执着,让我们看到了古人的情怀和追求,先秦时代民风的淳朴和洒脱,也正是对处在青春时期的中国,充满昂扬活力与生命躁动的形象写照。

特别需要说明的是《诗经》具有重要的伦理教化功能。西周初年为巩固政权、论证政权合法性,围绕"德治",强调"敬天保民",开始大规模地制作礼乐。"礼"就是政治制度、社会关系、人际伦理的法典化,乐是表现形式。通过礼、乐推行和完成教育感化、情性陶冶、移风易俗和社会和谐,《诗经》被看作是具有"经夫妇,成孝敬,厚人伦,美教化,移风俗"②的重要功能的文本。《鄘风·相鼠》有云:

相鼠有体,人而无礼! 人而无礼,胡不遄死?

孔子非常重视诗、礼、乐的教化功能,《论语·泰伯》中就讲:

兴于诗,立于礼,成于乐。

认为道德教化和文化学习应当从读《诗》开始,

《诗》可以兴,可以观,可以群,可以怨;迩之事父,远之事君;多识于鸟兽草木之名。③

"兴"是指联想和想象能力,学诗可以受到启发、开阔眼界和思想;"观"是指观察能力,学诗可以学会观察社会和他人的能力;"群"是指合作能力,学诗可以体会集体和合作的必要与作用。"怨"是指批判能力,特别是对领导和上级的"讽喻",学诗可以掌握批评的能力和艺术。顺便说一下,孔子非常重视规劝君主、官长和同事朋友的劝谏方法与艺术,在《孔子家语·辩政》中就记载了孔子提出的五种劝

① 《论语·为政》
② 《毛诗序》
③ 《论语·阳货》

谏方法,即谲谏、戆谏、降谏、直谏、风谏。孔子认为最适当的方法是"风谏",即讽喻、教化劝说,战国时期齐国的晏子堪称"风谏"的高手。掌握了这"兴、观、群、怨"四种方法对内可以孝敬父母,对上可以为君主所用,成为栋梁之材。即使是最一般的情形下还可以增长见识。然后通过学礼实现人格成熟和自立,在音乐潜移默化的熏陶下完成自我教育和人格升华,最终成为有思想、有担当、有作为的君子。

1.2 《尚书》

尚者,上也。《尚书》当成于王朝史官之手,为上古时期王室历史档案资料的汇编,基本上是一部政事书。《荀子·劝学》中说:

《书》者,政事之纪也。

《尚书》分为三大部分,分别是《虞夏书》《商书》《周书》。记载内容涉及中国古代早期的几个王朝(唐、虞、夏①、商、周)的国家军政要事,以商周时期为主。《尚书》堪称中国最古老的官方文件档案汇编,分记事、记言两种。文体主要有以下几种:典——帝王的言行;诰——政令;誓——军令;命——上级对下级(主要是君对臣)的指示;训——下级对上级的报告;谟——君臣之间、臣子之间的互相谋议,类似于今天的会议纪要。经历了秦始皇"焚书坑儒"的浩劫和时代变迁,如今我们看到的只是残本而非全貌,现存《尚书》有今文《尚书》二十八篇,古文《尚书》二十五篇,共计五十三篇。② 虽然今天传本《尚书》有真伪质疑,但作为中国第一部政治文献总汇,在中国思想史上有着无可替代的地位。

首先,《尚书》中描述和体现了中国古代国家政治治理的理想境界,《尧典》在称颂尧的功绩时讲:

克明俊德,以亲九族。九族既睦,平章百姓。百姓昭明,协和万邦。

这里表达的从小至大、由亲至众、由近及远的治理层级,以德才兼备为用人标准,以和谐、和睦为治理目标的政治理念可以说是中国古代政治理想的宣言书。

其次,《尚书》中保留了关于氏族民主政治的记述。《尧典》中记录了尧选拔继承人的情形,

四岳。朕在位七十载,汝能庸命巽朕位。

尧对四岳的诸侯首领说:我在位已经七十年了,你们当中谁有能力能够顺应天命,来接替我的位子,担当大任啊? 众人告诉尧,有一个叫虞舜的,尽管其父顽

① 注:唐指尧帝,尧为陶唐氏;虞指舜帝,舜为有虞氏;夏为夏禹。以上历史时期尚缺少确切史料记载和考古证明。

② 注:此说见王世舜,王翠叶译注:《尚书》,中华书局 2012 年版。

劣不仁,其母为人奸诈,其弟十分傲慢,但舜都能够与他们和睦相处,还以自身的行动教育和感化他们。身处恶劣环境,不仅能守正自持,还能助人改过,能做到这样的人,可以担此大任。于是,在大家的推荐下,选中了舜。后来经过考察合格后,尧决定让位于舜。在"将逊于位,让于虞舜"的禅让过程,舜依旧表现得十分谦让,希望有比自己更有德行之人来担此重任,故"让于德,弗嗣"。

第三,《尚书》首创了大一统的思想。《尧典》中记录了尧"协时月正日,同律度量衡"。就是修订统一历法,统一音律和度量衡(长度、容量、重量)。《禹贡》中记录了大禹治水的过程中,依照自然地理环境、各地经济发展状况和不同的物产情况,将国家划分为九州,形成统一的国家行政区划。九州既是分又是合,是在国家一统下的分。与欧洲社会封建时代诸侯国林立、各自为政不同,统一的中央管治下的政治格局很早就开始形成,成为中国古代国家观的基本内核,并深深地影响着中国人对国家的理解和认识。

第四,《尚书》以"五行"说提出了中国古代的自然主义的宇宙生成论思想。

五行:一曰水,二曰火,三曰木,四曰金,五曰土。水曰润下,火曰炎上,木曰曲直,金曰从革,土爰稼穑。润下作咸,炎上作苦,曲直作酸,从革作辛,稼穑作甘。[1]

五行分别是水、火、木、金、土。其中,水的性质是润下,水往低处流,最终归于大海,海水为咸;火的性质是炎上,即向上升腾,食物烧煳了味道就会发苦;木的性质是有弹性,可以曲、可以直,很多植物特别是水果是酸的;金属的性质是可塑性,味道是辣的;土的性质是可以种庄稼,庄稼的味道是甘甜的。五行成为万物的始基,它们性质各不相同,之间又相互感应、相互作用,生成世间万物。到了战国时期,阴阳家邹衍提出"五德终始说",在五行相生相克的模式下,论证王朝的更迭和替代。五行对应五德,自然对应人事。五德分别是:仁、义、礼、智、圣。那时人们有这样的观念,

历史上的不同王朝各自都代表着五德中的某一德,它们依照五行相克的次序交替运转,这便是所谓"德运"。因为每一德都有其盛衰,所以每一朝代也都有兴起和消亡的历史。"五德终始"在中国历史上第一次从理论上说明了任一历史朝代的合理性都不是永恒的,它如同阴阳五行的盛衰一样必然有其发生发展和消亡的历史,并必将为新生的反映德运要求的朝代所代替。[2]

后来,皇帝下诏书时必讲的"奉天承运",就是指奉天命,承五德之运,就是承

---

① 《尚书·洪范》
② 向世陵:《中国哲学智慧》,中国人民大学出版社,2000年版,第59页

担不以人的意志为左右的"命运"。

第五,认为君臣关系是对等的。《尚书》中记述商汤用伊尹、傅说,都是以圣人、君子的规格从民间请来的。而商汤的长孙太甲继位后,不遵守祖制,肆意妄为,在屡谏不改的情况下,伊尹将太甲流放,令其悔过自新。这期间由伊尹代行天子之职,直到三年后太甲能够诚心改过,才还政太甲。在还政的仪式上,太甲与伊尹互行"稽首拜手"之礼。拜手即作揖,稽首即跪拜礼,叩头至地,是九拜中最恭敬的。[①] 注意"对等"而不是"平等"是先秦时期对于人与人之间的关系,特别是上与下、官与民、君与臣之间关系的界说。

第六,《尚书》强调为政者的德行,提出了做一位圣明的君主所应具备的品德。一是礼让。在《尧典》《皋陶谟》中都有对"礼让"的记载。尧禅位于舜,舜禅位于禹时,尧、舜、禹均以"礼让"为本。尧、舜在任命大臣时,众位大臣同样以"礼让"为本。出于德行的考虑,基于对权力的尊重,而不是个人的权威、职位、荣誉和私利,在为官之道上古人给后世做出了表率。二是知过能改。应当不揽功不推过,勇于担当,敢于担责。《秦誓》记载了"殽之战"秦军大败后,秦穆公没有推卸责任,告诉大臣战争失败的责任在于自己而不在将士身上,并且深刻总结失败教训,自责自悔的经过。对于执政者来说,面对错误有两种可能,一种是文过饰非,一种是知过能改。可以说,面对自己的错误"怎么做"是执政者能力、品质、德性的试金石。

至为重要的是,《尚书》开始了关于政权合法性的深刻思考,开创了中华传统政治文化中民本主义的先河。第一,在周王朝取代商王朝的过程中,周王朝对于权力的来源和合法性问题比起商朝的统治者有了新的认识。《商书》中对天命是绝对肯定的,认为商王朝的权力来源及合法性源于天命——"天其永我命"。[②]《诗经》中亦有"天命玄鸟,降而生商"的描述。然而,如果商王朝的权力来自天命,那么周怎么能够逆天而为,不仅推翻了商王朝还杀掉了商纣王呢?如果没有合理的解读,这就不仅是篡位还是弑君的十恶不赦的滔天大罪啊。(注意:周伐纣是否是弑君,孟子后来做了振聋发聩的、颠覆性的解读,得出了"得道多助失道寡助""得民心者得天下""未闻弑君也,闻诛一夫耳"等精彩论断。)周王朝的统治者认识到虽然统治者的权力来自天命,但如果不能够做到"敬德事天",则"天命靡常",商纣失天下的原因就在于失德。第二,周公在总结经验教训时,提出"明德慎罚"的

---

① 古代行礼有"九拜"。《周礼·春官·大祝》:"辨九拜,一曰稽首,二曰顿首,三曰空首,四曰振动,五曰吉拜,六曰凶拜,七曰奇拜,八曰褒拜,九曰肃拜,以享右祭祀。"

② 《尚书·盘庚上》

执政原则,反复告诫大家:"惟命不于常"①、"天不可信"。② 就是讲天命不是永恒不变的,天不可相信,只有努力发扬先王的德行,上天才不会舍弃我们。商的覆亡恰恰在于做了许多违背天命的事而被上天所抛弃。维护政权的要点在于德治。第三,进而重视民意、民心。提出"天听自我民听,天视自我民视"③,上天听到的源于百姓听到的,上天看到的源于百姓看到的,上天的所闻所见与民众是相通的、一致的。告诫为政者要"知稼穑之艰难","知小人之依",④ 而且"天矜于民,民之所欲,天必从之。"⑤统治者要关心民众的愿望和疾苦,要了解百姓生活和劳作的艰辛,要懂得民众的需要。不仅上天的心与百姓的心是相通的,而且百姓的意愿上天一定会依从的。一旦天命源于民心,天命遵从于民心,那么为政者就必须遵天命而听人事。第四,在《五子之歌》中更是进一步提出:"民惟邦本,本固邦宁"的思想,即民众才是国家的根本,这成为《尚书》中对民众地位的最高定位。同时还强调了执政者对民众的态度应当是"民可近,不可下"。对于民众应当亲近、爱护而不能漠视和疏远。周人用天命回答了政权神圣性的来源,用民心回答了政权合法性的来源。比起商人的"敬天事鬼",周人的"敬天保民"和"天人相通"的观念显然大大地前进了一步,这也成为中华传统政治文化中民本主义思想的起点。

一篇记录帝舜、禹、皋陶等人之间讨论治国安民的大政方针的《大禹谟》,则提出了"人心惟危,道心惟微,惟精惟一,允执厥中"的十六字方略,宋儒称之为"虞廷十六字",这是古人形成国家观、社会观乃至世界观的定位原点。人的思想往往会受到很多干扰而充满杂念,从而处于十分危险的境地。大道的内涵与真义又往往十分精微,使人难以准确精细地把握和体会。因此,只有除去私心杂念、专心一致地去体察,始终如一地去遵循,才能够把握和秉承中和之道。只有做到这些,才能不负众望,牢记初心,担当起治国安民的大任。

1.3 《礼记》

礼包括《礼仪》《周礼》《礼记》三部,是先秦典章制度的汇集,共有四十九篇,主要由孔子的弟子记录了秦汉以前儒家的各种礼仪著述。一部分是儒家的言论,一部分是古代礼节,包括儒家认为应当有的礼节。四书中的《大学》和《中庸》原本是《礼记》中的两篇。这里以《礼记》即《小戴记》为主进行分析。《礼记》确立为经典

---

① 《尚书·康诰》
② 《尚书·君奭》
③ 《尚书·泰誓中》
④ 《尚书·无逸》
⑤ 《尚书·泰誓上》

的地位是较晚的事。大约到了三国时期,才开始讲《礼记》。这里要说明一下,经学家把孔子及孔子以前的圣人(周公等)所著的典籍称为"经",把孔子以后诸儒解释"经"的书称为"传",把孔子以后儒者间接发挥经义的文章称为"记"。有学者认为礼源于饮食规则,事实上,在高等动物特别是群体性生存的物种中往往存在着进食的某种规则。《礼记·礼运》中也讲:"夫礼之初,始诸饮食。"对于人类而言,规则的设立及其不断完善是与人类的文明程度呈正相关关系的。换句话说,人类文明程度越高,规则的设计及其内容越完备越合理。

那么,第一,礼是什么?《礼记·曲礼》里有一段话讲得很清楚:

鹦鹉能言,不离飞鸟。猩猩能言,不离禽兽。今人而无礼,虽能言,不亦禽兽之心乎?……是故圣人作,为礼以教人,使人以有礼,知自别于禽兽。

就是说人和禽兽的区别在哪些方面呢?有人认为人和禽兽的区别在于人有语言,然而鹦鹉、八哥也会学舌,猩猩能模仿人的行为,但我们还是把它们归类到禽兽之中。为什么这样呢?因为它们无礼、没有规矩,不过是"禽兽衣冠"。人有语言,但如果人无礼,与禽兽就没有什么区别了。因此有圣人出来,制作礼仪规范,教育人们去遵守,让人们懂规矩,这样才使人与禽兽区别开来。于是"凡人之所以为人者,礼义也。"①古人认为礼是人猿相揖别的基本标志,也是文明与蒙昧的分水岭。

第二,礼仪为什么可以做到这一点呢?在于:

夫礼者所以定亲疏,决嫌疑,别同异,明是非也。②

就是说懂礼、明礼可以让人们理清人与人关系的亲疏和远近,判明事情的真伪和虚实,辨别事物的种类和异同,明白道理的真假和是非。儒家认为人们的社会身份有五种:夫妇、父子、兄弟、君臣、朋友,即"五伦"或"五常"。"礼"就是来规定和处理这些伦理关系的原则和规则。如冠礼、婚礼、丧礼、祭礼、射礼、飨礼(宴饮)、觐礼、聘礼等。

第三,礼要如何践行呢?《礼记·曲礼上》讲:

行修言道,礼之质也。

这就是要求人们自觉地进行品行修养,还要在实际生活中做到言行一致、表里如一。

第四,如何修养自身,使自己成为有礼之人呢?《礼记·曲礼上》讲:

---

① 《礼记·冠义》
② 《礼记·曲礼上》

夫礼者,自卑而尊人。

即礼的内核在于对于自身而言要克制自己,为人谦逊,懂得礼让,对于他人要懂得尊重,能够谦让。后来孔子讲"克己复礼"也是有这个意思。因此,礼作为社会规范、行为规则是文明社会的考量尺度,是划分文明与野蛮的标尺。

第五,古人不仅将礼义作为教育人们的方式,还将礼义视为做人的标准,仍然是在《礼记·礼运》中讲:

故礼义也者,人之大端也。

第六,礼是建设美好社会的途径。古人不仅将礼义作为判断君子的尺度,更是将礼义看作能够实现改造社会、拯救民生、建设美好社会——大道之行,天下为公——的理想的根本路径。所以才讲,

故礼也者,义之实也。①

即义为礼的精神,礼为义的内容。

冯天瑜先生指出:

"礼"原是宗教祭典上的节文,用以显示参加典礼者的上下尊卑关系,并以乐舞仪程等"礼"的形式表现对祖宗神灵的敬重。……周人强调人事,把'礼'的作用从祭典的仪制引申、扩大为社会等级制度和道德规范。②

在《礼记·表记》中就描述了夏、商、周的不同,

夏道尊命,事鬼敬神而远之。……殷人尊神,率民以事神,先鬼而后礼,先罚而后赏。……周人尊礼尚施,事鬼敬神而远之。

与殷商尊鬼敬神不同,周王朝更加注重礼制而虚置鬼神。礼制为人间现世的社会等级秩序的规定,是人们行为的规范,是人们在社会生活的各个领域必须依从的行为准则。所以孔子才讲:"不学礼,无以立。"如果没有学会和知晓礼仪,就不能够成为人,更无法承担责任。因此,特别强调:"冠(礼)者,礼之始也。"③就是说成人礼是一个人成为人的开始,能够教育和规范人们:

为人子、为人弟、为人臣、为人少者。

凡人之所以为人者,礼义也。④

婚礼是为人之根,为礼之本,因为

---

① 《礼记·礼运》
② 冯天瑜:《中华元典精神》,武汉大学出版社,2006 年版,第 46 页
③ 《礼记·冠义》
④ 《礼记·昏义》

昏礼者,将合二姓之好,上以事宗庙,而下以继后世也。

昏礼者,礼之本也。①

如此人生大事,绝不仅是两个人之间的关系,而是要实现两性间的结合欢好,对上而言要传宗接代以事奉宗庙,对下而言要生儿育女以继承后世。然而夫妇之间并无血缘关系,如何成为生死相随、不离不弃的一体,在婚礼上须

同牢而食,合卺而酳,所以合体同尊卑,以亲之也。②

就是要新婚夫妇在一只碗里吃同牲的一块肉,在一个一分为二的瓠瓜里共饮一杯酒,象征从此两人血脉相连合为一体,永结同心、福祸与共。经历此仪式,方能"宴尔新婚,如兄如弟",情同手足,生死相依。由此可见,后世《三国演义》中刘备所谓的"兄弟如手足,妻子如衣服。衣服破,尚可缝;手足断,安可续?"实在是大谬也。

礼制所维护的社会是一个等级社会。事实上,人类社会是人们共同生活的集合体,是一个有机、开放的系统。只要是系统就一定是有层次和层级的。阶级社会中有不同的阶级,同一阶级有不同的社会阶层,人与人的完全没有差别的平等是不存在的。那么在等级社会里维护社会正常运行需要遵循什么原则呢?——对等。什么是对等? 对等不是平等,平等是指在社会生活中人与人之间具有同等的社会地位,拥有同样的机会和同等的权利。即人与人相互平等,没有高低贵贱之分,机会均等、权利相等。对等则是指在存在着阶级和阶层差别的现实社会中,不同阶级和阶层的人与人相互间的平衡、等值状态。关键在于双方相互间关系的公平、合理,双方彼此对待的等价、相称。形象地说就是你怎样对待我,我怎样对待你;你喜欢我,我喜欢你;你不待见我,我不待见你。在古汉语里"义"是"宜"的意思,就是说人与人相处要有序有度,要适宜恰当,方式与态度是相对应的。比如在君臣之间应当是"君使臣以礼,臣事君以忠"③,在《尚书·太甲》中就有记述,当伊尹还政太甲时,君臣之间互行拜手稽首之礼。太甲在问政时,向伊尹行拜手礼,又行叩首礼。伊尹在回话时同样行拜手礼,又行叩首礼。《礼记·曲礼》中就讲:

礼尚往来。往而不来,非礼也;来而不往,亦非礼也。

礼制划定了社会各阶层的等级和名分,在此基础上,形成名正言顺的互相交往的礼仪和尺度。通过吉礼(祭祀)、凶礼(丧葬)、宾礼(接待宾客)、军礼(军旅操

---

① 《礼记·昏义》
② 《礼记·昏义》
③ 《论语·八佾》

演、出兵征伐)、嘉礼(宴、饮、婚①、冠礼),实现各种社会活动和社会交往的有序进行。

需要特别说明的是,古人在礼的制定标准上有非常冷静、清醒、务实的认识,就是说不是以理想主义而是以现实主义为取向。《礼记·檀弓上》中讲道:

先王之制礼也,过之者俯而就之,不至焉者,跂而及之。

就是强调在制定礼仪规则时,既不要将标准定得过高,也不要将标准定得过低。标准定得太高,大多数人都做不到,久而久之规矩就成了摆设,失去其作用与意义;标准如果定得太低,就起不到规范约束大家言行举止的目的。所以,制定的礼仪规则要适当、适宜。就是要限制过高过分的、可望而不可及的要求,让那些过于严苛、一味追求高大上和理想化的目标的做派能够有所节制,不可揠苗助长、操之过急、脱离实际。更不要动辄以"无私""奉献"对普通民众进行"道德绑架",用"圣人"的标准来要求民众。因为如果这样做,最后的结果就是人人都会戴上一副道貌岸然的假面具,装出一副无比高尚的样子,营造出一幅看起来似乎很美好的,结果是伪君子大行于市,"假大空"甚嚣尘上,实则是十分虚幻、虚假、伪善的社会氛围。同时对大多数人而言,标准也不要定得太低,如果那样就起不了应有的教育、规范和引领、激励的作用。普通人通过自己的努力就有可能提升自身、达到要求,这样可以激励大多数人向好的方向进步。一句话,礼仪标准的制定要接地气,有人情味。不可高高在上,不食人间烟火,最后流于空谈。而君子作为社会生活中的表率,既要以身作则,也要体谅众生,不要用自己的标准、圣人的尺度来要求大家,只要能够教育大家互相规劝、勉励,努力向上就可以了。

是故君子不以其所能者病人,不以人之所以不能者愧人。是故圣人之制行也,不制以己,使民有所劝勉愧耻,以行其言。②

这就是说君子不以自己高出普通人的才能与品德去苛责别人,也不以他人难以做到的标准去要求别人(一定要做到)。因此,圣人制定道德标准和行为规范,不是以自己的标准去要求别人,标准的制定要普通民众能够参照自己的言与行,懂得什么是可以做的,什么是不能做的,什么是介于可做不可做之间的,使民众培育起羞耻之心,以此规制自己的言谈、行为、举止,从而按照圣人的要求去做。

----

① 中国古代的婚礼有纳采、问名、纳吉、纳征、请期、亲迎等六个程序,亦称为"六礼",见《礼记·昏义》;另外,"六礼"的另一内容是指古代的冠礼、婚礼、丧礼、祭礼、乡饮酒和乡射礼、相见礼等六种礼仪,见《礼记·王制》:"六礼:冠、昏、丧、祭、乡、相见。"

② 《礼记·表记》

在古人看来,礼是中国人习俗和行为的准则,是人自别于禽兽的标志,是文明与野蛮的区别所在,是社会伦理秩序,是国家规章制度,是社会活动的规则,是人际交往的方式。循礼的要点一是要出于诚敬,这是讲动机要正,行为端正的同时内心对礼有正确的认识和认同。二是为人要谦虚自持,这是指守礼是自我的自觉行为,重点是自己做到、做好没有,而不是总在关注他人的不是。三是要尊重他人。能够尊重他人是一种内心平静且有自信的表现,否则不是表现为傲慢,就是表现为过分谦卑。与人交往要有分寸,要得当,既不过分亲密,也不要太过冷漠。

1.4 《周易》

《周易》包括经传两部分,即《易经》《易传》。其中,《易经》有"三易",一是伏羲之易《连山》,一是黄帝之易《归藏》,三是周代之易《周易》。因《连山》《归藏》已亡佚,故"易"专指《周易》。一般认为八卦为伏羲所作,六十四卦为周文王所演,《易传》为孔子所作。《周易》讲八卦,八卦与五行说不同。《周易》首先是卜筮之书。简单地说"卜"就是指"龟甲"或"兽骨","占"就是看、观察。"卜"是观象,即看经过火烧后的"龟甲"或"兽骨"的纹理和走向。"筮"就是用蓍草占卦。"筮"是视数,即解释随意选取的长、短草棍的数量。这种做法用今天的话通俗地讲就是算命,然而如果只讲卜筮=算命,则又流于简单。占卜确实是巫术的基本方式,但巫术是人类最早的希望用自己的努力去改变他物满足自身需要的尝试,所以巫术中包藏着最早的"科学",而人类最早的科学是以"哲学"为母体的。另外,占卜具有强烈的目的性,它是人们对于未知和未来的预测。占卜不是历史,历史是对已经发生过的人和事的记载和议论,是总结和反思。占卜是对未知的认识,是具有探索性质的活动,虽然这种活动不科学,但却是人类不安于现状、希望掌握命运的努力。

一是周、易的含义

"周"的含义有三,一是指周朝,或者说周人;二是指周全,或者说周到、周遍;三是指周转,或者说周而复始。"易"字的字源解读同样有三种,一是说蜥蜴,蜥蜴会变色,易也是变;二是说日月,上面是个日,下面是个月,日月轮转,昼夜交替是变;日为阳,月为阴,阴阳相交亦变;三是说倒水,把水从这个杯子中倒到另一个杯子中,这也是变。①

"易"的含义亦有三,一是"简易",简易为德;二是"变易",变易为气;三是"不易",不变为位(位置、方位)。简易是指简单、简约、平易、容易;变易是指变化、更替、流转;不易是指不变。这样"易"既包含变化又包含不变。

---

① 此处参考易中天著:《中国智慧》,上海文艺出版社,2011年版,第11页

二是易的结构

《易经》是由筮、卦（符号）和解释卦的文字（卦辞、爻辞）三个部分组成。具体地讲就是筮、卦画、卦名、卦辞、爻题、爻辞等。"筮"是数字，"卦"是指卦画，"画"就是符号，"爻"是卦的基本构成单位。爻有两个最基本的符号，即表示"阳刚"的阳爻，代表天；表示"阴柔"的"阴爻"，代表地。"—"是阳爻，"——"是阴爻。"—"为奇数，"——"为偶数。三爻交相叠加形成八卦，即乾、坤、坎、离、震、艮、巽、兑。就是说八卦是由阳爻、阴爻三叠而成的三画卦形。三画代表天地人，包含阴阳两个符号。卦辞是对卦象的解释，爻题是指爻的名称，阳爻"—"题为"九"，阴爻"——"题为"六"。爻辞是对爻象的说明和阐释。以"乾"卦为例说明一下，"乾"是卦名，"☰"是卦画，下卦、上卦皆为乾，象征"天"。卦辞是"元亨利贞"。乾卦第一爻（初九）为"潜龙勿用"即爻辞。

《系辞传》讲：

是故《易》有太极，是生两仪，两仪生四象，四象生八卦。

乾、坤为两仪，即一阴一阳；阳爻、阴爻两两组合，形成四种符号，即两仪生出四象，四象就是春夏秋冬四时；四象生八卦就是在四象上分别加上一阳爻或一阴爻，产生八种新的符号，即八卦。六十四卦又是怎么演成的？《系辞传》讲："因而重之，爻在其中矣"，就是说在八卦的每一卦的上边又重以八卦，演成六十四卦。即"因而重之"。整部《周易》由六十四卦构成，每卦六爻，计三百八十四爻。每一卦、爻都有自己的卦辞和爻辞，加上乾、坤两卦的两条用辞，共四百五十条，总称筮辞，即《易》的经文。

《说卦》说：

乾，健也。坤，顺也。震，动也。巽，入也。坎，陷也。离，丽也。艮，止也。兑，说也。

即指每一个卦名代表一种性质。八卦各有其卦名、卦形、取象、卦德。如下图：

卦名	卦形	取象	卦德	八卦取象歌
乾	☰	天	健	乾三连
坤	☷	地	顺	坤六断
坎	☵	水	陷	坎中满
离	☲	火	丽	离中虚
震	☳	雷	动	震仰盂

卦名	卦形	取象	卦德	八卦取象歌
艮	☶	山	止	艮覆碗
巽	☴	风	入	巽下断
兑	☱	泽	悦	兑上缺

《易传》有象（上象、下象）、象（上象、下象）、系辞（上系、下系）、文言、说卦、序卦、杂卦七种，十个部分，故称为"十翼"。其中，《象》是解释卦名和卦辞的；《象》分为"大象""小象"。"大象"解释卦名和卦的寓意，"小象"解释爻辞；《系辞》集中体现了《周易》的哲学思想，可以说是易学概论，阐明了八卦、宇宙起源和象数原则；《文言》是对乾、坤两卦思想的阐发；《说卦》主要讲八卦的性质和取象；《序卦》是对六十四卦的排列顺序及其意义的阐发；《杂卦》则以性质和规定相反的两卦为一对来说明其意义和区别。《易传》是理解《易经》的一把钥匙。形象地说如果没有《易传》，《易经》对今天的人来说就好像是一部天书。金景芳先生认为《易传》为孔子所作。钱玄同等人认为《易传》与孔子无涉。

三是《周易》的基本思想

《周易》当是先秦元典中最为重要的，为"六经"之首。这样说是因为《周易》基本上奠定了中国人所特有的思维方式、世界观立场，即整体观和生成论。这种思维方式和世界观进而规定了中国人应持的人生态度和价值取向。梁漱溟先生曾经说过：

西方文化是以意欲向前要求为根本精神。印度文化是以意欲反身向后要求为其根本精神的。中国文化是以意欲自为调和、持中为其根本精神的。①

东西方文化的精神为什么会有这样的差异，一个至关重要的原因当在于东西方各自不同的思维方式和世界观立场。西方哲学关心的是世界万物的本原是什么，如果是"一"，那么这个"一"是什么。即必须把握事物的本质，还要透过表象去探寻本质，而本质只能有一个。古代印度哲学关注的是通过否弃现世生活存在的价值和意义来逃避现实生活的苦难，就是说当芸芸众生无法解决现实的苦难或者无法摆脱现实的苦难时，那么就逃避、逃离、抛弃这个苦难的现实世界。而《周易》则表现为，如果这个世界之本原——道——是由一阴一阳构成，那么需要重点关注的就不一定只是"道"，而是阴阳。由于阴阳是两个不同的东西，因此阴阳之间的关系就成为重要的关注点。要搞清楚它们在由"道"生成后，如何相互联系、相

---

① 梁漱溟：《东西文化及其哲学》，商务印书馆，1999年版，第62、63页

互作用、相互影响,更为重要的是如何相互依存、共同成长。因为它们两者之间是不可分割的整体,没有了对方,自身也没有存在的可能和前提。所有的考量都必须在双方共存的状态下和双方之间展开才有意义。

由此,《周易》的核心思想在阴与阳的关系方面,一是关注"阴阳"相互作用的结果、可能或趋势——易,即变化。事物之间相互作用一定会引起变化、变易的。二是关注"阴阳"相互关系的内容。既然阴阳两个相互离不开,那么相互作用就重在相互辅助而不是相互对立,相互依存引起的是相互完善而不是相互克服。三是关注"阴阳"相互作用的过程。否极泰来,从强到弱、从弱到强,从吉到凶、从凶到吉,从正到反、从反到正,从隐到显、从显到隐,这是一个不断循环往复的过程。四是关注"阴阳"相互作用的方式与态势。相互作用不是一方战胜或克服另一方,不是双方同归于尽,而是相得益彰、彼此配合,既中且正。"正"是各居其位,"中"是彼此配合。五是关注"阴阳"相互作用的应然要求。"阴阳"相互作用的最佳状态是"时中"。① 如果"阴阳"始终处于相互作用之中,那么作用的最佳状态是什么呢?当然是"时中"。既不要太过,也不要不及,应当是恰如其时,恰如其分,也就是中庸。

另外,如果事物总是处于不断的变化之中,应当怎样对待"易"?那么其一就必须关注事物变化的方向和性质,是变好、是变坏、还是循环。是前进、是退步、还是周而复始。其二就是要有"与时偕行"的精神,而不是墨守成规、一成不变。就要有革命意识或者是变革精神——"穷则变,变则通,通则久"。② 其三就是面对种种变化的可能,要有忧患意识。要懂得居安思危,"作易者,其有忧患乎?"③警惕事情变坏的可能性,防止事物向坏的方面变化。其四就是要懂得物极必反的道理。说话、做事要恰当、合适,不可走极端,也不要做得不足。明白了这些,怎么为人处事,怎样修身、齐家、治国、平天下,就有了立场和具体方法的指导。

1.5 《春秋》

春秋,即季节,年月,时光,时间也。一年有春、夏、秋、冬四季,古人十分重视春、秋两季的祭祀活动,故以春秋表示时间。先秦时期各国史书又均为编年体,所以取"春秋"二字以示编年。"春秋"原是西周末期至东周前期各诸侯国编年国史的通称,只是在各诸侯国国史中,传世者仅为《鲁春秋》。《春秋》以鲁国纪元,记述

---

① 《周易·象传》
② 《周易·系辞传下》
③ 《周易·系辞传下》

了自鲁隐公元年(公元前722年)至鲁哀公十四年(公元前481年),一说为十六年(公元前479年)间,共计十二位鲁公,二百四十多年的史事,是我国的第一部编年体史书。全书文字十分简约、凝练,全书共16572字,每条记述多则四十来字,少则仅只一字。比如,《春秋·庄公上》就记载了庄公六年发生的一件事,只有一字——"螟"。就是说那年发生了螟虫灾害,但详情一概不录。又如,《春秋·庄公下》记载了庄公二十四年发生的一件事,只有二字——"大水"。说明发生了水灾,但损失怎样、持续多长时间、怎么应对的、结果如何,全都不知。再如,《春秋·僖公上》就记载了僖公十二年的一件事,全文三个字——"秋七月"。七月怎么了,发生什么事了? 不得而知。

由于《春秋》文字极为简约,在历史事实的具体内容记述上过于简略,就出现了一些解释《春秋》、增添补充史料细节的书。流传下来的有《春秋左氏传》《春秋公羊传》《春秋谷梁传》,合称"《春秋》三传"。这样,《春秋》就被尊为"经",解释《春秋》的书则称之为"传"。《春秋左氏传》重在记述史事,补充史料,得以经传互补。《春秋公羊传》《春秋谷梁传》则以《春秋》经义为务,主要阐释"微言大义"。有了这些,后人对《春秋》中许多史实的记载有了较为清楚的了解。正因为有了《左传》的解释,才知道僖公十二年"秋七月"发生了什么事,原来是

王以戎难故,讨王子带,秋王子带奔齐。①

这一年秋天(七月,农历),周襄王因为戎人侵扰王城,讨伐王子带,秋天时,王子带逃奔齐国。很多人都知道长勺之战,然而《春秋》中仅写了这么两句话:"十年春王正月,公败齐师于长勺。"②多亏有了《左传》的记载,才知道了曹刿论战,留下了"一鼓作气,再而衰,三而竭"的名句。懂得了作为一介平民也应关心国家社稷的大事,而不可取"肉食者谋之,又何间焉"的态度。才又有了后来的"天下兴亡,匹夫有责"。

以史为鉴,可以知兴替。我们的先人十分重视历史的价值——正所谓前事不忘,后事之师。据说黄帝时期就有史官,创制了汉字的仓颉就是史官。商、周时期史官就成为国君治理国家最重要的助手之一。商朝末年,商的史官带着商的典册投奔了周,被视为商王朝即将灭亡的标志。历史一是指已经发生的人和事,一是指对已经发生的人和事的记述和评述。人们了解历史关键在后者。历史记录不是流水账,不是照相机,不可能面面俱到,也不可以事无巨细。那么,记什么——

---

① 《春秋左传·僖公十二年》
② 《春秋左传·庄公十年》

"书"、什么不记——"不书"、怎么记——"如何书"？《春秋》达到了"一字之褒，荣于华衮；一字之贬，严于斧钺"的境界。

记述历史不加评议性的文字，而只是通过用字的不同表达对事物或人物的看法，实在是《春秋》的创举。《春秋》记事侧重于评断是非曲直，讲求的是"微言大义"。以十分谨慎的用字来表示同类事的不同含义，以此显示对历史事实及历史人物的评判。以"礼"为准则，用极为洗练的词句透露出褒贬之意。如：

天子死曰崩，诸侯曰薨，大夫曰卒，士曰不禄，庶人曰死。①

对于战争，则根据其性质的不同，《春秋》分别使用了伐、侵、袭、入、克、灭、取、战、围、歼、追等不同的字；记录杀，有诛、弑、杀的不同，其褒贬之意显而易见。这也多亏了汉字的丰富博大和其寓意的深刻，区区一字，尽现"风流"。

《春秋》十分强调国君和官员的职责与担当，希望他们能够各居其位，各谋其政。《春秋·闵公二年》中记载了闵公二年发生在卫国的一件事，经文为："十有二月，狄入卫。"（仍然十分简练）好在《春秋左氏传》的记载更为详尽且令人警醒：

冬十二月，狄人伐卫。卫懿公好鹤，鹤有乘轩者。将战，国人受甲者皆曰："使鹤。鹤实有禄位，余焉能战？"

公元前 660 年十二月，狄人攻打卫国，情势十分危急。平日里卫懿公十分喜爱鹤，还让鹤乘坐只有大夫才能坐的车子招摇过市。就在要出兵应敌的时候，从卫君那里领取了甲胄即将出战的国人都说：还是派卫公最喜爱、最器重的"鹤大夫"应战吧，鹤都拥有了大夫的地位和荣誉，当然应为国效力，我们一介草民哪里能有"鹤大夫"这样的地位和荣耀，怎么有资格为国而战呢？一国之君的一举一动关乎国家社稷的安危，理应恪尽职守，战战兢兢如履薄冰，不可草率任性，由此可见。

《春秋》为我国编年体史书之先河，以"微言大义"表现着中国传统史学以"经世致用"为己任的深厚传统，强调史学"惩恶扬善"功用。司马迁称：

拨乱世反之正，莫近于《春秋》。②

孟子讲：

孔子成《春秋》而乱臣贼子惧。③

其文约而指博，在词、字运用上蕴含褒贬之义，一字一词含义深刻，成为后人

---

① 《礼记·曲礼下》
② 《史记·太史公自序》
③ 《孟子·滕文公下》

推崇的"春秋笔法"。以《春秋》为源,三传解经各具特色,其中《春秋左氏传》成为中国史学的不朽经典,《春秋公羊传》与《春秋谷梁传》则开辟了中国古代政治学的研究范式。

1.6 《乐经》

《乐经》因已散佚,这里难以详述了。不过一叶落而知天下秋、窥一斑而知全豹,《礼记》中有一篇《乐记》,通过《礼记·乐记》(本小节引文如无特别标记,均出自《乐记》,不再一一说明)的论述似乎可以为我们提供一点古人对音乐的认识和理解:

凡音之起,由人心生也。人心之动,物使之然也。感于物而动,故形于声。

又云:

乐者,音之所由生也,其本在人心感于物也。

原来,声音的产生源于人的内心活动,人的内心活动又是源于外界各种情境的刺激。音乐是由声音所构成的,是人受到外界情境的刺激产生的内心感受,借助于声音表达出来。音乐是人的情感与情怀的表现,是人的感悟与情绪的流露,所以说

乐也者,情之不可变者也。

人的情感与想法是需要表达出来的,心里高兴了就要说出来。光说了不够,就要大声地唱出来(唱歌就是拉长了声调的说话),唱出来还不够过瘾,就要加上咏叹吁嗟,咏叹吁嗟还不够尽兴,那就会不知不觉手舞足蹈地跳起来啦。

说之,故言之;言之不足,故长言之;长言之不足,故嗟叹之;嗟叹之不足,故不知手之舞之,足之蹈之也。

古人认为礼与乐是相互配合、不可分割的,

乐者,天地之和也;礼者,天地之序也。

音乐体现和反映了天地万物的和谐,礼仪则反映和表现了天地自然的秩序,两者相辅相成。礼与乐,一个讲同,一个讲异,相得益彰,

乐者为同,礼者为异。同则相亲,异则相敬。

乐为同,由中出,故静。其指向无怨、相亲、和睦——仁;礼为异,由外作,故文。其指向无争、相敬、秩序——义。乐,表现的是自然的和谐,源自人的内心,所以是人的真性情的表露。乐,可以畅通心意、表达情意,消弭内心郁结的怨恨,使人与人之间相互友爱、亲近、和睦相处、和睦相待。礼,表现的是事物间的差异,源于人与人、人与物之间存在着的不同,是人的外貌、风度的表现。礼,能够化繁为简,化争为和,使人们之间相互尊重、相互礼让、相互敬爱,行为举止合理有序,处

理事情有理有据有度,长幼、上下之间的关系井然有序。所以乐、礼相和,仁义为本,天下就可以大治太平了。古人对音乐的理解是有序、适度地表达人的情感与性情,不放纵、不颓废、不癫狂、不疯魔。是有感而生,有序而发,是收放自如、恰到好处。音乐的最高境界在于"和","和者,天下之达道也"。① 高明的音乐是让人们在旋律中平复心情、净化自我、涤荡杂念,从而归于宁静平和。而不是无病呻吟,更不是歇斯底里地发泄。

音乐不仅有表达感情、心境的作用,在古人看来音乐之最重要的功能在于教化。

凡音者,生于人心也。乐者,通伦理者也。

声音固然源于人心,但音乐是与人文、义理相通的,情与理是相互的,音乐须入情入理,情理交融。人不仅要懂得、喜欢音乐,还应当认识到音乐的伦理功效。因此,乐"可以善民心,其感人深,其移风易俗,"音乐可以潜移默化地教化人,陶冶人,可以修身养性、移风易俗,做到这一点就可以实现"天下皆宁。"

"六经"是中华文明的源头和中华文化的元典。《礼记·经解》指出:

其为人也:温柔敦厚,《诗》教也;疏通知远,《书》教也;广博易良,《乐》教也;絜静精微,《易》教也;恭俭庄敬,《礼》教也;属辞比事,《春秋》教也。

这段话是孔子讲的,他说,来到一个国家,从其国民那里可以看出这个国家对国民的教育是怎样的。如果一个国家的国民为人温柔敦厚,那就应当是得益于《诗经》的教化。如果为人通达而博古的,那就应当是得益于《尚书》的教化。如果为人爽快而和平的,那就应当是得益于《乐经》的教化。如果是清净而细心的,那就应当是得益于《易经》的教化。如果是谦逊而庄重的,那就应当是得益于《礼》的教化。如果善于举例判断是非的,那就应当是得益于《春秋》的教化。

司马迁认为:

《易》著天地阴阳四时五行,故长于变;《礼》经纪人伦,故长于行;《书》记先王之事,故长于政;《诗》记山川溪谷禽兽草木牝牡雌雄,故长于风;《乐》乐所以立,故长于和;《春秋》辨是非,故长于治人。②

就是说《易》分析自然运行的法则,在于观察时变;《礼》制定人际交往的规则,在于规范人们的言行举止;《书》记录先人的事情,在于指导政事;《诗》记录自然的风情、样貌,在于描述风俗人情;《乐》说明音乐的制作之理,在于追求中和;《春秋》

---

① 《中庸》
② 《史记·太史公自序》

明辨历史,在于以道义治人。

"六经"是中国人修身立命之必学。在《滑稽列传》中,司马迁讲道:

孔子曰:六艺于治一也。《礼》以节人,《乐》以发和,《书》以道事,《诗》以达意,《易》以神化,《春秋》以道义。

诗、书、礼、易、乐、春秋,这就是人们常说的"六艺",亦称为"大六艺"。"大六艺"是大学,是培养人的,使人之所以成为人,为培养国家栋梁之材,即"经世致用"。"小六艺"是指"礼、乐、射、御、书、数"。源于《周礼·地官司徒·保氏》:

养国子以道,乃教之六艺:一曰五礼,二曰六乐,三曰五驭,四曰五御,五曰六书,六曰九数。

"小六艺"是小学,是基本技能的学习,是培养专门人才的,即"成器"。君子当为"经世致用"之材,所以讲"君子不器"。先秦讲人对社会的价值是有分别的,有国宝、国用、国器、国妖之分。

口能言之,身能行之,国宝也。口不能言,身能行之,国器也。口能言之,身不能行,国用也。口言善,身行恶。国妖也。①

2.诸子经典概述

讲完"六经",对先秦诸子百家的重要经典在此亦做简单描述。先秦时期是中国历史上第一个学术自由、言论开放、畅所欲言、各抒己见、大家辈出、思想滥觞的时代,众多贤者立足治国安邦、保家安民,对当时的政治提出各自的主张,成就了中国历史上"百花齐放""百家争鸣"的灿烂篇章。诸子指的是先秦时期管子、孙子、老子、孔子、墨子、庄子、孟子、荀子、韩非子等学术思想的代表人物;百家是指儒家、道家、墨家、法家、兵家、名家、阴阳家、农家、杂家、小说家、纵横家、医家等学术流派。诸子百家,是对先秦时期各个学术派别的总称。

萧公权先生认为:

诸家之学,儒成于孔丘,墨成于墨翟,农成于许行,阴阳成于邹衍。此四者皆各以一人之智力而开辟宗风,创建学术,吾人考其宗师生卒之时期,即可定其学派成立之先后。……故四家之成立,儒最先,墨次之,农又次之,阴阳最后。道法二家,较难考定。盖其学派之成非由一人,而诸子事迹每多沉晦。②

---

① 《荀子·大略》
② 萧公权:《中国政治思想史》,新星出版社,2010年版,第31—32页

2.1 儒家思想及代表人物

《论语》为儒家经典,孔子(公元前551年至公元前479年)一生"述而不作",《论语》是孔子的弟子及其再传弟子对孔子及其弟子言行的记载,是儒家创始人孔子思想的集中展现。第一,其核心内容当是围绕着"礼"与"仁"两个概念展开。"礼"是指"周礼",是国家典章、制度、仪节、规矩,礼是外在的、行为层面的。"仁",即"仁者爱人",是以血缘亲情为出发点,最为基本的是"孝"即子女对自己老人的态度和行为。"仁"体现了先秦时期的人本主义传统和人文精神,旨在进行个体人格、修养的打造。"仁"是内在的、思想和心理层面的。"仁"是通过"礼"实现、实行的,"克己复礼为仁"。将心比心,人人心同此情,情同此理,以仁心对内修养自身,对外体恤民情、施行德治。通过"礼"规范人们的言行,人人各居其位、各司其职实现社会运行有序。第二,《论语》中还提出了儒家的"天气相通"的天命观、"敬鬼神而远之"的鬼神观。第三,以"人性善"为前提的人性观。第四,重视学习,强调思考、反省,主张"有教无类"的教育观。其主张的"学而时习之,不亦说乎? 有朋自远方来,不亦乐乎? 人不知而不愠,不亦君子乎?"[1]至今仍然堪称求真学的至高境界。孔子的社会理想是建立"天下为公"的"大同世界",然而现实的残酷迫使他退而求其次向往"小康社会",但在当时依然是根本无从实现的。《论语》的社会政治主张兼有复古主义、保守主义和理想主义的色彩,并不能够有效地实用于当时社会发展的需要。孔子周游列国既无法得到重用,更不能推行落实自己的政治主张即是明证。《论语》中孔子的个人行止兼具宽厚仁和的待人之道、自强不息的奋斗意志和从容恬淡的生活情怀,表现了一个"长人"勤奋、谦逊,严己宽人的博大胸怀,以及对生活的无比热爱和鲜活情趣。捎带说一句,之所以称孔子为"长人",出自《史记·孔子世家》,其中记载孔子身高"长九尺六寸,人皆谓之'长人'而异之"。在司马迁的《史记》中,独孔子的纪传为"世家",其他诸子皆为"列传"。

《孟子》。孟子名轲,生卒年约在公元前372年至公元前288年。民间有说法"七十三、八十四,阎王不接自己去"即和孔子、孟子的去世年龄有关。孟子是继孔子之后的又一位重要的思想家,历史上有"孔孟"之说。在儒家看来,孔子是圣人,孟子是"亚圣"。与孔子相较,孟子的思想更具批判性。相似之处则在孟子也是一位杰出的教育家,也曾广收门徒。同时为了实现自己的理想和抱负,也曾周游列国。因其极力主张"重义轻利",认为"利诚乱之始也!"[2]被各国诸侯王视为迂阔,

---

① 《论语·学而》
② 《史记·孟子荀卿列传》

而无法得到重用,"则见以为迂远而阔于事情"。就是认为孟子的主张脱离现实太远,不合时宜,不切事理。① 孟子善于"雄辩",思想敏锐而机智,言辞犀利且文笔优美,虽然其理想抱负并未实现,但为后人留下了丰富的思想养料。

第一,孟子是第一个把心、性联系起来的儒者,在人性上明确地坚持"性善论",提出人心有"四端"即四种道德情感,包括恻隐之心、羞恶之心、辞让之心、是非之心。强调仁、义、礼、智等伦理标准,同时将仁与义结合起来,由孔子的杀身成仁发展到孟子主张的舍生取义。孟子还将孝与政治结合起来,扩大了孝的功能和范围。第二,在政治思想上,孟子是典型的德治主义,核心思想是仁政与王道。行仁政就要重教化,重民生,特别强调"有恒产者有恒心",教化目标的实现不是空头支票,离不开对民生的保障。没有民生保障的道德教化是一个看起来很美,但毫无意义的空壳子。因此,要行王道。"王道社会"在《孟子·梁惠王上》中是这样描述的:

养生丧死无憾,王道之始也。五亩之宅,树之以桑,五十者可以衣帛矣。鸡豚狗彘之畜,无失其时,七十者可以食肉矣。百亩之田,勿夺其时,数口之家可以无饥矣。谨庠序之教,申之以孝悌之义,颁白者不负戴于道路矣。七十者衣帛食肉,黎民不饥不寒,然而不王者,未之有也。"(类似的表述在《孟子》的多个篇目中均有呈现)

以今人之眼光来看,孟子的"王道社会"标准其实并不高,可以说甚至很低,但却是一个有具体内容和标准的社会治理目标。第三,对于不能行王道、施仁政的统治者,孟子也提出了尖锐的批判,这体现在孟子的民本思想之中。一是重视民意、民心,提出"得民心者得天下",明确提出了政权合法性来源于得民心。为此,要行井田,薄税敛。二是主张民贵君轻,"民为贵,社稷次之,君为轻。"三是革命思想。在《孟子·梁惠王下》中记载了这样一段对话:

齐宣王问曰:"汤放桀,武王伐纣,有诸?"孟子对曰:"于传有之。"曰:"臣弑其君可乎?"曰:"贼仁者谓之贼,贼义者谓之残,残贼之人,谓之一夫。闻诛一夫纣矣,未闻弑君也。"

孟子提出的诛暴君并非弑君实为诛独夫说,是给统治者一个强力的警告。后来朱元璋做了皇帝,读《孟子》后大怒,"使此老在今日,宁得免乎?"下令将孟子移出孔庙,并删改《孟子》。第四,孟子反对争霸和兼并战争,主张兴仁义之师,以义而战。这与当时社会变化的方向是不相容的。第五,孟子强调内省,以成就理想

---

① 《史记·孟子荀卿列传》

人格。孟子个人志向远大,大有"天降大任""舍我其谁"的理想抱负。他十分重视君子的个人修为,亦非常重视君子的担当,提出要"养浩然之气",要知"生于忧患,死于安乐"。

孟子的成长与其母亲的教育密不可分,孟子与孔子一样,幼年丧父,是在母亲的教育下成长起来的。其中"孟母三迁"是耳熟能详的故事,在西汉时期韩婴的《韩诗外传》中还记载了"断织""买东家豚肉""不敢去妇"等典故。"断织"是讲孟子少时读书,母亲织布。一次孟子还没诵读完突然停了下来。过了一会儿,又接着诵读。他的母亲知道他忘记了,就问:"为什么要中间停顿?"孟子回答说:"有所遗忘,又想起来啦。"孟母亲便将织好的布割断,以此训诫孟子,读书不可不坚持不懈。"买东家豚肉"讲的是孟子年少时,有一天邻居家里在杀猪。孟子问他的母亲:"邻居为什么杀猪?"孟母随口说:"要给你吃肉。"此言一出孟母就后悔了:"我怀着这个孩子的时候,席子摆得不正,我不坐;肉割得不正,我不吃。这都是对孩子的胎教。现在他刚刚懂事而我却欺骗他,这是在教他不讲信用啊。"于是就去买了邻居的猪肉给孟子吃,以证明自己言而有信,没有欺骗他。"不敢去妇"讲的是孟子娶妻后的事。一天,孟子的妻子独自在家,孟子回家后看到她踞坐在地上,非常生气。古代中原地区一般是跪坐在席上。即席地而坐,臀部放置于脚踝之上,上身挺直,双手规矩地放于膝上。孟子之妻的坐姿古时称之为"踞",就是指伸开两腿坐地,是一种不礼貌的坐姿。《庄子·至乐》就记载了类似的事:

庄子妻死,惠子吊之,庄子则方箕踞鼓盆而歌。

就是说庄子叉开两腿坐在地上,敲着瓦缶唱歌,表现了庄子对生死的理解与超脱。孟子就去对母亲说:"我的妻子不讲礼仪,请准许我把她休了。"孟母就问:"是为什么?"孟子说:"她伸开两腿在地上坐着。"孟母又问:"那你是怎么知道的呢?"孟子说:"是我亲眼所见的。"孟母对孟子说:"这是你没有恪守礼仪,而不是你妻子没礼貌。《礼记》上不是说得很清楚吗?'将要进屋的时候,先问屋中有谁在里面;将要进入厅堂的时候,必须先高声传扬,(以便让屋里面的人知道);将进屋的时候,(不要四下张望)必须眼往下看。'为的是让人有所准备,不要措手不及。现在你突然闯入你妻子闲居休息的地方,进屋时也不打招呼,无声无息的,这才让你看到了她两腿伸开坐着的样子。这是你没有恪守礼仪,而不是你的妻子没礼貌啊!"孟子认识到自己错了,不敢休妻,反而自责。孟子幼年成长的经历成为国人重视早期教育和家庭教育,强调父母身教重于言教的教育传统。

《荀子》。荀子,名况,生卒年不详,主要活动在公元前298年至公元前238年间,是先秦儒家的重要代表人物。《史记·孟子荀卿列传》记载:

荀卿,赵人。年五十始来游学于齐。……荀卿嫉浊世之政,亡国乱君相属,不遂大道而营于巫祝,信禨祥,鄙儒小拘,如庄周等又猾稽乱俗。于是推儒、墨、道德之行事兴坏,序列著数万言而卒。

荀卿,是赵国人。五十岁时才来到齐国游学,在稷下学宫讲学,成为一代名师。荀卿十分厌恶这个昏君层出不穷、政治黑暗的混浊世界,他们毫无治国理政的正确道路,而痴迷于巫祝的蛊惑,迷信能够凭借祈求神灵来赐福免灾的所谓祥瑞之象(以此为自己的胡作非为而开脱),那些没有真才实学的儒生只是拘泥于繁文缛节却没有治国安邦的良策,而庄周之流则巧言善辩,败坏社会风气。于是荀卿深入研究儒家、墨家、道家学说,分析他们的功过得失,编写了几万字的著作。

荀子因其所处时代,受到先秦百家的影响,虽被视为儒家,却因其思想主张成为由儒到法之间的一道桥梁。其思想主要有:天人相分,人性恶,隆礼重法,经验主义倾向的认识论等。第一,荀子认为自然有其不以人的意志为转移的规律性。

天行有常,不为尧存,不为桀亡。①

天与人有着不同的存在方式和规律,人应当"制天命而用之"。第二,与孔孟不同,荀子认为人性恶,"人之性恶,其善者伪"。正因为如此,所以后天要进行礼乐教化,即"化性起伪"。因此,荀子特别重视后天的学习,《劝学》成为流传后世的名篇,"青,取之于蓝,而青于蓝;冰,水为之,而寒于水。""故不积跬步,无以至千里;不积小流,无以成江海。锲而舍之,朽木不折;锲而不舍,金石可镂"亦成为千古名句。他的学生李斯、韩非可以说是青出于蓝而胜于蓝的典型。第三,荀子的政治主张为"隆礼重法",既强调礼的作用,也强调法的价值。在礼、法的产生上,荀子提出其原因一是源于人类社会是个竞争社会,

争则乱,乱则穷。先王恶其乱也,故制礼义以分之。②

二是人具有社会性,即人能群。群体、社会是要有秩序才能正常运行的。在认识论上,荀子从感觉经验出发,强调人的知识来源于人的本性和事物的特性,指出:

凡以知,人之性也;可以知,物之理也。③

这个观点具有明显的唯物主义色彩。第四,荀子同样怀有强烈的民本主义立场,"君者舟也,庶人者水也,水则载舟,水则覆舟"的名句就出自其《王制篇》。荀

① 《荀子·天论》
② 《荀子·礼论》
③ 《荀子·解蔽》

子认为，

> 天之生民，非为君也；天之立君，以为民也。①

君民关系与相互间的地位在荀子这里有着十分清晰的界定。第五，与法家的"霸道"相对，荀子的社会理想是建立"行礼义""施仁政"的"王道"社会。

2.2　道家思想及其代表人物

《老子》又称为《道德经》，记录的是道家始祖老聃的思想。老子号聃，佚其名，生卒年不详，韦政通先生认为老子约生活在墨子与庄子之间。《史记》称其为"隐君子"。老子曾为"周守藏室之史"，十分熟悉周代文献，学识渊博，孔子曾向他请教过古礼方面的问题，对老子评价甚高，称其为龙："吾今日见老子，其犹龙邪！"②。据《史记·老子韩非列传》记载：

> 老子修道德，其学以自隐无名为务。居周久之，见周之衰，乃遂去。至关，关令尹喜曰："子将隐矣，强为我著书。"于是老子乃著书上下篇，言道德之意五千余言，而去，莫知其所终。

老子主要是研究关于道德的学问，他的学说以淡泊名利、自我归隐、修养身心为宗旨。老子住在周这个地方很长时间，眼看着周王朝一天一天地衰落下去，于是就离开周地。到了出关的地方，守关官员尹喜对老子说："您就要离开这里隐居了，请勉为其难，为我写本书再走吧。"盛情难却之下，于是老子就写了一部书，全书分上篇和下篇，讲述道德的意涵与主旨，一共五千多字，写完后就走了。没有人知道他去了哪里，从此不知所终。其实老子的身世历史记载十分简略，今天的我们既不知道他到哪里去，也不知道他从哪里来，或许他的故乡在远方吧。就像孔子所说的"至于龙，吾不能知，其乘风云而上天？"③当然，我们应当感谢这位名叫尹喜的守关官员，没有他的"强求"，何以有这深刻影响和浸润了中华文化和中国真正的知识分子人格几千年的"区区"五千言。

老子"痛恶当时知识分子的趋炎附势，但他代表的不是无畏的道德力量，而是在利益滚滚的浊世里，一股清澈的智慧。"④第一，老子阐发了"自然之道"的思想，并形成了形而上的思想体系。"道"既是本体论的也是生成论（宇宙论）的，"道"既是万物的本原，道"为天下母"，又生成万物，

---

① 《荀子·大略》
② 《史记·老子韩非列传》
③ 《史记·老子韩非列传》
④ 韦政通《中国思想史》（上），吉林出版集团有限公司，2009年版，第95页

道生一，一生二，二生三，三生万物。①

"道"——"无名"，李泽厚先生提出，老子认为"不能用有限的语言、见闻、经验去限定、界说和规范'道'"。②

道可道，非常道；名可名，非常名。③

这种对"道"理解与表述同西方语言哲学是否有相同或相似之处？只是这一思想比他们早了两千多年。"道"的根本是自然，"道"是先于天地人存在的。

域中有四大，而人居其一焉。人法地，地法天，天法道，道法自然。

"道"是运行不止、生生不息的，即"周行不殆"，运行的规律是"反者道之动"，用今天的话讲就是"向自己的对立面转化"。老子认为任何事物都是相互对应而存在的，即"万物莫不有对"。第二，在政治思想方面，老子强调"无为而治"，希望统治者和管理者要能够"以百姓心为心"，归于清静自然，不要任性、肆意地干扰百姓生活，让百姓安心过自己的"小日子"。如果恣意妄为，导致民不聊生，那么，"民不畏死，奈何以死惧之？"④民间的话就是，兔子逼急了也会咬人。陈涉的话就是：

且壮士不死即已，死即举大名耳，王侯将相宁有种乎！⑤

后世的人们往往把"无为"作为个人道德修为的尺度和境界，其实这远非老子的本意。老子的无为是对统治者、管理者讲的，不要无端地干涉百姓的生活，不要过多地干预百姓的行为。治理国家须小心谨慎，不能任性，"治大国，若烹小鲜"⑥。"无为而无不为"，顺应自然和人心即可，普通人会自己安排好自己的生活，努力追求幸福的。正因为如此，老子才讲"天地不仁，以万物为刍狗"⑦。天地没有意志，无所谓仁爱之心，对待万物都是一视同仁。言下之意就是对积极入世的主张提出批评，因为这样做不一定能够符合自然法则、顺应民意。不过这种观点人们往往难以接受，不仅是身负大命的君子，一般百姓也不容易接受。老天爷和我们没有"一毛钱"的关系，这也太可怕了吧。普通的民间鬼神信仰还是愿意把惩恶扬善的希望和最后决断交付给上天，所谓"老天有眼""人在做，天在看""头顶三尺有神明"诸如此类都是这个道理。第三，在社会理想方面，老子希望通过顺应

① 《老子·42 章》
② 李泽厚：《中国古代思想史》，天津社会科学出版社，2004 年版，第 84 页
③ 《老子·1 章》
④ 《道德经·74 章》
⑤ 《史记·陈涉世家》
⑥ 《道德经·60 章》
⑦ 《道德经·5 章》

自然的方式,让百姓自己自主自愿地选择安排自己的生活方式,从而实现人人安居乐业、自然和睦的和谐社会——小国寡民,呈现出"邻国相望,鸡犬之声相闻,民至老死不相往来"的祥和场景。第四,为此,老子反对战争,反对武力,提出了深刻的战争辩证法思想,认为强弱之间是相互转化的,穷兵黩武必自取灭亡,因为物极必反。第五,在个人品德修养方面,主张返璞归真,知足、寡欲、虚静。也有学者认为老子的《道德经》是一部兵书,如《道德经》中讲道:"以正治国,以奇用兵。"不过联系整句话来看就清楚了,老子讲的是:

　　以正治国,以奇用兵,以无事取天下。①

　　即治国、用兵、取天下的不同方法。当然老子的辩证法对于军事战争是有深刻的指导意义的,如《道德经·36 章》中讲:

　　将欲歙之,必固张之;将欲弱之,必固强之;将欲废之,必固兴之;将欲取之,必固予之。

　　《庄子》。庄子,名周。生卒年约在公元前 369 年至公元前 286 年,与孟子处于同时代。庄子一生贫穷,曾做到"漆园吏"这样的小官,视富贵如"舐痔""牺牛"。然而却生活得洒脱自若,"其言洸洋自恣以适己,故自王公大人不能器之。"②就是说庄子的言谈十分随性洒脱,语言汪洋浩漫,纵横恣肆。用今天通俗的讲法就是想说什么就说什么,想怎么说就怎么说,只求适应自己的性情而毫不顾忌他人,特别是达官贵人的感受,因此王公大人都不待见他,而得不到重用。庄子自己也对功名利禄十分鄙夷,楚威王曾经用重金请庄子为相,谁知庄子带着嘲笑的口吻对楚国的使者说:

　　子亟去,无污我。我宁游戏污渎之中自快,无为有国者所羁。终身不仕,以快吾志焉。③

　　请你快快走开,不要玷污了我。我宁肯在臭水沟的污水浊泥里游戏,也不会为权力、名利所束缚。我的志向是终身不做官,无拘无束、自由自在地生活,才是我的心愿啊。因此,可以称之为是一位一生"名利不动,哀乐不入,置生死于度外,实乃精神世界的超人。"④用《庄子·田子方》中的话来形容他本人甚为妥当:

　　其为人也真,人貌而天虚,缘而葆真,清而容物。

---

① 《道德经·57 章》
② 《史记·老子韩非列传》
③ 《史记·老子韩非列传》
④ 韦政通:《中国思想史》(上),吉林出版集团有限公司,2009 年版,第 121 页

司马迁在《史记》中将老、庄放在一起,体现了两人间的相通之处。可以说庄子以"自然"为中心继承和发挥了老子的思想,同时庄子与老子都对现实社会政治进行了毫不容情的尖锐批判。第一,庄子主要关心的是在"人为物役"的时代,如何能够齐物我,同生死,任逍遥,超然物外,养身长生。人类社会的前进往往是残酷的,文明与繁荣的背后通常是血淋淋的付出和沉重的代价,对于物欲满足的强烈渴望与行动使人成为物质和财富的奴隶。庄子激愤于"人为物役",要求"不物于物",追寻人的本性和精神自由,这可能是人类思想史上最早的对异化的警惕与批判。第二,出于对生命的热爱,对人生本来应有价值的关怀,庄子提出齐物我,追求万物的平等与一体,反对人间世俗的价值观念和评判标准。希望回到万物顺其自然本性而活动的原初状态,即因任自然。为此应当放弃现世中的物欲、名利追求,顺应自然本性生活。在齐物我的路向上进而实现齐生死,生不足喜,死不必悲,自无须悦生恶死。

庄子将死,弟子欲厚葬之。庄子曰:吾以天地为棺椁,以日月为连璧,星辰为珠玑,万物为赍送,吾葬具岂不备耶,何以加此?[①]

生命本来就是出生入死,面对死亡如此坦然、洒脱,往古来今又有几人能够如此呢?生命不易、时光短暂、世事艰难,既然已来到世间,何不潇洒走一回。第三,追求人格独立、心灵自在和精神自由,实现"天地与我并生,而万物与我为一"的逍遥游,当是庄子的最高精神寄托了。他的"子非我,安知我不知鱼之乐"成为认识论史上的名句,更是其"我宁游戏污渎之中自快,无为有国者所羁。终身不仕,以快吾志焉"洒脱达观的人生写照。

不过在那样的年代里,庄子也只能追求精神层面的自由。后来,儒道互补,政事通达时倾己所能报效国家、服务社会,困顿时退隐保全自己、修养身心,成为中国古代知识分子的行为准则。然而,深究之后,能够深刻地体会本来堪为国宝的庄子的无奈与凄凉,在那样的浊世乱世中,不想同流合污,转而寻求精神的自由和人格的独立,满腔的热血与盖世的本领在"逍遥"和"孤寂"中零落,不仅是个人的悲哀,也是时代的创伤。

2.3 兵家思想及其代表人物

《孙子兵法》。孙子,名武。齐国人,生卒年不详,约与孔子处在同时代,曾服务于吴王阖闾。今本《孙子兵法》共计13篇,约6000字。从结构上看可以分为四个部分。第一部分包括《计》《作战》《谋攻》3篇。主要讲战争战略,是全局性的分

---

① 《庄子·列御寇》

析。第二部分包括《形》《势》《虚实》3篇。主要讲战术,即用兵之术。第三部分包括《军争》《九变》《行军》《地形》《九地》5篇。主要讲实战。第四部分包括《火攻》《用间》2篇。讲火攻和间谍的使用方法。孙子是一位冷静的现实主义者,其军事思想具有顶层设计、统揽全局、底线考量、实用灵活的特征,打破了春秋初期的战争观念。强调战争的根本目的是取胜。第一,对于战争。孙子认为:

兵者,国之大事,死生之地,存亡之道。①

这与春秋初期认为"国之大事,在祀与戎",把祭祀列为国家大事之首,次之才是战争的观念不同,孙子把战争列为国之大事。第二,对于战争取胜之道,孙子认为战争胜利是综合因素的结果,即"道,天,地,将,法"。道是指上下同心,加上天时、地利、将才和法度为"五事"。同时,孙子认为经济实力是进行战争和获得胜利的物质基础。第三,对于军事战略,孙子认为:

上兵伐谋,其次伐交,其次伐兵,其下攻城。"②

因此,

百战百胜,非善之善者也;不战而屈人之兵,善之善者也。③

这里的"不战"不是去祈求和平,而是通过政治、经济、军事等综合实力迫使敌人屈服。第四,对于战略战术,孙子强调一是要"慎战",反对"先战而后求胜",要求要做好充分准备,以"先胜而后求战"。战争取得胜利的前提之一是有强大的实力和充分的备战,有一支威武之师,要有先立于不败之地的能力。二是兵贵神速。"兵贵胜,不贵久。"④战争如不能速胜,旷日持久会导致国力衰竭。三是掌握战争主动权,以我为主。

故善战者,致人而不致于人。⑤

四是知己知彼,百战不殆。这是孙子兵法的精华所在,也是指导战争的普遍原则。

不知彼而知己,一胜一负;不知彼,不知己,每战必殆。⑥

对于具体的战术原则,孙子强调出奇制胜,避实击虚,能够识众寡之用即以少胜多,以弱胜强。在《史记·孙子吴起列传》中记载了孙子秉承"将在军,君命有所

---

① 《孙子·计篇》
② 《孙子·谋攻篇》
③ 《孙子·谋攻篇》
④ 《孙子·作战篇》
⑤ 《孙子·虚实篇》
⑥ 《孙子·谋攻篇》

不受"的原则,将一百八十名宫女编练成"赴水火犹可"的军士的故事。

2.4　墨家思想及其代表人物

《墨子》。墨子,名翟,生卒年约在公元前 479 年至公元前 381 年。《史记·孟子荀卿列传》推测:

盖墨翟,宋之大夫,善守御,为节用。或曰并孔子时,或曰在其后。

只有区区二十四字。

墨子是先秦历史上唯一出身社会底层,且具有重大影响力的思想家。[1]

与孔子一样,墨子同样广收门徒,周游列国。一生致力反对兼并战争,主张和平。墨子的思想可以用十个词概括:兼爱,非攻,天志,明鬼,尚同,尚贤,节用,节葬,非乐,非命。墨子是春秋末年战国初年的第一个大思想家,韩非称儒、墨为"世之显学"。理解墨子的思想,须关注其认知原则与立场,类似于今天所讲的检验真理的标准:

何谓三表? 子墨子言曰:有本之者,有原之者,有用之者。于何本之? 上本之于古者圣王之事;于何原之? 下原察百姓耳目之实;于何用之,发以为刑政,观其中国家百姓人民之利。此所谓言有三表也。[2]

就是说判定一事或一言的正确与否,要以古代圣王为依据,即以历史为依据;要以人的感知经验为依据;要以是否有利于百姓的利益为依据。"三表法"具有典型的经验主义色彩。由此,墨子的目标就是要"兴天下之利,除天下之害。"墨子认为"民有三患,饥者不得食,寒者不得衣,劳者不得息。"[3]为此,要有"三务",即"国家之富,人民之众,刑政之治。"[4]要提倡"兼相爱,交相利。"墨子对儒家持十分坚决的反对和批判态度,认为"儒之道,足以丧天下者。"将墨家学说与儒家及各家学说相对照,可以更加清晰地了解墨子的思想。第一,儒家讲仁爱,墨子讲兼爱。仁爱是源于血缘亲情的有差等的爱;兼爱是不分差等,普遍的、同等的爱,兼爱的保证是基于利益交换的"交相利",即基于功利主义的,或因互利而互爱,或因互爱而互利。第二,孔子的鬼神观是敬鬼神而远之,不语怪、力、乱、神。墨子则宣扬天志、鬼神,认为天是有意志和能够鉴别善恶的,希望通过对上天、鬼神的信仰为人们提供精神支撑,从而借助鬼神的力量为自己的主张服务。第三,儒家主张厚葬、

---

① 张岂之主编:《中华优秀传统文化经典要义》,太白文艺出版社,2013 年版,第 59 页
② 《墨子·非命上》
③ 《墨子·非乐上》
④ 《墨子·尚贤上》

礼乐教化、服装修饰。墨子则提倡节用,节葬,非乐。主张生活简朴。第四,儒家在人生观上有宿命论的色彩。墨子则提出"非命",强调发挥人的能动性。第五,老子坚决反对战争。孙子讲"慎战"。墨子则讲"以战止战"。第六,儒家讲社会等级,人们之间有地位差别。墨子讲人人平等,"官无常贵,民无终贱。"①第七,儒家的"贤"重在"德",墨家的"贤"重在"能"。同时指出对于有才能之人应当:"有能则举之,无能则下之。"而且要用人不疑,责权相应,给予高位和厚禄。即"高予之爵,重予之禄,任之以事,断予之令。"②另外,墨家在逻辑学方面做出了重要的贡献,还创立了几何学、物理学、光学等自然科学理论,是中国先秦诸子百家中唯一在自然科学方面做出突出成就的学派。汉武帝"罢黜百家,独尊儒术"后,墨家逐渐式微乃至衰亡,这不能不说是中国学术的极大遗憾和重大损失。爱因斯坦在总结中国为什么没有近代科学时曾经说过:

西方科学的发展是以两个伟大的成就为基础的,那就是西方哲学家发明的形式逻辑体系(在欧几里德几何中),以及通过系统的实验发现有可能找出因果关系(在文艺复兴时期)。③

其实这些要素在墨家学说中都曾有过深入的研究和体现。墨家虽已随历史远去,但墨家"赴火蹈刃,死不还踵"④的风骨,早已经成为后人世代推崇的"路见不平一声吼,该出手时就出手"的侠肝义胆。匡扶正义、除暴安良亦成为历代侠士的立身之本。

2.5　法家思想及其代表人物

《韩非子》。韩非,生卒年约在公元前 281 年至公元前 233 年,与李斯均曾师从荀子,是法家思想的集大成者。据《史记·老子韩非列传》记载,韩非子是韩国公子,有口吃的毛病,但文字功底了得,很有才华。他和秦相李斯都是荀况的学生,李斯认为自己才学不如韩非子。

韩非者,韩之诸公子也。非为人口吃,不能道说,而善著书。与李斯俱事荀卿,斯自以为不如非。

后来,因李斯等人谗言下狱,自杀于狱中。司马迁因此感叹"余独悲韩子为《说难》而不能自脱耳。"(《说难》为韩非的著作之一,主旨是游说的对象即君主的

---

① 《墨子·尚贤上》
② 《墨子·尚贤上》
③ 《爱因斯坦文集》第 1 卷,商务印书馆,1976 年版,第 574 页。
④ 《淮南子·泰族训》

主观好恶是游说成功与否的关键,可惜韩非志在游说君主,以成大业,然而自己却没能做到,还为此丢了性命)

《韩非子》一书反映了韩非的功利主义思想和君主专制主义理论,其主张为专制君主提供了实现富国强兵的霸道思想。

韩非,自视为"法术之士",是兼"能法"和"知术"者,能法之士的特色是"强毅而劲直",知术之士的特色是"远见而明察",前者足以矫奸,后者足以烛私,法术之士集二长于一身。①

第一,以韩非为代表的法家具有强烈的反传统意识,反对因循旧制,认为那样就像守株待兔一般愚钝。力图顺应时势需要,欲以新法代替旧礼,在历史观上具有朴素的进化论倾向。同时在中国历史上第一个注意到人口增长与财富多寡的关系,"人民众而货财寡。"②第二,韩非思想的核心,可以用法、术、势三字概括。前期法家的代表人物商鞅言法,慎到明势,申不害为术。韩非将三者结合起来,形成自己的治国之策。其中,"法"是指国家法律制度;"势"是指君主的权势、权力;"术"是指君主执政、驾驭群臣的手段和策略。他认为,"抱法处势则治,背法去势则乱。"③对权力的本质和限制进行了深刻精辟的分析,认为权力本身无所谓善恶,关键在于谁来使用,

贤者用之,则天下治;不肖者用之,则天下乱。④

强调"明主治吏不治民"⑤的思想抓住了国家治理的要点。"事在四方,要在中央;圣人执要,四方来效"⑥的制度主张则顺应了中央集权的理论需要。"法不阿贵","刑过不避大夫,赏善不遗匹夫"⑦的主张则第一次触及了法律面前没有特权的观念。亦应看到韩非之"法"与现代社会倡导的法治与法制尚有本质区别,其主张主要是服务于君主专制,以实现中央集权的政治需要。第三,在民众的治理上,韩非主张对待民众一是靠利益引诱,二是靠严刑峻法,即所谓的"二柄"。比之先秦诸子的"民本"思想,显然是太落后。《韩非子》中有许多寓言,其中"自相矛盾"不仅是一个有趣的寓言故事,也是中国古代哲学首次提出"矛盾"这一概念。

---

① 韦政通:《中国思想史》(上),吉林出版集团有限公司,2009 年版,第 243 页
② 《韩非子·五蠹》
③ 《韩非子·难势》
④ 《韩非子·难势》
⑤ 《韩非子·外储说右下》
⑥ 《韩非子·扬权》
⑦ 《韩非子·有度》

守株待兔、滥竽充数、老马识途、讳疾忌医、买椟还珠、狗恶酒酸等亦成为耳熟能详的寓言故事。

2.6 杂家与《吕氏春秋》

杂家,班固在《汉书·艺文志》中是这样介绍的:

杂家者流,盖出于议官。兼儒、墨,合名、法,知国体之有此,见王治之无不贯,此其所长也。

"议官"就是古代的谏官,是春秋时期专门设立的对君主进行直言规劝并使之能够改过的官员。杂家之流,大概是出于议事官,是战国末期至西汉初期博采众家学说而形成的一个学派。其思想主张意图融合诸子百家之学,注意收集整理各家关于"王治"的思想和主张,顺应了国家统一过程中理论准备与理论支持的需要,也反映了战国末期学术文化融合的趋势。主要著作有战国的《尸子》,作者是商鞅的门客尸佼;秦代的《吕氏春秋》和汉初的《淮南子》分别是秦相吕不韦和汉淮南王刘安召集门客所作。其中《吕氏春秋》"内容涉及先秦各家思想,不愧为杂家之祖"。[①]《史记·吕不韦列传》记载:

吕不韦乃使其客人人著所闻,集论以为八览、六论、十二纪,二十余万言,以为备天地万物古今之事,号曰《吕氏春秋》。

道家思想是该书的哲学理论依据,全书以阴阳五行学说为组织骨架。《吕氏春秋》认同儒家的仁政爱民主张,提出施行德治赢取民心的思想。《吕氏春秋·顺民》中提出:

夫以德得民心以立大功名者,上世多有之矣。失民心而立功名者,未之曾有也。

萧公权先生认为,《吕氏春秋》为反秦之书,政治思想主张重己、贵民、道体、儒用,排斥法家。

吕氏反对专制,立论至为透彻,汉人中鲜足与之相拟者。其所鼓吹汤武吊民伐罪之义,吾人耳熟能详,固无待论。其最大之贡献似在建议种种方法以限制君主,使其不得自恣。书中所言顺民、纳谏、节欲、无为诸端,尤属重要。[②]

《吕氏春秋·贵公》中提出的:"天下非一人之天下也,天下之天下也"是以前的民本思想中所没有的,"公天下"的观念成为后世反对君主专制的重要思想启蒙。主张"昔先圣王之治天下也,必先公,公则天下平矣。平得于公。"提出要想天

---

① 韦政通:《中国思想史》(上),吉林出版集团有限责任公司,2009 年版,第 294 页

② 萧公权:《中国政治思想史》,新星出版社,2010 年版,第 224 页

下太平就必须要把公正、公平放在第一位。韦政通先生认为《吕氏春秋》中的民本思想可以概括为"重民,爱民,顺民心,用众"几个方面。

前三点,为先秦儒家民本思想所有,用众之说,则属新义,颇接近民主理念。①

《吕氏春秋》写成后,吕不韦令人将其"布咸阳市门,悬千金其上,延诸侯游士宾客有能增损一字者予千金。"希望以此推行自己的政治主张。秦王嬴政强调君主专制,固绝无可能接受《吕氏春秋》主张的德治和限制君权的思想。嬴政亲政后,吕不韦的愿望化为泡影,并在被放逐后自杀。对吕不韦个人的评价,司马迁曾经说过:"孔子之所谓'闻'者,其吕子乎?"②所谓"闻者",《论语·颜渊》中,孔子将达人和闻人做了区别。

夫闻也者,色取仁而行违,居之不疑。在邦必闻,在家必闻。

这是闻人。所谓闻人,表面上爱好仁德,行为上却是违背仁德,以仁德之人自居却不能自我反省。这种人在国中一定徒有虚名,在大夫的封地也一定是徒有虚名。

夫达也者,质直而好义,察言而观色,虑以下人。在邦必达,在家必达。

这是达人。所谓通达之人,品质正直,恪守礼义,擅长分析别人的言论,体会别人的心理变化,懂得谦让。这种人在国中一定通达,在大夫的封地也一定是通达的。对《吕氏春秋》有评价云:

《吕氏春秋》综合各家思想将之融为一体的精神,在中国思想文化史中长期延续,在某种程度上造就了中国文化兼容并包的性格。《吕氏春秋》蕴含的会通精神,对中华传统文化独特性和开放性的形成有深远影响。③

2.7 管子与《管子》

管子,生卒年在公元前723年至公元前645年。名夷吾,字仲,谥敬,又称管敬仲,是我国先秦时期著名的政治家、军事家、经济学家、哲学家。

管仲出身微贱,少年时受过不少挫辱,后由知友鲍叔向桓公力荐,终成霸业。他在齐为相,以尊王攘夷为号召,保卫诸夏文化,使其免于侵灭。④

管仲相齐的四十年间,大力进行改革,在政治、军事、用人、税收、货币、盐铁等方面进行了大刀阔斧的革新,使得齐国国力大盛。司马迁是这样介绍他的政绩

---

① 韦政通:《中国思想史》(上),吉林出版集团有限责任公司,2009年版,第301—302页
② 《史记·吕不韦列传》
③ 张岂之:《中华优秀传统经典要义》,太白文艺出版社,2013年版,第126页
④ 韦政通:《中国思想史》(上),吉林出版集团有限责任公司,2009年版,第37页

的：

　　管仲既用，任政于齐，齐桓公以霸，九合诸侯，一匡天下，管仲之谋也。①

　　当时中原华夏各国苦于戎狄等游牧部落的侵扰，齐桓公祭出"尊王攘夷"的大旗，九合诸侯（九不是确数，言其多耳），领导大诸侯国扶助小诸侯国，北击山戎，南伐楚国，匡正天下，成为春秋时期中原的第一个霸主。管仲一生辅佐齐王，功勋卓著，被誉为"华夏第一相"，后世诸葛亮曾以管、乐自比（乐毅，战国时期著名军事家，公元前 284 年，统率燕国等五国联军大败齐国，创造了中国古代战争史上以弱胜强的著名战例）。孔子对管仲评价也很高：

　　管仲相桓公，霸诸侯，一匡天下，民到于今受其赐。微管仲，吾其被发左衽矣。②

　　由于管仲的功劳，不仅使齐国称霸诸侯，匡正天下秩序。就连老百姓到今天还享受着他给大家带来的好处。如果没有管仲抵御蛮族入侵，保卫中原文化，我们这些人恐怕今天都要像蛮族的人那样披散着头发，衣襟向着左边开口了（汉服是右衽，北方少数民族是左衽）。

　　管鲍之交亦堪为中国历史上君子之交的典范，为后人所津津乐道。《列子·力命》中记载了两人的友情。管仲年轻时家境贫困，与鲍叔一起做生意，尽管管仲出资很少，每次分红管仲都拿大头，人们都认为管仲是贪财之人，鲍叔知道管仲家里贫穷，并不认为管仲是贪财。管仲曾经给鲍叔出谋划策，却总是事与愿违搞得鲍叔很狼狈，人们都认为管仲没有什么德才，鲍叔并不认为管仲愚蠢，而认为管仲没有遇到好的时机。管仲三次做官，三次被国君赶走，人们都认为管仲不堪大用，鲍叔还是不认为管仲不贤德，而是认为管仲没有遇到好的机会和明君。两个人一起去打仗，每次参战管仲都败逃，人们讥笑管仲贪生怕死，鲍叔不认为管仲是胆怯，而是知道管仲有老母亲需要赡养。齐国公子纠和公子小白争夺齐国王位，管仲辅佐公子纠，鲍叔事奉公子小白，各为其主。后来，公子小白打败公子纠即位，就是齐桓公。桓公想杀掉曾经射了自己一箭的管仲，鲍叔劝告桓公：管夷吾很有才干，您如果要想称霸天下，若无管仲的襄助恐怕很难成功。鲍叔还说：贤明的君主是不计较个人恩怨的，人人各为其主，管仲能对自己的主人忠心耿耿，也一定能对您忠心不二。桓公听从了鲍叔的力谏，委管仲以重任，尊称其为"仲父"。为此，管仲十分感动：鲍叔"知我不羞小节而耻功名不显于天下也。生我者父母，知我者

————————

　　① 《史记·管晏列传》
　　② 《论语·宪问》

鲍子也！"①后来管仲得了重病，桓公看望管仲，征询管仲能够接替他的人选，桓公认为"鲍叔牙可。"但管仲深知鲍叔清廉自律，疾恶如仇的品行，认为鲍叔不擅长应对复杂的人事，不善于与各色人等相处，特别是不屑于同能力不强、品行低下的人共事。这种品格虽贤德但不善容人，不适宜接替自己的位子。之后的齐国政事变迁也证明了这一点。②

《管子》共八十六篇，其中十篇亡佚（有篇无文），现存七十六篇。为稷下学宫中管子学派思想的集合，③全书思想丰富，内容广泛，涉及古代政治、经济、军事、教育、哲学、伦理学、自然科学等多个领域。

今通观全书，自以道、法家言为最多；然亦多兵家、纵横家之言，又杂儒家及阴阳家之语；此外又有农家言。④

第一，《管子》一书以"黄老道家"为基本立场，在治国理政方面，强调以法治国，同时又十分重视礼的作用。《牧民》篇就提出，礼、义、廉、耻乃国之四维。"四维不张，国乃灭亡。"第二，一方面强调君主在政体中的地位，另一方面高度重视民心、民意。《牧民》篇提出：

政之所兴，在顺民心；政之所废，在逆民心。

告诫执政者要让百姓能够"乐之""富贵之""安之""生育之"，能够摆脱"忧劳""贫贱""危坠""灭绝"。如果统治者看不到这一点，那么"刑罚不足以畏其意，杀戮不足以服其心。"为政的要义是要想得到，必先给予，"知予之为取者，政之宝也。"政策的制定与施行一定要顺乎民意，才能取得预期的结果。

下令如流水之原，令顺民心。故论卑而易行。俗之所欲，因而予之；俗之所否，因而去之。⑤

《霸言》篇更加强调：

夫霸王之所始也，以人为本。本理则国固，本乱则国危。

这是中国历史上"以人为本"这一提法的最早出处。第三，《正世》篇中指出要匡正天下政事，须做到：

---

① 《史记·管晏列传》
② 《吕氏春秋·贵公》
③ "稷下"在齐都临淄城的稷门附近，齐国君主在此设立学宫。因而得名"稷下学宫"，是世界上第一所由官方举办、私家主持的学府。以此为中心形成中国学术思想史上的"百家争鸣"。
④ 吕思勉：《国学知识大全》，吉林出版集团有限责任公司，2012年版，第142页
⑤ 《史记·管晏列传》

不慕古,不留今,与时变,与俗化。

同时还十分强调执政的公平和法的稳定性,《任法》篇曰:

圣君任法而不任智,任数而不任说,任公而不任私,任大道而不任小物。

执政依靠的是法制而不是个人的智谋,依靠的是政策、规则而不是说教、宣传,依靠的是公正、公心、公理而不是私心、私利、私欲,走的是大道、正道而不是精于小节。为此,"法者不可不恒也。"与儒家思想不同的是,这其中包含了管子及其后继者十分丰富的实际政治活动的经验,兼具霸道之策和王道理想。第四,在道德教化方面十分务实,《牧民》篇鲜明地指出:

仓廪实而知礼节,衣食足而知荣辱。

礼义的建设、道德水平的提升、价值观的培育离不开物质生活的保障,那种脱离民众生活实际和生活需要的道德教化是空洞无效的。没有经济发展、没有百姓生活水平和质量的提高,没有对劳动的尊重,没有对"一分付出一分收获"的敬畏,实在是大谬也。第五,在教育思想方面,《五辅》篇提出:

人,不可不务也,此天下之极也。

在《权修》篇中指出人才培养的不易:

一年之计,莫如树谷;十年之计,莫如树木;终身之计,莫如树人。

在《小匡》篇提出学习要能持之以恒:

少而习焉,其心安焉,不见异物而迁焉。

在《枢言》篇中提出培养的目标是既仁且智的成人:

信之者,仁也。不可欺者,智也。既仁且智,是谓成人。

《管子》一书的经济思想同样非常丰富,且有超越时代的远见。① 当然其经济思想并不是单纯地谈论社会经济和消费问题,而是将它作为一项治国政策和方略,为统治者富国强兵出谋划策和提供理论依据的。《管子》一书中提出了"俭则伤事"、鼓励"侈靡"的思想。《乘马》中讲:

俭则金贱,金贱则事不成,故伤事。

就是说节俭风气会导致金价下跌,黄金等货币价格下跌会导致工商业生产因无利可图而萧条,所以说"俭"会影响生产活动。《管子》主张在一定条件下应强调"侈靡","侈靡"即是奢侈的生活,用我们今天的话来说即是鼓励消费、甚至是高消费。第一,为什么要提倡"侈靡"? 在《侈靡》篇里明确地提出:

---

① 以下参见拙文:《管子》"侈靡"观的内涵与现实意义分析。该部分未注明的引文均出自《管子·侈靡》。

饮食者也,侈乐者也,民之所愿也。

对于民众来说,能够吃饱肚子,还能享受生活的乐趣是百姓的愿望。如今的实际情况是"地重人载,毁敝而养不足",就是说土地价格很高,而人口众多,生活贫困而且粮食供给不足。对此,应当怎么办呢?

事末作而民兴之,是以下名而上实也。

就是要发展工商业、提倡奢侈的生活方式,这样民众的生活才能逐渐富裕起来,这才是不图虚名注重实际的措施。国家经济政策就应当根据时代变化而不断改变,即"兴时化",在经济发展不景气时为推动生产、拉动消费就要适当侈靡,因此"莫善于侈靡"。具体的操作是,在产品丰裕的条件下要提倡侈靡,

积者立余,日而侈,美车马而驰,多酒醴而靡,……此谓本事。

富足者要拿出粮食用于消费,提升生活质量,可以尽其所能华丽地装饰车马,酿造美酒以供尽情饮用,这样才能促进农业生产。在遇到灾荒之年亦提倡侈靡,

若岁凶旱水泆,民失本,则修宫室台榭,以前无狗,后无彘者为庸。故修宫室台榭,非丽其乐也,以平国策也。①

如果遇到水旱等大灾之年,百姓不能种植粮食从事农业生产,就要大兴土木广修宫室楼台,雇佣那些家中穷得连猪狗都养不起的贫民来做工(以此维持生计)。因此,广修宫室台榭不是为了享乐游观,而是为了调节平衡国家的经济生产。

第二,是不是所有的人都要侈靡。

一国之人,不可以皆贵;皆贵,则事不成而国不利也。②

在一个社会里不是任何人都可以侈靡消费的,侈靡消费只限于"富者靡之","君臣之财不私藏。"只有富人才可以进行奢侈消费,他们不是把金银财物贮藏起来而是用于消费,购买各种消费产品。这样"贫者为之,"劳动者就不会失业,而是可以进行生产,为社会提供更多的消费品。"贫动肢而得食矣,"穷人有了就业的机会,有了工作才能够有饭吃。

第三,是不是只一味强调侈靡。侈靡消费也须有度,提倡侈靡消费并不等于反对节用。《管子》认为消费应根据具体情况而定,当俭则俭,当侈则侈,都不能过度。在《乘马》中就明确指出:

侈则伤货,俭则伤事……不知量,不知节,不可谓之有道。

---

① 《管子·乘马数》
② 《管子·乘马》

侈靡的作用是什么呢？其一，《管子》中的侈靡思想不是为了侈靡而侈靡，而是发展经济、改善民生的重要手段。春秋初期，齐国商品经济已发展到相当高的程度，社会财富总量急剧增长，崇尚功利、追求财富和享受也随之成为齐国社会的一大特点。这样，财富的增多为整个国家消费水平的普遍提高提供了前提。在财富增多的基础上，管子意识到要想进一步推动生产的发展，最好的办法莫过于侈靡。

兴时化若何？莫善于侈靡。

只有把商品消耗掉，才能生产出更多的产品，以保持生产力的持续快速发展，这样又会进一步促进人们生活水平的提高，进而形成一种良性循环。而提倡侈靡，就会刺激人们对奢侈品的消费欲望，欲望越多，生产的积极性就愈强。因为"饮食者也，侈乐者也，民之所愿也。"只有"足其所欲，瞻其所愿"才能得到百姓的拥护。其二，侈靡是发展"本业"的重要手段。为了充分发展农业生产，管子提出：

市也者，劝也。劝者，所以起。本善而末事起。不侈，本事不得立。

市场的作用就是促进，所谓促进就是发展生产。"本事"即指农业生产；"末事"指工商业。农业生产发展起来以后，工商业也必然随之兴起。然而，如果没有"侈靡"消费，农业就缺少发展的后劲，就不能巩固和继续发展。所以管子提倡：

积者立余，日而侈，美车马而驰，多酒醴而靡，千岁毋出食，此谓本事。

而且，

圣人者，省诸本而游诸乐。

圣明的君主也应考察了解农业生产的情况，适时地发展游乐产业。其三，侈靡是提供就业，改善民生的重要手段。提倡侈靡就是要通过高消费，刺激生产的发展，生产的发展将为平民百姓提供更多的就业岗位，增加平民的收入，进而改善民众的生活。因此，管子称：

富者靡之，贫者为之，此百姓之怠生，百振而食。

具体的做法有

雕卵然后瀹之，雕橑然后爨之。

用今天的话讲就是在鸡蛋壳上做微雕，在木材上做雕刻。再就是厚葬，

巨瘗培，所以使贫民也；美垄墓，所以使文萌也；巨棺椁，所以起木工也；多衣衾，所以起女工也。犹不尽，故有次浮也，有差樊，有瘗藏。作此相食，然后民相利。

就是挖掘巨大的墓室，让穷人有工作可做；装潢豪华的墓地，让工匠们有工作可干；制作巨大的棺材，使木工得以获利；大量使用入殓的衣服被褥，让做女红的人有利可得。这还不够，还要准备各种祭奠的物品、举办各种祭奠的仪式，使用各

种随葬的物品。一句话就是大操大办、拼命花钱。用这样的办法使贫穷的人维持生计,民众相互得利。其四,侈靡是发展工商业的重要手段。与中国传统"重农抑商"的政策相比,管仲是极为少有的对工商业给予充分肯定的思想家和政治家。

> 商人于国,非用人也。……出则从利,入则不守。

商人对于国家而言,并不是无用之人,他们为了获得利益而进行买卖活动(保证了物资的交流)。而市场的作用则在于,

> 市也者,劝也。劝者,所以起。

由于,

> 百姓无宝,以利为首。一上一下,唯利所处。利然后能通,通然后成国。

发展工商业对于刺激经济发展,推动"本业"兴盛,进而壮大国家经济实力有着十分重要的作用。显然,《管子》中的侈靡思想其实是通过生产性消费拉动经济的增长;通过刺激生活消费进而促进生产的发展;通过发展经济,进而提供更多的就业岗位以改善民生。经济的发展,民生之改善则可使社会得以稳定,国家得以强大。

作为现实政治活动的参与者和政策的制定者,管仲十分清楚民生对于治国理政的根本价值。《侈靡》一文开篇就指出了当时社会存在的严峻问题:

> 今周公断指满稽,断首满稽,断足满稽,而死民不服,非人性也,敝也。

如今这个年代受刑罚而被砍下来的断指、断头、断足堆满了台阶。民众却还是不畏死、不服罪。这是为什么呢? 不是人性生来就不怕死,而是由于生活极度贫困、民不聊生,被逼无奈的结果。所以,一个国家如果只能维持百姓极为低下的生活,百姓就不会听从政府的管理,更不能为国家服务。

> 使衣皮而冠角,食野草,饮野水,孰能用之?

百姓贫穷、百业凋敝不是国家发展的目标,更不是精神纯洁、道德高尚的要件。所以,

> 夷吾也,如以予人财者,不如毋夺时;如以予人食者,不如毋夺其事,此谓无外内之患。

我管仲理政的原则是,给人钱财,不如不要干预农时和人们赚钱的时机;给人食物,不如不要剥夺人们工作的机会。只有这样国家才可以免除内忧外患。那么,怎么使用富人和穷人呢?"用贫与富,何如而可? 答曰:甚富不可使,甚贫不知耻。"不要使贫富差距太大,太富裕的人会因生活丰裕不会听从命令,太贫穷的人会因生活无着没有廉耻之心也不会听从。作为一国之君,一定要明白"天地不可留,故动,化故从新"的道理。管子作为处于时代巨变时期的思想家,深知固守陈

规、食古不化的愚陋与危险,因此提出"节时于政,与时往矣"。政策的制定和施行一定要能够与时俱进,因为世事是不断变化的,即"化变者也,天地之极也。"所以要做到顺应天时,凡事有预判,"杜事之于前"。

顺带说一句,以经济学为显学的西欧直到 17 世纪时才由威廉·配第提出类似的论点,他举例说宁愿粉饰"凯旋门"以增加就业。18 世纪初叶,英国医生曼德维尔在其讽寓诗《蜜蜂的寓言》中首次提出了倡导奢侈浪费,反对勤俭节约的经济思想。这一西方经济思想中的另类自提出之日起就备受谴责和鞭挞,被宣布为伤风败俗和邪恶之道而声名狼藉。直到 20 世纪 30 年代的那场空前绝后的经济危机,凯恩斯提出应该由政府加大宏观干预的力度,并从社会意识观念上加以引导,刺激消费,用以扩大有效需求,增加社会就业。这一理论在西方经济学史和资本主义发展史上均产生了重大的影响,被称为"凯恩斯革命"。

先秦诸子百家典籍众多,思想丰富,这里主要选取了有代表性的学派加以介绍,其他著作及其思想诸如《列子》《尸子》《晏子春秋》等当中蕴涵的思想亦十分博大,将在之后的行文中加以涉及。

3. 丧家狗——孔子

之所以在诸子中单取孔子来加以介绍,一是孔子之学为中华传统文化中居于最为重要、显赫之位;二是出自对孔子的偏爱;三是缘于过去对孔子的误读,今日终能拨乱反正以示歉意。经过几千年风霜雨雪,孔子——这位中国儒家学说的创始人在不同时代、不同人的心目中由于不同需要形成了众多不同的形象。但不论是被尊称为"孔圣人",还是沦落为人人喊打的"孔老二",无非是从一个极端走向另一个极端——或是神圣化或是妖魔化。然而最缺少的却是孔夫子历来倡导的"叩其两端而执中"的中庸平和形象。也正因为如此,孔老先生在国人特别是青年人的心目中总有些虚无缥缈而缺乏应有的亲和力与感染力。

蒙培元先生在其《蒙培元讲孔子》一书中曾经说过:

由于孔子在中国文化中的特殊地位,他已经成为中国文化的象征,重新肯定孔子,就是重新肯定中国文化。①

为此,他提出解读孔子的三个着眼点:"首先是'恢复历史上的孔子'。"因为历史上的孔子与后来人们塑造的孔子是不同的。"其次是'重新理解孔子'。"解读孔子既要尊重历史,依据历史,又要超越历史。既要以孔子的"文本"为依据,又要依

---

① 蒙培元:《蒙培元讲孔子》,北京大学出版社,2005 年版,第 187 页

据时代背景和解释者的文化修养与视角。"再次是'重新评价孔子'。"人文研究本质上是一种价值判断,是基于研究者之需要而做出的,是对主观与客观对立的超越与统一。

3.1 孔子生平简介

孔子(公元前551年至公元前479年)春秋末期儒学学派的创始人,提出了"仁"的思想,是中国古代著名的思想家和教育家。《史记·孔子世家》记载:

孔子生鲁昌平乡陬邑。其先宋人也,曰孔防叔。防叔生伯夏,伯夏生叔梁纥。纥与颜氏女野合而生孔子,祷于尼丘得孔子。鲁襄公二十二年而孔子生。生而首上圩顶,故因名曰丘云。字仲尼,姓孔氏。

孔子是鲁国陬邑(今山东曲阜东南)人。先世是宋国贵族,避难迁鲁。因父母曾为生子而祷于尼丘山,故名丘,字仲尼。他出生时,家世已经没落。孔子说过"吾少也贱",年轻时做过季孙氏的委吏(管仓库)和乘田(管繁殖牲口)等。三十多岁到齐国,几年没有得到齐君的重用,又回到鲁国,聚徒讲学。五十多岁时,由鲁国中都宰(都城行政长官)升任司寇(掌管刑狱、纠察等事)。后又曾周游宋、卫、蔡、齐、楚等国。晚年在鲁国编订古代文化典籍《诗》《书》,定《礼》《乐》,序《周易》,作《春秋》,教授门徒。孔子的弟子曾将他的谈话和他与门徒的问答,辑成《论语》一书,这是研究孔子思想的主要资料。孔子的思想及学说对后世产生了极其深远的影响。

这样的文献介绍可称得上是言简意赅,但似乎缺少些什么,使我们看不到两千多年前那个经历坎坷、性格丰富、乐天知命、好学善思、充满爱心、胸怀博大的老先生。看不到那位为实行"仁"道,落魄一生都在推销他的主张,却无人能用;奔走公侯之门却处处碰壁;周游列国常常受到隐士的嘲讽、奚落;忍受饥饿、战乱却始终坚定刚毅、达观幽默的君子形象。事实上,在《论语》及古代诸多文献中所出现的孔子是一个活生生的有血有肉的人,不是神,也不是一个古板迂腐的学究,他也有错,他也世故,他有时也发脾气,他有时也开玩笑,有自己的爱好、情趣和生活。

3.2 "丧家狗"孔子

"丧家狗"一说出自《史记·孔子世家》:

孔子适郑,与弟子相失,孔子独立郭东门。郑人或谓子贡曰:"东门有人,其颡似尧,其项类皋陶,其肩类子产,然自要以下不及禹三寸。累累若丧家之狗。"子贡以实告孔子。孔子欣然笑曰:"形状,末也。而谓似丧家之狗,然哉!然哉!"

这件事说的公元前492年,60岁的孔子为了实现自己的政治抱负,周游列国,在途经郑国时发生的一件事。孔子在宋国时批评了宋国大司马桓魋,起因是

桓魋命人为他打造石椁,劳民伤财历时三年都没有完成。孔子知道此事后说道:

若是其靡也,死不如速朽之愈也。①

就是说一个人如此地奢侈浪费,他死了以后,还不如早点腐烂了的好! 桓魋因此记恨孔子,又怕宋国国君重用孔子,孔子本就是宋国人。所以欲杀孔子,还派人将孔子讲学场地上的一棵大树砍断,威胁孔子。在弟子的劝说下,孔子不得已匆忙离开宋国,赶往郑国。路上孔子和自己的弟子走散了,独自一人在郑国东门等候自己的学生。子贡在向郑人打听老师的下落时,一个郑国人告诉子贡:"东门那里站着一个人,他的额头像古帝唐尧,脖子像尧时的法官皋陶,肩膀像郑国大夫子产,腰以下像大禹但腿比大禹短三寸。一副失魂落魄、垂头丧气的样子,就像一条丧家之狗。"

那么这个郑国人眼中的孔子究竟是什么样呢?《孔子家语·困誓》记述此事时,用了"河目隆颡"一说,所谓"河目"指上下眼眶平正而长;"隆颡",就是说他额头很高,比较凸出,和尧一样。"河目隆颡"就是说孔子大眼宽额。又说孔子"其项类皋陶",皋陶的脖子长什么样,没有确切记载,但皋陶是什么样子呢?《荀子·非相》里说:"皋陶之状,色如削瓜",就是脸色青绿,像削去皮的瓜的颜色。其肩膀像子产,子产什么样亦不得而知。禹的身高据史载是九尺二寸,比孔子要矮一点,但他却说孔子自腰以下,也就是说他的腿比禹还矮三寸,大概是说孔子上身长、下身短,身体不成比例。子贡做事很直,毫不掩饰地把郑人的话如实地告诉了孔子。孔子听了以后很愉快地对子贡说:"说我的相貌像古代的圣贤,实在不敢当。不过说我像一条丧家之狗,倒是说得很对、很对啊!"一个中国人精神世界的开创者和先师,是一条什么样的丧家之狗? 古来圣贤皆寂寞,

任何怀抱理想,在现实世界找不到精神家园的人,都是丧家狗。②

3.3 "野合"出生的孔子

孔子出身没落贵族家庭,身世多艰,一生坎坷,在中国人眼中的人生悲剧无一遗漏地在他身上演出过。孔子幼年(3 岁)丧父,少年(16 岁)丧母,中年失妻,老年(69 岁)丧子。就连他的身世也颇有非议,"纥与颜氏女野合而生孔子。"③

什么是"野合"? 看到这个字眼不禁令人脑洞大开,加上 66 岁的叔梁纥与 15 岁的颜徵在相差 51 岁的年龄差距,更是教人们浮想联翩。不过在学者们严肃认

---

① 《礼记·檀弓上》
② 李零《丧家狗——我读〈论语〉》,山西人民出版社,2007 年版,第 2 页
③ 《史记·孔子世家》

真地考证之下,历史的真相或许是这样的。商周时候还流行着仲春时节男女去郊外相会、相爱、野合的婚俗风尚。"野"在春秋时期可以作"郊外"解,也可以作"民间"解。《周礼·地官·媒氏》有云:

中春之月,令会男女。于是时也,奔者不禁。若无故而不用令者,罚之。

古人认为仲春时节,阴阳二气交合,此时婚配最合天时。于是男男女女在每年的仲春可以自由交往,自由结合交欢。而且是法令允许的,这时候如果是私奔也不会禁止。如果不遵照执行,还要加以处罚的。那时男女在仲春相会时要祭祀高禖和祓禊。"高禖"是负责管理人间生育的女神,祭祀她是为了求子。"祓禊"是在河边举行祭礼,洗濯去垢,以消除不祥,求子得福。也就是说在仲春踏青之时15岁的颜徵在与66岁的叔梁纥相互对上了眼,自由地结合在一起啦,用今天的话说就是"老少配"。《诗经·摽有梅》中就表现了这样的习俗:

求我庶士,迨其吉兮;求我庶士,迨其今兮;求我庶士,迨其谓之。

有那么多喜欢我的男子呢,你可要抓住机会啊;那么多喜欢我的男子呢,你要趁早表明态度啊;有那么多喜欢我的男子呢,我愿意跟着你走啊。

问题是15岁的少女——颜徵在怎么会看上66岁的大叔——叔梁纥?原来叔梁纥时任陬邑宰,而且孔武有力、身材魁梧高大,多次立有战功——"以勇力闻于诸侯"[1]。在《孔子家语·本姓解》中是这样记载的:"今其人身长十尺,武力绝伦。"在那个尚武的年代,真正的勇士是少女心中的偶像,而不是今天放某些长得比女人还精致,不仅是骨子里就是脑子里都透着脂粉气的"最仙"男生。

3.4　长相有点怪的"长人"——孔子

孔子的长相有点怪。《史记·孔子世家》记载:"生而首上圩顶,故因名曰丘云。"就是说,他天生的脑袋畸形,头顶上中间低,四周高,其形状恰似倒过来的屋顶,故名之曰丘。其实今天看来很可能是因为缺钙造成的。荀子比孔子晚两百多年,是孔子的学生的学生,他应该不会刻意丑化他的祖师爷,那荀子笔下的孔子是什么样子呢?《荀子·非相》上说"仲尼之状,面如蒙倛。""蒙倛"是上古时代人们避邪驱鬼和送葬时所用的神像,既然都可以用来吓唬鬼魅,那孔子的样子大概是狰狞可怖,而不会是慈眉善目的。当然古人常喜欢以异相来表示帝王之相或人物之不凡,如《三国演义》中的刘备,"两耳垂肩,双手过膝,目能自视其耳,"所以孔子的真实相貌如何也未可知。但至少有一点可以肯定,孔老先生不是什么帅哥类的人物,但也相貌非凡,貌似古代的圣贤。

---

① 　胡仔:孔子编年

孔子其身长亦不凡,《史记·孔子世家》记载,"孔子长九尺有六寸","九尺六寸"是多高? 根据吴承洛先生《中国古代度量衡史》的推定,周代的一尺相当于今天的 19.91 厘米,那么孔子的身高就相当于今天的 1.91 米还要多一点(如用秦尺则约在 2.1 米左右),所以"人皆谓之'长人'而异之,"人人都说他是长人即大个子,感到惊异。孔子称得上是一个真正的齐鲁大汉,一个高大健硕、孔武有力之人。人们感慨道,"不过,这个'长人'的身影也确实够长了——长到遮蔽了整个民族漫长的历史,一个民族都一直顺着他的倒影前行两千多年了。"

3.5 精通"六艺"的孔子

这里说的是小"六艺"。孔子周游列国时曾被讥讽为"四体不勤,五谷不分"。也许是源于这一记载,再加上开馆授徒的"先生"身份和循循善诱、诲人不倦的教学态度,所以文弱书生又几乎成了孔夫子形象的代名词。其实这是一种误解,只要我们将视野从《论语》扩大到其他先秦典籍,就会发现周代已形成相当完备的六艺教育体系。孔子在青少年时代习得六艺是毫无疑问的。其于礼、乐、书、数造诣之深,已无须多言;其于射、御二艺,也是十分娴熟的。孔子说过:君子应当"志于道,据于德,依于仁,游于艺。"①《礼记·射义》记,

孔子射于矍相之圃(在今山东曲阜孔庙西侧),盖观者如堵墙。

可见其射艺之精;至于"御",可能更优于射。《论语·子罕》记载了一则事例,

达巷党人曰:"大哉孔子,博学而无所成名。"子闻之,谓门弟子曰:"吾何执? 执御乎? 执射乎? 吾执御矣。"

孔子听别人说他博学而缺乏足以成名的强项,便与弟子商议选一艺来展示专长。在射、御之中,孔子经权衡而选定"执御",可见其驾驭战车的本领比射箭更强。

要精通"六艺"并不是一件简单的事,据古籍记载,礼有五礼,乐有六乐,射有五射,御有五御,书有六书,数有九数。那时取士以"六艺"取,学子以"六艺"学。如果不通六艺,就不能成为人们心目中的全才,不通六艺也登不上仕籍。六门功课每门都有严格的要求,拿射为例,五射:白矢、参连、剡注、襄尺、井仪五种。所谓白矢要求矢在侯而连贯过,见其镞白,体现的是力量。所谓参连,前发一矢后三矢连续。所谓剡注,矢头高,镞头低,剡然而去,这要求的是角度。所谓井仪是四矢射出,形成一个井字。光射就有这么多的技术指标,一点不比今天体育比赛时打靶的技术性差。

---

① 《论语·述而》

《吕氏春秋·慎大》记载,

孔子之劲,举国门之关,而不肯以力闻。

孔子力大到可以举起城门,但并不以此夸耀。《墨子·非儒》也记载:

孔某为鲁司寇,舍公家而奉季孙。季孙相鲁君而走,季孙与邑人争门关,决植。

"决植",将城门托起。由此可见孔子的孔武有力,而绝非手无缚鸡之力的文弱书生。

3.6　文武双全的孔子

孔子曾经说过:

知者不惑,仁者不忧,勇者不惧。[①]

《论语·雍也》中孔子讲:

质胜文则野,文胜质则史。文质彬彬,然后君子。

能文能武才是君子,历史上的孔子亦可称是文武兼备的。据《史记·孔子世家》,孔子奉行"有文事者必有武备,有武事者必有文备",和平是要靠实力保障的,文武两手都要有、都要硬。

《史记·孔子世家》中描绘了孔子勇武果敢的风采。定公十年,齐鲁夹谷之会,齐景公以大国的威势,想先发制人。

于是旌旄羽袚矛戟剑拨鼓噪而至。孔子趋而进,历阶而登,不尽一等,举袂而言曰:"吾两君为好会,夷狄之乐何为于此! 请命有司!"有司却之,不去,则左右视晏子与景公。景公心怍,麾而去之。有顷,齐有司趋而进曰:"请奏宫中之乐。"景公曰:"诺。"优倡侏儒为戏而前。孔子趋而进,历阶而登,不尽一等,曰:"匹夫而营惑诸侯者罪当诛! 请命有司!"有司加法焉,手足异处。景公惧而动,知义不若,归而大恐,……

在会上,孔子力挽狂澜,以泰山压顶之势,扑败了对方的锐气。最后威逼齐景公"归所侵鲁之郓、汶阳、龟阴之田以谢过"。

《史记·孔子世家》在记述定公十三年"仲由为季氏宰""堕三都"的事件时,又描述了孔子与定公、季孙等四人遭费邑叛臣公山不狃和叔孙辄围攻时,亲自指挥作战的情景,即:"命申句须、乐颀下伐之,费人北"。这些描述是对"孔丘知礼而无勇"的否定。当然,孔子精通军事,却并不好战:"子之所慎:齐,战,疾。"[②]

---

① 《论语·子罕》
② 《论语·述而》

3.7　幽默乐观的孔子

"丧家狗"的故事讲到孔子和他的弟子们走散后,子贡按照那人的指点,果然找到了孔子,"子贡以实告孔子",就把那个郑国人的话原原本本地告诉了老师。虽然此时的孔子很狼狈,但却"欣然笑曰:'谓似丧家之狗,然哉,然哉!'"孔子听后不但没生气,反而高兴地笑着说:"他说我的外貌倒还在其次,倒是说我像'丧家之狗'这句话,说的太对了,太对了!"因为"丧家之狗"正道出了孔子奔波列国的辛酸,孔子可以借此以解嘲,也表明了孔子不怨天尤人的达观态度。因此,孔子方得"有终身之乐,无一日之忧"。

一次孔子到了他的学生子游主管的武城,听到了弦歌之声。夫子莞尔而笑,曰:"割鸡焉用牛刀?"意思是:治理小小的武城还用得着行礼乐教化吗? 子游对曰:"昔者偃(子游)也闻诸夫子曰:'君子学道则爱人,小人学道则易使。'"于是孔子马上说:"偃之言是也,前言戏之耳!"①本来,对子游的牛刀小试,孔子是既高兴又惆怅,就开了个小玩笑,偏偏子游很认真,所以孔子马上纠正,孔子的幽默风趣让人哑然失笑,特别是"莞尔"一词,使我们想见孔子开玩笑时的神态。从这些小事中,我们看到了一个有血有肉、率情至性的乐观形象,而不是那个冷冰冰的古板书生。

3.8　宽容体贴、仗义担当的孔子

子曰:"君子成人之美,不成人之恶。"②孔子是这样说的,也是这样做的。在《孔子家语・致思》中记载这样一件事:

孔子将行,雨而无盖。门人曰:"商也有之。"孔子曰:"商之为人也,甚吝于财,吾闻与人交,推其长者,违其短者故能久也。"

他的学生子夏有个毛病:吝啬,知生莫如师,孔子深知子夏的这一毛病,就刻意为他遮掩。孔子说,子夏为人吝啬财物。我听说与人交往,只有相互推长讳短,才能交情长久;我并非不知子夏富有伞盖,只是担心去借,子夏不肯借,会使他吝啬之名更大。孔子讲人情,体现的是对他人的宽容与爱护。这一点,在孔子不向子夏借伞一事中表现得很清楚。其人情世故不存在利己之心,而表现为一种博大感人的胸怀。

弟子伯牛有病,他执手相探。

伯牛有疾,子问之,自牖执其手,曰:"亡之,命矣夫,斯人也而有斯疾也! 斯人

----

① 《论语・阳货》
② 《论语・颜渊》

也而有斯疾也！①

好友去世后无人安葬，孔子出面搞定。

朋友死，无所归。曰"于我殡"。②

爱徒颜回去世，他失声痛哭。

颜渊死，子曰："噫！天丧予！天丧予！"③

有人故去，他深表悲痛，连饭都不肯吃饱。

子食于有丧者之侧，未尝饱也。④

所以有"君子成人之美，不成人之恶"。而其"己所不欲，勿施于人"的思想已成为伦理学的"黄金规则"。而房龙说过：

从最广博的意义上讲，宽容这个词从来就是一个奢侈品，购买它的人只会是智力非常发达的人。⑤

3.9 风度翩翩的绅士孔子

国人常以为绅士风度为舶来品，殊不知中国古代早已有之。所谓绅士风度一般是指彬彬有礼，待人谦和，谈吐高雅，知识渊博，举止文明，衣冠得体，尊重女性，尊老爱幼，远不良嗜好，身体健康，人际关系良好，口碑载道等。如果说老庄代表了中国古代的隐者，孔子则可称之为中国古代的绅士（虽然孔子有轻视女士之嫌）。

《论语·乡党》记载了许多的孔子言行，如

孔子于乡党，恂恂如也，似不能言者。其在宗庙朝廷，便便言，唯谨尔。

朝，与下大夫言，侃侃如也；与上大夫言，訚訚如也。君在，踧踖如也，与与如也。

入公门，鞠躬如也，如不容。立不中门，行不履阈。过位，色勃如也，足躩如也，其言似不足者。摄齐升堂，鞠躬如也，屏气似不息者。出，降一等，逞颜色，怡怡如也；没阶，趋进，翼如也。复其位，踧踖如也。

执圭，鞠躬如也，如不胜。上如揖，下如授，勃如战色，足蹜蹜，如有循。享礼，有容色。私觌，愉愉如也。

以上这些记载描述了孔子在面见国君、面见大夫时的态度；他出入于公门和

---

① 《论语·雍也》
② 《论语·乡党》
③ 《论语·先进》
④ 《论语·述而》
⑤ ［美］房龙：《宽容》，迮卫、靳翠微译，三联书店，1985年版，第396页

出使别国时的表现等。而在日常生活中,孔子的言行举止也颇具风范。

席不正,不坐。

席子放得不端正,不坐。

乡人饮酒,杖者出,斯出矣。

与乡人饮酒结束后,(孔子)一定要等老年人先出去,然后自己才出去。

寝不尸,居不容。

睡觉不像死尸一样挺着,平日家居也不像做客或接待客人时那样庄重严肃。

乡人傩,朝服而立于阼阶。

乡里人举行迎神驱鬼的宗教仪式时,孔子总是穿着朝服站在东边的台阶上。孔子虽不信鬼神,但对祭祀鬼神的风俗还是表示尊重。

升车,必正立,执绥。车中,不内顾,不疾言,不亲指。

上车时,一定先直立站好,然后拉着扶手带上车。在车上,不左顾右盼,东张西望,不高声说话,不用自己的手指指点点。

《论语·述而》记:"子之燕居,申申如也;夭夭如也。"孔子闲居在家里的时候,衣冠楚楚,仪态温和舒畅,悠闲自在。

也正因为"君子坦荡荡,小人长戚戚"。所以"子温而厉,威而不猛,恭而安。"①这不正是一个温文儒雅、雍容大度的绅士形象吗?

3.10 爱音乐、能审美的孔子

《论语·述而》记载:

子在齐闻《韶》,三月不知肉味,曰:"不图为乐之至于斯也!"

《论语·述而》又载:

子与人歌而善,必使反之,而后和之。

鲍鹏山先生谈及此,不禁慨叹:"这时他能是一位皱着眉头板着面孔不苟言笑的人么?他是一位手之舞之、足之蹈之的老顽童哩!"

孔子学鼓琴师襄子,十日不进。师襄子曰:"可以益矣。"孔子曰:"丘已习其曲矣,未得其数也。"有间,曰:"已习其数,可以益矣。"孔子曰:"丘未得其志也。"有间,曰:"已习其志,可以益矣。"孔子曰:"丘未得其为人也。"有间,有所穆然深思焉,有所怡然高望而远志焉。曰:"丘得其为人,黯然而黑,几然而长,眼如望羊,如王四国,非文王其谁能为此也!"②

---

① 《论语·述而》
② 《史记·孔子世家》

在这里,孔子的精神通过飞翔的音符而与之相通了!

孔子对音乐的理解表现在许多方面,《论语·八佾》记载:

子语鲁大师乐,曰:"乐,其可知也。始作,翕如也;从之,纯如也,皦如也,绎如也,以成。"子谓《韶》:"尽美矣,又尽善也。"谓《武》:"尽美矣,未尽善也。"

孔子对美也有自己的欣赏,他和子夏讨论过"巧笑倩兮,美目盼兮"。"孔子去卫适陈,涂中见二女采桑。子曰:'南枝窈窕北枝长。'"① 原来孔子对美女也有如此的愉悦。孔子对《关雎》的评价是"乐而不淫,哀而不伤"。② 《关雎》是写男女爱情的诗,孔子却从中认识到"乐而不淫、哀而不伤"的中庸美德和自然纯朴的情感。

对人们人性的弱点,他也给予善意的回护与爱惜。他要人们好德,但也不反对人们好色,他说:"《诗》三百,一言以蔽之,思无邪!"③ 故"国风好色而不淫"。④

3.11 精于养生之道的孔子

孔子曾以"三十而立,四十而不惑,五十而知天命,六十而耳顺,七十而从心所欲,不逾矩"⑤ 概括了他一生几个阶段的特点,他的话就是很深刻的养生经。

《论语·乡党》记载了孔子的饮食习惯:

食不厌精,脍不厌细。食饐而餲,鱼馁而肉败,不食。色恶不食,臭恶不食。失饪不食,不时不食。割不正不食,不得其酱不食。肉虽多,不使胜食气;唯酒无量,不及乱。沽酒市脯,不食。不撤姜食,不多食。祭于公,不宿肉。祭肉不出三日;出三日,不食之矣。食不语,寝不言。

这"不食"分为三类:色味方面:食物变颜色了不吃,食物变味了不吃;质量方面:粮食陈旧了不吃,鱼和肉变质了不吃,不新鲜的菜蔬不吃;制作方法:烹调不当的食物不吃,佐料放得不妥的饭菜不吃,从市场买回来的酒和熟肉不吃。同时,孔子还很强调适度:不到吃饭的时间不吃;吃肉的量不超过米面的量;饮酒无量,但不喝醉;餐餐不离姜,但不多吃。要做到"食不语,寝不言","食不厌精,脍不厌细"。

3.12 达观、洒脱的孔子

孔子一生虽不得志,但他始终以一种达观的态度对待人生。"孔颜乐处"是对这种处世态度的概括。孔子说:

---

① 《绎史·孔子类记一》
② 《论语·八佾》
③ 《论语·为政》
④ 《史记·屈原贾生列传》
⑤ 《论语·为政》

贤哉,回也! 一箪食,一瓢饮,在陋巷。人不堪其忧,回也不改其乐。贤哉,回也!①

这句话是对颜回的肯定,实际上也是孔子自己追求的一种人生境界。孔子还说:

饭疏食,饮水,曲肱而枕之,乐亦在其中矣。不义而富且贵,于我若浮云。

而且

发愤忘食,乐以忘忧,不知老之将至。②

所以"在陈绝粮",弟子们饥肠辘辘满面菜色而孔子仍弦歌不断,于是子路愠见曰:"君子亦有穷乎?"而孔子"君子固穷,小人穷斯滥矣"。③

一次弟子们的各言其志时,

曾皙说:"莫春者,春服既成,冠者五六人,童子六七人,浴乎沂,风乎舞雩,咏而归。"夫子喟然叹曰:"吾与点也!"④

这种洒脱的生活方式触动了孔子的心弦,深深为之向往但又无从践行,因此才有"喟然"一叹。

在这里,我们看到的是一个性格活泼、形象丰满、充满人情韵味,洋溢着浓烈人格魅力的栩栩如生的鲜活形象。不是那个似乎不食人间烟火的"孔圣人",也不是人人喊打的面目可憎的"孔老二"。他不是神,也未必就是圣人,他是个人。李零先生说"他是个堂吉诃德"。他的仁爱思想在现实中很难有效实行,更难于改变人性。他活着的时候可能并不成功,虽然他一生"发愤忘食,乐以忘忧,不知老之将至",但他死后成为万世师表。正如太史公所说:《诗》有之:'高山仰止,景行行止。'"⑤孔子是一个活生生的人而不是神,只有持此态度,我们才可能看到这样一个惠及国人、影响世界的仁者的鲜活形象。

---

① 《论语·雍也》
② 《论语·述而》
③ 《论语·卫灵公》
④ 《论语·先进》
⑤ 《史记·孔子世家》

第三章 先秦元典的哲学基础

哲学是人类思想的基础,是人类精神的反思,是人类精神世界的"普照的光"。人与其他生物不同,人类不仅需要追问"是什么",还要明白"为什么"即追问意义,而且人类还具有丰富的想象力。对于人类生存的价值与意义的思考,对人生存的世界的认识,对人之外世界的奥秘的探索,构成了人类思想的基本内容与范围。费尔巴哈说过,动物只为生命所必需的光线激动,人却关注着最遥远星球的所放射的无任何功利性质的光线。[①] 孔子也曾说:"朝闻道,夕死可矣。"人类认识世界并不是像洛克所说的,人的头脑就像是一张白纸,只能够接受认识对象给予的刺激,在白纸上留下痕迹。人的认识活动是具有主动性和目的性的,这张白纸需要在人的好奇心、主动性的导引下去描绘。

1.先秦元典的哲学本体论基础

人类是在一定的认识方式和立场的引导下去认识世界,去解读认识的内容,从而构建人的认识体系与内容,构建人的认知方式和认知逻辑。认识世界(包括自然世界、人类及其人类世界)的前提是基于一定的认识方式或者说是思维方式,换言之就是用什么样的方式或方法去认识世界,去解读认知的结果,进而形成认识的内容和体系。一方面是一定的认识方式或思维方式直接影响着认识世界的立场和目标预期,另一方面人们已经形成的认识内容与体系同样影响人们的认知与思维方式。

今天研究中西方哲学的人们基本已形成共识,西方哲学有其特有的思维方式、立场和目标预期,中国哲学亦有自己的思维方式、立场和目标预期。西方哲学自古希腊以来,分析思维就比较强势,虽然古希腊时期辩证思维也十分丰富。特别是到了近代,分析思维更成为主流。当然,分析思维的大行其道与近代自然科学建立与发展的需要是直接相关的。各门自然科学要从"包罗万象"的哲学中分

---

① ［德］费尔巴哈:《基督教的本质》,商务印书馆,1984 年版第 7—8 页

离出来成为独立的学科，必须要确立自己的研究对象，要确立自己的研究对象就必须对自己的研究对象进行深入的、能够与他物划清界限的、抓住其本质的分析与研究。分析思维主导下的认识方式就需要归类，从众多具体中抽象出一般，从纷繁芜杂的个性中提炼出共性。找到这个"一"即共性、一般之后，还要探寻这个"一"的内涵、本质、性质、属性、类型、功能、表现形式等。古希腊米利都学派的泰勒斯因为说出了：水是万物的本原，被称之为"西方哲学第一人"。它首次提出了万物的始基、本原的问题，试图用自然界中某种具体的物质状态来说明世界万物的统一性。但这是个"生成论"的回答模式，仅仅依靠哲学思辨是难以最终完成这个任务的。经过阿那克西米尼的"气"，毕达哥拉斯学派的"数"，最后到了巴门尼德的"存在"，哲学思考从万物的起源转向万物的本原，从时间在先转向逻辑在先，从生成性探索转向本体性思考。简言之，此时哲学思考从宇宙生成论转向了本体论。由此也形成了西方哲学的思维模式："是 A 就不是非 A，是非 A 就不是A。"①即是这个就不能是那个，是那个就不能是这个。张岱年先生还指出了印度哲学的思维模式：

在印度，说 A 也不对，说非 A 也不对，把 A 否定了，非 A 也否定了。

印度哲学否弃现世，所以现实世界是没有意义的。一旦没有了意义，是什么也无意义了。

中国先秦思想的思维方式则与前两者不同，既不主要地去关注一个事物"是什么"，也不对现实或现世采取否弃的态度，而是关注事物存在的状态，事物在什么样的情况下能够实现存在特别是良性的存在。一事物要保持这样的存在不是"一"而是"两"，存在于一个矛盾的统一体之中。其中，要保持事物的存在，矛盾双方相互依存、相互补充、相互融合就比相互对立、相互冲突、相互否定更为重要。而事物的存在状态是"易"，易是变动、变化，即事物的存在不是静态的而是动态的。变动、变化是一事物中阴阳两个因素共同作用的结果，既相反相成，相生相灭。所以，既不否定一切，也不将双方只看作是对立且不相容的存在，任何事物的存在皆为阴阳两种元素互相依存、互相作用的结果。用今天的话说就是西方哲学重对立重本质，中国阴阳思维重同一，重存续。

因此，可以说这既是哲学思维的方式，也是认知世界的立场，即思维的角度（包括视野与视界）和认识事物的态度。同时还是认识活动的目标预期即希望构

① 张岱年：《中西哲学比较的几个问题》，选自谢龙编，《中西哲学与文化比较新论——北京大学名教授演讲录》，人民出版社，1995 年版，第 6 页

建什么样的知识体系,达到怎样的认识目的,也就是预期目标,以及满足人们什么样的需要。人类认识世界不是单纯地为了认识而认识,人的认识是出于自身的需要,这些需要可能是物质层面的,也可能是精神层面的;可能是出于功利目的的,也可能是非功利目的的。不过,立场决定态度,态度决定角度,角度决定结果,这是认识活动和思想形成中必然存在的背景。

1.1 对万物起源的思考

中国先秦时期也是从探寻万物的起源开始其哲学思考的。

遂古之初,谁传道之? 上下未形,何由考之?

屈原在《天问》中一口气问了 173 个问题,涉及宇宙、自然、社会、人生、历史等许多方面。

《老子》说:

道生一,一生二,二生三,三生万物。

《系辞传》讲:

《易》有太极,是生两仪,两仪生四象,四象生八卦。

《尚书·洪范》提出,

五行:一曰水,二曰火,三曰木,四曰金,五曰土。

《尸子》认为:

天地四方曰宇,往古来今曰宙。

这些观点大都遵循了这样的思路:万物的生成源于一个或几个本体,或曰"道"或曰"太极"或曰"五行"。但这个生成万物的"道"或"太极"或"五行",是什么,不再进行解读。因为:

道可道,非常道;名可名,非常名。无名,天地之始;有名,万物之母。①

这是因为中国哲学特有的体悟式的叙述方式,以及"得意忘言"的会意旨趣使得对万物本原的本质性的探索具有相当的模糊性。正如冯友兰先生所言:

道不可道,只能暗示。语言的作用不在于它的固定含义,而在于它的暗示,引发人去领悟道。②

万物的生成和存在确有个最为基本的东西,这个东西就是"道"。"道"生成万物,是万物之母。这个"道"是什么? 难以描述,难以精确。不说比说好,不说比说不清楚还要说更为恰当。在这一点上中国人的思维方式与西方人的思维方式表

---

① 《道德经·1 章》
② 冯友兰:《中国哲学简史》,新世界出版社,2004 年版,第 10 页

现出明显的不同。

值得充分注意的是郭店竹简中有一篇《太一生水》提出了一个新解释：

太一生水，水反辅太一，是以成天。天反辅太一，是以成地。天地复相辅也，是以成神明。神明复相辅也，是以成阴阳。阴阳复相辅也，是以成四时。

宇宙的本原或者始祖是"太一"，太一生成水。水生成后，又返辅太一，从而生成天。天生成后，又返辅太一，从而生成地。"辅"当是辅助之意。这里最为关键的是，万物的生成不再是单向度的，不仅是由一个本原性的东西生成他物，而是"天地复相辅"，这是相互生成的关系，是表现为互动关系的宇宙生成论思想。宇宙的原生物与派生物之间不是简单的"谁产生了谁""谁决定谁"，而是相互作用、相互生成、相互依存的关系。"太一"是什么？是最高意义的"一"，是一切事物的开始，是最伟大的、最原初的"一"，就是"道"。《吕氏春秋·大乐》中讲：道也者，至精也。不可为形，不可为名，强为之名，谓之太一。

道（太一）这个东西至为精妙、微妙、玄妙。既不可以描述其形状，亦不可为之命名，如果非要这样做的话，只好勉强叫它"太一"。这不是正合了老子对道的描述吗，"玄之又玄，众妙之门。"[1]"太一"太玄妙，是无法用语言描述、用言语说清楚的。这种说法就好像人们平素里聊天时常说的"这事你懂得"，这里包含了丰富的信息：懂了吗，懂得了什么，都懂了吗。正所谓仁者见仁、智者见智，这个东西究竟是什么，是在你的内心感悟，还受到你的兴趣、取舍等等的影响。

另外，万物不是由"水"生成的，"水"是"太一"生成的，这与古代东西方众多哲学思想是有不同之处的。泰勒斯说：水是万物的本原。古代印度哲学讲：水火风地"四大"元素。《管子》中讲：

水者，何也？万物之本原也。

而《太一生水》讲，"太一生水"。水不是古代众多哲学本体论思想中的先在物，而是被生成的。《太一生水》接着又讲，

是故太一藏于水，行于时。周而又始，以己为万物母；一缺一盈，以己为万物经。

太一生成水以后，又"藏"于水，这个"藏"是什么含义？是今天理解的一般寓于个别之中，共性寓于个性之中。还是本质与现象的关系或者本体与表象的关系？两种解读应当都可以成立。"太一藏于水，行于时"是指动与静的关系吗？如果是这样，那么"太一"藏于水为其静态，行于时是"太一"的动态。在动静的转换

---

[1] 《道德经·1章》

之中"太一"不断变化，成为万物之母。正如《吕氏春秋·大乐》所讲："太一出两仪，两仪出阴阳。"太一产生天地两仪，两仪生成阴阳。"万物所出，造于太一，化于阴阳。"什么是"以己为万物经"？经者，常也，即根本、恒常。"太一"在缺与盈、舍与得、显与隐、动与静之间成为万物的根本。如老子言：

大成若缺，其用不弊，大盈若冲，其用不穷。①

最完满的东西好像有残缺一样，但其功用永远不会困顿、衰竭；最充盈的东西好像是空虚的一样，但其功用永远不会穷尽、不足。只有这样"清静为天下正"，顺其自然、清静无为方能成为天下的统领、天下万物的根本。万物的本原为"一"，"一"或者表述为"道"，或者表述为"太极"，进而生成万物。至于"道""太极"是什么？不再多语。

1.2 天人合一，道法自然的宇宙视野

如果说"古希腊的哲学家从'有'（存在）开始他们的哲学思考，中国哲学家则是从'生'（形成）开始自己的哲学思考"。② 如果说"有"的思考是"分"，导致的结果是差异、分立、对抗，那么"生"的思考就是"和"，产生的是相容、相通、相合。中国的思想者们看到的是宇宙间万物不断地生成、变化、发展，世间万物充溢着勃勃生机与活力。即使有艰难险阻，即使有厄运低谷，但前途是光明的，是不断转换和发展的。在"他我"对立中的思考与在"我俩"和合中的思考其出发点、着落点，其目标追求与价值取向都将是迥然不同的、又可能是殊途同归的，然而思想、文化的精彩正在于此。在中国先贤那里"天人合一"的理念与认知表现在这样的几种状态之中：

首先，天人同道。

人法地，地法天，天法道，道法自然。③

自然规律是宇宙间万物生成、存在、运动、变化的基本法则，规律的存在首先是因为其普遍性、一般性，没有可以游离于外的特殊。人必须遵从自然规律，才能从心所欲而不逾矩。正因为如此，《孟子·尽心上》才提出：

尽其心者，知其性也，知其性则知天矣。存其心，养其性，所以事天也。

就是说人首先是要尽心，然而才能知性，知人性后就可以知天意了。这里的

---

① 《道德经·45章》
② 宋志明，向世陵，姜日天：《中国古代哲学研究》，中国人民大学出版社，1998年版，第2页
③ 《道德经·25章》

前提就是天意与人性是同理同道的,不仅儒家这样把握人与天的关系,道家同样追求"与天地精神同游"的境界。张岂之先生认为,基于对天(地)人关系的如此的理解,才有天道自然,人道不妄为;天道变化,人道自强;天道有常,人道有本。①

其次,天人一性。其一是《周易·大象传》中所言的:

天行健,君子以自强不息;地势坤,君子以厚德载物。

其二是为《周易·说卦传》指出的:

是以立天之道,曰阴与阳;立地之道,曰柔与刚;立人之道,曰仁与义。

在本性上,天命与人心不是对立的、不同的,也不是各自独立自在互不关涉的,而是相通的、一致的。君子之所以自强不息源于天性使然,君子之所以宽厚仁德源于大地本色。阴阳之道在于刚柔相济,君子之性在于仁义相合。由是,在日常生活、社会发展、历史变革中,不能抱残守缺,不可故步自封,不宜食古不化,而应当顺天应人,与时偕行,这样才是凡益之道。正所谓"穷则变,变则通,通则久"。②

再次,天人合德。《周易·文言传》讲:

夫'大人'者,与天地合其德,与日月合其明,与四时合其序,与鬼神合其凶吉。

在德性上,天有德、人亦有德,天德与人德是一致不二的。孔子讲"唯天为大,唯尧则之",③老子讲"上善若水"都是这个意思。就是告诫君子要顺应天之德性去涵养生发自己的品性,而不是逆天而行、违背自然本性与人之常情率性而为,只有这样才能真正完成"格物、致知、诚意、正心"的修身功夫,为大丈夫建功立业奠定基础。那么天德是什么?

日新之谓盛德,生生之谓易。④

什么是易?变化、发展;生成、化育;生长、死亡;调整,改变;改革,革命。正因为天地之大德曰生,所以要以德配天,所以不怨天,不尤人,所以要努力奋发向上,积极进取。

第四,天人同感。《周易·系辞传下》讲,

古者包牺氏之王天下也,仰则观象于天,俯则观法于地,观鸟兽之文,与地之宜,近取诸身,远取诸物,于是始作八卦,以通神明之德,以类万物之情。

---

① 张岂之:《中华人文精神》,人民出版社,2011年版,第135—144页
② 《周易·系辞传下》
③ 《论语·泰伯》
④ 《周易·系辞传上》

包牺氏即伏羲氏,乃中华文明初祖。天从人愿,人随天意。在性情上,天易、人变,天若有情天亦老,人间正道是沧桑。只有在这样的天人格局中,才有文明、人文、文化。

文明以止,人文也。观乎天文,以察时变;观乎人文,以化成天下。①

由天文而知人文,由人文而通天下,天文与人文是相互贯通、相互影响、相互感应的。这里不是讲古人具有迷信色彩的天人感应说,而是讲人与自然是相互依存、相互影响、相互关联的。民间常说"一方水土养一方人"即是此理,以现代物理学的"人择原理"言,文明与文化的生成、发展离不开我们生存的土地和环境,套用一诗句:你在或不在,我都在那里。

这才是中国人的世界观、中国人的宇宙观,中国人对待自然、社会、人类、自我的立场,中国人认知世界、他者和自己的视界。"天人合一"不仅是中国人的宇宙观、世界观,从这里出发,中国人对自然、社会、人生的理解与把握,道德修为的完成、思想境界的提升直至人格的完善都须以此为据。至于审美同样如此,审美不是单纯的主体对客体的审视与情感体验,还是主体与客体的水乳交融。因此,审美有"无我之境",还有"有我之境",更有"忘我之境"。中国人对于真善美的追求不是在对立中实现的,而是在同一中达成的。看不到这一点,就无法真正把握中国人的思想、境界与情怀,就不能真正理解中国的哲学、伦理学(道德)与美学。从这样的思维路向和立场出发,中国人给予世界、人类、自我与西方并不相同的解读。今天讲中国话语、中国声音,如果依然是以西方的思维范式解读,就无法揭示中国古圣先贤的智慧与境界。

1.3 对万物构成的要素及要素属性的思考

先秦哲学在论述了万物的本原和生成之后,没有过多地纠结于本原是什么,转而关注生成的万物的基本构成要素以及要素的属性,进而思考万物构成的基本要素——"阴"与"阳"之间的关系。也就是说先秦哲学对万物本原做了体悟式思考之后,进而关注的主要不是如何生成具体的万物,而是万物生成状态下的要素构成及要素的基本属性,更为重要的是要素间、要素属性间的相互关系及其存在状态和存在方式。

"阴阳"为中国传统哲学的最基本的范畴。阴阳最初的含义并不复杂,阴阳观念的产生源于古人为了认识与区别事物的性状。山之南为阳,山之北为阴;水之北为阳,水之南为阴。这是以阳光是否照耀得到为依据。进而引申出天为阳,地

---

① 《周易·象传》

为阴;日为阳,月为阴;昼为阳,夜为阴。这些都是属于对自然现象的描述。再引申出生命中雄性为阳,雌性为阴;男性为阳,女性为阴。再推导到社会关系,君为阳,臣为阴;夫为阳,妇为阴。再推导出,上为阳,下为阴;动为阳,静为阴;奇为阳,偶为阴。经过一层一层地抽象上升,"阴阳"最终凝练为中国哲学的核心范畴。在这里需要特别加以强调的是,阴阳观念的产生与生命的孕育密切相关。乾坤两卦即象征着男女两性,代表男性的乾元与代表女性的坤元相互交合孕育出新的生命。《周易·系辞传下》讲得很清楚:

> 乾,阳物也;坤,阴物也。"天地氤氲,万物化醇;男女构精,万物化生。

阴与阳是生命内在、自然的相互吸引,两者的自然结合完成新生命的产生,而且这是一个不断循环往复的过程,从而生命能够生生不息。《周易》是讲性和男女性爱的,而且很直接明了:

> 夫乾,其静也专,其动也直,是以大生焉。夫坤,其静也翕,其动也辟,是以广生也。[①]

这里讲的就是男女生殖器官及其变化,以及男女交媾的情形,因为阴阳观念的产生原来就是"近取诸身,远取诸物"的结果,"于是始作八卦,以通神明之德,以类万物之情"。[②]《周易》正是以男女两性的交合,生命的孕育比附、推导宇宙万物的化生。阴阳是宇宙中的两种基本元素,它们是衍生万物的根本。阴阳交感、交合才能形成万物,才能实现生生不息。《列子·天瑞》说:

> 玄牝之门,是谓天地之根。

是说玄妙的阴阳(生命)出生之门,这就是天地的根本。

与西方哲学不同,追寻"一"及其本质不同,中国传统哲学思考万物本原时不是简单地寻求万物统一的"一","一"是混沌状态下的存在,而是更为关注实存状态下的万物的构成与存在样态。每个具体事物的存在要素不是单一的,是多样的,其基本构成与存在状态是"两"。如,一个人要有血有肉,一座山要有脊有峰,一池水要有浅有深。万物的本原是"一","一"在混沌之初无形无象,生成万物时则由一生二,阴阳为其最基本的构成要素。

首先,实存的万物不是"一",是"两"——阴阳。 从整体的角度和集合的层面讲,任何具体的事物都是相对而存在的——"万物莫不有对",都有相互对应的两面。一物的存在包含阴阳两个不同方面的因素,缺少了任何一个方面事物都无法

---

① 《周易·系辞传上》

② 《周易·系辞传上》

存续。老子说：

> 天下皆知美之为美,斯恶矣;皆知善之为善,斯不善矣。有无相生,难易相成,长短相形,高下相盈,音声相和,前后相随,恒也。①

没有美就没有丑,反之亦然。知道什么是善是因为有恶的存在,反之亦然。有与无相对而存在,难与易相对而存在,长与短相对而存在,高与低相对而存在,音与声相对而至和谐,前与后相随而出现。没有对方的存在自身也就不可能存在了,这是恒常不变的道理。就好像今天人们热衷于减肥是因为生活比较优裕都"太胖了",国家为什么要寻求强大是因为曾经太弱了,人们为什么要追求幸福生活是因为曾经贫穷。

其次,不仅万物总是依据一定的类别和体系相对而存在的,一方也以另一方的存在为前提。从具体事物自身的存在状态讲,即使是同一事物自身也内含着"阴与阳"。一个实存的事物总有上下、前后、左右,总是分内外、表里。一个生命总是在有无、动静、强弱、生死间轮回。一件事总有轻重、缓急、主次。只有这样的事物才可能是实存的。比如,中医理论在论及人体时,对于人体阴阳的认识就很有意味。中医认为人体是一个阴阳构成的整体,人体生病是由于人体的阴阳失衡,治病的根本是调节阴阳使其达到阴阳平衡的过程。阴阳平衡身体健康,阴阳失衡身体有恙。中医理论的"八纲"讲阴阳、表里、寒热、虚实。表、热、实为阳,里、寒、虚为阴,阴阳为总纲。绘画、摄影时讲"留白",简言之就是虚实结合,于无景处观景,留下想象的余地和空间。音乐欣赏时讲"此时无声胜有声",于无声处听惊雷;文学赏析时讲读无字之书,于无字处读书,亦为同理。

第三,阴阳不仅是万物存在的状态,是万物内在构成的两大要素,同时也是要素的属性。既然实存的事物不是"一",而是"两";任何事物都包含着阴阳两面。由此,阴阳还是构成事物的要素的属性,构成事物的要素同样具有"阴阳"两个方面的属性。这是因为一方面阴阳之间不是截然对立、泾渭分明的,双方是相互依存的。另一方面阴阳之间又是相互辅助、相互补充的。在阳中可以见阴,在阴中可以见阳。这样说是不是有文字游戏之嫌或者说是纯粹思辨推导? 不是。正如在辩证法中讲矛盾的属性时,指出矛盾有同一属性(同一性)和对立属性(斗争性),其中同一中有对立,对立中依然有同一。构成万物的要素既包括阴阳两个方面的属性,同时每一属性又内含阴与阳两个方面。如人有男女,男性为阳、女性为阴,同时,男性体内不仅有雄性荷尔蒙还有雌性荷尔蒙,女性亦是如此。

---

① 《道德经·2章》

1.4　阴阳——中国传统哲学的基本图式

阴阳一词最早出自《诗经·大雅·公刘》：

既溥既长,既景迺(乃)冈,相其阴阳,观其流泉。

这首诗描述的是周人的祖先公刘率领部众迁徙时,考察周边地形的情形。"溥"指的是宽度,即东西的广度。"长"是指南北的纵深。"景"同"影",就是日影。"冈"即指山冈。公刘在确定迁徙之地时,首先观测地域的范围,然后根据日影观测地势,走上山冈辨明山南——阳,山北——阴,再观察河水的走向。对于远古时期的先人来说,居住地区的地理环境、自然状况的优劣是具有举足轻重意义的。"仰以观于天文,俯以察于地理"[①],明察自然之阴阳,为部众寻找、确定一方宜居、宜耕之地,是领导者必备的能力。认识自然和社会从来都是要为人类自己服务的。中华文明是以农耕定居为基本的生产、生活方式,不了解天文地理,不懂得天时地利,无法掌握农时,不能适时组织生产,如何能够在自然中生存? 过去曾经批评"风水学"是迷信,其实抛开其中的谶纬成分,它应当还是包含着一定的科学常识和认识的。

从自然环境的阴阳,到生命世界的阴阳,到社会人事中的阴阳,到世间万物的阴阳,再到数字、符号的阴阳,经过层层抽象与转换,阴阳最终被抽象为中国传统哲学的范畴。"道",作为万物的本原,它究竟是什么?"一阴一阳之谓道。"[②]道作为世间万物之本,其自身就蕴涵着阴阳。"道"即"太极",

是故《易》有太极,是生两仪,两仪生四象,四象生八卦。[③]

"太极"是什么? 就是"一",亦称为大极。许慎《说文解字注·一》第一字就是"一",

一,唯初大极,道立于一,造分天地,化成万物。

天地未分之际为"太极",太极生出"两仪"即阴、阳,"两仪"分出太阴、太阳、少阴、少阳即"四象","四象"分出"八卦":乾,坤,震,巽,坎,离,艮,兑。阴阳相兑,刚柔相济,八卦相重,成六十四卦,演出世间万象,"以通神明之德,以类万物之情。"[④]使得人们能够认知天下万物,了解自然的德性(规律)。进而能够辨识万物,认清它们各自的本性与特征,一是要定性,二是要分门别类,三是要以人的需

---

① 《周易·系辞传上》
② 《周易·系辞传上》
③ 《周易·系辞传上》
④ 《周易·系辞传下》

要为评价好坏优劣的尺度,正所谓"方以类聚,物以群分。"①

阴与阳是两个,不是一个,更为确切地说是一中生二、一中有二。是一体中的二,又是二成的一体,正如《左传·昭公三十二年》中所讲:"物生有两"。《周易》基本上是儒家文献,道家同样讲阴阳。《道德经》中说:

道生一,一生二,二生三,三生万物,万物负阴抱阳,冲气以为和。

"道"为本原,是纯粹的"一",既是"无"亦为"有","无"是指混沌未开,"有"是生成、存有。正所谓"无名,天地之始;有名,万物之母。""一生二"由一产生阴阳,阴阳为二。"万物负阴抱阳,冲气以为和"是指二生三,阴阳生成万物,任何事物都由阴阳构成,"和"为万物实存的性状。一物含有阴阳,加上本体既为三;阴阳为二,生成一物,故为三。所以称之为"阴阳三合"。② 如一所学校有教师,有学生,有教有学,方为学校;一个家庭有夫有妻,有男有女,才是一个家。所以延伸开来,在中国哲学里,不仅讲一分为二,还要讲一分为三。

既然阴与阳是两个,不是一个。那么,一体中的阴与阳之间是什么样的关系?首先,阴与阳相互之间在地位上是对等的,在作用上是缺一不可的。不是一方为主,一方为次。不是一方作用重要,一方作用次要。这与惯常所讲的矛盾双方一方为主要、一方为次要的模式不同。《周易·彖传》讲:

大哉'乾元'! 万物资始,乃统天。

至哉'坤元'! 万物资生,乃顺承天。

乾坤皆为"元",乾为万物之始,坤为万物之生;万物之始统天,万物之生顺天。双方并无地位高下之别、等级尊卑之分、作用大小不同。一物自身蕴含阴阳,缺一不可,故无地位上主要次要、作用上重要次要之区别。

其次阴与阳之间是既对立又统一的关系。西式辩证法所讲的矛盾双方的对立不仅是矛盾双方相互关系层面的,还是矛盾双方的性质层面,强调性质上的不同。而且在相互关系方面不仅强调对立,更强调对抗。阴阳的对立强调的主要不是双方的相互关系,从阴阳的关系方面,主要讲和、同,而不是对立。阴阳的对立主要是讲双方在性质上的不同,阴就是阴,阳就是阳;阴阳双方之间不是可以随意转换的。双方从存在意义上讲又是相互对应的。同时,阴阳又是不可分割的整体,是同一事物中内含的、内在的两个方面。还表现为阴中有阳,阳中有阴。所以才讲:"一阴一阳之谓道"。另外,在一定条件下,有可能相互转化。即阴极为阳,

---

① 《周易·系辞传上》
② 《楚辞·天问》

阳极为阴。切记转化一定是有条件的,条件是难得且苛刻的,忽略了这一点,就会滑向诡辩论。

第三是阴与阳之间是相互对应的和相互依存的,而不是相互反对或相互排斥的。阴阳是两个性质不同的存在状态,但不是各自独立的,阴阳之间是相互对应而存在的。一事物既不是只是阳,也不是只是阴。既不是只可能是阳,也不是只可能是阴。阴阳两者的关系有三:一是相辅相成。一个统一体只有同时具备了阴阳两种性质,才可能存在和延续。所谓"万物莫不有对"就是这个道理。二是互补互济。一个统一体中阴阳的两个方面是相互补充、相互支持的,没有对方的存在与依托,另一方就会失去存在的可能,失去存在的理由。所谓"一张一弛,文武之道"①即为此理。三是互动循环。阴与阳之间是循环互动的,是终始之变。这个变化是简单的周而复始,还是要有内容和性质上的变化? 应当是兼而有之。一方面是"天行有常",这是循环,是恒常;另一方面是"继之者善也,成之者性也。"②以承续阴阳之道达到善,以阴阳之道成就事物的本性。阴阳互动促成事物的成立、存续和发展。

2.先秦元典的人本立场

梁漱溟先生讲中华文化早熟,早熟有早熟的好处,亦可能有其不足。有一点确实是中华文化异于其他文化的"早熟",那就是其他诸多文明还受制于或上帝、或真主、或佛陀的左右之时,中华文化却比较早地摆脱了鬼神崇拜和宗教迷狂,形成了以人为本位的文化精神,这与西方文化、印度文化以神为本位的文化精神有立场上的很大不同。过去常常有人以此为由,讲中国人没有宗教情怀,因此中国人没有信仰。其实,这种讲法取消了信仰可能涉及的其他对象,只留下了宗教一个选项。这是一个逻辑陷阱,因为信仰不仅仅只是宗教信仰。信仰从类型上讲有无神论信仰和有神论信仰。只是这种说法迷惑了许多人,并常常以此批评国人没有敬畏之心,没有宽恕之行。《礼记·礼运》里有一句话很重要,它讲:

> 人者,天地之心也,五行之端也。

人集成了天地的灵气,所以说是天地的心,是阴阳五行的开端。可以说这是中国人认识"人"的根本,讨论"人"的基础。

---

① 《礼记·杂记下》
② 《周易·系辞传上》

2.1 "敬鬼神而远之"的鬼神观

中国人不是不讲鬼神,但中国人对待鬼神的态度与西方人有很大的不同。这一点,从中国古代神话中就可以看出端倪。世界各地各个民族早期都有许多神话,而且各个文明的早期历史都可以说是神话虚构与历史真实的混合体。中国神话故事的人文意味十分深厚,与其他民族的神话很不一样。

希腊神话中以宙斯为首的奥林匹斯神系,虽然管理着人间的秩序与理性,支配着人类,但它们的权威不是源自人类的目的性要求而是凭借自身的暴力,他们出现后不是造福人类,而是为了自己的利益和欲望。他们不仅不会为人类着想,甚至还常常威胁、支配甚至残害人类。他们之间同样以力取胜,互相争斗不已。其中许多行径让诸神的人设崩塌殆尽,如推翻了第一代众神之王的克洛诺斯不仅娶自己的亲妹妹为妻,而且为了保自己的王位,生吞了自己的兄弟姊妹和五个孩子。打倒自己父亲克洛诺斯的宙斯则是生性放荡,骄奢淫逸,绯闻不断。人性的种种丑恶在他们身上无不存在甚至有过之而无不及,他们的所作所为丝毫不值得敬重。

中国古代神话中的诸神则截然不同。他们一般并不掌控人间的事务,更不与人间有直接的交集,他们之所以被民众所纪念,往往源于他们曾经建功立业、造福人间。有自然神,盘古开天辟地,女娲造人、补天,后羿射日,精卫填海,愚公移山,夸父逐日……有祖先神,燧人氏钻木取火,神农氏遍尝百草,伏羲氏作八卦,大禹治水三过家门而不入。他们要么是与自然抗争,要么是为民谋利,要么是奋斗不息,要么是知不可为而为之。在韩非子的《五蠹》里就讲过这么一段话:

上古之世,人民少而禽兽众,人民不胜禽兽虫蛇。有圣人作,构木为巢以避群害,而民悦之,使王天下,号之曰有巢氏。民食果蓏蚌蛤,腥臊恶臭而伤害腹胃,民多疾病。有圣人作,钻燧取火以化腥臊,而民说之,使王天下,号之曰燧人氏。中古之世,天下大水,而鲧、禹决渎。近古之世,桀、纣暴乱,而汤、武征伐。

上古时期,自然环境对人十分不利,野兽数量众多而人口很少,人民无法抵御野兽虫蛇的侵害。有位圣人出现了,他教人们用木材建造房屋以避开各种禽兽的侵害,人民十分爱戴他,就拥戴他治理天下,他被称为有巢氏。人民吃野生的瓜果和生的蚌蛤,不仅味道十分腥臊难闻,而且还因为生食损害了大家的肠胃,民众纷纷得病。这时,有一位圣人出来,教大家钻木取火,用火烧烤食物,以去除食物的腥臊气味,人民同样十分爱戴他,就拥戴他治理天下,他被称为燧人氏。中古时期,天下洪水泛滥成灾,鲧和禹去治水。近古时期,夏桀、商纣残暴昏聩,民不聊生,商汤、周武王征伐他们。

这些被人民拥戴的人,无一不是为民众谋福利,脱困苦,救民于水火,解民于倒悬。中国古人心目中的神是为人的,西方的神是为己的。不过这可能也造成中国人对鬼神的实用主义的态度,对于鬼神不否弃,取敬而远之的中庸处置。

为什么会这样?因为在中国人看来:

夫民,神之主也,是以圣王先成民,而后致力于神。①

人民是神的主人,因此先王首先造福人民,然后才祭祀这些为人民造福的鬼神。神的伟大不在于他们自己的力量多么强大,而在于他们为民众做出了贡献和牺牲。祭拜他们是因为他们为民众谋利益,希望他们能够继续福泽人类、庇荫子孙。这既是神存在的意义,也是人们怀念敬仰神的原因。同时神不是人、圣人也不是常人,不可能于凡人中产生,所以神与圣人是民众敬仰和祭拜的对象。正因此,人们才怀念神与圣人,而不是与神和圣人同伍。这样讲,孔子讲"祭神如神在","敬鬼神而远之"的主张才更有深刻的价值与意义,表现出深刻的人文关怀与价值取舍。西方的上帝也好、神也好都是人的异化的产物,是人顶礼膜拜的对象,是支配人、辖制人的至高无上的存在物。中国的神是人神,是为人服务的,谁能为民众服务,谁才有资格成为被人们怀念、奉祀的对象。才能英名永驻,万世流芳。

《国语·鲁语上》中展禽说了这样一段话:

夫圣王之制祀也,法施于民则祀之,以死勤事则祀之,以劳定国则祀之,能御大灾则祀之,能扞大肆患则祀之。非是族也,不在祀典。

昔日圣王制定祭祀的礼法典章,有以下情形的才能够祭祀:一是制定法规施恩于百姓的;一是勤勤恳恳为民做事、以身殉职的;一是夙兴夜寐、安定家国的;一是能够抵御自然灾害的;一是能够抗拒人祸匪患的。如果不是上述的五种情形,就不在祭祀的法典规定之内。所以,

凡禘、郊、祖、宗、报,此五者国之典祀也。

这是说"禘、郊、祖、宗、报"是周人的五大典祀,其中:禘祀的是五帝之一帝喾;郊祀的是其始祖后稷弃;祖祀的是文王昌;宗祀的是武王发;报祀的是高圉、大王古公亶父。这些先祖均有功于社稷和百姓,所以被后世敬仰祭祀。紧接着展禽又补充道:

加之以社稷山川之神,皆有功烈于民者也。及前哲令德之人,所以为明质也;及天之三辰,民所以瞻仰也;及地之五行,所以生殖也;及九州名山川泽,所以出财用也。非是,不在祀典。

---

① 《左传·桓公六年》

这是说：加上社稷（土地神和谷神）、山川的神灵，都是有功于百姓的。以及那些前代的圣哲美德之人，祭祀他们是为了取信于民。还有天上的日月星辰，它们是百姓瞻仰的对象。以及地上的金、木、水、火、土五种东西，是民众繁衍生息万物的。再加上九州、名山、大川、大泽，是民众可以从它们那里获得财物日用的。这些是应当祭祀的。除此之外，就不在国家的祭祀大典之中。这一典故的起因源于有一只海鸟"爰居"落在鲁国的东门之外，达三日之久。鲁国的大夫臧文仲让国人去祭祀它。展禽对此提出批评。

海鸟曰"爰居"，止于鲁东门之外三日。臧文仲使国人祭之。展禽曰："越哉，臧孙之为政也！夫祀，国之大节也，而节，政之所成也。故慎制祀以为国典。今无故而加典，非政之宜也。"

这样做超越礼制啊。臧文仲怎能这样处理政事呢！祭祀是国家重大的典章制度；典章制度是有效成功地处理政务的保障。因此制定祭祀制度作为国家大典时一定要十分慎重。今天无缘无故地增加祭祀海鸟的典礼，这不是处理政务的适宜办法。

今海鸟至，己不知而祀之，以为国典，难以为仁且知矣。夫仁者讲功，而知者处物。无功而祀之，非仁也；不知而不问，非知也。今兹海其有灾乎？夫广川之鸟兽，恒知而避其灾也。

现在海鸟自己飞来，臧文仲不懂得祭祀的道理而祭祀它，还把这个作为国家的祀典，这很难说是仁和智了。仁者善于评论功过，智者善于明察事物。海鸟并没有什么功劳，臧文仲却去祭祀它，这是不仁啊；自己不懂又不问，这是不智啊。用今天的话就是批评臧文仲没脑子。海鸟飞到这里的原因恐怕是附近海上有风暴灾害吧？一般来说，大江大海上的鸟兽总是会事先知道这个，并能够自己去躲避即将到来的风暴的。

是岁也，海多大风，冬暖。

果然，这一年的冬天，海上经常出现大风，天气也比较暖和。（正因为这样的天气变化，海鸟爰居才飞到陆地上来躲避风暴。）

祭祀的对象是人来规定的。有益于人、能够福泽于人的才能得到人的祭祀，这才是中国先人祭祀鬼神、圣贤的根本理由。中国先人的鬼神是要为人服务的，对人有用，为人类做出功绩和贡献才值得人们怀念和敬仰。神不是人，又为人类做出过贡献，所以"敬鬼神而远之"。以往人们常讲"敬鬼神而远之"是出于务实精神，重在关注人事，因而对鬼神存而不论。这只是一种解读而已。还应当看到，鬼神因为有人所不具有的力量，与人是不同的，所以与人的关系远矣。今天网络用语中,经常称女性为"女神",这是不懂得人与神是不同的东西,依先秦时期的说法,用神指称人,并不是什么赞美的话。鬼神远离人但不是与人完全相隔离的,中国古人眼中的鬼神是能够造福于人、能够为人谋利的,因此需要敬之。圣人之为圣人,不是先定的,不是自诩的,也是曾经造福于人的,他们的功业才为后人所牢记、缅怀,"故圣人参于天地,并于鬼神,"①同为祭祀的对象。

2.2 "人与天地叁"的天(地)人观

远古时期,天曾经是高高在上的神秘力量。在宗教思想里,天同样是至高无上的。中国古代也曾视天为神灵,但后来的发展逐渐地有了改变,这就是将天、地与人统一起来。天地人是相互对应、相互依存的。前面讲先秦的思维方式在分析不同性质的事物时,更为看重的是双方的相互对应,相互因应,相互化育。事物的存在不是独立自在的,而是相对而存在的。人有阴阳、男女之别,阴阳交合生成新生命,自然万物亦应如此。既然是天人合一,从这样的角度、以这样的方式来看天、地、人三者之间的关系,形成先秦时期对于天、地、人特有认识。

故人者,其天地之德,阴阳之交,鬼神之会,五行之秀气也。②

原来人是这样的,他是天地大德孕育的产物,身体里交会着阴阳两种性质,秉承着神鬼的气魄,汇集着五行的灵气。"鬼神之会"在《礼记·祭义》有讲:

气也者,神之盛也;魄也者,鬼之盛也。

《周易·系辞传下》中讲:

有天道焉,有人道焉,有地道焉。兼三才而两之,故六。六者,非它也,三才之道也。

《周易·说卦传》又讲:

是以立天之道,曰阴与阳;立地之道,曰柔与刚;立人之道,曰仁与义。兼三才而两之,故《易》六画而成卦。

把这两段话联系起来就清楚了。就是说上天有上天的法则,做人有做人的法则,大地有大地的法则。他们都是以阴阳为基本的构成要素,天地人各为两分,所以天为阴阳,地为柔刚,人为仁义。天、地、人都是由两种相互对立的因素才可以构成,是由卦来表现的。卦是以阳爻、阴爻相配合而成,三个爻组成一个卦,"兼三才而两之"成卦。因此,"天地人,三才者。"

第一,人道以天(地)道为生成点。从神秘之天、自在之天到天人之天,在这个

---

① 《礼记·礼运》
② 《礼记·礼运》

转换中,天既不是神秘莫测、不可捉摸的,也不是与人无关的自在存在,天、地是与人息息相关、相互依存的,先秦时期的智者们逐渐形成了对天、地、人及其三者之间关系的独特认识。《周易·序卦传》这样讲:

有天地,然后万物生焉。

《周易·象传》讲:

大哉‘乾元’!万物资始,乃统天。

至哉‘坤元’!万物资生,乃顺承天。

乾坤天地产生万物,为万物之始。万物的产生与成长又与天地息息相关。紧接着《周易·序卦传》又讲:“

有天地,然后有万物;有万物,然后有男女;有男女,然后有夫妇;有夫妇,然后有父子;有父子,然后有君臣;有君臣,然后有上下;有上下,然后礼仪有所错。

从自然天地之道衍生、推演出人间夫妇、父子、兄弟等各个人伦关系,君臣、上下、官民等各种社会关系。人道是以天地之道为起点的,人道是从天地之道中产生出来。人本来就是天地的产物,所以自然而然、理所应当地继承、顺应天地之道,

第二,人道遵循天(地)道的法则。老子讲得很明确:

人法地,地法天,天法道,道法自然。①

一句话,人、天、地均法于自然。什么是自然,就是“道”。“道”即自然,反之,自然即“道”。为什么这样讲呢?老子认为:

故道大,天大,地大,人亦大。域中有四大,而人居其一焉。②

人道效法天地之道,天地之道与人道不是隔绝的,而是并存不悖、相互影响的。《周易·系辞传下》讲了同样的话:

古者包牺氏之王天下也,仰则观象于天,俯则观法于地,观鸟兽之文与地之宜,近取诸身,远取诸物,于是始作八卦,以通神明之德,以类万物之情。

这里是讲在太古时代,包牺氏即伏羲君临天下之时,抬头仰望去观察天上的星象;低头俯视来观察地上的万物。还要观察鸟兽的皮毛纹理,以及大地上生长的各种物产。近处取法人体的形象,远处取法世间万物的各种形象。在这个基础上才制作出了八卦,以此沟通神明的德行,比类天下万物的变化情形。从而掌握自然与人事变化、发展的可能与规律,借以判断事物变化的趋势和方向。八卦的

---

① 《道德经·第 25 章》
② 《道德经·第 25 章》

制作源于人对自然和自身的认识和理解,是人们对认识活动与结果的总结与提炼。正因为天刚健有力、运行不已,君子才要像天那样奋发图强、奋斗不止。正因为大地能够承载万物,使其各得其所、自由生长,君子才要像大地那样有博大的胸怀,宽厚处事、为人、待物。人道源于天地之道,又效法天地之道。不是与天地相反、相异、相悖,而是遵循、承载、延续天地之道。

第三,天、地、人——以人为中心。人一方面要遵循天地之道,另一方面天地之道要为人道服务。《周易·象传》讲:

观乎天文,以察时变;观乎人文,以化成天下。

观察天地之道是要了解事物变化的规律,掌握事物变化的可能。观察人道,是要掌握社会运行的秩序,实现天下之治。因此,孔子才讲"未能事人,焉能事鬼?"人才是第一位的,尊鬼敬神是为了人。如果服务不了人,那么尊鬼敬神就没有实际的效用和意义了。春秋时期,子产说:"天道远,人道迩。"[1]天道与人相隔很远,人道是与人相距很近。人才是最为中心、首先需要关注的。后来董仲舒讲:

天地人,万物之本也。天生之,地养之,人成之;天生之以孝悌,地养之以衣食,人成之以礼乐,三者相为手足,合以成体。……人之超然万物之上而最为天下贵。[2]

天地人都是万物之根本,天生成人,大地养育人,人成就了自己。天道教人以孝悌之礼,大地给予人们衣食,人创造了礼仪音乐,天、地、人互为手足,合成为一体。所以人是超过世间万物而成为天下最为宝贵的生命。类似的说法在先秦典籍与诸子的言谈中有许多,《尚书·泰誓上》说:

惟天地,万物之母;惟人,万物之灵。

天地是万物之母,人是万物之灵。《列子·天瑞》说:

天生万物,唯人为贵。

天所生成的万物中,人是最为高贵的。为什么这样讲?《荀子·王制》中说得十分清楚:

水火有气而无生,草木有生而无知,禽兽有知而无义。人有气、有生、有知且有义,故最为天下贵也。

水火有气而无生命,草木有生命而无思想,禽兽有认知能力而无礼仪规矩。只有人有生气、有生命、有思想还有礼仪,所以人才是天地间最为尊贵的。人道源

---

① 《左传·昭公十八年》
② 《春秋繁露》

于天地之道,效法天地之道,人道高于天地之道。在宗教世界中,人哪里会有这样的地位呢？环顾西方经过中世纪的漫漫长夜,直到文艺复兴时期才借助古希腊的人文传统,重新认识人,肯定人的价值,重塑人的尊严,追求人的自由与平等。

第四,人能弘道。孔子讲:"人能弘道,非道能弘人。"①不仅天地人三者,人为贵,而且不是道提升人,而是只有人才能弘扬、光大天地之道。对比一下宗教中人的救赎模式,由于人生而有罪,由于人性的罪恶,由于人自身天生的缺陷,人是不能自救的,只有依靠上帝才能得到拯救,只能依靠上帝才能洗刷自身的罪孽。与宗教世界不同的是,先秦时代的智者们把人的自我提升、人性善的发扬、巩固托付于人自己。天地之道的继承、延续、发扬、光大是需要人的自觉与行动,人的努力与坚持。通过人道的秉持与充盈,实现人存在的价值与意义。同理的是,宗教世界中人的自由是人通过皈依上帝,求助能够得到上帝的青睐与拯救才能实现。问题在于,如果人是上帝创造的,那么人生而就不是自由的,而是生而不自由的。生而不自由的可怜的人类如何获得自由,不在于人自身,而在于上帝的恩赐。而且无论人怎么努力,如果不被上帝选中,自由将永无可能。中国人的自由是在弘扬、光大天地之道,秉持、推进人文之道的进路中完成的。前提是,人是天地间最宝贵的。

2.3 仁爱"万物之灵"的人权(人本)观

"人权"这一概念是个舶来品,当今世界以西方对此最为强调。"人权"是指人应当拥有的权利。指的是人可以做出或不做出某种行为的可能范围。人权包括生命(存)权,健康权,财产权,自由权,民主权,尊严权,发展权,受助权等,其中平等公正在这里有十分关键的价值与意义。先秦时期并无"人权"这一用语,但这不意味着中国的古圣先贤没有类似或者同样的认知,更不意味着对人的权利的漠视、忽视与无视。人类文明曙光初露的重要标准就是开始重视人的权利,尊重生命,维护人作为人的需要和尊严。

第一,敬畏生命,守护尊严。

春秋战国时期,礼崩乐坏,统治者恣意妄为、草菅人命,其种种罪恶实在是罄竹难书。其实,在高等动物里很难说还有比人类更为凶残的。前面说过,人可以对自己的同类是因为一点微不足道的缘由,有时可能仅仅是因为立场与观点的不同,甚至不惜杜撰理由,竭力使用一切残忍的手段加以戕害甚至是进行灭种亡族的杀戮。而不受约束的权力更是为了似乎是重要的或者似乎是高大上的目标,对

---

① 《论语·卫灵公》

普通民众横加伤害,并以此作为政绩。在《晏子春秋》里记载了齐相晏婴曾经屡次规劝齐景公不可任性杀人的事例。一次齐景公因为生病期年不愈,就要杀掉太史和太固两名负责祭祀山川河流和宗庙的官员。又一次,齐景公正要射鸟,恰好一个百姓路过把鸟惊吓走了,齐景公大怒,命令官吏处死他。再一次,齐景公心爱的马突然死了,齐景公大怒,又命令手下人用刀肢解负责养马的官员。复一次,齐景公有一株心爱的槐树,下令官吏仔细看护,并在槐树旁边立起一根柱子,悬挂一木牌上书:"犯槐者刑,伤之者死。"有一个人并不知道这条禁令,因为酒醉不小心碰到了槐树,景公大怒,要治其人之罪。还有一次景公身边的一名官员对景公的容颜多看了一眼,景公又大怒了,一定要杀掉这个多看了自己一眼、冒犯龙颜的狂徒……杀、杀、杀,不必再一一列举了。需要提示的是,景公对他人的生命毫不怜悯、视如草芥,自己却曾因感悟到人必有一死而痛哭流涕。只有景公是这样吗? 在《韩非子·内储说下六微》里记载,晋文公好吃烤肉,因烤肉上有一根头发就要将负责烤肉的厨师杀掉,后来烤肉的厨师说明了情况,晋文公意识到是有人陷害厨师,于是就将陷害之人杀掉。遗憾的是在许多所谓的益智推理讲座中,都将此事作为头脑机智、推理缜密的典型案例。然而为了一根头发就可以杀人之冷血、凶恶与残忍却被选择性地无视。

在这样的悲惨世界里,有幸的是一些真正胸怀良知的先贤站了出来。他们的言行在那无尽的黑暗中是民众心中的一丝希望,是漫漫长夜中的顽强的灯光,是人类良心的一声呐喊。在任何时代他们都是人类精神真正的不可多得的代言人。也多亏了他们,人类才逐渐认识和艰难地摆脱着冷酷的兽性,慢慢地积聚起一点点人性,并逐渐地让人性的光辉去驱逐兽性的凶残,人类的文明与良知才得以艰难地前行。尽管直到今天人类社会还远不能称之为美好社会,但如果没有这样的努力、觉醒和良知,要战胜人间的丑恶与残忍会更加没有可能与方向。记录与回顾他们的言行是在告诫人们,且不可认为人类文明已经发展到完美无缺的境地。想要生活在更加合理公正的社会,还有太多太多的事情要做。我们还要敢于、善于揭示生活中的丑恶、悲惨,不应因为这样可能会向人们展示出生活的残酷和丑陋而回避。正视生活中的不如意、不合理、不公正的现象甚至是罪恶,不等于"抹黑"。这个世界上没有十全十美的事物,没有完美无缺的人物。或许有人会说,揭示问题会授人以柄,会招致别人的非议。别忘了,敢于直面问题,或许才能更好地审视和解决问题。挨两句骂就受不了? 这么脆弱,何以谈自信? 别忘了,还有一句话:"走你的路,让人们说去吧!"或许还有人说揭露问题与丑恶会使人们丧失对现实的信心,容易让人们陷入消极的状态中。试想想,如果一指出问题就丧失信心,这样的信心也太没有底气,太娇嫩了吧。批评如果只是为了批评,为了宣泄不满,的确没有太大的价值,甚至可以是有害的。但如果批评是为了把事情做得更好,这样建设性的批评是至为重要的。当然批评的方法和技巧也很重要。

"'伤人乎?'不问马。"这是《论语·乡党》里记述的一件事。一天孔子家中的马厩失火了,孔子退朝回来知道此事后,连忙问道:失火伤到人没有? 却没有问马怎样。每次读到这里都不禁掩卷长思,不必说春秋那个时代,今天的人们在人与动物、人与财物孰轻孰重的问题上就能够掂量得清楚吗? 伦理学上有这样一个思想实验,在一场灾难后,一个人和一只狗流落到一个荒岛之上,身边的食物只能保证其中一个生命,或者是人或者是狗,在他们获救之前活下去。问题是这个世界上除了这个人之外,其他地方还有许多人活着,不幸的是这个世界上仅存这一条狗了。如果不救这条狗,从此世上再无狗;如果不救这个人,这个世上还有许多人。请问是应该救人还是应该救狗? 当然要救人。如果有人还在为此纠结的时候,看一看先秦的圣贤是怎么说的:"惟人,万物之灵。"也许有人会大义凛然地说:救狗,牺牲我。对这样无私的行为我们表示敬佩,但不会鼓励。更不会去主张为了这个世上最后一条狗,而放弃一个无辜的人的生命。人,才是我们生活的这个世界上最高贵、最宝贵、最尊贵、最珍贵的生命。今天的一些动物保护者应当在爱护动物的同时,应先学会善待人类自己。后来我们纪念救火小英雄赖宁,但不再提倡人们特别是少年儿童去做这样的牺牲,这是多么惨痛的教训和多么难得的觉悟啊。

"始作俑者,其无后乎?"这句话出自《孟子·梁惠王上》,意思是说,首先制作木俑用于殉葬的人,应当绝后。再通俗地讲就是应当断子绝孙。以国人的价值观念,没有比这更加"恶毒"的诅咒了。孔子为什么会说出这样的话呢? 要知道孔子一生是以"仁爱"为理想、目标和追求的。其实如果联系上下文,再看看孔子的"仁爱"精神,就一点也不难理解了。上下文是这样的:

仲尼曰'始作俑者,其无后乎?'为其像人而用之也。如之何其使斯民饥而死也!

孔子为什么反对制作木俑用于殉葬,正是因为木偶很像人形。用形象十分类似人形的木俑来殉葬都不可接受,又怎么能够让自己的百姓活活饿死呢? 潜台词就是:如果统治者不能爱惜百姓,不能让百姓安居乐业,甚至百姓都活不下去了,这样的人难道不应该断子绝孙吗? 宋国大臣子鱼在阻止宋襄公打算用鄫子做祭祀的牺牲时说:

祭祀以为人也。民，神之主也。用人，其谁飨之？①

祭祀是为了人，人是神的主宰，用人来祭祀鬼神，谁有资格享受呢？而且最后还放了一句狠话："得死为幸！"如果这样做，能够善终就是很幸运的了。话外音就是，如果这样做，将不得好死。

孟子是性善论的坚定倡导者，他认为：

恻隐之心，人皆有之；羞恶之心，人皆有之；恭敬之心，人皆有之；是非之心，人皆有之。恻隐之心，仁也；羞恶之心，义也；恭敬之心，礼也；是非之心，智也。②

而且孟子坚定地认为仁义礼智不是外在的，而是生而有之的。

仁义礼智，非由外铄我也，我固有之也。

人人做事为人都应当从人的善良的本性出发，关爱自己，关爱家人，关爱他人。将心比心，善待万物。荀子虽主张人性恶，"人之性恶焉，其善者伪。"③同时，这一立场是为他强调后天教化对人性改变和人的化成提供了前提和依据。

"今人之性恶，必将待师法然后正，得礼义然后治。"④

礼仪是人类文明的阶梯啊。礼仪使得人们懂得去尊重生命，尊重人的权利，尊重人格与尊严。

先秦的君子不仅敬畏生命，而且十分看重与珍视人格的尊严。《礼记·儒行》中直言士"可杀而不可辱"，这已成为千百年来国人中有气节者的行为准则。又言"身可危也，而志不可夺。"即使身处困境，志向也不会被改变，之所以如此是因其"不忘百姓之困也，"君子的心中始终记挂着百姓的困苦，知道自己的担当。孔子也说："三军可夺帅也，匹夫不可夺志也。"⑤君子做人要有气节，有尊严，要像松柏那样，"岁寒，然后知松柏之后凋也。"孟子讲真正的君子在穷达之间能够不失志，不辱节，应当做到"穷则独善其身，达则兼善天下。"更是要培育"富贵不能淫，贫贱不能移，威武不能屈"的"大丈夫"人格。⑥

正是这种气概，古之史家秉持直书史实的原则，不畏强权，不惜用生命捍卫史家之尊严。《左传·襄公二十五年》记载了这么一件事，

大史书曰："崔杼弑其君。"崔子杀之。其弟嗣书而死者二人，其弟又书，乃

---

① 《左传·僖公十九年》
② 《孟子·告子上》
③ 《荀子·性恶》
④ 《荀子·性恶》
⑤ 《论语·子罕》
⑥ 《孟子·滕文公下》

舍之。

齐国国相崔杼杀害了齐庄公,太史在史书如实记录:"崔杼杀害了他的君主。"崔杼为此杀了太史。太史的大弟弟接任后继续如实记录,崔杼接着杀了他的大弟弟。太史的二弟接任后仍旧如实记录,崔杼又杀了他二弟。太史的三弟接任后还是秉笔直书,(面对不惜用生命捍卫史家秉笔直书之原则与尊严的史官)崔杼终于没了办法,只好放过他。这件事还没完,另一位史官南史氏听说太史都被杀害了,于是手执简册赶来,直到听说已经如实记录了,才回去。

南史氏闻大史尽死,执简以往,闻既书矣,乃还。

好一个前仆后继,宁可断头也要秉笔直书的责任担当,捍卫可杀不可辱之尊严的可敬史官!为了区区五个字,不惜一切的正直与刚烈,其铮铮铁骨实在令后人敬仰。

君子士人如此,普通百姓也不含糊。《礼记·檀弓下》记述了"不食嗟来之食"的故事。

齐大饥,黔敖为食于路,以待饥者而食之。有饥者蒙袂辑屦贸贸然来。黔敖左奉食,右执饮,曰:"嗟来食。"扬其目而视之,曰:"予唯不食嗟来之食,以至于斯也。"从而谢焉;终不食而死。

齐国发生了严重的饥荒,黔敖在路边做饭救济饥者。有一个饥民无力地垂着衣袖拖着鞋子,迷迷糊糊地捱着走来。黔敖左手端起饭,右手拿着汤,对着他喊道:"喂!来吃饭吧!"那个人瞪起眼睛望着他说:"我就是不愿意吃这侮辱人的食物,才落到这个样子。"黔敖一听连忙向他道歉,但这个人还是不肯吃,最后终于饿死了。好一个不食嗟来之食,民间有话:好死不如赖活着,众生皆为至理。殊不知,有的时候尊严比生命更重要!

第二,尊重民意,批评王权。

《荀子·王制》里讲:"人能群,彼不能群也。"人是社会性动物,社会意味着组织,组织就需要组织的领导者。即便将来有可能国家消亡了,社会性的组织也会仍然存在。在这样的社会结构中,组织的领导者在很大程度上决定着组织内个体的命运。在这个意义上讲,作为领导者其言其行不可不慎。然而,人类社会自古至今,能够为人们所称颂的领导者几乎如凤毛麟角,更多的是遗臭万年。为什么会这样,最核心的是权力没有受到有效的制约。没有有效制约的权力即使"以民为本"的口号喊叫得再响,话说得再亮丽光鲜,最终也一定不会是为人民大众,而只可能是为了自己。

先秦时期的人们已经逐渐认识到决定社会运行? 左右社会福祉的不是什么

神秘的上天,而是人间的统治者。

中国人文思想初起之时,一方面表现为天神权威的坠落,一方面表现对人自身的重视,正是一个天消人长的历程。①

在这个过程中对于王权的批评,对于暴政的抗争成为人文思想孕育、产生和发展的必然内容。《诗经·十月之交》有讲:

下民之孽,匪降自天。噂沓背憎,职竞由人。

就是说黎民百姓受灾殃,苦难并非从天降,当面欢娱背后恨,全都因为有坏人。与其祈求上天降福于人,莫如惩治人间的作恶之人。一人祸害只一人或数人而已,君主、官员害人则无人能幸免。

梁惠王在向孟子求教时认为自己治国已经十分尽心尽力了,为什么却没有成效呢? 孟子回答说:

庖有肥肉,厩有肥马,民有饥色,野有饿莩,此率兽而食人也。兽相食,且人恶之;为民父母行政,不免于率兽而食人,恶在其为民父母也?②

孟子尖锐地指出,你的厨房里堆积着大鱼大肉,马厩里养着健壮的骏马,可是百姓们面带饥色,在田野里躺着饿死的尸体。这就好比是带领着野兽去吃人啊。要知道野兽相互残杀,人尚且厌恶它们,(你)作为百姓的父母官,主持着国家政事,百姓生活得却是如此困顿,做出这种带领着野兽去吃人的事来,(你都能做出这样的事)又怎么配做百姓的父母官呢? 真正为民爱戴的父母官应当是怎样的呢?

乐民之乐者,民亦乐其乐。忧民之忧者,民亦忧其忧。③

只有关心民众的喜怒哀乐,与民同甘苦共患难的,才是百姓的父母官啊。

《左传·桓公六年》中讲:

所谓道忠于民,而信于神也。上思以利民忠也。

"忠"即尽心尽意,用当下的话就是全心全意。就是说所谓天下治道就是要忠于人民而取信于神。(只有忠于人民才能取信于神。)在上之人总是想着怎样造福于民,这就是忠啊。紧接着又讲"夫民,神之主也"。联系《左传·庄公三十二年》中的话:

吾闻之,国将兴,听于民。将亡,听于神。神聪明正直而壹者也,依人而行。

我听说过,国家将要振兴,要听从民众的心愿。国家将要灭亡,要听从神的旨

---

① 韦政通:《中国思想史》(上),吉林出版集团有限公司,2009 年版,第 33 页
② 《孟子·梁惠王上》
③ 《孟子·梁惠王下》

意。神灵是聪明正直而且十分专一的,他一定是依从民众的心愿而行事的。由此可以清楚地看到,作为统治者要想天下太平,百姓安居乐业,社会和睦,就一定要顺从民心、尊重民意、为民造福。《吕氏春秋·贵公》中更是振聋发聩地指出:

> 天下非一人之天下也,天下之天下也。

天下不是某个人的私产,而是天下所有人的天下。作为天下的统治者、管理者,作为权力的拥有者,要做到顺民、纳谏、节欲、无为。

历史是公平的,也是最后的审判者。遗憾的是人类社会的历史中多少统治者、权力的掌控者往往无视民心,自以为是,恣意妄为,最后落得个千夫所指、万人唾弃、遗臭万年的下场。无论这些人当时如何风光猖狂,如何颐指气使,如何得意忘形,千万千万别忘了,出来混总是要还的。自然的演化讲求的是平衡,所有的非常态只可能是一时的,最终要回归常态。社会的运行同样如此,事事做绝,追求极致恰恰是违背规律与常情、常理的。普通民众总是尽力忍耐的,只是还有一点生存的可能,大多数人都选择沉默和退让。不在沉默中爆发,就在沉默中死亡。但不意味着总是沉默,总是忍气吞声;更不意味着只有沉默、只能忍气吞声。别忘了老子的呐喊:"民不畏死,奈何以死惧之?"就是百姓忍无可忍、不再忍受的最后警示。可惜历朝历代又有多少皇权拥有者和封建统治者无视于此,最后落得个身败名裂、万世唾骂。这是历史留给后人的警示和教训,不可忘记。

第三,不毁乡校,言论自由。

人是会思考、有思想的高等动物。人是要运用语言和文字表达自身的思想、情感的高等动物。在人类文明的进化过程中,能否自由地表达自己的意愿和思想是文明程度的重要衡量尺度,是一个社会中人们是否生活得快乐和具有尊严的基本保障。言论自由事关能否对权力进行有效的监督,能否实现民众有效的政治参与,能否保证民众与政府正常、正当的沟通和交流,能否实现社会安定,能否营造宽松的思想、文化环境。那么什么是言论自由? 是指在法制社会,公民有依法按照自己的意愿自由地发表意见,以及允许他人发表自己意见的权利。言论自由是基本人权之一,是公民的基本权利,言论自由受到法律的保护。公民既享有在私人领域里发表言论的自由,同样享有在公共事务中发表言论的自由。不过,言论自由不是绝对自由,具有相对性。言论自由不等于信口开河、不等于胡说八道,言论自由也必须在法律允许的范围内施行。当然公正的法律一定要为言论自由提供清晰的边界,规划合适的范围,设定应有的内容,给予必要的保护。古典自由主义学者密尔曾经说过:

> 假定全人类中除一人外都持有同样的意见,只有一人持相反的意见,此时人

类要让那一人沉默也并不比那一人（假如他有权力的话）让人类沉默更为正当。……压制意见的表达是一种特殊的罪恶，……如果那种意见是正确的，他们就被剥夺了把错误改换为真理的机会；如果那种意见是错误的，他们就失去了一个差不多同样大的利益，也就是从真理与错误的冲突中所产生的对于真理的更加清楚的认识和更加生动的印象。①

被孔子称之为"古之遗爱"②的子产，是先秦时期人文主义的先驱者之一，"子产不毁乡校"的故事是中国古圣先贤尊重和保护言论自由的典范。《左传·襄公三十一年》记载，

郑人游于乡校，以论执政，然明谓子产曰："毁乡校何如？"子产回答："何为？夫人朝夕退而游焉，以议执政之善否。其所善者，吾则行之；其所恶者，吾则改之。是吾师也，若之何毁之？我闻忠善以损怨，不闻作威以防怨，岂不遽止，然犹防川，大决所犯，伤人必多，吾不克救也。不如小决使道，不如吾闻而药之也。"

这就是先秦历史上极为著名、影响深远的"子产不毁乡校"的事迹。"乡校"是西周时期设立在乡村的学校，国人既可在此就学，亦可在此议论朝政。郑国人常常聚集在乡校里议论朝政的得失，言辞比较激烈。然明在知道这事后就向子产建议："国人在乡校里议论朝政，意见不一，这会扰乱人心，我们不如毁掉乡校，这样国人就不能妄议朝政了。你以为这样做如何？"子产回答道："为什么要毁掉乡校呢？人们每天干完活后来到这里，讨论执政的优劣，检视朝政的得失，评判施政措施的好坏。大家都认为是好的，我们就应当去坚持、去推行。大家认为是不好的，我们就加以改正。这是我们的老师啊。为什么要毁掉乡校呢？我听说为政者应当以全心全意为民众做好事，以忠、善来避免民众的怨气与不满，没有听说过以强势和霸凌去压服民众，消除民众的怨言。以权势怎么能够压服民众，难道这样能堵住民众的嘴巴吗？这样做就好像要去堵住洪水一样（洪水是堵不住的），一旦决口一定会伤害很多人，到那个时候我们将是无能为力的。不如像对付洪水那样，让它有下泄、表达的渠道。对待人们的批评与意见，就把它当作一剂良药，以此帮助我们匡正政令。"伟哉，子产！

如果闭塞视听、倒行逆施会是怎样呢？《国语·周语上》有记载：

厉王虐，国人谤王。邵公告曰："民不堪命矣！"王怒，得卫巫，使监谤者，以告，则杀之。国人莫敢言，道路以目。王喜，告邵公曰："吾能弭谤矣，乃不敢言。"邵公

① ［英］约翰·斯图亚特·密尔，赵伯英译：《论自由》，陕西人民出版社，2009年版，第15页
② 《左传·昭公二十年》

曰:"是障之也。防民之口,甚于防川。川壅而溃,伤人必多,民亦如之。是故为川者,决之使导;为民者,宣之使言。故天子听政,使公卿至于列士献诗,瞽献曲,史献书,师箴,瞍赋,曚诵,百工谏,庶人传语,近臣尽规,亲戚补察,瞽史教诲,耆艾修之,而后王斟酌焉。是以事行而不悖。民之有口也,犹土之有山川也,财用于是乎出;犹其有原隰衍沃也,衣食于是乎生。口之宣言也,善败于是乎兴。行善而备败,所以阜财用衣食者也。夫民虑之于心而宣之于口,成而行之,胡可壅也?若壅其口,其与能几何?"王不听,于是国莫敢出言。三年,乃流王于彘。

周厉王在位时十分暴虐,国人因此纷纷指摘厉王的过失。王室卿士邵公告诫厉王说:"民众已经无法忍受你的政令了。"厉王勃然大怒,找来卫国的巫师,要他监视那些批评自己的人。巫师监视并查出这些人后就向厉王报告,厉王就把他们都杀了。国人没有再敢说话的了,在路上相遇时,只能彼此用眼神示意。厉王十分得意,对邵公说:"我能阻止人们对我的诽谤了,现在已经没有人敢乱说话了。"邵公说:"你这样做表面上看是把民众的嘴堵上了。可是堵上百姓的口,其后果比堵塞大河还要危险。堵塞大河导致大河因壅塞而决口,一定会淹死很多人。堵上百姓的嘴不让百姓说话后果也会很可怕。所以,治理河水的人要清除壅塞,使河水能够顺畅流淌。管理民众的人,要劝导民众,让他们有话可说,有话能说,有话敢说。因此天子处理政务,要让公卿、大夫、士奉献讽谏的诗歌,乐师进献乐曲,史官进献史书,少师进箴言指出王的得失,瞍(盲人)朗诵三公九卿和士讽谏的诗篇,曚(盲人)诵读箴谏之言,掌管营建事务的百工都来进谏,平民也能托人将自己的意见转达给天子,左右侍卫可以进陈规谏,同宗大臣补其过失,察其是非,瞽(盲)史则以天道、史事进行教诲,元老们进一步修饬政令。这之后天子综合斟酌各种意见,反复权衡对比,再付诸实施。只有这样天子行事才不会背离事理,才能合乎情理。民众有口,就好像土地上有山川河流一样,财富用度就是从山川河流中生产出来的。土地有各种各样的,有平原、湿地、低地、沃土,人们的衣食依靠它才能生产出来。民众评论时政,用口发表议论,国家政事的得失、优劣才能体现出来。百姓认为好的就大力推行,百姓认为不好的就积极预防,这才能使百姓的衣食用度大大地丰富起来啊。民众认真思考、反复在心中掂量后说出来的建议和意见,君王如果认为可行就推行它,怎么能够堵住大家的嘴,不让民众说话呢?即使强行堵住人们的嘴巴,不许大家议论国是,对于国家政事又能有多少帮助呢?(不会因为不让民众说话,好的会变成坏的;也不会因为不让民众说话,错的会变成对的。)你这样做是会闯出大祸的呀!"然而,厉王置若罔闻,变本加厉。于是国人再也没有人敢说话了,更不敢指摘他的过错。三年后,也就是公元前841年,愤怒的国人终于发动了暴动,把厉王这个暴君放逐到彘地去了。

王充说过:

知屋漏者在宇下,知政失者在草野,知经误者在诸子。①

知道屋子漏的是住在屋子里的人,知道政事得失的是广大的百姓,知道经书出了错误的是诸子。执政者的政策、措施合适不合适,得当不得当,要由施政的对象——百姓去体会、去评价。闭塞言路,对人民的意见充耳不闻,甚至对不同意见怀恨在心,伺机打压报复,怎么能够真正地为人民服务呢?早在西周时期,官府就设置了专职的采诗官,收集民间的歌谣,以求从中倾听百姓的呼声,了解政事的利弊与得失、社会风气和习俗的变化。

男女有所怨恨,相从而歌,饥者歌其食,劳者歌其事。②

透过民间的歌谣,政府就可以从中得到许多宝贵的信息,来检视政事的优劣和民众的意愿。让百姓有说话的权利和自由,对权力的拥有者来说实在是知易行难啊。自古以来能够真正做到这些的又有几人呢?难怪子产去世后,孔子闻讯十分悲痛,流着泪说:"古之遗爱也。"能得到孔子如此评价的,又有几人呢?

尊重和保护言论自由是人类在历史发展进程中经验与教训的凝结,人类争取言论自由经历了漫漫长夜,直到如今也仍然是一个热点的话题。作为万物之灵的人,不可能是只要吃饱了就诸事顺意、无所欲求的。人不仅需要满足生存、健康和安全,有相互关爱和相互尊重的需要,还有自由地表达自己的思想和情感的需要。切记,现实的自由是相对的,自由的前提是不可损害他人的利益和社会正常秩序。这是务必认清的一个要点。无法无天也是一种自由,但这种自由是任何正常社会所无法认可,也是不可能实现的。自由从来都是有边界和限制的,没有边界和限制的自由是不可能存在的。当然从权利的角度讲,什么是自由,自由应当包括哪些方面,什么是人所应拥有的自由,其实质、内容、范围、实现条件、限制边界等是怎样的,还需要在理论和现实生活中加以不断探索、认识与完善。不过,有了自由,人不一定幸福;但如果没有自由,人肯定不会幸福。

我国《宪法》规定,中华人民共和国公民有言论自由。中华人民共和国公民对任何国家机关和国家工作人员有提出批评和建议的权利。要保证人民对权力有批评、建议、质疑的权利。要对权力进行有效可行的制约,不能让权力太任性。社会主义就是要营造一个风清气正,人人能说话,能够畅所欲言的良性的社会思想

---

① 《论衡·书解篇》
② 《春秋公羊传·何休注》

文化氛围,用法律规范下的言论自由创造真正的文化自信,创造灿烂的精神思想。

其实,真正的马克思主义者十分重视言论自由。马克思曾经在《评普鲁士最近的书报检查令》中对当局的书报检查制度以犀利的语言进行了辛辣的抨击:

你们赞美大自然令人赏心悦目的千姿百态和无穷无尽的宝藏,你们并不要求玫瑰花散发出和紫罗兰一样的芳香,但你们为什么却要求世界上最丰富的东西——精神只能有一种存在形式呢?我是一个幽默的人,可是法律却命令我用严肃的笔调。我是一个豪放不羁的人,可是法律确定我用谦逊的风格。一片灰色就是这种自由所许可的唯一色彩。每一滴露水在太阳的照耀下都闪现着无穷无尽的色彩。但是精神的太阳,无论它照耀着多少个体,无论它照耀什么事物,却只准产生一种色彩,就是官方的色彩!精神的最主要的形式是欢乐、光明,但你们却要使阴暗成为精神的唯一合适的表现;精神只准穿着黑色的衣服,可是花丛中却没有一枝黑色的花朵,精神的实质始终就是真理本身,而你们要把什么东西变成精神的实质呢?①

同时,也十分警惕那种只追求自己的言论自由却剥夺他人的言论自由的做法。恩格斯曾经对社会民主工党内部出现的压制言论的做法进行了质疑和批评:

怎么能逃避批评、禁止争论呢?难道我们要求别人给自己以言论自由,仅仅是为了在我们自己队伍中又消灭言论自由吗?②

在总结"大跃进"的教训的七千人大会上,毛泽东曾经说过"让人讲话,天不会塌下来,自己也不会垮台;不让人讲话,那就难免有一天要垮台。"③这段话彰显了人民领袖的无穷底气与内心坦荡的情怀,向人们显示了共产党人光明磊落的政治作风以及由此而积极倡导的社会大众民主风气。2013 年 9 月 2 日,《学习时报》刊文《防民之口,甚于防川——谈谈人民群众的历史决定作用》,借中国历史中周厉王的故事讲述"防民之口,甚于防川"的执政大忌,告诫道:

无论是在什么时代,不要以为掌握了大权,就可以为所欲为,就能够把老百姓的嘴巴堵住;当然,这可能得逞于一时,但是,终归是要被老百姓赶下台的。一些古代的统治者在总结经验教训时常常说出这样的道理:"得民心者得天下,失民心者失天下"。所谓民意难违,就是说的这样一个基本道理。

文章指出:

---

① 《马克思恩格斯全集》第 1 卷,人民出版社,1956 年版,第 7 页
② 《马克思恩格斯选集》第 4 卷,人民出版社,1995 年版,第 687—688 页
③ 《毛泽东在七千人大会上的讲话》,红旗杂志,1978 年第 7 期

我们现在有这样一些思想糊涂的领导干部,他们的思想水平几乎比那些明智的封建君主还要"落后",他们对如下的信条深信不疑:有了权,就有了一切,谁掌握了权力,谁就能决定一切。所以,"人民群众是社会发展的决定性力量","人民群众是创造历史的根本动力"等说法,只不过是说说而已。这些人认为,芸芸众生,名义上是"国家主人",其实只不过是一些由当权者随意驱使的阿斗罢了。

他们往往把不同的意见视为大敌,根本容不得群众发出不同的声音。文章最后指出:

历史的发展一再告诉我们:那些不把人民群众放在眼里的领导者,人民群众也不会把他们放在心里!而且,说到底,他们的所谓"官运",是由"民心"决定的!因为,归根到底,社会发展是由人民群众的意志决定的,人民群众是历史进步的真正动力。这是历史唯物主义的一个根本原理。

作为人民公仆的中国共产党的伟大之一重要方面就在于关注人民的需要,给予人民充分的自由,并以此作为自己努力和奋斗的目标。因为我党的宗旨就是全心全意为人民服务,并以人民满意不满意、高兴不高兴、答应不答应为实际工作的检视尺度。尽管现实中还会有一些不如意的方面,但这恰恰成为"不忘初心、砥砺前行"的基本动力。这同时也彰显着我党的自信与自觉,不回避问题,不掩饰问题,主动积极地直视问题、正视问题,主动积极地解决问题,推动良好社会风气的建设。法律框架下的思想与言论自由是现代文明社会的标志,是社会进步与发展的需要,是建设社会主义文化自信的必然要求和题中之义,是社会主义制度优越性的必然表现。

3. 先秦元典的阴阳辩证法思维模式①

如果说哲学本体论问题回答的是世界"是什么",那么辩证法回答就是世界"怎么样"的问题。从思维方式上讲,辩证法与形而上学相对立的思维模式。几千年来的哲学运思中,东西方都有着丰富的辩证法思想,一般说来,在西方文化思想中,黑格尔成了唯心主义概念辩证法的集大成者,马克思则在实践论的基础上实现了唯物论与辩证法的统一,完成了主观辩证法与客观辩证法的统一,

所谓的客观辩证法是在整个自然界中起支配作用的,而所谓的主观辩证法,即辩证的思维,不过是在自然界中到处发生作用的、对立中的运动的反映。②

———————

① 此节参见拙作《和谐思维——辩证法的新路向》,《理论月刊》,2012 年第 3 期
② 《马克思恩格斯选集》第 4 卷,人民出版社,1995 年版,第 317 页

　　在中国文化中,辩证法思想则以阴阳为基本范畴,形成了重生成、重关系,强调和谐的独具特色的辩证思维,亦构成中国几千年来以"和为贵"的思想及对大同世界的理想追求。其中,《周易》中"阴阳"的概念提出,及其对阴阳相互关系的描述构成了先秦辩证法的核心思想主张。易中天先生认为:

　　它就是我们民族精神文明的'金字塔',是我们民族最早的智慧结晶。①

3.1　对矛盾辩证法的几点分析

　　辩证法从哲学立场上讲有唯物辩证法、唯心辩证法;从文明类型上讲有西方矛盾辩证法、有中国的阴阳辩证法。中国先秦时期的辩证法思想按学派来看,有道家辩证法、儒家辩证法和兵家辩证法。道家辩证法重事物间的相互转化,其规律是"反者,道之动。"②儒家辩证法重视事物的不断变化、前行,"日新之谓盛德,生生之谓易。"③兵家辩证法强调用兵的灵活性,

　　兵无常势,水无常形。能因敌变化而取胜者,谓之神。④

　　中国古代辩证法的核心范畴是"阴阳",所以可以将中国古代辩证法称之为阴阳辩证法。西方辩证法思想的核心范畴是"矛盾",由此将西方辩证法思想称之为矛盾辩证法。什么是矛盾?从唯物辩证法的角度讲,矛盾是指事物内部各要素之间和事物之间的相互联系,这种关系构成了它们之间的相互作用,进而推动了事物的运动变化和发展。在事物相互间的关系与作用的理解与阐述上,具体到相互作用的性质和方式,发展的动力和内容,发展的结果和趋势,不同的哲学运思往往有着不同的智慧取向。关于在事物辩证运动过程中对立双方的关系、性质和作用的理解方面,尽管西方思想界自古希腊以降亦不乏和谐思维的灵光闪现,但更多的是对矛盾统一体内部双方的对立、斗争关系的青睐。

　　这表现在:一是强调"统一物之分为两个部分以及对它的矛盾着的部分的认识……是辩证法的实质"。⑤　即矛盾在辩证法的理论体系中,在我们对事物的认识中,在事物的存在、变化中居于核心的地位。二是指出矛盾体现的是事物内部各方和事物之间对立统一的关系。三是重视矛盾关系中矛盾对立双方间的斗争性在事物变化、发展中的决定性的地位和作用。认为矛盾双方的斗争性在事物的存在、变化和发展中具有无条件性和绝对性。四是强调矛盾存在的普遍性,即所

---

①　易中天:《中国智慧》,上海文艺出版社,2011年版,第3页
②　《道德经·40章》
③　《周易·系辞传上》
④　《孙子兵法·虚实》
⑤　《列宁选集》第2卷,人民出版社,1995年版,第556页

谓事事有矛盾,处处有矛盾,时时有矛盾。五是认为在事物的存在、变化和发展过程中,矛盾斗争的结果无外乎以下三种结局:矛盾的一方战胜、克服另一方;矛盾双方"同归于尽",为新的对立双方所代替;矛盾双方经过一系列的发展,最后达到"融合",融合成一个新的事物,使矛盾得到解决。

由此就产生了几个问题,我们不否认任何事物在其存在、变化、发展的任何阶段都存在着矛盾,只是需要指出的是:其一,大千世界中的各种事物在其存在、变化和发展的状态中矛盾统一体双方之间的对立冲突是最基本的、最普遍的和最主要的吗? 有没有其他不同的存在状态呢,如果有,是不是只能是居于次要的、特殊的地位或者只能属于非常态呢? 其二,各种事物在其存在、变化和发展过程中,促成其变化的决定性因素只能是对立冲突吗? 有没有其他的因素存在呢? 如果有,是否也只能是偶然地、局部地、在特定情况下才具有决定性的意义和作用? 其三,在普遍意义上对立双方矛盾解决得更为合理、更为经济、更为有效的方式是对立、冲突还是和解、融合? 其四,矛盾双方斗争的目的抑或是解决矛盾的最终目的是什么? 是形成新的对立双方,展开新的矛盾斗争? 还是调和或者消弭矛盾对立,实现对立双方的和谐统一(这种状态下依然会存有矛盾,但不是为了矛盾而矛盾,应当是实现了和而不同)。且这样两个不同的结局哪一种更加理想化、更加难以实现、更加体现了事物发展的进步或高级状态,更具合理性,从而构成现实的人和人类社会进步与发展的愿景? 其五,在事物的存在、发展过程中,只是对立、对抗的矛盾贯穿始终吗? 有无其他的存在状态和方式? 对立与和谐哪一种状态更为常态、更为根本?

面对这样的疑问,我们需要对矛盾统一体中同一性与斗争性在事物存在、发展中的作用进行新的思考;对矛盾的解决方式进行新的思考;对矛盾统一体存在、变化、发展的状态、结果与趋势进行新的思考。

需要说明的是,首先,不能简单地将矛盾与斗争画等号,如果那样将无助于甚至有害于我们对问题的思考。矛盾中包含着斗争,但斗争不等于矛盾。因为,其一,矛盾指的是事物内部各要素间和事物间既对立又统一的关系。这种既对立又统一的关系既包含着矛盾双方相互依存、相互吸引、相互贯通的性质和趋势,也包含着矛盾双方相互否定、相互排斥、相互限制、相互分离、相互对抗的性质和趋势。其二,矛盾双方对立、斗争的性质和方式不仅仅是对抗和冲突,差异、排斥、争论、分离等同样是对立、斗争的表现。其三,矛盾双方斗争的路径与结果也并不都是"不是你死就是我亡"或者"同归于尽"的;对抗性矛盾的解决方式并非必然地体现为"一方战胜克服另一方",

是故百战百胜,非善之善者也;不战而屈人之兵,善之善者也。①

其四,矛盾双方经过斗争达成对立面的融合也是矛盾解决的方式之一,马克思甚至认为两个相互矛盾方面的共存、斗争以及融合成一个新范畴是辩证运动的实质。

其次,和谐中是否依然存在矛盾? 同理,矛盾中是否包含着和谐? 这同样是要有一个合理、辩证的认识。和谐不等于不存在矛盾,和谐本来就是事物内部各要素之间和不同事物之间的一种存在状态和相互关系及其处理方式的描述和理解。中国古人清楚地认识到这一点,"和"是指不同事物之间在保有自己特性、禀赋的前提下的相互包容、相互依存、相互促进、相互发展、相互融合的状态与关系,阴阳各居其位谓之"正",阴阳彼此配合谓之"中",既中且正谓之"和"。在中国传统文化中,"同"是指不同事物的相互混同或相同事物的简单相加,所以才强调"君子和而不同,小人同而不和"。对于"同"民间也称之为"和稀泥",对没有原则、不问是非曲直一味求同之人,孔子称之为"乡愿",乃"德之贼也"。② 沆瀣一气、臭味相投、狼狈为奸等成语同样表明对于"同"的不屑。

再次,"和",一般表述的是事物存在的状态、对立双方的相互关系,但是不是所有矛盾统一体的存在状态都可简单地称之为"和"。"和"是否只是限于内容上、处理手段上和发展方向上的? 应该讲"和"更着重于对于事物内部各方和事物之间存在状态的"性状"之描述,作为存在状态的"样态",事物存在、矛盾双方的共处不能简单地等同于"和",要有进一步深入、具体的分析。但似乎也不应拘泥于传统认知中对"和"的限定,需要有新的考虑。

3.2 阴阳辩证法的内涵分析

谈"阴阳"首先要简单地谈谈"五行",《尚书·洪范》中是这样讲的,

五行:一曰水,二曰火,三曰木,四曰金,五曰土。水曰润下,火曰炎上,木曰曲直,金曰从革,土爰稼穑。润下作咸,炎上作苦,曲直作酸,从革作辛,稼穑作甘。

五行的性质各不相同,五行相互感应、相互作用,生成世间万物。五行相互间的作用是有顺序和方向的,顺向是木生火、火生土、土生金、金生水、水生木,顺行构成德之相生。逆向是金克木、木克土、土克水、水克火、火克金,逆行构成德之相克。比五行及其五行间的"相生相克"作用更为抽象的概括就是"阴阳"。阴、阳作为事物存续的两种基本状态,其相互关系就是相互感应、相互作用、相互影响、相互依存的。这显然比"五行"更为抽象,更为简明。《国语·周语上》里就讲:

---

① 《孙子兵法·谋攻》
② 《论语·阳货》

阳伏而不能出，阴迫而不能烝，于是有地震。

这也是现存古文献中较早地使用"阴阳"这一对概念的地方。

"阴阳"是先秦辩证思想的基本范畴。阴阳概念源于《周易》，"易"的字源字含义之一是日与月，日为阳，月为阴。阴、阳相互依存、相互作用、相互生成。阴与阳之间是对立统一的关系，其着重的目标与状态是"和"。阴阳彼此配合、相互依存、相互生成就是"和"。"和"这一概念在《诗经》《尚书》《国语》等典籍都有出现，如《诗经·商颂·那》中说道："既和且平，依我磬声。"形容音乐演奏中各种乐器配合得当，曲调协和优美。《诗经·常棣》里说道："兄弟既具，和乐且孺。""兄弟既翕，和乐且湛。"指兄弟和睦，手足情深。再如《尚书·尧典》中讲："百姓昭明，协和万邦。"又讲："八音克谐，无相夺伦，神人以和。"《尚书·周官》也讲："庶政惟和，万国咸宁。"分别描述了邦国和睦、人神和睦、政事和睦，"和"成为对进行诸事判断和评价的标准。《国语·郑语》中周王室太史史伯与郑桓公谈论国事时讲了："和实生物，同则不继。"将"和"的内涵与作用做出了进一步的引申，阴阳、五行诸物的相互配合、融合、交合才能产出万物，在这里"和"成为事物生成的路径。孔子则提出"和而不同"的君子之风。"和"成为中华传统文化的核心理念之一。今天人们则更多地使用"和谐"这一表述。还配之以通俗有趣的解释：和是"禾＋口"，意味着人人有饭吃；谐是"言＋皆"意思是人人能说话。呈现出丰衣足食、心情舒畅、其乐融融的祥和景象。

那么，什么是和谐？先秦诸子从世间万物内在的阴阳对立与互补出发，从天地人多层次探讨了事物内部和不同事物间的和合性、互补性和平衡性，认为"阴阳和则生，阴阳离则灭，阴阳错则变，阴阳平则佳"。所以说，和谐无论是从其词源意义来看，还是从其哲学本体论上看，都是指多样性的统一和对立要素的有机结合，反映了事物内部各要素间、不同事物间共生、共存、共荣的状态。"和"最初就是指嘉禾之和、和声之和、和美之和，"谐"亦是指声音相谐、人事相谐、政事相谐，二者都含有协调、协同、调和、应和、和同等意。由是，和谐可以界定为事物内部各要素之间和事物之间具体的、动态的、相对的、辩证的统一关系，是事物内部各要素之间和不同事物之间相同相成、相辅相成、相反相成、互利互补的关系。什么是和谐？**和谐既是事物存在的形式和状态，又是事物内部各要素间与事物间相互作用的性质和方向，同样也是事物发展变化的目的**。换言之和谐是阴阳相互依存和相互作用的表现与结果，也是阴阳相互依存和相互作用的方向与目标。

首先，和谐是事物实存的状态和形式。《中庸》中谈道：

喜怒哀乐之未发，谓之中；发而皆中节，谓之和。中也者，天下之大本也；和也者,天下之达道也。致中和,天地位焉,万物育焉。

虽然世间万物无不存在矛盾,然而"和"却是事物存在的基本性状之一,否则事物的变化、运动与发展从何谈起,又如何实现? 一方面,事物的存在是事物变化发展的前提;另一方面,斗争只是解决矛盾的手段,是为目的服务的。从宇宙间各天体的存在,自然界各种生物间的相互依存利用关系,到人类社会的各种社会关系的存续(小如日常生活中我们处的家庭关系、同事关系、朋友关系和我们的身心修养,大到各种社会群体如不同阶层、不同民族、不同地区、不同国家等)均是如此。和,虽然是事物存在的状态和相互关系,但是不是所有矛盾统一体的存在状态都可简单地称之为"和"? 这里"和"应当既有形式上的"和",又有内容、实质上的"和"。矛盾双方的对立、斗争处于不可调和性状下的矛盾统一体的存在状态应为形式上的"和",即双方处于一个矛盾统一体之中,但内容上是不和。例如,二战中反法西斯阵营与法西斯阵营间的矛盾是不可调和、你死我活的。这样的矛盾双方的关系是斗争,是斗争的最尖锐状态,没有妥协的可能和余地,这样的矛盾统一体在"和"的形式下,呈现的是内容上、实质上的不"和";同时这类矛盾消灭后的状态是可以称之为"和"的。换言之,事物存在、矛盾双方的共处不能简单地等同于"和"。"和"更着重于对是事物内部各方和事物之间存在状态的"性状"之描述,作为存在状态的"样态","和"虽包含有形式上的"和",更主要地体现在内容上、实质上的"和"。且,和谐并不是没有矛盾,和谐本身就包含着矛盾,没有矛盾、没有差别的状态,谓之"同"。这样,对于非对抗性矛盾来说,"和"是存在常态,也是发展标准;对于对抗性矛盾,"和"是矛盾解决的方向和目标。

其次,和谐是事物间相互作用的性质和方向。晏子说过:

和,如羹焉。水、火、醯、醢、盐、梅,以烹鱼肉,燀之以薪,宰夫和之,齐之以味,济其不及,以泄其过。[①]

"和"就像是烹制美味羹汤一般,用水、火、醋、酱、盐、梅烹调鱼肉,掌握好火候,厨师精心调制,味道不够就加调料,味道过了就减少调料,使味道可口适中。事物内部各要素间、不同事物间相互作用——"和",生成新的事物,产生出新的功能和效果,实现事物的进步、发展与提高。冯友兰先生指出,在中华传统文化中,

"同"意味着单调一律,不容许有任何不同。"和"则意味着和谐,它承认不同,而把不同联合起来成为和谐一致。这种和谐需要一个条件,就是:各种不同成分

———————

① 《晏子春秋译注》,上海古籍出版社,2006 年版,第 237 页

之间,要有适当的比例,这就是"中","中"的作用则是达成"和"。①

譬如,夫妻之间常常会产生许多矛盾,但各种矛盾产生后,如何对待、处理?争执不是目的,而只能是手段,是为了消弭矛盾、分歧,实现和睦、和乐、和悦,不过不一定是最适当的手段。试看天底下有几对夫妻争吵的目的就是为了劳燕分飞、各奔东西?当然不善于处理矛盾,导致矛盾激化,则是另一个层面的问题了。

再次,和谐是事物发展变化的目的与理想。过去我们常讲矛盾斗争的目的不是为了斗争而斗争,而是为了实现事物的发展与进步。其实这只是论及了"为什么",却没有深入到"是什么"。那么是什么才能体现了事物的变化、发展和进步呢?

声亦如味:一气,二体,三类,四物,五声,六律,七音,八风,九歌,以相成也。清浊,小大,短长,疾徐,哀乐,刚柔,迟速,高下,出入,周疏,以相济也。②

音乐与美味一样,各种乐器的配合,音调、节奏、音高、音量等音律的配合,只有如此才能产生"余音绕梁,三月不知肉味"的美的享受。同理,整个世界的发展遑论是自然、生命、社会,还是人自身最终努力要达至"万物并育而不相害,道并行而不相悖,此天地之所以为大也"③,从而实现与完成事物的共生、共存、共荣。这样的认识在实践中同样是有着十分积极的意义的。我们曾经长时间地认为改革开放是为了实现经济增长,社会进步,人民生活的改善,这其实只是发展的表现,更高的目标与理想是为了实现人的自由而全面的发展。正如中国先贤毕生追求天人合一,知行合一,情景合一,不正是为了实现"至人无己,神人无功,圣人无名"④的自由,达到"与天地精神往来"的超越境界!

为什么这样讲呢?首先谈"因","和"构成事物变化发展的动力因。凡世界万物莫不有对,阴阳两性的不同事物如何实现生成与发展呢?所谓"和实生物,同则不继"。世界万物是千差万别的,正是千差万别的事物之间的和谐——存在着相互依存、相互作用、相互补充、相互规定的关系,才能造就生机勃勃、气象万千的丰富世界。从生成性上讲,只有矛盾双方或者说统一体内不同性质的对立双方间的相互作用,而不是简单的同化或同一,才有新事物的产生;从存在状态上讲,"和"存,物存,"和"灭,物亡。"和"本身就包含着事物对立面之间的辩证统一,如"高下""刚柔""美丑""善恶"等;从发展性上讲,事物发展不仅是要在"和"的基础上实

---

① 冯友兰:《中国哲学简史》,新世界出版社,2004 年版,第 152 页
② 卢守助:《晏子春秋译注》,上海古籍出版社,2006 年版,第 237 页
③ 《中庸》
④ 《庄子·逍遥游》

现的,皮之不存,毛将焉附。而且,实现的结果也是事物的互补、融合、共济、共生。同时,从理想追求上讲,今天我们倡导的"和谐社会""和谐世界"的构建,正是在"和"文化中孕育生成并致力服务于个体的幸福、社会的进步和人类美好未来的。恰因为人类社会在其发展的不同历史阶段均存在着种种的不和谐,不仅使得对"和"的目标追求构成为推动人类社会发展的强大的内在动力和不懈的精神支持,同样也使"和"构成了人类追求美好生活与未来的动力。

其次谈"路","和"是解决问题的方式和手段。一是实现阴阳双方的相互调和,对立状态得到缓解、缓和。二是实现阴阳双方消解冲突、对立(相安无事,但不一定达到泯恩仇的层面)。三是实现阴阳双方相互协调,相互补充,共同发展。四是实现阴阳双方达成对立面的融合,形成新的事物。这有两种结果,一个是双方互济互补,生成新事物;一个是双方融合为一体,孕育、产生出新事物。正如《周易·系辞传下》所讲:

天地氤氲,万物化醇,男女构精,万物化生。

为此,阴阳双方要做到各归其位,既中且正;还要完成阴阳互补,即相互包容,相互协调,相互补充,相互融合。

再次谈"果","和者,天下之达道也"。和谐是天下万物存在与发展的最高境界。虽然矛盾存在于每一事物存在、发展、变化的始终,存在于一切事物发展、变化的始终,但是,矛盾、对立、冲突的目标即事物变化、发展的目标是为了解决矛盾、消除矛盾、化解矛盾,为了实现平衡与和谐。"破"只是手段,"立"才是目的。虽说在现实中不稳定状态是经常态,但常态并非是合理或理想的状态,且对立与冲突是为了消除不和走向一致。天体演化、生命进化、阶级斗争、社会改革、思想论争、日常生活莫不如此。因此,可以讲和谐既是事物产生、存在和发展的原因,又是事物产生、存在和发展的方式,还是事物产生、存在和发展的理想。和谐是运动中的平衡,差异中的协调,纷繁中的有序,多样性中的统一。和谐不是要取消各种差异与矛盾,不是追求"无差别境",而是使各种差异形成一种合力,形成一种良性的互动。"各美其美、美人之美、美美与共","和而不同",差异的和谐才有美。和谐即使作为一个目标、理想和愿景,也同样对我们有着重要的精神启迪和导引意义。

由此道来,中国先秦哲学的阴阳辩证法思想在宇宙生成、社会变迁、人之成长、思想进步等各个层面都呈现出新的致思特点:第一,它是包含着差异、对立、冲突的统一性原则,是差异中的和谐。是同中存异,是异中存同;是求同存异,也是求异存同。在这里充分展示和体现了"一"与"多","同"与"异","个别"与"一般","个性"与"共性","特殊"与"普遍"相互依存,相互作用,共同存在与发展的关系。

第二,它充分体现了生成性和发展性。"和"不是混同,不是要简单地维持现状,"和"是要实现事物的生生不息和不断发展。不同质的事物间的相互作用不是为了简单地战胜、克服、消灭另一方,而是要促成新事物产生,促进事物的不断变化与发展。第三,它展示了解决对立、冲突的新的路向。在人类发展的路途中,各类各样的矛盾层出不穷,怎么解决,东西方的思想家们给出了各种方法。这些方法中有没有更加合理、更加温和、更加人性化的方案呢? 矛盾着的事物之互相影响、相互吸引、相互依赖、相互作用、互相汲取有利于自身的因素,从而使万物充满生机与活力,达到和谐,这恰是世界万物孕育发展的最高准则。即使是决然对抗的事物间的矛盾解决方式与路径亦有可能是和平的。第四,它充分体现了适度的原则。"致中和,天地位焉,万物育焉"。中庸之道既体现了方法论原则,同样也是一种世界观,是世界观与方法论的统一。在认识事物、处理问题时要坚持"执其两端而用中",反对"过"与"不及"。第五,它包含着对人类发展路径与目标的最高理想和追求。李泽厚先生曾经说过:

> 人类从动物开始。为了摆脱动物状态,人类最初使用了野蛮的、几乎是动物般的手段,这就是历史真相。历史从来不是在温情脉脉的人道牧歌中进展,相反,它经常要无情地践踏着千万具尸体而前行。[1]

存在从来都不必然是合理的,人类在其发展中由于无知、短视和贪婪,曾经付出且还在付出巨大的代价与牺牲,对此,不能继续熟视无睹,而应当反思与改变。和谐既应当是我们实现理想与目标的路径,同样也是我们的价值追求、理想与目标的内容。我们既不能继续毫无愧疚地将自己的欲望与幸福的实现建立在对他人的肆意伤害的前提下,也不能继续毫无愧疚地将自己的欲望与幸福的实现建立在对自然万物的肆意伤害的前提下,更不能继续毫无愧疚地将自己的欲望与幸福的实现建立在对后世发展可能与条件的肆意伤害的前提下。人类文明的进步、人性的进步恰恰表现在人的动物性的不断受到规制与约束和人性的不断丰富与张扬。

3.3　阴阳辩证法与矛盾辩证法之比较

梁漱溟先生认为,西方文化是以意欲向前要求为其根本精神的,中国文化是以意欲自为调和持中为其根本精神的,印度文化是以意欲反身向后为其根本精神的。可以说,东西方文明在其文明发展过程中诞生了不同的认知思维方式、处世态度、文化价值取向,阴阳辩证法与矛盾辩证法充分体现了这两种思维方法的不同内涵、特色与取向。

---

[1]　李泽厚:《美学三书》,天津社会科学院出版社,2003年版,第34页

首先言说双方的"同"。第一,阴阳辩证法与矛盾辩证法都是辩证法的具体表现形态,体现了人类思维的取向与智慧结晶。第二,作为一种哲学运思,阴阳辩证法与矛盾辩证法都是反映事物存在及其本质关系的范畴,它们思考的均为"对立面的统一",就是"统一物之分为两个部分以及对它的矛盾着的部分的认识";都是要找出与说明"对立面怎样才能够同一,是怎样同一的"本质规律。第三,作为一种目的性原则,它们最终都是为了实现对立面的发展。不管这种发展是通过一方克服另一方、通过破旧立新,还是通过相同相成、相辅相成、相反相成,互利互补实现的。第四,作为一种价值原则,它们所共同追求的是事物自身的平衡、融合及其和谐发展。无论是斗争还是融合,对抗还是互补,它们都是实现事物的发展与和谐的手段。

其次言说两者的"异"。阴阳辩证法与矛盾辩证法代表着不同的理论着力点、思维方式和价值取向。由此,从理论着力点来看的不同表现在:第一,出发点不同。矛盾思维的出发点是矛盾统一体自身,即包含着对立统一关系的实体。如生与死、雄与雌、善与恶、美与丑,正如黑格尔指出的:"一切事物本身都自在地是矛盾。";① 和谐思维的出发点是矛盾统一体中对立双方的关系,即矛盾体实存的状态下,对立双方是何种关系,是互补、还是对立? 是相互依存,还是相互对抗? 如生与死的关系,雄与雌的关系,善与恶的关系,美与丑的关系。正如老子所言:"反者,道之动"。② 第二,关注点不同。矛盾思维主要关注的是矛盾双方对立统一关系中的对立,是事物内部和事物之间的否定方面,即斗争性。通过对矛盾双方的对立、排斥、分离、对抗等性状的分析,探索和揭示事物发展变化的可能与状态;和谐思维主要关注的是矛盾双方对立统一关系中的同一,是事物内部和事物之间的肯定方面,即同一性。着眼于矛盾双方的相容性、协调性、互补性,探讨事物发展变化的可能与趋势。

从思维方式来看的不同表现在:第一,矛盾的性质不同。矛盾思维所揭示的对立双方的关系往往是对抗性的、不可调和的;和谐思维所揭示的是对立双方的关系往往是共存的、相容的、互补的和可调和的。第二,矛盾的解决方式不同。矛盾思维注重用矛盾的思想方法观察问题和处理问题,突出对立双方的斗争性在事物发展中的动力和源泉作用,重在"分";和谐思维注重用和谐的思想方法分析事物和解决矛盾,强调对立双方的同一性在事物发展中的互生、互动作用,重在

---

① ［德］黑格尔著,杨一之译,《逻辑学》(下册),商务印书馆,1976 年版,第 65 页
② 《道德经·第 40 章》

"合"。第三,矛盾的结果不同。由于矛盾思维给予斗争性和否定性更多的关注,因此往往强调通过对立面之间的相互否定完成旧质向新质的转变,即旧事物的灭亡和新事物的产生,最终的结果往往不是矛盾一方战胜、克服另一方,就是对立双方"同归于尽",为新的对立双方所代替,从而实现事物的变化、发展与进步;和谐思维则给予同一性与肯定性更多的青睐,对立双方相互作用的结果可能或是实现矛盾双方的相互调和,对立状态得到缓解。如对立双方通过和谈、沟通,达成相互谅解,矛盾得到缓和。或是实现矛盾双方消解对立。如对立双方间的矛盾得以化解,"怨结"得以解开,双方相安无事,各居其位。或是实现矛盾双方相互协调,共同发展,即双赢。如经济活动中的商业合作,中国经济改革中实现的国有经济、民营经济、外资经济的共同繁荣和发展。或是实现矛盾双方达成对立面的融合,孕育、形成新的事物。如两情相悦组合成幸福家庭,两性交合孕育出新的生命。故"天地之大德曰生",[①]"生生之谓易"。[②]

从价值取向来看的不同表现在:矛盾思维强调事物存在的过程性与暂时性,即事物具有不断发展的特性,造成这一发展的原因和实现发展的动力在于矛盾双方的对立与冲突。这样,矛盾思维从对立始,以对立消灭对立终。即以批判旧事物和摧毁旧世界为取向,致力于消灭人与自然、人与社会、人与人的对立冲突,重在运用革命的、斗争的、剧烈冲突的方式进行不妥协的斗争,主张的是否定性的原则和批判性理念,更加强调对立双方斗争性的绝对性、不可调和性,辩证法不相信什么一成不变的东西,辩证法

不崇拜任何东西,按其本质来说,它是批判的和革命的。[③]

因此,矛盾思维更加注重强调促成事物发展、变化的原因、动力和手段。和谐思维强调事物存在中的互补性、相容性,并在这种相互关系中实现事物的生成和发展。造成这一发展的原因和实现发展的动力在于矛盾双方的相互包容、相互协调、相互补充、相互融合,事物发展的方向和目的同样在于实现和谐。和谐既是事物发展的原因,也是事物发展的目标。这样,和谐从"和合"始,以"和合"实现"和合"终,即以维持和实现事物的动态平衡与和谐发展为取向,重在运用改良的、和平的手段进行生成性的、创造性的建设——即使是对抗性的矛盾。和谐思维不仅关注事物发展、变化的原因、动力和手段,而且指示了事物发展和变化的目标和方

---

① 《周易·系辞传下》
② 《周易·系辞传上》
③ 《马克思恩格斯选集》第 2 卷,人民出版社,1995 年版,第 112 页

向,成为对未来美好的价值追求和理想寄托。

这两种不同的价值取向产生的处世接物待人之理念与心态同样有很大的差异。矛盾思维更注重人与自然,人与社会、他人的对立和冲突,一切都是通过斗争而产生的,从而"战争是万物之父,也是万物之王"。因此也形成了西方崇力好斗尚争的文化精神和个性特征。在人与自然的关系上,强调人对自然的控制与征服。在人与社会、他人的关系上,更加看重个人的权利与自由,极力反对社会、国家、他人对个体的干预与控制。在心身关系上,强化灵魂与肉体的对立,理性与情感的对抗,理性与非理性的冲突。在审美上,较多地从对抗、冲突、毁灭中寻找美的存在,以悲剧的方式显示美。与中国传统中不以人之形体为审美对象不同,对人的自然形体的崇拜与欣赏造就了西方文化的艺术精品。和谐思维以"和合"为基本理念与态度。从人与自然的关系上看,追求"天人合一",要求以和善、友爱的态度善待自然万物,如"钓而不网、弋不射宿"和"网开三面""里革断罟"等典故都提出了丰富的保护自然资源的思想,强调物我一体、人我一体,追求个人与宇宙万物交融合一、协调发展。正所谓"民吾同胞,物吾与也"①。从人与社会、与他人的关系上看,通过"知行合一"为目标的道德修为与道德实践,施行仁爱,从而实现"以和为贵"。为此提倡"己所不欲,勿施于人",力主推己及人、与人为善,践行"君子成人之美,不成人之恶"。② 从身心关系上看,主张人之身心和谐,保持平和、恬淡的心态,正确处理理与欲的关系。面对财富坚持"不义而富且贵,于我如浮云③"。面对生活要学习"贤哉回也! 一箪食,一瓢饮,在陋巷,人不堪其忧,回也不改其乐"。④ 从审美上看,追求"情景合一"下的优雅宁静、淡定平和的审美境界,主张"乐而不淫,哀而不伤"⑤的感情节制,以及含蓄婉曲简隽的艺术传达,主张景由心造,情由景生,情景交融,从而形成了中国艺术审美特有的中和之美。

再次言说包含与超越。"天下同归而殊途,一致而百虑。"⑥阴阳辩证法与矛盾辩证法都是人类为了实现美好理想而展开的智慧之思,都是人类思想与文化的结晶。矛盾思维更多地体现了西方的辩证法传统,和谐思维则展示了独具特色的东方智慧,代表着人类最高的价值追求。(在这里,不能因为其理想性——实现条

---

① 张载,《西铭》
② 《论语·颜渊》
③ 《论语·述而》
④ 《论语·雍也》
⑤ 《论语·八佾》
⑥ 《周易·系辞传下》

件的苛刻而否定其存在的可能、价值与意义。)阴阳辩证法对事物发展、变化的原因、动力和手段,事物发展和变化的目标和方向,对未来美好的价值追求和理想寄托的不同考量,崇尚和谐性的原则和肯定性、相容性、互补性的理念。重视对立双方的同一性及其在事物发展变化中的重大意义和作用,倡导和而不同,以实现厚德载物、海纳百川、有容乃大。这些都形成了对简单强调矛盾对立,偏执于对抗性的思维模式的超越,形成了对当今西方二分法的强势思维的批评和对和谐世界的构建要求,发展并丰富了辩证思维的思想内涵。而当前西方世界对东方文化的青睐,以及博弈论的出现无不体现合作性、调和性、相容性对人类更为重大的意义。

可以说"和"既成为理想的目标,亦成为达致理想的动力、方式与路径。对"和"的目标追求已成为推动人类社会发展的内在动力,和谐思维以其对人类与世界的理想路径与目标的描绘与追求,以及对现存状态的批判,为我们追求更加美好的未来提供了思维、理论与实践的指导和无尽的精神力量。

先秦元典的世界观立场、阴阳辩证思想、人本主义精神和现实主义考量,构成了中国古代文化思想的基线和生发点,是中国人面对世界(自然、社会、人)的态度和视界(视野、视角),进而形成了独特的理论推演逻辑,从而深深地影响了先秦诸子思想的生成、演进、内容构成与内在逻辑。

正是缘于先秦对于本体论的思考中,没有对万事万物的"本原是什么"加以刨根问底,而是更加关注万物生成和存续的构成要素及其相互关系,形成了先秦特有的哲学范畴——"阴""阳"。对"阴""阳"以及双方间相互关系的描述与建构就此成为中国传统哲学的基本图式(直到宋代形成了被称之为"中华第一图"的太极图)。这样,不同于西方哲学在本原问题上的思维模式,由于阴阳是"两",不是"一",因此关注的目标就不再是对于"'一'是什么"的探源式的本质性思考(这种思维的特点自然是趋向分析式思维),而是两者之间的关系即阴阳之间的关系的感悟(这种思维的特点当然是趋向综合式思维)。同时,人本主义精神和现实主义态度则使得先秦哲人在思想情感、制度安排设计上远离了鬼神,在相当程度上摆脱了神秘主义色彩。这样在直接相关的政权合法性进行考量的方面,对人与人之间的相互关系的处理,做人的尺度与行为的界限等方面的思考、设计与预期都产生了十分关键的影响,形成了先秦思想独到的基本思维路向和思想特质。如果说西方文化在古希腊传统和基督教影响下形成对个人本位的高度关注,进而致力于追求和实现个体的人的权利——自由、平等,先秦文化则在注重群体性的关系中努力挖掘个人的定位,探寻个人的责任与担当。对于群体性关系的考虑不是打破这种关系,而是如何更加合理、恰当地处理好这一关系,保证事物的存在、延续和发展。

第四章　先秦元典的理论逻辑

从先秦元典思想的哲学基础、人本主义立场和以阴阳两种基本性状为内核的辩证思维方式这几个方面的分析可以看到，先秦时期的思想旨趣和思维范式形成了中国古代思想的基本理论架构，从思想的立场、理论出发点和价值取向等基本层面厘定了那一时期所关注的本原性、根源性问题的内容和范围，导引着思想流变的方向。尽管诸子门户自立，思想与主张自成一体，免不了相互间的抵牾，当然也有相互的借鉴、吸收和改造，然而从整体上讲，形成了先秦文化的主要思想内容、逻辑结构和发展脉络，也造就了与其他文明、文化体有着明显不同的立场选择、思想旨趣，成就了五千年绵延不绝的中华文明的基本思想内核。

1. 先秦思想的逻辑起点

在天人合一的宇宙观立场上，在以民为本的人本视野中，在阴阳辩证法的思维方式下，体现出与西式思维不同的理论立场、价值取向和思维方式。形成了注重关系、崇尚对等；注重民本、远离鬼神；注重和合、倡导共存的人文思想立场及其价值观念。从这里出发构成先秦思想之各个部分特有的逻辑关联，并推演出先秦思想的核心内容和价值理念。

1.1　西方"主客"二分思维立场——对立

认识与理解一种文化，要从其文化的立场入手。立场则是取决于其视界（视野与视角），视界又是由思维方式决定的。在西方的话语体系中，无论是实践活动、还是认识活动，其思维模式往往以主客体二分为基本立场与出发点，基本的模式就是：要么是，要么不是。是 A 就不是非 A，是非 A 就不是 A。要么是肯定、要么是否定。在这样的思维进路下由亚里士多德奠定了形式逻辑的严谨的思维、认识、推理体系，并由此而生的发达的分析思维形成了西方文化体系特有的思维立场和认知方式，其对近代科学的诞生与发展起到了至关重要的推动。这一思维模式重在将认知对象同外物抽离开来，强调认知对象的自在性与独立性，进而从此出发对认知对象进行分析与认识。如西方关于自由的考量就立足于独立个体如何保证自己的存在与活动不受外界的干预,在这里关于自由的考量剥离了个体存在的社会性,重在个体存在的自在性,这是解剖麻雀式的认识与分析方法。这种思维模式立足于主体与客体的不同、对立与分离,从主体的角度及视野对客体进行认识、分析和审视。主体与客体之间是"他—我"状态、"你—我"关系,并由此衍化出西方哲学的基本问题:即思维与存在的关系问题。围绕这一问题形成了从主体角度对客体的审视和自在客体对主体的展现两种认识路线,即我们熟悉的主观唯心主义和客观唯心主义的两大派别。即使是唯物主义立场,也同样难以避免主客二分、主客对立的思维认知模式。甚至对于主体自身而言,自己同样可以是自己的"他者",是肉体和灵魂的分离,是思想与行为的对立,是理性与感性的对冲。这种对立一定是源于事物具有不同的本质和属性,在对立关系中,"我"是什么?怎样才能保证"我"的独立性、自在性。

1.2 先秦"天人合一"思维立场——和合

与西方单子式的分析思维方式不同,中国古代的思想者们看问题自有其独到之处。如果说西方的思想者们首先关注的是"异"即寻找人与外物的不同、人与人的不同、肉体与灵魂的差异。中国的思想者们关注的则是"同",即人与外物、人与人、肉体与精神的和合。为此,我们既没有隔离人天,也没有悬置上天,更没有为中国人构建一个充满神秘、不可企及的彼岸世界。中国古代先贤在历史的流变中,在"四方上下曰宇,往古来今曰宙"①的时间路向(也可以称之为历史演进)中,体察了自然界生命孕育、生长的基本事实,正是牝牡、雌雄、男女两性的交合、化育,方能生成、生长万物。宇宙间万物的生化无不如此,刚健有力的"乾元"与阴柔包容的"坤元"相感、相和、相交孕育出新的生命、生机、生气和活力,化育生成之后又是在相互的交感中相互依赖、相互影响、相互交融、相生共荣,正所谓"天地氤氲,万物化醇;男女构精,万物化生"②。在这里,主体与客体之间的关系不是"他我"状态、"你我"关系,而是"我俩"关系,是"和合"状态。由此中国哲学的基本问题不是直接表现为思维与存在的关系问题,不是表现为主体与客体的对立与自存、自在与不同,而是"天人合一"的整体构型。这样,对于事物的认知一开始就是从"关系"出发,以"俩俩"定位,任何事物都是在"阴阳"两种不同性质的属性的共同作用之下生发、存在、延续、变化的。任何个体都不是独立自在的,而是存在于"关系"之中的,在"关系"中才有产生、存在、变化和发展的可能、价值和意义。《周

---

① 《尸子》
② 《周易·系辞传下》

易》作为中国人哲学思维的开山之作，明确地阐明了天（地）人之间的同一关系，奠定了中国人对待自然、社会、生命的基本立场和思维方式。《周易·系辞传上》指出：

> 《易》与天地准，故能弥纶天地之道。仰以观于天文，俯以察于地理。
>
> 是以明于天之道，而察于民之故。

强调自然并不与人事相悖，言明人与自然的一致，人与天地的一致。正是在这样的立场上，中国人认为：

> 有天道焉，有人道焉，有地道焉。兼三才而两之。①

天道、人道与地道是相通、相融，相互关联的，不是独立自在的。那么，什么是道？"一阴一阳之谓道"。这样的认知、态度与立场都必然地形成和建立"天人合一"的主体意识内涵、主体认知模式、主体心理状态与主体精神境界，并进而界定了天与地、天与人、天道与人道、天运与人为、天地人（宇宙）即"人与天地叁"的基本状态与关系，形成中国人特有的宇宙观、世界观、社会观、生命观，形成了中国人的理想和信仰。陈来先生由此认为：

> 轴心时代中华文明形成的基本价值成为主导中华文明后来发展的核心价值。经过轴心时代以后两千年的发展，中华文明确定地形成了自己的价值偏好，举其大者有四：责任先于权利，义务先于自由，社群高于个人，和谐高于冲突，以及天人合一高于主客二分。②

"方法与立场是相联系的"③，立场、方法与逻辑推演也是相联系的。主客对立的思维方式自然首先注重事物的本质，要剥离层层表象，从而抓住事物的核心。主客和合的思维方式则从"两"入手，注重阴阳，当然需要以关系为重；讲究关系就是注意关系的属性与实质，是平等还是不平等，是差等还是对等。讲天人同一，就会关注天意与人心的关系；强调天意来自民心，神秘主义形态下的鬼神就会缺乏存在的重要价值。注重和合，就要解决和处理好事物之间、人与人之间、你我之间的共存。面对自然、社会、人，所面临的问题的不同立场和动机，决定了人文社会思想的复杂性。即在众多的选项中，可能选择什么，应当选择什么，最终选择了什么。对后人而言，面对思想史"就是要寻求、揭示隐蔽着的思想的动机"④，从而说

---

① 《周易·系辞传下》

② 陈来：《中华文明的核心价值——国学流变与传统价值观》，三联书店，2015 年版，第 57 页

③ 陈少明：《做中国哲学：一些方法论思考》，三联书店，2015 年版，第 33 页

④ 陈少明：《做中国哲学：一些方法论思考》，三联书店，2015 年版，第 34 页

清楚思想产生和形成的理由,说清楚思想内容的原因。思想研究不仅要说明是什么,还要揭示为什么;不仅要说明怎么样,还要揭示为什么是这样。

另外,古典智慧可以靠灵感、直觉获取,借隐喻或诗的语言表达,但现代哲学要求充分的说理,论证的程序与分析的技巧。① 分析先秦思想时需要注意,先秦思想的表述大多采用"语录体""章句体""对话体"的方式,通过隐喻或诗化的语言表述来展现思想。所以解读先秦思想需要加以现代性的转换。

2.注重关系、崇尚对等

2.1 强调物与物相互之间的关系

先秦元典虽然也曾关注万物的生成性本原,但更为重视的是生成后的存续状态。生成、产生、诞生是一回事,存在、存续、延续是另一回事。尽管产生与存在两者间是紧密联系、环环相扣的,但毕竟面对的不是同一个问题。一个是"生",一个是"存"。就好像一个生命首先是诞生,然后更为重要和漫长的是存在与发展。诞生是一个精确的时间点,存续是一个时间段,是一个过程。这样,一旦回答了万物的生成后,进而意识到任何事物的产生和存在都是阴阳两种因素共同影响和作用的结果,那么万物本原不论是"道"还是"一",它们的"本质是什么"就不是需要继续探索的主要话题,或者说可以放在一边(更遑论宇宙万物的起源原本就不是哲学能够完全精准回答的问题)。只要能够认识到任何事物包括生命不是无根之木、无源之水,它们都是被生成的产物足矣。而且"道"或"一"本来就有点说不清楚、道不明白,只要能够意识到、体会到就可以了——此中有真意,欲辨已忘言,对这样"高大上"的原初事物保持一点敬畏哪怕是神秘感也是应当的。

需要高度关注则是"道""一"生成的万物是怎样存在的;在阴阳两个基本要素的作用下,事物存在的样态是怎样的;怎样才能保证事物常态下的存在与延续,从而实现或贯彻生生不息的宇宙运行图式。这样,与西方哲学更加关心一事物的本质(本质只能有一个)是什么不同,先秦思想家们更加关注事物的关系:一个事物内部阴阳两个要素间的关系,一事物与他事物之间的关系。换言之就是西方哲学关心的是"一事物是什么",先秦思想关注的是"事物(内、外)的关系"。本质对应的是"是什么",关系对应的首先是"怎么样"。正因为这样,西方的思想家在搞清楚事物的本质之后,十分重视一事物存在的自在性与自为性,即"是什么"。就是要关注一事物如何成为该事物或者说如何保证一事物是该事物不是他事物,一事

---

① 陈少明:《做中国哲学:一些方法论思考》,三联书店,2015 年版,第 109 页

物保持自我独立性、个性存在的条件是什么。这样具体到人类社会,就自然且必然地高度重视个体的自由与权利,以及如何保证个体的自由与权利得到充分实现,如何防止或避免个体的自由与权利受到不应当的伤害,如果不可避免地受到伤害时应当做出怎样的补偿。中国的先秦诸子们则关心万物生成后,每一事物随之存在的状态,即"怎么样"。由于事物总是在内在与外在的各种关系中存在,那么,在彼此纠葛、相互影响中,如何存在与延续。在这种状态中,个体"能什么""应什么"? 一事物与他事物之间应当是怎样的? 如何才能实现共生、共存。具体到人类社会就是如何保证个体的责任与群体的秩序,以及个体如何具备担当责任的能力,通过什么样的方式实现责任的担当,在各种关系中(主要是人与自然、人与社会、人与群体、人与人)需要建立和维护怎样的规则——在先秦的话语体系就是"礼"。规则设立的尺度或标准是什么? 这些规则如何能够保证群体正常的存在和延续,怎么来保证这些规则的运行。陈来先生对比儒家思想与西方思想的区别时就提出:

　　社群比个人更重要,责任比权利更重要,秩序比自由更重要。①

　　这一论述其成立的思想基础应当是在这里吧。

　　以往在对比中西哲学思维的不同时,人们常讲,西方哲学注重逻辑推理,以分析思维为主;中国哲学注重感悟体验,以直觉思维为主。**其实,这是中西方思维差异的表现和结果,而不是中西方思维差异的原因**。原因其实恰恰在于西方的认知关注事物的本质,先秦思想的认知关注事物的关系。本质的把握一定要追求确定性、唯一性,因为本质只能有一个,现象可以是多样的。对于本质问题的思考和探索是"一"。关系的把握则要抓住存在的状态与样式,对于关系的思考一定是建立在"两"之上的,是事物与事物之间的关系,对于关系的思考是"两"或者是"多"。同时,状态具有模糊性、动态性、多样性。包括西方哲学中反复讨论的本质与现象的关系,在中国哲学中亦不是主要的话题。重本质就要看现象,看现象是为了抓住本质;通过现象或者透过现象才能抓住本质,抓住本质就弄清楚了现象。重关系就要看状态,什么样的状态是常态,什么样的状态是非常态;怎样保持常态,怎样避免非常态,都是为了保证事物的正常存在与发展。那么,就自然地产生和提出下一个问题,怎样保证事物间关系的常态,事物间的关系应当是怎样的? 是平等吗?

---

　　① 陈来:《中华文明的核心价值——国学流变与传统价值观》,三联书店,2015 年版,序言第 1 页

2.2 注重事物间的对等

从关系看事物,讲求的事物间的关系就不是平等,而是对等。**平等具有理想主义色彩,平等是一个目标抑或可以说是一个不断追求的、难以最终企及的过程。**即使人类文明进步发展到今天,平等依然不是现实中人与人的关系、人与组织的关系的真实状态,人们还要将其作为社会进步所追求的目标之一。**对等是现实主义的,是事物之间的实然状态。**从现实的角度看,事物内部的各要素之间、事物之间的关系是不平等的,而且总是存在着各种各样的差异和差别的。因为阴阳本来就具有性质与样态、能量与能力的不同。面对不平等,首先要考虑的是在不平等的基本态势下,如何保证事物的存续和正常的运行。那么,首选项一定是对等。天与地、君与臣、父与子、夫与妻、师与徒、兄与弟、雄与雌(男与女)、美与丑、善与恶、真与假等等诸对关系中,平等如何可能? 只能是对等。比如正常的感情关系一定是相互喜欢、相互关爱、相互尊重、相互离不开。"你喜欢我,我才喜欢你;你喜欢我,我也喜欢你。你的眼里有我,我的眼里也有你;你的心中有我,我的心中才有你"。那种"剃头挑子一头热"是单相思,是一厢情愿,不是真正的爱情。再比如,美与丑、善与恶、真与假之间是平等的关系吗? 同样只能是对等。人类追求的是真善美而要摒弃的是假恶丑。更何况保持宇宙的运行常态的要件是均衡也可以说是平衡,是顺应自然,不是"逆天行道"。表现在自然中就是"春去秋来""寒来暑往";表现在人事中就是"你敬我一尺,我敬你一丈",就是"善有善报,恶有恶报",而不可能是"好人不长命,恶人活千年"。如果是反之则是悖逆自然的,假如一事或一物的运行总是违背自然法则,事物如何能够存在与发展? 这里讲"对等"不是说不需要甚至反对"平等",而是说明"对等"是在关注事物间相互关系时需要首先考量的尺度,"对等"也是事物间相互关系的实际情形。也不是说中国的文化传统没有追求过平等,陈胜吴广就曾经慷慨陈词"王侯将相宁有种乎?"而是考虑到人类社会迄今为止的漫长历程中,平等不是现实,更没有真正地实现。更不是说人类社会不需要平等,平等作为人类的价值追求,是对不合理、不公平的现实社会批判的必然结果与价值选项,代表着社会进步发展的要求和方向。

重视对等,就自然强调各居其位,各守本分。

天地之大德曰生,圣人之大宝曰位。何以守位? 曰仁。何以聚人? 曰财。理财正辞,禁民为非,曰义。①

天地之最高尚的品格是不断孕育和产生新的事物,圣人之最重要和宝贵的是

---

① 《周易·系辞传下》

恪守本位。怎样才能守住自己的本位？就是仁德、仁政。怎样才能团结民众？就是要让百姓能够安居乐业。既能够让百姓安居乐业，又能主持公道、言辞公正，除暴安良、禁止为非作歹之徒，这就是义。做好这一切，就是圣人的本分；做好这一切，也就守住了自己的本位。在这个不平等的社会里，每个人都有自己的位置，都有自己的社会角色。怎么做才能守位？

何谓人义？父慈，子孝，兄良，弟弟（悌），夫义，妇听，长惠，幼顺，君仁，臣忠。十者，谓之人义。①

为父要有"慈爱"之心，为子要有"孝敬"之心；为兄要有"温良"之心，为弟要有"敬爱"之心；为夫要有"公正"之心，为妇要有"柔顺"之心；为长者要有"恩惠"之心，为幼者要有"恭顺"之心；为君主要有"仁爱"之心，为臣要有"忠诚"之心。这里，父子、兄弟、夫妇、长幼、君臣都是人与人之间的基本关系，这种关系在现实中是难以做到真正的平等的，恰恰是有差等的。每个人都有不同的多种角色，需要做好自己，各居其位，各守其分。

追求平等与重视对等，显然是不同的选择，它们有明显的不同。首先，它们的存在前提与条件是不同的。平等是与自由紧密相连、互为存在的条件的。没有自由就无法实现平等，追求平等就一定需要得到自由；没有平等同样自由也会是空幻的，渴望自由必须要求平等。一个只有自由没有平等，或者只有平等没有自由的社会是不可能存在的。自由与平等是对全体的人而言的。对等是在关系中成立的，事物的存在是在关系中实现的，事物间的关系更多的是对等而不是平等。对等是在关系中存在的，是在现实的不平等之中寻求均衡，在现实的不平等中力求恰当、适宜。其次，双方依据的基础不同。平等是基于利益关系的，所以商品社会最讲平等，其中最为基本的就是商品交换遵循的一定是等价交换的原则。墨子讲的"兼相爱，交相利"就含有这个道理。如果交换是不平等的，就是不健全的商品经济，是难以持续运行下去的；或者就不是商品经济，而是自然经济（贡品经济也是如此）。对等依据的是情理，是面对不平等现实的选择，是将心比心。是情同此情，心同此理。再次，由此导致的价值标准、规则设计、预期目标都会产生不同。在价值标准上，平等有程序意义上的平等，有实体意义上的平等；有起点的平等、有过程的平等、有终点的平等；有相对平等，还有绝对平等。它们之间是有矛盾和冲突的。坚持程序上的平等，有可能损害实体上的平等，反之亦然；坚持起点平等，结果很可能是不平等的，反之亦然；坚持相对平等就不能保证绝对平等，反之

① 《礼记·礼运》

亦然。因此,平等在现实中很难真正做到,对于平等的追求具有理想主义色彩。对等强调事物相互间的关系,无论是程序意义还是在实体意义上都可以单独成立。比如,你给我面子,我也给你面子。至于是不是真正地相互尊重,很可能不一定。你曾经救了我一命,我也会在你需要时救你一命。但怎么救的、做到什么程度,并不要求一致。对等的实现显然没有平等的实现那么困难,在现实生活中人们也常常自觉不自觉地选择对等。所以才讲对等具有现实主义的特性。在规则设计上,保证平等一定要让设计者与大家遵守同样的尺度,一定要有效掌控设计者的利益实现。比如著名的分粥法则:如何让粥分得更公平,那就是让盛粥者最后一个领粥。(不过让食量不同的人喝等量的粥就是平等的吗? 这样分粥合理吗?)实现对等,不一定需要十分复杂的规则设计,只要心同此情、事同此理,能够相对应就可以。在预期目标上,平等要求公正、合理。因为绝对平等是难以实现的,一旦实现了可能导致新的不平等;对等讲究相应、适当。在对等状态下,双方的关系是互动的、相对应的,也是相互制约、相互影响、相互改变的。

另外讲平等一定会关注自由,特别是个体的自由。在对立式思维模式下,他物一定是对本我的限制。要打破这种限制,必然要解决矛盾,突破自我的局限性、他物的局限性。因此自由对于个体而言不仅是发展的可能性问题,首要的是自在性的问题,所以才讲自由是可以不做自己不想做的事而不被干涉。只有在这个前提下,才能进一步去讲可以做自己想做的事而不被限制。当然从人的社会性本质讲,个体自由的实现不是孤立的,而是在社会整体发展的意义上才有实现的可能。讲自由同样会十分重视权利,没有权利的实现与保证,自由就是一句空话。权利一定要落实在个体上才有意义和价值,这样,权利至上就成为必然的选项。马克思批判了资本主义社会要求的自由、平等,指出这只是形式上的自由和平等。对于资本的所有者来说,自由和平等是资本雇佣劳动者的自由与平等;对于劳动者来说,自由和平等是劳动者自由的一无所有,为了生存不得不出卖自身劳动力的自由与平等。如果没有这种形式上的自由与平等就不可能有资本主义的生产方式的存在和发展,但这种自由与平等并不是真正意义上的自由与平等。

讲对等则一定会关注角色担当即责任。在和合式思维模式下,他物与本我是相互关联、相互依存、相互协调的关系,你离不开我,我离不开你。如何更好地处理这种依存关系,当然需要直面相生、相容的现实,解决、协调好共生、共存、共荣的关系,找出实现荣辱与共的实现路径。因此,对于个体而言,重要的是“你”是关系中的一个环节,不是也不可能是独立自在的。在关系的链条中如何保证关系的正常存续与可能的发展? 在这一关系链条中“你”是什么? 应当做些什么? 讲责任当然要强调义务和秩序。

个人不是原子,是社会关系连续体中的关联性存在一方。①

在关系的链条上缺了任何一方,关系就会破裂。所以关系中一定要实现"你我他"的和谐共存。责任担当则成为君子的不可逃脱的义务。

从这里可以看到,任何人文价值观念的选择都有其内在的考量、取舍的基线,从价值选择的意义上讲,选择的多样性和复杂性决定了任何选择都必然是有所取舍,有得有失。选择本身就意味着在诸多选项中获得哪些、放弃哪些,哪里有十全十美的、毫无遗漏的呢?所以才说:人生就是一场选择,即使选择了不选择,也是一种选择。是选择平等还是选择对等,平等与对等孰优孰劣,能够轻易做出定论吗?还有一点,平等与对等有没有相互调和的可能?如果有,如何实现调和?

3.注重民本、轻视鬼神

3.1 重天命与轻鬼神

西方在长时段的浓厚宗教传统下认为国家是上帝意志在人间的体现,世俗权力源自上帝的安排。即使像拿破仑这样的强人其加冕仪式也需要教皇的在场,只是有对教皇诸多不敬的地方,罗马教皇不是在罗马而是屈尊亲自来到巴黎为拿破仑加冕,皇帝的王冠不是由教皇亲手戴在拿破仑的脑袋上,而是拿破仑从教皇的手中拿过来,扣在了自己的头上。"君权神授"成为西方世界政权合法性长期以来的几乎是唯一的解释,直到今天一些西方国家的国体还保留着君主制的尾巴。近代资产阶级革命取得胜利以后,才慢慢地提出并逐渐地推行民主选举,并以此作为政权合法性的来源,当下更是将全民选举视为政权合法性的唯一来源,并以此作为西式"普世价值"的核心理念之一。不过这个时候的民主与马克思曾经高度推崇的古希腊的民主已经是大相径庭。中国先秦时期比较迅速地从"君权神授"的观念中摆脱出来,虽然夏商时代人们还十分敬畏鬼神,商人还以"天命玄鸟,降而生商"②来体现政权的神圣与神秘,但已经意识到仅仅依靠天命是不够的。而推翻了商王朝的西周的领袖们则必须进行新的诠释,因为神秘的高高在上的与人无涉的鬼神观已经不能满足统治合法性解说的需要,也不能给予政权合法性以有力解读。

---

① 陈来:《中华文明的核心价值——国学流变与传统价值观》,三联书店,2015 年版,第14 页

② 《诗经·玄鸟》

　　假如不完成这个工作,那么,周讨伐殷商、建立自己的政权就是大逆不道的,这事关政权的道义基础和生死存亡不可不重视啊。同时还要认真反思,汲取商亡的惨痛教训,从中得到必需的教训和警示。另外说明一点,在国家的起源上,近代西方以霍布斯、洛克等人为代表提出"契约说",认为国家的产生是人与人之间或民众与统治者之间相互订立契约的结果。这与中国先秦时期的认识亦不相同。先秦时期对国家和君主的起源基本上没有做什么更多的思考,群体性生存的人类需要组织,而组织需要领导(领袖),似乎认为"民主"①是"人能群"的自然结果。这里的"民主"是"民之主"的意思,不是现代政治制度中的民主政治。

　　对于西周的领袖们来说,天命对于政权合法性十分重要,这里有两个关键问题需要重新诠释。第一个是如果政权的合法性来自天命,天命是否是永恒不变的? 第二个是如果天命可变,为什么会变? 这两个问题讲不清楚,政权的合法性与合理性就难以成立。

　　3.2　天命呼应民心

　　如果天命是不变的,那么无论商纣王如何任性——残暴也好、荒淫也好,周都必须遵守天命,只能任由其胡作非为,而不能去讨伐。《尚书·牧誓》讲述了武王伐纣时发出的誓言:

　　今予发,惟恭行天之罚。

　　(眼看着纣王如此昏庸无道,)今天我姬发只有恭敬地遵照天命来讨伐商纣了。讨伐商纣王的前提是秉承天命,而天命是可变的,不是不可改变的——天命靡常。过去殷商曾经秉承了天命,现在天命改由周来继承了。《尚书·多士》里记载了周公对殷商遗民发布的诰令,向殷商遗民说明周灭掉殷商是因为商纣王

　　于先王勤家诞淫厥泆,罔顾于天显民祗。惟时上帝不保,降若兹大丧。

　　就是说商纣王不珍惜先王历尽艰辛才建立起来的基业,大肆追求奢侈淫佚,根本不把上天的教导和民众的疾苦放在心里。上帝才不得不放弃对殷商的护佑,给予殷商降下灭亡的大祸。(所以,你们不要再怨天尤人,要服从周的统治。)周公还为此举出"殷革夏命"的史实加以佐证,你们的祖先成汤正是秉承上帝的旨意灭掉了"弗克庸帝,大淫泆有辞"的夏国,今天周同样是秉承上天(上帝)的旨意灭掉殷商。政权的合法性的确来自天命,不过天命不是永恒不变的。

　　天命不是永恒不变的。那么,天命为什么会变? 变的原因或者根据是什么

---

　　①　《尚书·多方》

呢？如果只讲天命靡常是远远不够的。所以一方面，"天命靡常"①，天命是会变化的，不是恒常不变的。不仅天命会改变，而且，"天不可信"。② 就是讲不要简单地相信天命，不可以为自己天生就是君主之命，而从不克制自己的行为。另一方面，

皇天无亲，惟德是辅。民心为常，惟惠之怀。③

这里是讲，上天对于人没有亲疏远近的区别，也不会偏袒世间的哪一个人，上天只辅助有德性的人。（谁才是有德性的？上天怎么判断继承了天命的君主有没有德性？）民众的心中没有常主，只会感怀仁爱的君主。（君主也不是永恒不变的。）这样的天命观说明了：第一，在这里，君主的德性不是可以随性而为的，是与民众的要求相关联的。这是一个革命性的改变，不仅指出天命会改变，而且指出改变的原因来自民心。第二，上天怎么知道君主是否遵循了天命，君主有德还是无德？

天听自我民听，天视自我民视。④

君主有无德性，上天是从民心（向背）中得出来的。天命源于民心，上天对于君主有无德性的认识和判断来自对民心的考察。第三，上天如何对待民心呢？

天矜于民，民之所欲，天必从之。⑤

原来，天命与民心相通，天命源自民心，上天会感知到民心所向，并一定依民心而为。如果君主能够体恤民心，关心百姓的生活和需要，上天自会降福给他。如果君主不关心民众疾苦，违背民意民心，导致民众不再支持甚至反对君主，那么，原有的天命就不会再降临于无德之君的身上，而是遵从民意，改换在有德之君的身上。第四，虽然有上天之命，但对于统治者来说是远远不够的（更为重要的是民心）。

我有周既受，我不敢知曰厥基永孚于休。⑥

我们周国虽然已经得到了天命的垂青，但我（周公）不敢说我们的基业就能够永远沿着正确的方向发展下去。而且，

---

① 《诗经·文王》
② 《尚书·君奭》
③ 《尚书·蔡仲之命》
④ 《尚书·泰誓中》
⑤ 《尚书·泰誓上》
⑥ 《尚书·君奭》

我亦不敢宁于上帝命，弗永远念天威。越我民罔尤违，惟人。①

（即使上天已经降大命于我，）我也不敢心安理得地秉承天命，而忘记上天的威严和力量（如果违背天命，上天也会惩罚我们）。我们的民众会不会对我们产生怨恨，（不在上天）而在我们的所作所为啊。那么，在周人眼中，商纣王的无德有哪些具体表现呢？在《尚书·牧誓》里列举了商纣的四条罪状：

今商王受，惟妇言是用，昏弃厥肆祀，弗答；昏弃厥遗王父母弟，不迪，乃惟四方之多罪逋逃，是崇是长，是信是使，是以为大夫卿士，俾暴虐于百姓，以奸宄于商邑。

一是听信妇人之言；二是不祭祀祖宗和上帝；三是任用四处逃亡的罪人担任重要职位，而不任用同宗的长辈和兄弟；四是任由奸佞之人胡作非为、残害百姓。商纣王的哥哥微子在与父师、少师等谈话时，也对纣王的作为提出了批评，并对商政权的未来深感痛心和忧虑。

我用沉酗于酒，用乱败厥德于下。殷罔不小大，好草窃奸宄。卿士师师非度。凡有辜罪，乃罔恒获。小民方兴，相为敌仇。今殷其沦丧，若涉大水，其无津涯。殷遂丧，越至于今。②

今天，我们的商王沉湎于酒色之中无法自拔，败坏我们祖先成汤的优良传统。国家的大小官员无不恣意妄为、中饱私囊，上上下下的官员都无视法度，国家法纪瘫痪，犯罪之人得不到应有的惩处。民众难以忍受这个世道，视我们为仇敌，纷纷起来反抗我们。在这种情形下的殷国，就好像在渡涉大河，河岸茫无际涯，找不到可以靠岸的渡口。如果继续这样下去，殷国的灭亡不会太远、就在眼前了。"前事之不忘，后事之师"，③周王朝在批评和反思商的灭亡时，对其灭亡的原因有着清醒、深切的认识，也为自己的作为树立了一个反面的参照物。

类似的反思与批判在反映商汤讨伐夏桀的《汤誓》里也有记载，民众实在无法忍受桀的统治，哪怕同归于尽也在所不惜：

时日曷丧，予及汝皆亡。

其实商的统治者在执政过程中同样认识到需要"典厥义""正厥德"和"敬民"。④ 就是要遵循义理行事，要端正德行，要恭敬地对待自己的臣民。而面对商

---

① 《尚书·君奭》
② 《尚书·微子》
③ 《战国策·赵策一》
④ 见《尚书·高宗肜日》

纣王的暴戾、日益强大的周，还有百姓的强烈反抗，臣子祖伊同样规劝他："大命不挚，今王其如台？"①就是讲殷商的大命已经不再，即天命不常，你要好好想想该怎么办呢？可惜的是纣王对此无动于衷："我生不有命在天。"②我是从上天那里接受的大命（我天生就是君王之命），百姓不能把我怎么样。这个纣王如此执迷不悟，实在是不可救药。祖伊听罢转身离开，痛心疾首地说道：

嗚呼！乃罪多参在上，乃能责命于天。殷之即丧，指乃功，不无戮于尔邦。③

唉！看看你做的这些坏事，上天都已经知道了，你还糊涂地以为你承受着天命（就可以无所顾忌、为所欲为）。殷国就快要灭亡了，从你的所作所为里就可以看出来了，你肯定会被周国所灭啊。你的灭亡一定是咎由自取。周人则看得更加清楚：

天作孽，犹可违；自作孽，不可逭。④

上天降下的灾害（有可能想法子、通过自己的努力）尚可躲避；自己作孽，是无论如何不可能逃避的。对于人世间的事，就正道而言是人们积极向上、努力勤勉的结果；就邪道而言，同样是没有敬畏之心，恣意妄为的结果。出来混总是要还的。

围绕着政权巩固与民心向背，面向着改朝换代，周的统治者架构了体系完整、推理严密的政治合法性、合理性说辞，并通过对商纣王罪行的揭露和认真反思，提出了执政者应该承担的责任和执政的尺度标准——"明德慎罚"⑤与"敬德保民"，⑥以及君臣各自需要遵循许多行为准则，这成为中国文化传统中"以人为本"和"德治"思想的重要出发点。正因为如此，先秦诸子的思想取向皆具强烈的入世关怀，他们的各种主张不是高高在上、不食人间烟火的玄思，而是致力于民生所欲、对现实政治的反思与批判。即使是被后人推崇的道家，在先秦时期"养生之道"也并不是其关注的主要目标，老子倡导的"无为"不是对普通民众所言，而是对穷兵黩武、草菅人命、穷奢极欲、肆意妄为的统治者的告诫与规劝。庄子追求与天地精神同游，是出于对现实政治黑暗的失望与绝望，不甘于同流合污，保持自己的清白与高洁，一句话就是人格的尊严。事实上，儒家同样也关注君子在逆境中的

① 《尚书·西伯戡黎》
② 《尚书·西伯戡黎》
③ 《尚书·西伯戡黎》
④ 《尚书·太甲中》
⑤ 《尚书·康诰》
⑥ 参见《尚书·召诰》

修为与自持。他们著书立说、各抒己见、广揽门徒、周游列国,知其不可为而为之,是入世而不是出世,经世济民是他们的首要选项。从民本立场出发,围绕民生问题,诸子提出了各种各样的政治主张和社会发展目标,以求兴天下之利,除天下之害,彰显着自己的现实主义立场和责任担当。

4. 注重和合、倡导共存

4.1 注重和合

人们常说哲学既是世界观又是方法论。什么是世界观?简单讲就是对整个世界的根本看法。回答的是世界"是什么"、世界"怎么样"。什么是方法论?就是在正确地认识世界的基础上改造世界的办法。在看清楚了世界"是什么"和世界"怎么样"以后,需要做什么,应当怎样做;什么能做,什么不能做,什么应当努力去做,什么可做可不做,什么绝对不能做。其实,这样看来,世界观可以说就是智商,方法论就是情商。为什么说世界观是智商?世界观是人们对世界的认识,方法论既是认识世界的方法,也是改变世界的方法。能否精准地认识世界反映着人们的认识能力、思维水平和思想的深度与广度,这当然是智商。为什么说方法论是情商?以什么样的态度和方法处理各种各样的问题,反映着人们的志趣、能力和胸怀,这自然是情商。人们在满足自身需要的过程中,常常会选取一些具体的对象作为自己努力追求和希望得到的目标。要实现这个目标满足自身的需要,首先要对目标物有准确、正确的认识,然后要采取适当的态度和恰当的行动,这显然是一个运用智商、调动情商的过程。在这个过程中,认识对象目标固然重要,以高超的能力与手段得到对象目标则是重中之重。比如,你喜欢上一个美女,首先你要对她的身体相貌、品质个性、兴趣爱好、生活习惯、家庭背景、学习工作状况、经济实力、择偶标准,包括优点、缺点等等诸多方面有一个比较清楚准确的了解,然后还要有积极的态度、合适的办法去引起对方的注意,唤起对你的好感。很多人往往是"砸"在了追求的"手段"与"技法"上,经常是事与愿违、弄巧成拙,搞得劳燕分飞、凄凄惨惨。彼此喜欢与好感很重要,让喜欢保持必要的温度和持续度更重要。所以,哲学家常说,哲学是智慧之学,就是指哲学思维内含着智商和情商。辩证法属于方法论范围,先秦的阴阳辩证法思想充满着智商和情商。

阴阳辩证法从阴阳两个基本范畴出发,构成了先秦辩证法思想的逻辑理路和思维模式,进而影响着先秦诸子思想特别是儒、道的基本旨趣、立场视野、价值取向和处世态度。"和"成为中华传统文化的核心理念之一,"和而不同"则是自然、人事的完美境界。与西式辩证法思想比较可以看出,矛盾辩证法更加关注事物变化与发展的动力来源,强调矛盾双方的对立属性改变着双方的力量对比,此消彼长,推动事物的变化与发展。其实现途径是消灭旧事物形成新事物,完成变化和发展。阴阳辩证法思想更加注重事物内部各要素之间、事物之间相互配合、相互依存、相互汲取、相互生成的关系。阴阳相互作用,既成为自我,又生成新物;既保持自我,又相互吸引;既各自独立,又不可分割。

第一,一事物之所以成为该事物,不是自己的规定,而是对方的规定或者是双方共同的规定。比如,一个人要成为丈夫不是自己就能完成这一角色的,要在结婚的前提下才有这个可能,即有了妻子,自己才成为丈夫。妻子不在了,要么是单身、要么被称之为鳏夫,因为给你做角色规定的另一方不存在了。对于妻子而言也是同样的道理,而且丈夫如果不在了,要么是单身、要么被称之为寡妇或遗孀。第二,一事物之所以产生变化成为新事物,不是自己一方就能完成的,是双方共同作用的结果。比如,两个人结为夫妻才能成就一个家庭,家庭是两个人共同完成的。家庭的最基本要素是夫妻两个人。这是一个二合一的过程,同时又是一含二的状态。二合一是指两个人成为一个家庭,一含二是指一个家庭至少由两人组成。第三,在统一体中,一事物既保持自己的独立性,又与对方相互依存。比如,在家庭之中,丈夫就是丈夫,有自己的角色定位和职责担当;妻子就是妻子,同样有自己的角色定位和职责担当。这两个方面不能混乱,但统一体如果不存在了,没有了对方,另一方也就失去了原有的角色与责任。之所以在这里频繁地用两性关系来说明阴阳,是因为阴阳思想的产生本来就与男女情爱、两性交合相关。中国人十分注重关系,人与人之间最为基本的关系即人伦就是夫妻关系,"人伦肇端乎夫妇",有了夫妇之礼,才有父母、兄弟、亲戚、长幼等各种人伦关系。众多家庭组成社会,社会中有师生、有朋友、有同事、有官民、有君臣。所以才说:

昏礼者,礼之本也。

同时,夫妇作为生命的继承与传承者,要完成使命需要相互关心、相互关爱,需要完成周公之礼,

云行雨施,天下平也。①

正如龚鹏程先生所认为:

后世谓男女交合为云雨、谓男子施精为洒雨露,均本于此。②

先秦的哲人是从男女家庭这一最基本的社会关系中考察事物的,男女关系特

---

① 《周易·文言传》
② 龚鹏程:《中国传统文化十五讲》,北京大学出版社,2006年版,第57页

别是家庭关系的基本内容又是男欢女爱、生命繁衍。

4.2 倡导共存

既然在阴阳辩证法看来,第一,事物是相互生成的,阴阳两端或两性或两物相互作用生成新事物;第二,事物是相互依存的,一方存则另一方在,一方不在则另一方亦不存;第三,事物又是不断发展的,这里的发展是共同发展,不是一方发展以对方为垫脚石。既不是一方发展以对方不发展为条件,也不是一方发展以消灭对方为前提。所以才讲,共生、共存、共荣。重视发展但发展不能以牺牲对方为代价,今天有些人往往是踏在他人的头上去追求自己的成功,甚至为达到自己的利益而不择手段地伤害他人的利益,这才是造成社会中许多丑恶现象的重要原因。再就是发展是正向的、积极的变化,是符合天地之道即自然法则,而变化并不总是向上的、积极的、有益的,因此要有高度的责任心,要保持警觉,防止事物向不好的方面变化,力促事物向好的方面前行。如果要这样,没有担当,没有责任心,没有警惕性,没有智慧,怎么能行呢?

那么,阴阳辩证法重关系的思维取向,必然需要回答和解决“关系怎么相处”即“是什么”,“关系怎么相处才是合适的、恰当的”即“应如何”。如果关系破裂了,统一体就不存在了,更谈不到延续、更遑论发展。因此,一定要讲中庸、中和。所以才讲,

中也者,天下之大本也;和也者,天下之达道也。

致中和,天地位焉,万物育焉。①

从阴阳的存在及其关系看,阴阳各守其位谓之“正”,阴阳彼此配合谓之“中”,既中且正谓之“和”。中是什么? 中是天下万物存在的前提与根本;和是什么? 和是天下万物存在、延续的通达之路。达到中和的境界,则天地各在其位,各司其职,万物就可以充满勃勃生机、生生不息了。所有的考虑都要在“关系”中进行,“关系”一旦破裂、不存在,谈什么都没有意义了。而“关系”的最佳状态是中和,恰当而均衡。是“万物负阴抱阳,冲气以为和。”事物相互间的关系是“和”,而不是“同”;是“同一”,而不是“对立”;是彼此共存,而不是你死我活;是“互补”,缺了对方就不行。

先秦元典的思想方式、思想立场和思想动机深深地影响了先秦诸子思想的生成、演进、内容构成与内在逻辑。对于阴阳之间的关系的感悟和入世主义精神决定了其在对现实生活中各种关系特别是人与人之间的关系的考察中,采取了冷

---

① 《中庸》

静、清醒的现实主义态度,将事物之间关系定位于对等而不是平等,在对等中寻求事物之间特别是人与人之间的相处方式和应然性设计,以实现和保证良善的人际关系和社会的正常运行。重关系就一定会注重责任和义务,任何一方缺少担当,关系就会出现问题,难以维系,甚至导致破裂。在天人关系中,强调人最为天下贵,人能弘道,倡导"人与天地叁"的天(地)人观。又兼以面对鬼神时,主张鬼神的价值不在于高高在上的神秘威严而在于造福人、服务人,形成了"敬鬼神而远之"的鬼神观,从而在政权永固与合法性考虑上,不再简单地托付于天命,而是敏锐地意识到了民心的决定性作用。同时,在人的问题上,坚守以人为"万物之灵",从人的生存的自然需要出发,逐渐地创立和形成了以仁爱为本的人权(人本)观。这使得先秦思想家们面对"万物之灵"的人,在考虑政权的合法性问题上,在考虑事物间的相互关系问题上,在关于人的权利问题上,包括人的生命、生存需要、人的尊严和言论自由等方面有着自己特有的认识,进而形成了中华文化强烈、深厚的人本主义思想与精神,以及追求和合的思维模式。

这样,注重关系、崇尚对等,注重民本、轻视鬼神,注重和合、倡导共存的人文立场及其价值取向,孕育、构架了先秦元典思想的基本内容,然后建构、形成了先秦元典思想的内在逻辑关系,进而导引、厘定了先秦元典思想的核心理念。即表现为中庸之道与和而不同的立世法则;以民为本与选贤任能的政治智慧;仁者爱人与"智勇"风骨的立人之本;自强不息与内圣外王的理想追求。这四个方面在内容上环环相扣,在体系上相互回应,于逻辑上层层递进,是为中华优秀传统文化的基本意涵和核心理念。同时,与西方的文化思想比较,先秦思想表现出不同的立场倾向、内容关怀、发展方向与价值取舍,并一同构成为人类思想文化的重要组成部分。

第五章　先秦元典的思想内涵之中庸之道与和而不同——立世法则

对先秦元典思想内涵的解读,可以从两个方面展开与建构。一是从文本出发,力求还原语境从而清楚准确地阐述诸子言论的原意。二是从现实出发,加以分析和转换,提出当下的意味。还要关注先秦元典中各方面思想内容的逻辑关系,以形成有序、有机的整合体系。

先秦主要思想的各个部分之间并非独立自在而是有着内在的、相互支持与推进的逻辑联系的,以下这几个方面:中庸之道与和而不同的立世法则,以民为本与选贤任能的政治智慧,仁者爱人与"智勇"风骨的立人之本,自强不息与内圣外王的理想追求,兼以厚德载物与居安思危的精神品格,它们之间是紧密相关,层层递进,相互支撑的。其中,中庸之道是先秦思想的核心,并成为先秦思想的基本价值观、方法论和君子自我道德修为的行为规范。

1. 什么不是中庸

1.1　乡原,德之贼也

这是孔子说的,记载在《论语·阳货》篇里。"乡原"就是"乡愿",用今天的话讲就是"好好先生"或者叫"老好人"。是指乡里之间那种没有原则、八面玲珑、处处讨好、表面上一团和气,实际上言行不一、表里不一,貌似忠厚老实有德行,实为是非不分、虚伪奸猾、欺世盗名的人。"德之贼"是指对道德的人身伤害,其害莫大焉。联系起来这句话的意思就是说,乡愿这种人,是伤害、败坏道德的人(戕害道德的身体和生命)。古汉语用词十分讲究,"残、贼、盗、匪、寇"分别是不同的指称,与如今的含义有所不同。残是指伤害身体;贼是伤害性命;盗是偷窃财物;匪是指啸聚山林、犯上作乱;寇是外敌入侵、民族矛盾。比如,刘邦约法三章时讲:

杀人者死,伤人及盗抵罪。

这里的"盗"就是指偷窃财物。孟子讲:

贼仁者谓之贼,贼义者谓之残,残贼之人,谓之一夫。

这里就是说对于那些伤害"仁"的人谓之为"贼",那些伤害"义"的人谓之为"残",这些伤害"仁"和"义"的人即残贼之人就是人人当诛的独夫(民贼)。匪、寇的基本含义,今天没有太大的变化,比如土匪、蒋匪,倭寇、日寇。

后来,孟子对"乡原"即乡愿又做了更加细密的对比、分析和描述,在《孟子·尽心下》里有这样一段描述:

孔子曰:"过我门而不入我室,我不憾焉者,其惟乡原乎! 乡原,德之贼也。"(万章)曰:"何如斯可谓之乡原矣?"曰:"何以是嘐嘐也? 言不顾行,行不顾言,则曰,古之人,古之人。行何为踽踽凉凉? 生斯世也,为斯世也,善斯可矣。阉然媚于世也者,是乡原也。"万章曰:"一乡皆称原人焉,无所往而不为原人,孔子以为德之贼,何哉!"(孟子)曰:"非之无举也,刺之无刺也,同乎流俗,合乎污世,居之似忠信,行之似廉洁,众皆悦之,自以为是,而不可与入尧、舜之道,故曰'德之贼'也。'"孔子曰:"恶似而非者:恶莠,恐其乱苗也;恶佞,恐其乱义也;恶利口,恐其乱信也;恶郑声,恐其乱乐也;恶紫,恐其乱朱也;恶乡原,恐其乱德也。"君子反经而已矣。经正,则庶民兴;庶民兴,其无邪慝矣。

这是万章与孟子之间的一段对话,万章问孟子:孔子曾经说过,如果有人从我家大门前路过,却没有到我家里来。如果对此我不会感到可惜和遗憾,那只是因为这种人是伪善欺世之人啊。伪善欺世之人是戕害道德的人!(注意:孔子十分注重与人的思想交流,曾说过"有朋自远方来,不亦乐乎!")万章问,那么在你看来,什么样的人是伪善欺世之人呢? 孟子回答道:(伪善欺世之人批评狂放之人时会说:)你为什么这样夸夸其谈呢? 言谈时顾及不了行为,做事时又顾及不了言谈(即孔子所说的狂者,这种人有可能言行不一致)。只会说:古人啊,古人啊。(伪善欺世之人批评洁身自好之人时会说:)你为什么这样落落寡合啊? 生在这个世界上,为这个世界做事,只要做的事情能够说得过去就可以了(即孔子口中的狷者,这种人清高谨慎,与众俗不能同流)。(伪善欺世之人)到处都表现出自己的圆滑,八面玲珑,四面讨好,这样的人就是乡原啊。

万章又问:在一个乡里的人们都说他是个实在的好人,他也处处表现出自己是一个实在的好人,孔子却把这种人看作是戕害道德的人,这是为什么呢? 孟子回答道:这种人如果你要批评他,却举不出什么大错误来;要指责他好像又没有什么可挑剔的地方。(而实际上是这种人没有什么原则和底线,)他混同于流俗,应合于污世,言行举止只是同流合污而已。为人貌似忠实诚信,行为好像廉洁清正,大家都喜欢他,他也自以为是。但这种人的言行却是完全违背尧、舜之道的,所以才说他是戕害道德的人。孟子接着解释道:孔子说过,我为什么厌恶那种似是而非的东西呢?(比如)厌恶稗草,是因为担心它把秧苗搞乱了;厌恶花言巧语,是因为担心它把道义搞乱了;厌恶夸夸其谈,是因为担心它把诚信搞乱了;厌恶郑国的淫乐,是因为担心它把雅乐搞乱了;厌恶紫色,是因为担心它把朱红色搞乱了;厌恶伪善欺世之人,是因为担心它把道德搞乱了。因此,在我看来,君子的本分是让一切事物回到正道上就可以了。回到正道上(顺势而为),百姓就能够振作积极起来;百姓振作积极了,就没有奸邪了。

原来乡愿之人就是没有原则、没有底线,处处讨好、八面玲珑的伪善之人啊。其实这就是孔子眼中的"伪君子"。人们常常误以为君子的对立面是小人,差矣!君子为人光明磊落,表里如一。小人虽无大志,以自私为本,但小人不伪装,不掩饰,不虚假,小人全是真小人。君子的反面是伪君子,这种人为人狡诈、表里不一、当面一套、背后一套,口蜜腹剑、防不胜防,伪君子是也。说了这么多,什么不是中庸就比较好理解了。中庸不是做"你好、我好、大家好"的"好好先生",中庸也不是没有原则的"和稀泥",中庸更不是没有底线和坚持的"墙上芦苇"。

1.2 狂者进取,狷者有所不为

孔子之所以痛恨"乡愿",主是因为他对良善、诚信、真实等德行的伤害要大于"狂者"与"狷者",甚至远远大于小人。孔子坚守的是中庸,如果做不到,那么可以是狂者,也可能是狷者。**什么是"狂者""狷者"? 通俗地讲,"狂者"是激进主义者,"狷者"是保守主义者。**如果做不到中庸,那么会表现为"狷、狂"。《论语·子路》中记载了孔子的一段话:

> 不得中行而与之,必也狂狷乎! 狂者进取,狷者有所不为也。

意思是说君子结交不到具有中庸品格的人,那就要和狂者、狷者交往。狂者是激进而有进取心的人,狂者虽能力不足,但勇于直面,敢于行动,说干就干。狷者是保守而做事谨慎的人(哪怕不做事也不做坏事),狷者虽洁身自好,但能够约束自己,不随波逐流。这两种人都是真性情,不虚伪。这两种人都有自己的不足,不是最好的状态和最高境界,界于君子与小人之间,品格、行为逊于君子却高于好于小人,但绝不可以是"乡愿"。而小人是真小人,做事不隐瞒,不去藏着掖着,即使是做坏事、有坏心大家也一目了然,所以并不难防。在现实生活中,伪善之人恰恰是生活中最难防范、最为阴险的。当面一套、背后一套,人前一套、人后一套,当面对人说好话,背后给你下刀子。伪君子伪善、有伪装、有面具,而且往往言辞"高大上",冠冕堂皇,貌似正确积极。人们无法看穿,不能看透,防不胜防,所以其危害更大、伤害更深。因此,宁要真小人,不要伪君子。

因此,"诚"是做人的要义。

诚者,天之道也;诚之者,人之道也。①

真诚,是天之道;追求真诚,是做人之道。做人做事要真诚、正直,如果做不到,哪怕不做,也比假装要好;说话要讲真话,如果不能讲真话,可以选择不说话,但不要说假话、空话、大话。真正的君子是有尊严、讲原则的,正因如此才有面对财富的淡然:"不义而富且贵于我如浮云",②有大义面前的凛然:"士可杀,不可辱",③有为志向与理想的坚守:"志士仁人,无求生以害仁,杀身以成仁"。④ 不仅面对财富要讲"取之有道",面对正道要大义凛然,而且面对仁不惜以命相搏而不是苟且偷生,这才是先秦仁人志士追求的境界,坚持的标准,恪守的信念。

2. 什么是中庸

2.1　什么是"中"

"中"是什么？第一个意蕴是"恰当"或者说"恰如其分"。《中庸》讲,

喜怒哀乐之未发,谓之中。

意思是说,当一个人还没有表现出喜怒哀乐的情感时,内心是平静、平和的,不悲不伤,所以称之为"中"。中,就是符合或者顺应自然,恰如其分,不偏不倚。孔子曾经讲"叩其两端"⑤,这是孔子在回答别人提出的问题时的态度和做法。孔子要对照正反两方面的意见,经过取舍、综合权衡,再形成自己的认识和看法。这样看来,中就有不走极端、不钻牛角尖的含义。庞朴先生还认为"中"包含有"真善美"三层意思。⑥ 如,在《论语·子罕》里,孔子的弟子称赞孔子在求知方面做到了"毋意,毋必,毋固,毋我"。就是说孔子在学习、求知时,能够做到不凭空猜测,不一味肯定,不拘泥固执,不自以为是。这是探寻"真理"时的态度——中。又如,《尚书·酒诰》里讲"尔克永观省,作稽中德。"康叔被封时年纪尚轻,周公担心他会缺乏自制,沉湎酒色,故周公再三告诫康叔和官员们,要能够长久持续地观察反省自己的行为,使自己的行为举止合乎道德标准。这是道德修为时的要求——中。再如,齐国晏婴在谈及音乐时讲到,音乐的理想境界在于"和",音色、音高、旋律、

---

① 《中庸》
② 《论语·述而》
③ 《礼记·儒行》
④ 《论语·卫灵公》
⑤ 《论语·子罕》
⑥ 此处参见庞朴:《中国文化十一讲》,中华书局,2008 版,第 120 页

节奏、各色乐器相互配合,相成相济,

> 君子听之,以平其心,心平德和。①

　　君子听了这样的音乐,就可以心平气和;心平气和了,道德修为也就和谐、适宜了。这是音乐欣赏的标准——中。这样来看,"中"确有"真善美"的内涵。

　　"中"的另一个意思就是"正"。"正"就是居中、端正的意思。既不可做过也不可不及,做过了与做不到都不是"中"。《中庸》讲:"中也者,天下之大本也。"天下万物存在与运行的基本形式与状态就是"中",就是平和自然。凡事恰如其分了就是可以达到"正"了,朱熹讲:

> 无所偏倚,故谓之中。②

　　也是这个意思。比如,日常生活中,天气太冷太热,体重太轻太重,吃饭太饱太少等等都不好。做事是这样,做人也是这样,在其位则谋其政,谋其政则当尽其职。就是说你有什么样的才能与德行,有什么样的职责,就去做什么样的事,既然做就要做好自己的本分、做好自己分内的事。反之,则是不在其位不谋其政。《尚书·大禹谟》讲的"允执厥中"就是指为政要能够把握和秉承中和之道,处理事务恰到好处。

　　从反面讲,就是"过犹不及"。③ 做人与做事时,做过头和做得不够是一样的道理。孔子曾经对自己的两个弟子进行评价,讲他们两个在贤德方面,一个做得有点过,一个做得还不够,做得过了和做得不够是一样的,即"过犹不及"。孔子还讲:

> 质胜文则野,文胜质则史,文质彬彬,然后君子。④

　　就是讲君子应当做到文质彬彬,如果质朴胜过了文饰就难免会显得粗野,如果文饰胜过了质朴就难免会显得虚浮,质朴与文饰相互配合得当,才可以成为君子。在为人处事时要合宜,只讲朴实,说话做事未免过于直率,会没有回旋的余地,而且做事太直接、说话太直白,难免显得没有教养还容易伤人。只讲含蓄得当,说话做事就可能模棱两可,显得虚伪轻浮。所以,既要有朴实的本性,也要有文化的教养,两个方面要相得益彰。文与质不仅是形式与内容的关系,文与质本身既是内容也是形式,同时两者需要结合得当。

---

　　① 《晏子春秋·外篇第七》
　　② 《四书集注·中庸集注》
　　③ 《论语·先进》
　　④ 《论语·雍也》

2.2 什么是"庸"

"庸"是什么。**庸的本义之一就是常**。常的第一层意思是平常。平平淡淡、平平常常是世间万物的一般状态。常的另一层意义是不变,即我们常说的"经常"。**庸的另一个含义是"用"**,"庸者,用也。"①把两个意思联系起来,就是"常用",即平常日用。常用就是正常态,在平常状态下如何"用"、怎么"做"。任何事物都有自己的特点、属性和变化的规律,"庸"就是遵照其正常状态、一般条件、大多数情况下,应当怎样去做。**也有讲"庸"为"平庸"的**。平庸在今天来讲有贬义,然而在劝导统治者要关心民用,注重民时的先秦时期,却是统治者难得的品质和作为。孟子、老子、荀子等都讲过要关心民众的需要,重视农时,要让百姓能够安心生产,丰衣足食。如果总是任性而为,干预百姓的生活,使得百姓寝食不安、不得安生,那就会导致百姓的厌恶甚至反抗。为政如此,生活亦是同理。有句歌词唱道:"平平淡淡才是真",也是真道理,其实普通人的日常生活包括情爱生活更多是自自然然、平平常常,总是希望到处充满轰轰烈烈、海枯石烂、石破天惊,总是要求时时有惊喜,既不可能,也受不了。该怎样就怎样,而不是逆天而行,不作死就不会死,自自然然就好。人们还常讲要有一颗"平常心"也是这样的道理,做人做事只要尽心就可以了,不必太过追求完美。同样是不要太过,也不要不及。人在世间有许多的诱惑、有许多不如意,能够保持平常心,不强求、不贪婪,不是很好的态度吗?

2.3 什么是中庸

分别讲了"中"和"庸",那么,**中庸是什么?孟子说:"君子反经而已矣。"**②在这里,"反"是指返回、回到的意思,"经"是织布时的经线,织布时有经线和纬线,其中经线是不动的。"经"就是不动或者不变,引申为标准、原则的意思,指常态、常规。这句话是说:君子的本分是让一切事物回到正道上就可以了。君子为人处事就是遵循事物本来的标准,顺应而为就可以了。《中庸》开篇就讲:

喜怒哀乐之未发,谓之中;发而皆中节,谓之和。中也者,天下之大本也;和也者,天下之达道也。致中和,天地位焉,万物育焉。

情感没有流露出来时,平静安宁就是中,表现出来时又十分有节制、有分寸就是和。中是天下万物存在的根本,和是天下万物运行的规律。达到中和的境界,天地万物各守其位,各司其职,各安其分,万物的孕育和生长就充满生机。

何谓中庸之道?就是不偏不倚、恰如其分、持中调和的思维方式、人生态度、

---

① 汉.郑玄:《礼记·中庸注》
② 《孟子·尽心下》

处事方法和经世原则。然而大千世界,风谲云诡,变幻莫测。中庸是正常态,但不是常态,事物总是处在不断地变动之中,于正常与非常之间波动、变动、摆动。作为人的道德修养的标准和为人处事的尺度,中庸并不容易做到,其实是很高的标准。孔子曾经说过:

> 中庸之为德也,其至矣乎!民鲜久矣。①

中庸这种道德,是非常高大上的标准。而百姓缺少这种道德修为已经很久了。中庸之道一旦做不好,稍有差池就极易蜕变成为折中主义的"和稀泥""墙头草"了。为什么会这样?主要原因在于缺少"中""正",这样就可能会失去原则、左右摇摆。而且为人处事要做到不偏不倚也并不是一件容易的事,一个人处事为人时,难免有考虑不周的时候,难免有看不清楚的时候,难免任何时候都不带一点感情色彩,难免不会受到个人立场、利益、认识和判断能力、外界干扰等因素的影响,所以要真正地达到恰如其分其实是很难实现的。所以,《中庸》才讲"极高明而道中庸"。中庸就是力避偏执,不走极端,不可以低俗下流,也不要滥唱高调。凡处事为人讲求中行、中道,就是中庸。易中天先生认为,中是不走极端,庸就是注重可行性,此言甚当。比如,先秦诸子均有其治世救民的方案,其中既有理想主义的色彩,又有现实主义的考虑,只有这样的治世方略和路径设计,才能既不固守现实、安于现状、停滞不前、于世事无补;又不脱离实际、空话连连、流于空谈,而毫无价值。生活也是如此,《诗经·棠棣》讲和睦家庭要做到:

> 妻子好合,如鼓瑟琴。兄弟既翕,和乐且湛。宜尔家室,乐尔妻帑。

夫妻好合,像弹琴鼓瑟一样,互敬互爱;兄弟们相聚在一起,关系融洽,和顺快乐;(君子要做到)使你的家庭和谐美满,妻儿生活幸福。这的确是一幅阖家欢乐、其乐融融的和谐画卷,但这可不是轻轻松松就可以做到的,人世间难得有神仙眷侣,更多的是柴米夫妻。儒家推崇的人伦关系是,父慈子孝、兄友弟恭、夫仁妻贤、君义臣忠,这些关系都是相互对应的。对照一下,现实中又做得如何呢?

3. 怎样才能行中庸之道

3.1　中庸如何把握

中庸是高标准,做起来有难度,那么在日常生活中应当如何把握呢?有什么标准或者说尺度呢?中庸的践行在于不走极端。既不过左亦不过右,为人处事得当合宜。中庸讲求既中且正,做事既有原则又合乎情理,为人平和有度,处世自

---

① 《孟子·尽心下》

然。不要太消极,也不要太激进。不要唱高调,也不是太低调。简言之就是恰如其分、恰逢其时。就是要适度,要实事求是、切实可行。处事为人经世要留有余地,不可执拗偏激,只有这样才能张弛有度、游刃有余。

第一个尺度是恰当、适当、合适。中庸之道是通过"执中"而达到"中和"。这里要讲两个方面,一个是"正",一个是"义"。"正",前面已经讲过,就是端正、居中之意。"极高明而道中庸"里的"极"本义是房屋的正梁,正梁歪了,房子还能有好吗?所以房梁一定要安放端正,堂堂正正。

"义",《中庸》里讲:"义者,宜也。"义是什么? 义就是适宜,做人做事都要妥当、适宜、合宜。就是要大家做能够做、可以做、应当做的事,要对自己的言行有审视、有约束。孔子讲的"见利思义"和"不义而富且贵,于我如浮云"中的"义"就是这个意思。见到利益和好处,在得到之前,先考虑财富的来源是否合法,得到的途径是否合适。考虑来源是为防止侵占他人财富,考虑途径是为防止为达目的不择手段。在孔子看来君子与小人划分的尺度就在这里。一个是见利思义,一个是见利忘义;一个是为达目的可以不择手段,一个是追求手段与目的的统一。因此,"义"实际上涉及的是应然性范围,即言行的合理性与正当性。首先是应不应该,然后是(如果可以)应当怎样。后人在这里多有误解,以为君子就只能轻利、恶利,特别是宋儒将"义"与"利"决然对立起来。其实不然,正确的理解是"君子爱财,取之有道",这里的"道"就是正当性,就是"义"。君子首先是人,不是神。商品经济社会,不讲"利"如何生存,如何实现美好生活的需要? 孔子反对的是"不义之财"、不当得利。在这个问题上同样不能走极端,道德教育也要吃"五谷杂粮",不能太"乌托邦"而不食人间烟火。如果离开物质利益去讲道德高尚,只谈奉献不讲收获,只能是不可避免地培育出无数伪君子,嘴上说得天花乱坠,实际做得是乌烟瘴气,也必然会使伪善大行其道。我们曾经"狠斗私字一闪念",曾经"宁要社会主义的草,不要资本主义的苗",曾经要求人们要绝对的高尚无私,结果如何,不必赘述。这个方面的教训是惨痛的,不能好了伤疤忘了痛。

为什么这样看问题呢? 人类社会从本性上讲是一个竞争社会,要想生活得更好,必须在竞争中取胜,必须能够脱颖而出,而且大多数人也是希望通过自己的努力过上令自己满意的不一样的日子。因为努力得到幸福,这是正当的,是社会进步发展之必然。(人类社会的文明与进步体现在不是完全等同于自然法则,会设计并不断完善防止失败者和弱者被完全抹杀、驱逐的社会机制)当然,安于现状也未尝不是一种选择,但如果做出这样的选择,则需要做到能够坦然面对,可以做到宠辱不惊。如果自己既不努力,又不满意,对他人的成功充满"嫉妒恨",那就是狭隘小人了。同样,人作为生命体有自然欲望是正常的,需要注意的是欲望的合理性,以及实现欲望的手段的正当性。喜欢天上的星星可以,非要把它摘下来就不可以了。喜欢美食美色可以,通过自己的劳动获得美食,通过自己良好的品行、能够为对方创造幸福生活的能力和必要的、合适的技巧获得美女的芳心,这是可以的。但如果这些欲望的满足是通过不正当的手段、甚至是卑劣的方法实现,那就不可以了。那种视人性的自然需要为万恶之源,说什么要"存天理,灭人欲"这种鬼话,既不懂得在先秦诸子看来天理与人心是相通的、一致的,天理不会悖逆人心;也不懂得消灭了人的欲望,人如何还能够生存、人活着还有什么劲。人的欲望都被灭绝了,要那些所谓的道德、美德有什么用?规则包括道德是人创制的,是为人服务的,不是用来消灭人的自然的正当的需要的。凡事走向极端、追求极致,就是自掘坟墓,就距离"作死"不远了。所以,尊重和满足人的正当合理的需要才是合适、合宜的,才是"义"。为求严谨,在这里应当使用"需要",而不使用"欲望"这个概念。需要是对应实际的供给能力的,欲望是对应心理和想象的。想象是没有界限的,只要想象不去影响、干扰他人和社会,在自己一千五百毫升的脑容量范围内想什么就是什么,想怎样就怎样,任你天马行空、纵横驰骋都行。

第二个尺度是权变。《孟子·尽心上》中说道:"执中无权,犹执一也。"什么意思? 这是说在坚持中道、中行时,如果没有灵活性,不会变通,那就并不是真正地懂得中庸之道,而是固执、死板了。紧接着孟子就批评这种人:

所恶执一者,为其贼道也,举一而废百也。

(我)非常厌恶这种没有灵活性、不会变通的人和做法,因为这样做是有损于仁义之道的,取其一点而不计其余,(却不知道为人处事应当因时而变、因势而化、因地制宜,)这恰恰是偏离了中庸之道啊。什么是"权"? 权在古汉语里就是秤砣,是用来称取重量的,秤杆为"衡",秤砣为"权",有了秤杆和秤砣就可以称重,所以叫权衡。秤砣随着秤盘里的东西的重量的变化而左右移动,来保持秤杆的平衡,这叫通权。"权"就是变,变化、变通,也称为权变。什么是权变? 就是做事处世为人既要有原则性还要有灵活性,是原则性和灵活性的统一。如果没有权变,鹊桥相会就不一定是喜剧而很可能是悲剧了。《战国策·燕策》和《庄子·盗跖》都讲了一个非常守信的人,叫尾声(高)。其中《庄子·盗跖》里是这样记述的:

尾生与女子期于梁下,女子不来,水至不去,抱梁柱而死。

尾生与自己的恋人相约在桥下相会,等了很久,女子没有来,洪水却来了,尾生高为恪守约定不肯离开,最后抱着桥墩被活活淹死了。这个尾生不懂得因时而变枉送了性命,是不通时变的死脑筋,他是为"守信"而死却令佳人今后依靠何人?

这里实际上是一个两害相权取其轻的问题。其实,唯物辩证法中常讲的"具体问题具体分析"同样包含着这个道理。孔子也曾经评价过自己的这个弟子:

孰谓微生高直? 或乞醯焉,乞诸其邻而与之。

谁说尾生高这个人正直、坦率呢? 有人向他借点醋,(他没有,也不告诉对方,反而)到邻居家里借上醋以后再给人家。孔子认为尾生的做法不是"直",乐于助人是好的,但是"直"应当是,有就是有,没有就是没有,为人要实事求是、坦诚相告。更不用说为了一次并非至死不渝的约会送了卿卿性命,让二八佳人情何以堪。

对"礼"十分看重,甚至有时候有点固执的孟子也非常重视权变。《孟子·离娄上》记载过这样一段对话,

淳于髡曰:"男女授受不亲,礼与?"孟子曰:"礼也。"(于是又)曰:"嫂溺则援之以手乎?"(孟子)曰:"嫂溺不援,是豺狼也。男女授受不亲,礼也;嫂溺援之以手者,权也。"

淳于髡先是问孟子:"男女授受不亲(指男女之间一般不能有身体接触,特别是未婚男女,如果要相互间送、拿东西,也要对方放下后,才能再取即"授受"),这是礼所规定的吗?"孟子回答:"这(当然)是礼所规定的。"淳于髡又问道:"那么嫂子落水后能不能伸手拉她,把她救上来呢?"孟子答道:"嫂子落水后不去伸手救她,这种人是豺狼啊(这种人简直就不是人)。男女授受不亲,这当然是礼制的规定和要求;嫂子落水后去伸手救她,这就是权变啊。"在这里生命的价值、对生命的尊重超越了男女之别,超越了常态下的世俗礼法,绝无僵死拘泥。由是可见,我们的古圣先贤并不是不识人间烟火,并不是冰凉无情,他们的权衡充满了人情味,充满了人文关怀,并且贴近民心、切实可行。在礼仪面前,生命比礼节重要,这才是真正的中庸之道。

3.2　中庸的现实原则是对等

前面讲过,先秦思想注重关系,双方关系保持理想状态的根本要求是平等。但世界的本来面目不是平等,是对等。平等是理想主义的,对等是现实主义的。对等是事物之间的实际状态。从现实来看,事物内部的各要素之间、事物之间的关系是不平等的,而且总是存在着各种各样的差异和差别的。面对事实上的不平等,首先要考虑的是在不平等的客观现实面前,如何保证事物的存续和正常的运行。那么,首选项一定是对等。比如,君与臣、父与子、夫与妻、师与徒、兄与弟、男与女等,这样诸多的关系中平等可能吗? 最多是精神或人格上的平等。再如,在美与丑、善与恶、真与假等诸对关系中,平等如何可能? 所以现实世界中各种事物

之间的真实关系只能是对等。比如,《尚书》中就提出君臣关系是对等的,恰恰缘于现实中的君臣关系是绝无平等的。对等是在现实的不平等之中寻求均衡,在现实的不平等中力求恰当、适宜。在对等状态下,双方的关系是互动的、相对应的,也是相互制约、相互影响、相互改变的。当然,这样讲,并不是说平等不重要,平等作为人类社会的核心价值理念,引领着人类文明进步的要求和方向。然而,在现实社会中,平等何其难哉。

第一个是正,或者是直。直是对等,注意不是同等。同等是一致、同样、相同,是半斤对八两。在人与人的关系上什么是"直"? 有人曾经向孔子请教:

"以德报怨,何如?"子曰:"何以报德? 以直报怨,以德报德"。①

直译就是:用恩德和善行回报恶行,怎么样呢? 用今天的话讲就是以宽容和宽恕来对待伤害过自己的人,可以吗,这样做会有什么结果呢? 孔子回答道:"(如果用恩德和善行回报恶行的话,那么)你用什么来回报恩德和善行呢? 应当以正当(的手段)回报伤害,以善良回报善良。"注意,这里孔子没有讲"以怨报怨",讲的是"以直报怨"。"直"在这里应当做公平(公正)、直率讲,体现的是对等原则。什么是"以怨报怨"? "以怨报怨"是同等。是以伤害回应伤害,以同样的伤害对待同样的伤害,这是最为原始的人类思维,早期人类社会奉行的"同态复仇"就是这个道理。氏族或部落的成员受到其他氏族或部落成员的伤害,就要对其施加同样的伤害。后来在奴隶社会时期也有遗存,古巴比伦的《汉谟拉比法典》、古罗马的《十二铜表法》中都有类似法条。这就是民间俗称的"以血还血""以牙还牙"。什么是"以直报怨"? "以直报怨"是对等。是讲对做了坏事和错事的人,不要姑息纵容,要给予适当的惩戒。一方面,做错了事却没有得到任何教训,这个社会如何正常运作呢? 另一方面,不应当轻易地原谅或迁就犯了错的人,给予必要、合理的惩戒,对他来讲这才是帮助他改过的好事。不能"以怨报怨"是为了防止恶性循环,防止层层加码,须知冤冤相报何时了。强调"以直报怨"是为了惩恶扬善,及时修正或制止错误的言行。两者用意都是为了更好地解决问题,消除矛盾。因此,"君子不亲恶"②,君子不会原谅作恶的天子或诸侯。所以要以直报怨,以德报德。什么是"以德报怨"? "以德报怨"是高大上的美德,类似宗教中宣扬的"恕""宽恕",这种行为方式与德行标准不是社会的常态,也不是大多数人能够做到的。可以提倡,哪怕是大力提倡,但绝不可强制。必要时可以去做,但一定要十分慎重。农夫

---

① 《论语·宪问》
② 《礼记·曲礼下》

与蛇的寓言就是很好的警示。不仅是儒家这样讲,道家也这样讲,老子说过:

和大怨,必有余怨,报怨以德,安可以为善?①

(一味地讲究)调和深仇大恨,一定会有消除不了的怨恨。用德行与善良来回报怨恨和伤害,这怎么可以称之为善呢? 老子认为天道对每个人都是一样的,不偏不倚。如果这样做很可能会纵容坏人、甚至会姑息养奸,虽说是用心良苦却很容易伤害良善的德与行。相逢一笑泯恩仇,要么是出于长远的利益考虑,要么是心胸宽大近乎圣人,要么就是神剧。恰恰因为这个原因,当子夏问孔子怎么对待伤害了自己的父母、兄弟和亲戚的仇人时,孔子说:对于杀害父母的仇人,与他有不共戴天的深仇,你时刻都不能忘记,见即杀之,无论在什么地方见到他,都要随时准备和他决斗。对于杀害自己兄弟的仇人,不能和他同朝共事。如果出使别国时遇到仇人,不能和他决斗(因为身负君命,不得不以君命为重)。对于杀害自己亲戚的仇人,如果死者的子弟去报仇,你就拿起武器随后协助。②

在君臣之间的关系上,什么是直呢? 孔子说过:

君使臣以礼,臣事君以忠。③

君主如果以礼对待臣子,臣子就要以忠诚对待君主。那么如果君对臣无礼怎么办呢? 孟子回答得很清楚:

君之视臣如手足,则臣视君如腹心;君之视臣如犬马,则臣视君如国人;君之视臣如土芥,则臣视君如寇仇。④

这是孟子与齐宣王之间的一段对话,意思就是,君主如果把臣子看作自己的手足,那么,臣子就会把君主看作是自己的腹心(手足、腹心都是血肉相连的);君主如果把臣子看作犬马,那么,臣子就会把君主看作是路人;君主如果把臣子看成是泥土草籽,那么,臣子就会把君主视为仇敌匪寇。好一个有节操、有胆识,铁骨铮铮的孟子,这才是先秦诸子坚守的为臣之道,秉持的人格尊严。君臣之间不可能平等,但是一定要对等。可惜在漫长的君主专制的皇权社会中,这点东西几乎都丧失殆尽了。到了大清,众大臣在清帝面前"山呼万岁",口称"奴才"不已,动辄"罪该万死",把文人士大夫的人格自尊、斯文颜面都抛到脑后了。这样的一群奴才能堪何用,伟大、可敬的、可爱的、可亲的皇帝老儿只好、只能、只有屈尊微服私

---

① 《道德经·79章》
② 此处见《礼记·檀弓上》
③ 《论语·八佾》
④ 《孟子·离娄下》

访,惩奸除恶,以拯万民于水火之中。而很多草民也热衷于这样的影视戏说,看得津津有味。也难怪顾亭林恨道:

士大夫之无耻,是谓国耻。①

黄梨洲斥曰:

为天下之大害者,君而已矣。②

不过,现实生活中面对权力和掌握着权力的人,少有人能够做到不卑不亢。毕竟权力背后是利益,面对利益能够淡然处之,不是普通人可以轻易做到的。更何况拥有权力的人也十分享受众星捧月的感觉。那种不为"五斗米折腰"的气概实在是太难拥有和坚持啦。

那么,君子是怎么执行"直"的呢?《史记·刺客列传》和《战国策·赵策》里都记述了"士为知己者死,女为悦己者容"的豫让的事迹。豫让是晋国人,最初在范氏、中行氏手下做事,不受重视。后来他转投智伯门下,智伯十分信任并重用他。三家分晋后,因赵襄子十分痛恨智伯,就把智伯的头颅做成酒杯。豫让侥幸逃到山中,发誓说:嗟乎!士为知己者死,女为悦己者容,现在是我该报答智伯的时候了。于是下山为智伯报仇。为了报仇,他改名换姓,伏桥如厕,吞炭漆身,想刺杀赵襄子,但屡次被识破捉获,最后事未成而自刎身死。伏桥就是埋伏在赵襄子出行时必经的桥下,意图行刺;如厕就是假装犯罪的人去赵襄子宫中粉刷厕所,以伺机谋刺。吞炭漆身是在第一次行刺被抓住,因赵襄子敬重他是义士放了他以后,为了不让人认出自己,他在自己身上涂上漆,使身体长恶疮,改变了容颜,最后连他朝夕相处的妻子都无法认出他,但妻子听出了他的声音,

状貌不似吾夫,其音何类吾夫之甚也。

于是他又吞木炭使自己声音变哑,改变自己的嗓音。在杀死他之前,赵襄子问他,你先后事奉过范氏、中行氏,智伯灭掉范氏、中行氏时,你都没有替他们报仇,反而转投智伯。现在智伯已经死了,你却如此执着地为智伯报仇,这是什么原因啊?豫让说:我为范氏、中行氏做事,他们把我当作普通的手下来对待,所以我也用对待一般人的态度对待他们。智伯把我当作国士对待,所以我也用国士的行为回报他。

臣事范、中行氏,范、中行氏以众人遇臣,臣故众人报之。知伯以国士遇臣,臣故国士报之。

---

① 《日知录·卷十三》

② 《明夷待访录·原君》

好一个以死回报知遇之恩的义士——豫让,留下了"士为知己者死,女为悦己者容"感佩士人的千古英名,实现了他"以明君臣之义"的意愿。士为知己者死是为了那份知遇之恩而肝胆相照;女为悦己者容是为了那段两情相悦而倾心以对。正如伯牙与子期之高山流水相合鸣,三尺瑶琴待知音。

正因为如此,孟子才说:

爱人者,人恒爱之;敬人者,人恒敬之。①

这里体现的原则就是"直",是对等。易中天先生讲"直"就是三个字——看着办,就是该怎么着就怎么着,是很有道理的。②请设想:如果在生活中有一个人非常讨厌你,总是处处和你作对;如果你爱上一个人,但不管你怎样对他(她)付出,他(她)都无动于衷;如果一个人总是伤害你,而且伤害得理直气壮……这个时候你应该怎么办呢?

自然运行的法则是平衡,对等。

第二个是义即宜。"义"是适宜、合适的意思,还是要求不要走极端。那么要怎样去做呢?孟子说:

夫义,路也;礼,门也。惟君子能由是路,出入是门也。③

义是大路,礼是大门。只有君子才能自如地走在大路上,自由地出入大门里外。原因就在于君子可以把握合宜的方法,应对各种事务和问题。怎么做到"义"呢?首先是循礼而为。礼是人们言谈与行为的基本规则与规范,《礼记·曲礼上》中讲:

夫礼者所以定亲疏,决嫌疑,别同异,明是非也。

礼制定出了规范,循礼的要求是执行适中或者适度。比如,亲人去世了,家人十分悲伤,但也不是没有节制。怎样做才妥当呢?

之死而致死之,不仁而不可为也;之死而致生之,不知而不可为也。

这是记载于《礼记·檀弓上》中孔子说的一段话,意思是说,如果认为一个人死了是一了百了了,这是缺少爱心的表现,是不可以这样做的;如果对待死者依然认为他还活着,还要像对待生者那样对待他,那同样是没有理智的表现。所以当伯鱼的母亲死了以后,过了周年伯鱼仍然大哭不已,孔子听到后就说,这样太过分

① 《孟子·离娄下》
② 参见易中天:《中国智慧》,上海文艺出版社,2011版,第46页
③ 《孟子·万章下》

了。① 同样,对于哀伤的表示,更多地要发自内心,而不是表现在葬礼上的铺张。② **其次是恰如其分**。我们常说尊老爱幼是中华民族的传统美德,其实这个说法并不严谨。事实上,尊老即孝是文明进化的产物,爱幼是生物的本能。正常情况下,几乎自然界中的绝大多数生物都会本能地爱护自己的幼崽,这是物种繁衍的本能,是生命的天性。能够"幼吾幼"这是天性,而能够"及人之幼"才是美德。尊老却不是人类生存的自然、自觉的选择,特别是在早期原始社会里,由于生存资料的匮乏,丧失了劳动能力、常常疾病缠身的老人往往被视作无用的废物,是不被尊重的,这在非洲、澳洲的原始部落里都有例证。所以《左传》中讲,

孝,礼之始也。③

《孝经》一开篇就讲:

夫孝,德之本也,教之所由生也。夫孝,始于事亲。

孝,是道德的基础和根本,是通过后天的教化而形成的。孝,开始于对待自己的亲人。孝,从字形结构上分析,是个上下结构,上半部是"老",下半部是"子",联系起来就是儿女对待老人的应有的态度就是"孝"。孔子特别强调孝的核心不是能供养而是要能做到"敬",

"今之孝者,是谓能养。至于犬马,皆能有养;不敬,何以别乎?"④

弟子子游向孔子请教孝道,孔子回答:今天的人们说起孝,往往以为是能够供养父母就是孝了。其实就连犬、马也是人来饲养的。如果不能恭敬地孝顺父母,那么供养父母和饲养犬马(都是喂养)又有什么区别呢?所以孔子又补充道:"色难"。⑤ 孝敬父母最不易做到的就是时时保持和颜悦色和恭敬的态度。老人不是完人,老年人身上往往有许多与年轻人不同的地方,甚至有一些毛病年轻时尚能自制,老了以后反而比较随性,能不能宽容待之,是对晚辈的修养与胸怀的考验。《孝经》中也讲:

礼者,敬而已矣。

养是对待老年人的行为,敬是对待老年人态度,两者合一才是孝。这是人类文明进化的产物及其标志。当然,孝亦有度,《孝经》中就讲:

故当不义,则争之。从父之令,又焉得为孝乎?

---

① 见《礼记·檀弓上》
② 见《礼记·檀弓上》
③ 《春秋左传·文公二年》
④ 《论语·为政》
⑤ 《论语·为政》

孝不是一味迁就,没有对错的界限,儿女面对长辈(包括下级面对上级)的不义行为,一味只是听从父亲的要求,又怎么称得上是孝呢?

故当不义,则子不可以不争于父,臣不可以不争于君。

坊间流传的二十四孝就是良莠并存,其中的"卧冰求鲤""郭巨埋儿""尝粪忧心"就既不理智,也不合宜,甚至可以说是荒唐。**再次是给其应得。**鲁国有一位名叫汪踦的少年,在一次战斗中为国死难,由于他尚未成年,人们不想对他行国葬之礼,犹豫之中请教孔子,孔子回答:

能执干戈以卫社稷,虽欲勿殇也,不亦可乎?①

这么小的孩子都能够拿起武器保卫国家,你们不用孩子的丧礼(而用国礼)来安葬他,这难道不是合乎礼仪的吗? 一个少年能够为国赴死,生的伟大,死的光荣,让为国捐躯的人死得其所,这是活着的人必须要做的事啊。

第三是要有节制、有分寸。或者说是难得糊涂、不宜强求。人们常常以为世界是简单的,其实世界是混沌的;人们常以为社会是线性的,其实社会是复杂的、非线性的。水至清则无鱼,人至察则无徒。现实社会里没有圣人,每个人都有不足和缺点;现实社会也不是美好到清纯的社会,总会有各种各样的问题和缺陷。因此,对人对事需要有冗余度,要能够"与人为善"。② 同时也要善于在浊世中立身。对于君子,要求难得糊涂;对于常人,要求要有眼色。孟子曾经对当时公认的四位圣人做出过这样的评价:

伯夷,圣之清者也。伊尹,圣之任者也。柳下惠,圣之和者也。孔子,圣之时者也。孔子之谓集大成。③

伯夷是圣人中洁身自好、十分清高的人。伊尹是圣人之中勇于担当责任的人。柳下惠是圣人中比较随和的人。孔子是圣人中能够顺时而为的人(能够认清时务再采取行动)。(相较前三位)孔子可以称之为集大成者。对于这几位圣人的特点,孟子又说:

伯益隘,柳下惠不恭。隘与不恭,君子不由也。④

就是说伯益(夷)过于清高,柳下惠太过随便,过于清高和太过随便不是君子应当采取的态度。孟子为什么批评伯夷,可能是因为他太清高,到了不知变通、不

---

① 《礼记·檀弓下》
② 《孟子·公孙丑上》
③ 《孟子·万章下》
④ 《孟子·公孙丑上》

顺应时势的地步,后来与叔齐一起"不食周粟",饿死在首阳山上。《史记·伯夷列传》记载了此事:

> 伯夷、叔齐耻之,义不食周粟,隐于首阳山,采薇而食之。遂饿死于首阳山。

周灭商在一般看来是以下犯上,甚至是作乱。但从历史大势上讲,商纣王无道,人人可以得而诛之,可惜两人没有这样的历史自觉,白白送了性命。孟子批评柳下惠太过随便,是因为柳下惠太豁达,什么都不计较,这样会有丧失原则的可能,不符合"直"的标准。孟子对孔子的评价则非常高:

> 出乎其类,拔乎其萃。自生民以来,未有盛于孔子也。①

孟子认为孔子

> 可以仕则仕,可以止则止,可以久则久,可以速则速。②

就是说孔子在从政的时候,能够从容不迫、审时度势、游刃有余。做官时能做的时候就做,不可以做时就不做,该留时就留,该走时就走。持之有度,在现实与志向之间处理得当,是出类拔萃的代表,没有人能赶得上孔子。

普通人要做事有分寸,有眼色。儒家对人们的要求是有差等的,对于处于不同层次和社会地位的人的标准是不一样的。《论语·季氏》里就讲,一般的人与君子相处时要善于察言观色,

> 侍于君子有三愆:言未及之而言谓之躁,言及之而不言谓之隐,未见颜色而言谓之瞽。

就是讲与君子相处时,普通人容易犯三种错误,一是没有轮到他说话却抢话,这是急躁;二是该他说话时却不说了,这是隐瞒(不坦率);三是不看君子的脸色贸然开口,这是眼睛瞎——没眼色、也叫没眼力见。显然这不是平等状态时的人与人的关系,而是对等情形下的要求,是不平等社会中的"义"——对等。

对等是先秦时代的重要价值理念。只有认清和理解了这一规则,才能更好地把握先秦思想的特点。喜欢孔子的人常常想为孔子说过的"唯小人与女子为难养也"这句话开脱,其实懂得了先秦遵循的对等原则,就可以理解了。人类社会自进入文明时期以来,男女不平等是事实,是现实。即便是今天,这种情况并没有根本性地改变。在现实中真正地实现男女平等还需要一个漫长的过程。

第四是适时而为。这里的"时"做时势、时运讲。儒家讲"穷则独善其身,达则

---

① 《孟子·公孙丑上》
② 《孟子·公孙丑上》

兼善天下"，①就是在告诫君子要善于审时度势，顺势而为。君子是有责任担当的，不能只是洁身自好。只是世事变幻难测，君子怎么样才能不辱使命、履行职责呢？在《论语》里，围绕着"邦有道，邦无道"在这两种形势下君子应当如何作为，大体有以下几处论述，其中《论语·公冶长》中有两处：

邦有道则知，邦无道则愚。

邦有道，不废；邦无道，免于刑戮。

《论语·宪问》中记有两处：

邦有道，谷；邦无道，谷，耻也。

邦有道，危言危行；邦无道，危行言孙。

《论语·泰伯》有一处：

危邦不入，乱邦不居。天下有道则见，无道则隐。邦有道，贫且贱焉，耻也；邦无道，富且贵焉，耻也。

《论语·卫灵公》中有一处：

直哉史鱼！邦有道，如矢；邦无道，如矢。君子哉蘧伯玉！邦有道，则仕；邦无道，则可卷而怀之。

总结一下，就是当政治清明时即邦有道，应该"知""不废""谷""仕""危言危行""见"；当政治黑暗时即邦无道，应该"愚""免于刑戮""谷，耻也""卷而怀之""危行言孙""隐"。对应起来就是：

邦有道时，要发挥才智（服务社会）；邦无道，要装作愚钝（保护自己）。

邦有道时，要有官做，不要浪费才华；邦无道，要懂得保护自己，避免被刑罚伤害。

邦有道时，要能获得俸禄即为国家效力；邦无道，如果还去获得俸禄是可耻的（这时候做官往往会为虎作伥）。

邦有道，要出来做官；邦无道，要隐藏自己的才能。

邦有道，说话要正直，做事也要正直；邦无道时，行为要正直，言语则要小心谦逊。

邦有道，就要出来（为国家做事）；邦无道，要隐居（保护自己）。

而且，孔子特别强调，

邦有道，贫且贱焉，耻也；邦无道，富且贵焉，耻也。

国家政治清明，你却生活得十分贫贱，那是你做人的耻辱；国家政治昏暗时，

---

① 《孟子·尽心上》

你生活得很富贵,那也是你做人的耻辱。前一个耻辱在于你没有把握好的机会,空有本领不能为社稷所用,不能为社会服务,这是不能审时度势,虚度年华、一事无成的耻辱;后一个耻辱则在于乱世之中你甘于堕落、同流合污、混迹于奸佞之中,过着富贵奢华的生活,这是你丧失了君子之德的耻辱。所以孟子也讲,作为君子应当做到:

故士穷不失义,达不离道。①

君子应当善于在"穷""达"之间把握时势,顺势而为。既要为社会做贡献,也学会保护自己。《诗经·烝民》里讲:"既明且哲,以保其身。"就是这个意思。

第五是两害相权取其轻。在《论语·子路》里记述了这么一件事,

叶公语孔子曰:"吾党有直躬者,其父攘羊,而子证之。"孔子曰:"吾党之直者异于是:父为子隐,子为父隐,直在其中矣。"

叶公对孔子说:我的家乡里有这样一个直率的人,他的父亲顺手牵走了别人的羊,他就出面向官府告发。孔子回怼他:我的家乡里直率的人与你所说的直率是不一样的。(儿子犯了错)父亲为儿子隐瞒,(父亲犯了错)儿子为父亲隐瞒,这才是直率啊。

这就是法律界颇有争议的"亲亲相隐",与我们常说的"大义灭亲"有很大的区别。之所以孔子会有这样的立场,是考虑到亲情伦理对于家庭的根本性价值,以及家庭和睦稳定对于社会的重要价值。法律可以说是社会规则的底线,法律需要尊重社会伦理,在一些不会对社会、他人造成比较大的伤害的问题上,是不是可以考虑不要求亲人作证以证其罪,这似乎是一个"两害相权取其轻"的选择。这里确有法理与情理的冲突,那么,两者之间有没有调和的可能?在这样的问题上,违反法律规定与破坏家庭亲情与伦理,哪一个对社会的伤害(包括直接的和潜在的)更多、更大呢?同时,"大义灭亲"有可能伤害亲人之间的相互信任和依赖,对家庭和睦和社会也会有可能的伤害。一想起私密的"枕边风"有可能成为呈堂证供,似乎不禁教人有点不寒而栗。而且极端一点讲,告密在任何时代都算不上一种正当的品行。在强调"法网恢恢,疏而不漏"的时候,是否要考虑"告密"对人与人之间相互信任的潜在的巨大伤害?一个社会里,如果人与人之间没有相互的信任,会导致社会运行成本的极大增加。这是一个值得认真考量的问题,而且很难有标准答案。

罗尔斯在《正义论》里分析法治的原则时说道:

---

① 《孟子·尽心上》

法治所要求和禁止的行为应该是人们合理地被期望去做或不做的行为。它不能提出一种不可能做到的义务。[①]

这是否可以成为对"亲亲相隐"的一种趋向于肯定性的解释呢。再看看孟子是怎么对待类似的问题的,这是记载于《孟子·尽心上》中的一段对话:

桃应问曰:"舜为天子,皋陶为士,瞽瞍杀人,则如之何?"孟子曰:"执之而已矣。""然则舜不禁与?"曰:"夫舜恶得而禁之?夫有所受之也。""然则舜如之何?"曰:"舜视弃天下犹弃敝蹝也。窃负而逃,遵海滨而处,终身欣然,乐而忘天下。"

翻译成白话就是,桃应问孟子:"舜为天子,皋陶为司法官,这时,瞽瞍(舜的父亲)杀了人,那怎么办呢?"孟子回答:"把瞽瞍逮捕起来就是了。"桃应又问:"那么舜不会阻止吗?"孟子答:"舜怎么能够阻止呢?逮捕他是依法做出的行动。"桃应再问:"那么舜应该怎么办呢?"孟子说:"(为了救他父亲)舜会把抛弃天下(失掉天子之位)看作是抛弃掉破鞋一样。他会偷偷地背着他父亲逃走(以逃避惩罚),到海边住下来,一辈子开开心心(和父亲生活在一起),快乐地都忘记自己曾经做过天子。"

4. 中庸之道的理想与可能

4.1 中庸的理想境界是和而不同

晏子说过:

和如羹焉。

史伯说:

和实生物,同则不继。以他平他谓之和,故能丰长而物归之;若以同裨同,尽乃弃矣。[②]

多样性的融合可以生成万物,单一的雷同就不能发展。把不同的东西加以协调平衡就是多样性的统一,所以能够丰富多彩、实现事物的发展,进而使万物归于统一。如果把相同的东西简单相加(只会有数量上的变化),最后必然会走向消亡。易中天先生说:

中,是反对走极端;和,是反对无差异。不片面就是'中',不单一就是'和'。

---

① [美]约翰·罗尔斯:《正义论》,何怀宏,何包钢,廖申白译,中国社会科学出版社,1988年版,第 235 页

② 《国语·郑语》

中,就是不偏不倚;和,就是多样统一。①

可以说多样性的统一、共存、融合就是和而不同。

首先,君子周而不比,小人比而不周。②"周"和"比"都是指与人相处。"周"是团结的意思。"比"是勾结之意。中庸不是没有原则,不是没有底线,与人相处同样如此。孔子强调"君子周而不比,小人比而不周"。就是说君子以公正之心对待天下众人,善于团结人、包容人,而不是结党营私、徇私护短;小人则是臭味相投、相互勾结、相互利用、结党营私。在君子那里只有公正没有偏私之心,在小人那里只有利益没有原则、底线。中庸是处事为人、秉持公道、执着道义的至高原则,要坚持原则就不能没有底线,就不可唯唯诺诺、人云亦云,就不许左右逢源、朝三暮四,就不应见利忘义、反复无常,就不该见风使舵、随波逐流。不过,在这里,亦不是非此即彼,在君子与小人之间除了"周""比",还可能会有其他状态。

其次,中庸是"和而不同"。孔子讲:

君子和而不同,小人同而不和。③

和,是保持个性、坚持原则基础上的统一;同是没有原则和主见的相互附和、人云亦云。"和""同"之间是有云泥之别的。君子"和而不同"就是说君子有自己的原则、主见,有自己判定分析是非的尺度,从不人云亦云,更不会同流合污。同时又能悦纳他人,尊重不同的意见,与他人和睦相处。并且大家有不同的意见、见识可以各抒己见、畅所欲言,求同存异。只有拥有这样的胸怀和格局,才能做到,

有朋自远方来,不亦乐乎;人不知而不愠,不亦君子乎。④

友人从远方而来与我沟通交流,这是多么快乐的事啊。在交流中,对方不一定明白或赞同我的想法与意见,我不会感到恼怒,还能与对方交流、容许不同意见的存在,这才是真正虚怀若谷的君子啊!悦纳与自己有相同意见的人不难,难的是能够悦纳与自己有不同意见、甚至是有相反意见的人,特别是对自己的观点持强烈反对意见的人。不毁乡校的子产因此被孔子赞为"古之遗爱"。小人"同而不和"则是讲小人没有主见,更无独立的思想与识见,做人没有原则、处事没有底线。表面一团和气,背后流言妄议。成语中的狼狈为奸、沆瀣一气、臭味相投、一丘之貉、同流合污等等就是对"同"的极当写照。

---

① 易中天:《中国智慧》,上海文艺出版社,2011 版,第 60 页
② 《论语·为政》
③ 《论语·子路》
④ 《论语·学而》

晏子曾经对和、同有过精致的分析：

景公出游于公阜。无几何而梁丘据御六马而来，公曰："是谁也？"晏子曰："据也。"公曰："何如？"曰："大暑而疾驰，甚者马死，薄者马伤，非据孰敢为之！"公曰："据与我和者夫！"晏子曰："此所谓同也。所谓和者，君甘则臣酸，君淡则臣咸。今据也甘君亦甘，所谓同也，安得为和？"①

这则故事说的是，齐景公在一个阳光灿烂的日子到公阜游玩。不一会梁丘据驾驭着六匹马拉的高车急驰而来，景公问："来的是什么人？"晏子说："一定是梁丘据。"景公说："你怎么知道是他？"晏子说："这么热的天还纵马疾驰，严重的会累死马，轻一点的话马也会受伤，除了梁丘据之外，又有谁敢这样做呢？"景公一听很高兴："（我也敢这样做的，所以）我与梁丘据可以称得上是和协呀。"晏子说："（这怎么称得上是和，）这不过是所谓的同罢了。所谓和是指，君甜则臣酸，君淡则臣咸。（君臣相互配合、相得益彰。）如今据也甜君也甜，（你们）就是所谓的"同"，那里称得上是"和"呢。"（言下之意，你们两个人不过是气味相投而已，怎么能够达到"和"的层次与境界呢。）好一个不留情面的、直言敢谏的晏子。不过，景公还挺有涵养，只是生气变了脸色，并没有说什么，"公忿然作色，不说。"

第三，"和而不同"是极高的修养。只有达到这样的层次，才能做到：

三十而立，四十而不惑，五十而知天命，六十而耳顺，七十而从心所欲，不愈矩。②

能够随心所欲而不会逾越规则和礼仪，这可不是轻易可以做到的。如果没有极高的修养和智慧，是难以及此境界的。所以当子路问起孔子的志向时，孔子说他希望自己成为这样的人：

老者安之，朋友信之，少者怀之。③

我希望自己的所作所为能够让老年人与我相处时感到安心和宽慰。让朋友与我相处时能够信任我，获得依靠感和安全感。让少年因为曾经得到了我的帮助而常常怀念我。试想一下，如果一个人，当他在的时候周围的人都怀着"送瘟神"的心态，希望他早点离开；当他离开后，人们都会庆幸，这个人终于走了（最好是再也别回来了）。两相对比之下，可以想想，人与人的差距怎么那么大呢？在儒家看来，要达到这样的层次，必须努力学习、认真反思，即"学而时习之"。只有这样才

---

① 《晏子春秋·内篇谏上第一》
② 《论语·为政》
③ 《论语·公冶长》

可能有自己的独立、独到的思想和见解,同时这个过程是可以获得快乐的,即"不亦说乎",或者说这个过程是痛并快乐着的。可惜的是人们往往体会不到这一点,什么十年寒窗、什么笔秃墨臭,只是看到学习中艰辛的一面,却没有意识到学习是人的存在方式之一。当学习成为人的生存所必须的内容时,与其逃避、厌恶不如坦然、愉快地接受。这其实也是做人的一种心态和境界。

孔子认为中庸是一种至德,是人生的智慧、实践原则和方法。"子温而厉,威而不猛,恭而安"是孔子待人的中道;"三思而后行"是孔子处事的中道;"过犹不及"是孔子看人的中道;"危邦不入,乱邦不居"是孔子处世的中道;"乐而不淫,哀而不伤"是孔子审美的中道;"敬鬼神而远之"是孔子鬼神观的中道;"周而不比""和而不同"是孔子交友的中道;既"亲亲"又"尚贤"是孔子用人的中道;"礼之用,和为贵"是孔子治国的中道。为了践行中道,孔子反对乡愿,认可"狂""狷"。

4.2　中庸难为

人们常常以为,中华文化强调中庸、和谐,就说明我们已经达到或接近了这个目标与要求。其实不然,我们所提倡的,往往可能是我们所不具备的,恰恰是我们所需要的,也是我们尚未做到的。反之,我们不提倡的,大体有以下几种可能:一种情形是不需要,一种情形是不能要,还有一种情形是已经做到了。然而,在实际生活中,人们往往会把目标或标准视为已经做到的,把应然当作实然,对此应有清醒的头脑。

首先,中庸是高标准,很难做到。中庸可以做到吗?孔子说过:

中庸之为德也,其至矣乎! 民鲜久矣。

中庸是做人的一种高超的能力和艺术,要能够达到这样的层次与境界,需要持久的修养与坚持。所以欲为中庸难,实际生活中中庸之风亦缺。为了践行中庸之道,孔子一生怀着"知其不可为而为之"的精神,"发愤忘食,乐以忘忧,不知老之将至"。可惜当孔子努力实践中庸时,已经不是中庸了,更加偏向于"狂者"。正因为如此,孟子才说:

"孔子'不得中道而与之,必也狂狷乎! 狂者进取,狷者有所不为也。'孔子岂不欲中道哉? 不可必得,故思其次也。"①

不是孔子不想坚持中庸之道,而是中道难为,不是一定能够做到的,也不是每次都能做到的,所以,常常不得不退而求其次。在狂、狷之中进行取舍,不过,这时候孔子更倾向于狂者,因为狂者有着积极进取的品格。不过人性是复杂的,即便

---

① 《孟子·尽心下》

是孔子,在与弟子讨论人生目标时,也会赞同曾皙的愿望——在暮春时节,穿上春天时令的衣服,和五六位成年人,六七个小孩子,去沂水里洗澡,然后在舞雩台上吹吹风,唱着歌归去。

"莫春者,春服既成,冠者五六人,童子六七人,浴乎沂,风乎舞雩,咏而归。"夫子喟然叹曰:"吾与点也"。①

所以,中庸难,中庸难为。在《中庸》里就记录了孔子对于践行中庸之难的感慨:

子曰:"天下国家可均也,爵禄可辞也,白刃可蹈也,中庸不可能也。"

天下国家是可以治理的,爵位俸禄是可以推辞的,刀刃是可以踩踏的,但中庸是很难做到的。

道之不行,我知之矣。人莫不饮食,鲜能知味也。

中庸之难以实行的原因,我是知道的。就好像人们天天都在吃饭,却很少有人能够真正品尝出其中的滋味来啊。

其次,中庸在现实生活中是比较缺少的。在现实社会生活中,中庸作为至德,不是普遍现象,这是因为中庸是很高的标准,人们在自我修养、为人处事时往往很难达到这个层次。与其说中庸是一个标尺,不如说中庸是一种理想目标。而且中庸首先是自我修养的要求,是自己首先要努力的目标和实际的行为选择。孔子曾经因此而感叹"古之学者为己,今之学者为人"。② 古时候的人学习是为了提高自己、充实自己、修养自己,现在的人学习却只是为了装饰自己、炫耀自己。为了达到中庸的境界需要不断持续地努力,《论语·子罕》里就讲了学习成长的四个阶段,或可以说是四个层次:

可与共学,未可与适道;可与适道,未可与立;可与立,未可与权。

一是学,二是适道,三是立,四是权。可以在一起共同学习切磋,但不一定能够体会修身、立世、治国之道;可以一起掌握和达到道的,却不一定能够一起坚守道;可以坚守道的,又不一定能够懂得通权达变。要达至中庸,懂得和运用"权"是必备的能力。可惜既能够坚守道,又能够与时偕行、灵活变通,既不违背道的本义,又能够把握时势,适时地推行道之大义,的确不是容易做到的。中庸之德、中庸之行太难、太少了。

再次,中庸关注重点可能主要不在对错而在好坏,即是否合适、是否适宜。现

---

① 《论语·先进》
② 《论语·宪问》

实生活中很多人、事的评价不一定是对错而是妥与不妥、当与不当。我们说条条道路通罗马,哪一条是比较合适的? 这里很难用对与错来判断。实现社会进步、生活幸福有很多种可能的方法,哪些方法是比较合理的? 同样不是简单地以对错为评价依据。夫妻两口子吵架,谁对谁错,能说清楚吗? 所以才说清官难断家务事。明明老了,可是如果你对女性这样去实话实说,一准不招人待见,所以只好说"资深美女"。很多时候,说实话、说对话不一定是好的选择,说合适的、恰当的话才是有修养、有情商的表现。

中庸难为,一是分寸难以把握,怎样才能比较恰当地"叩其两端而执中"需要正确的认知、敏锐的判断能力、对于时机的准确把握、对合宜即"度"的精准拿捏。要做到审时度势、游刃有余,这可不是轻易能够做到的。二是需要秉持中庸之道的人具有很高的个人修养,能够"不以物喜,不以己悲",不受个人好恶的影响,不被个人的利益所左右,不被外界因素所扰动。

4.3 启示与忧虑

首先,怎样做一个真实的、平和的,积极的、向上的人。先秦时期诸子们认为"礼"是人和禽兽区别的标志,不仅把礼义作为教育人们的方式,而且把礼作为建设美好社会的途径。即便如此重视礼,但对礼的标准和要求的制定却采取了非常现实的态度。《礼记·檀弓上》讲:

> 先王之制礼也,过之者,俯而就之,不至焉者,跂而及之。

原因就是如果标准过低,人们就没有向上的可能,也没有修养自己的动力。如果标准过高,多数人达不到,礼就失去了现实的积极作用,成为空谈。而且如果多数人都达不到时,会导致伪君子大行其道,空话、假话、大话盛行。这恰恰是孔子等人最为警惕和厌恶的。比如,我们常讲教育的本质是教人做人。问题是做什么样的人。事实上教育的具体目标应当是一个从低到高逐步递进、层层提升的过程,是一个由基本标准、正常标准、先进标准和理想标准构成的多层级的目标体系。第一个层级是"(正)常人",应当是教育人们什么不能做(什么能做),既不能损人不利己,也不能损人利己,更不能是"宁可我负天下人,不可天下人负我"。简言之就是要做一个遵纪守法的合格公民,其反面就是不能做无德、缺德、违纪、违法的坏人。其基本定位在于不能将自己的欲望、利益等目标的实现建筑在对国家、对社会、对公益、对他人利益的侵夺和损害之上。所以教育的目标首先不是"望子成龙"而是"望子成人"。第二个层级是"好人"。应当是教育人们做一个有道德、守规则、讲良知的人,做到公私兼顾。既有对公序良俗(规则)的认同和(自觉)遵守,又有对善行美德的认可、尊重、欣赏和一定程度的自主践行,还有对低俗、无德、恶行的鉴别力、抵抗力和批判力。其定位就是做一个对自己、对家庭、对社会有用的人,能够通过合法手段实现自己的人生目标,并有一定的出于主动自觉的良知良能良行。这应是社会主体即大多数人应努力追求并力争能够达到的思想认识水平、道德境界和行为标准。第三个层级是"贤人"。要教育人们怎样去做一个讲良知、践行动,对社会有贡献的人,努力实践先公后私。这是社会思想道德发展进步的方向,是教育努力倡导的目标,也鼓励大多数人虽不能时刻为之,却也能在实际生活中敬佩、赞赏,并在一定程度和一定情况下间或为之。最高层次是"圣人"。这个层次是要教育人们怎样去做一个完善的,甘于为社会、为他人无私奉献的人——大公无私。这是教育和做人的至高目标,在这个层级,用古人的话讲那就是"圣人"了。这样的人是人群中最优秀者,是人类文明的标杆,代表着人类思想、道德、行为中高大上的境界,在具体的社会历史阶段他们往往是民族精神的脊梁,代表人类前行的方向,体现着人类思想、文化与道德的终极关怀。实际上多数人如果能达到第二个层级,这个社会就已经比较正常、良好了。事实上如果都能做到第一个层次,社会就已经是面貌一新了。

其次,防止和警惕"形式主义"与"形势主义",可以简称为"双形者"。由于中庸之德行的标准很高,会使得一些人在实际能力、水平与层次达不到时,又要表现出自己的与众不同、别出心裁和出类拔萃,转向做表面文章。一是热衷于形式完美,一是没有审慎判断地紧跟形势。这种人及其行为往往调门唱得很高、很美,看起来似乎很积极、很完善,好像事事都在追求完美、极致,好像事事都做得十分周到,而实际却没有什么意义和价值。以忙碌代替充实,以刻板显示原则,以小心翼翼表示作风严谨,这一切只是看起来"很美",但会造成一种奇怪的氛围,表象上好像是积极的、向上的,给予人们的实际感受却是压抑、怪异、荒诞的,可是又说不清更无法反对,想改变也不知从何做起。这种"双形者"在处理事务时常常以貌似"高大上"的标准为尺度,完全无视人们的行为与追求是与利益相关的。举一个小例子,关于朋友人们有许多评论,朋友的类型有很多种,不过朋友其实是利益的共同体,能够成为朋友一定是相互间的需要。古汉语里"朋"是货币单位,十个贝为一"朋"。[1] "友"来了要请他吃饭,要请客就要拿钱,而且是心甘情愿地拿钱,所以才叫"朋友"。离开了必要的利益去处理问题,表面上是高尚、纯洁、无私,实质上是伪善、自私。这种做法与乡愿又有什么本质上的区别呢?曾经我们把这种东西称之为"形而上学猖獗",怎么这么快都忘却了?

---

① 樊树志:《国史概要》,复旦大学出版社,2008年版,第35页

再次,注意对个人自由空间和选择多样性的保护。由于培育中庸之德行需要人的高度自觉与自律,这就对人的言行提出很高的要求,所以普通人可能在践行的过程中会有能力不适,从而感到较大的压力。(其实,在儒家那里,中庸是对君子的要求,并不是对大多数人的要求。)孔子曾经赞叹"山梁雌雉,时哉!时哉!"①难道不是对它们自在、自由生活的一种向往!想一想,庄子为什么极力推崇"精神自由",对儒家进行讽刺和批评?中庸美德的高标准给人们可能造成的很大的压力未尝不是一个原因。现阶段,似乎不宜要求大多数人都要达到这样的水平,应当给予普通人更多的冗余度,给予普通人一个宽松的生活环境。另外,不要人为地拔高某种行为的道德层次,这样会使人们产生认知和判断上的错乱而无所适从。比如,坊间流行的一种说法:母爱是无私的。大多数母亲确实可以为了自己的孩子做出一般人所无法、也不愿做出的牺牲,但母爱不要求回报吗?从来不吗?父母斥责顽劣孩子时不是常常这样说:我们把一切都给了你,你却这样不争气,让我如此失望……这种状态难道在一定程度上不是很多父母的标配吗?同时,文明社会中,能够宽容、允许不同生活方式、思想方式、价值标准的共存是人性善良的内容与表现。比较遗憾的是在网络空间,很多人都以对他人的缺点和错误的毫不留情的攻讦来表现自己的品行端正、道德高尚,却并不反思或设身处地想一想如果换成是自己在同样的情形下会是怎样。似乎能够对他人进行"痛打落水狗"式的道德批判就是自己智力完善、道德正确、品行高尚的标志。还有众多对他人的评判往往以超出对方所应当的道德水准为标准,比如常常赋予体育明星以体育成绩之外高标准的、几乎是圣人般的道德要求。种种作为实在是乌鸦站在煤堆上……更为可怕的是过去人们还会说什么"我反对你的意见,但会捍卫你讲话的权利",能不能"誓死"捍卫不好说,但至少让人讲话。如今却变成了"我不仅反对你的意见,而且还要'人肉'你至死"。

中庸之道实现的手段是"宜",若总是将自己置身事外,无论自身所为如何,总是以貌似正确、以攻讦他人而不是自我修养为己任,岂不是与中庸之道背道而驰了吗?当然,如果为了中庸而中庸,明知不可为、不宜为而为之,这与古人所追求的中庸之道也是不尽相符的。

以中庸之道为至高的价值理念和行为规范要求是先秦诸子构思社会治理方案时的理想寄托,然而任何社会思想在选择自身注重的价值和目标的同时,往往难以面面俱到,也不可能十全十美。而且社会人文思想向来难以做到完全客观中

---

① 《论语·乡党》

立，在众多的价值选项面前总会有所取舍，对种种可能性的抉择只能是相对合宜。没有哪一种人文社会思想与主张是完美无缺的，比如，讲西方重分析思维，同时也就意味着综合思维的不足；讲中国重综合思维，同时也就很可能意味着分析思维的欠缺。

　　以"执中两用"为理念和方法的中庸之道与西方的分析式思维在对待各种问题上确有自己的特点与不同，相较于以西方为代表的近现代自然科学的勃兴，是不是可以说分析思维的欠缺是中国没有产生以严谨逻辑和系统实验为代表的自然科学体系的原因之一？另外需要反思的是，中庸之德是十分高大上的美德，在实际生活中是难以达到的。为此，需要高度的自觉和极佳的自我修为。中庸之德行从而更为注重君子的个人修养和个人自律，随之相应的规则、制度构建的缺席，也很可能使得在社会运行的秩序维护中主要强调道德修为而相应出现了对制度建设的理性思辨与培育的不足；加之对于圣人的极度推崇、至高美德的崇尚、高标准的道德修养的要求以及对于关系的青睐，特别是宋儒以降对君子修为近乎苛责的高标准、严要求难免令士大夫群体的多数有难以企及、挂一漏万、顾此失彼甚至是敷衍塞责之表现。即便有对知行之难与易的反复思考与争论，似乎也不能够从根本上彻底地落实，这是否也是导致社会中伪善泛滥、关系学大行其道的原因呢？在挖掘、汲取先秦思想的优秀与卓越的同时，对其存在的或者说可能存在的缺陷与不足进行反思，似乎有其存在的必要与价值。在提炼中华优秀传统文化时需要警惕只能说好、不能说坏的倾向。文化与思想往往是要在争论与批判中方能获得真正的进步与发展，而自信也同样需要有容纳各种不同意见特别是批评意见的能力、甚至是反对意见的能力，才能够真正地建立起来。面对历史和传统，如果没有这种冷静和清醒，对传统的回顾就会很容易流向不加分析与批判的盲目崇拜，而与本意初心背道而驰。

第六章　先秦元典的思想内涵之以民为本与选贤任能——政治智慧

商周时期比较清明的统治者面对阶级矛盾和政权永固的需要,已经开始了对天命与政权之间的关系进行渐次深入的反思。在中庸之道的导引下,具有强烈入世的先秦诸子们面对着"礼崩乐坏"的社会现实,秉持着强烈的社会责任和对社会政治现实的深度忧虑,纷纷提出自己的社会政治思想。统治阶层和思想家从各自的立场和视界出发,形成了中国古代颇具特色的政权建设和社会治理的理论和主张。其中,统治阶层的反思主要围绕着如何保证政权的稳固,执政的方略即德、刑的运用,权力的自我约束,官员的选拔与管理等方面进行了经验总结。先秦诸子则在封建制度向君主集权的过渡时期,因不同的社会政治理想,采取了不同的态度,提出了不同的主张。萧公权先生认为:

政治思想之可能态度,不外三种。(1)对将逝之旧制度表示留恋,而图有以维持或恢复之。(2)承认现状,或有意无意中迎合未来之新趋势而为之张目。(3)对于一切新旧制度均感厌恶,而偏重个人之自足与自适。就其大体言之,儒墨二家同属第一类,法家诸子属第二类,道家之老庄及一切'为我'之思想家,独善之隐君子,即皆属于第三类。[①]

以萧公权先生看来,儒家立场倾向于贵族,墨家立场出自平民,法家为专制制度做理论先导,道家则对现实政治的黑暗提出抗议。

1.政权合法性——民惟邦本,本固邦宁

1.1　政权与上天、民众与上天的关系——天命无常,惟德是辅

先秦时期已经衍化出天人合一的思维路向,因此天人之间既不是相互对立,也不是各自独立自在的,而是相感、相交、相融的,天命与人心(气)是相通的。虽

---

① 萧公权:《中国政治思想史》,新星出版社 2010 年版,第 15 页

然商纣王坚信"我生不有命在天"①而恣意妄为，但其臣子祖伊已痛切地认识到：

呜呼！乃罪多参在上，乃能责命于天。殷之即丧，指乃功，不无戮于尔邦。②

其实殷商时期的明主对于天命已经有了新体会，认识到需要"典厥义""正厥德"和"敬民"。③ "典厥义"是指做事要合宜，"正厥德"是指要端正德行。"敬民"是指要爱护百姓。在《尚书·召诰》中甚至数次提到"疾敬德"，就是要君主迅疾地敬重德行，以顺应天意。

周王朝在论证政权合法性时更是不再简单地将政权的合法性归结于上天，在总结历史经验教训、反思商朝灭亡的历史进程时提出"皇天无亲，惟德是辅；民心无常，惟惠之怀"的重要认识④。上天对人没有亲疏之别，只会辅佐有德行的人；民众心中没有常主，只会怀念仁爱的君主。这里一方面是出于巩固政权、延续周朝统治的需要，更是为周王朝推翻殷商提供合法性辩护。否则，若天意不可变，即使桀、纣无论怎样荒淫残暴也只能听之任之，不能反抗更不能推翻。另一方面也体现出西周时期人们对上天与人事之间关系的认识发生了改变。不再简单地认为天与人毫无关涉，或者上天高高在上与人相隔，或者上天君临上界俯瞰人间，而是认为天人相关，天性与人意相通。其中，

天视自我民视，天听自我民听。

天矜于民，民之所欲，天必从之。⑤

这都是对天人关系的新的认识与解读，表现出统治者的自省，对政权合法性来源的新的认识。这里强调的是政权的执掌者不能简单地认为自己就是上天的化身，代表上天的意志，政权与统治并不具有天然的合法性。着重说明上天的意志来源于民意、根植于民间，同样需要服务服从于民意。在《国语·楚语上》里也指出：

民，天之生也。知天，必知民矣。

民众是上天创生的。（所以）懂得天意就能了解民心。在《左传·桓公六年》中强调：

夫民，神之主也，是以圣王先成民而后致力于神。

民众才是鬼神的主人，正因为如此，先王才首先造福民众，然后才致力于鬼神

---

① 《尚书·西伯戡黎》
② 《尚书·西伯戡黎》
③ 《尚书·高宗肜日》
④ 《尚书·蔡仲之命》
⑤ 《尚书·泰誓》

的祭祀。提出执政、为君之道在忠于人民,(才能)取信于神:

所谓道,忠于民而信于神也。

虽然这里是就统治的合法性进行阐发,但却透露出中国人对天人关系的新认识,不是对立的、不是对抗的、不是无关的、不是上贵下贱。上天不再是神秘的、高高在上的所在,天性与人气、天意与民心是息息相关、相互交合的。政权的合法性来自"德政"、以德治国,而这是与天意相通、相一致的。暴政、苛政则违背了天意,也悖逆了民心。

子产还提出,

天道远,人道迩,非所及也,何以知之?

就是说天道是很远的,人道就在人们身边,这两个是联系不到一起的,怎么能从天道认识人道呢?换言之可以理解为,与其关注遥远的上天,不如更多地去关注人事。相对于天人相互感应的观念,这种认识又前进了一步。不过这种认识在之后没有大的发展。

1.2 人与神、民与君的关系——民惟邦本,本固邦宁

由于已经有了"天命靡常"的认识,认为"天命无常""天不可信",[1] 先秦时期的执政者与思想家们进而重新审视人与神、民与国、君与民、君与国的关系,为政权的合法性提供支撑。

首先,在人与神、民与国的关系上。《左传·桓公六年》提出:

所谓道忠于民,而信于神也;上思利民忠也。

夫民,神之主也,是以圣王先成民,而后致力于神。

即为政之道就要忠于人民才能取信于神,身居上位造福于民才是忠。人民是神的主人,所以圣明的君主是先造福人民,然后才致力于敬神,求得神的降福。统治者能够为民办事,神才会降福给他们,否则神会不高兴的,也就不会接受人们对他的祭祀。即

民和而神降之福,[2]

民不和,神不享。[3]

因为,

---

① 《尚书·君奭》
② 《左传·桓公六年》
③ 《左传·僖公五年》

鬼神非人实亲,惟德是依。①

鬼神并不会与人亲近,只是遵循德性而已。

与今文《尚书》"敬天保民"的思想相比,古文《尚书》则对"民"有了更为清醒的定位。其中《五子之歌》指出:

民可近,不可下。民惟邦本,本固邦宁。

其意为对"民"的态度应是亲近而不可轻视,百姓方为国家的根本,只有根本稳固,国家才能安宁。其中"民惟邦本,本固邦宁"这一观念意义重大,对后世影响深远,堪称中国古代政治思想的核心要义之一。要实现这一点则应"顺乎天而应乎人",这就是说为政之道首先在于顺应民心,合乎民意,只有这样才是顺应了天意。正如《管子·牧民》所言,政之兴废在于民心,顺则兴,逆则废。国家的治理要随民心所愿,如果悖逆民心,则

刑罚不足以畏其意,杀戮不足以服其心。

对此,老子的言辞则更为尖锐:"民不畏死,奈何以死惧之!"在《管子·霸言》里亦重申:

夫霸王之所始也,以人为本。本理则国固,本乱则国危。

实现王霸天下的大业,要以人为根本。能够做到以人为本则国家强大政权稳固,反之国家则会陷入危险的境地。顺带说一下,这是"以人为本"这一说法的最早出处。

其次,在君王治国的得失方面。《左传·昭公三十二年》中认为民心向背是立国之本:

社稷无常奉,君臣无常位,自古以然。

国家没有长久不变的,君臣之位没有持久不变的,自古以来都是如此。《国语·楚语下》指出:

夫从政者,以庇民也。

即当政者应关心民众的生计与疾苦,因为是民养君主,而不是君主养民。为此,《国语·鲁语上》记载鲁成公问大夫里革晋人杀晋厉公一事:

臣杀其君,谁之过也? 里革回答:"君之过也。"

里革认为不能安邦定本、造福百姓是君王的失职,理应受到惩罚。晋厉公身为国君失德失威招致被杀是咎由自取。虽然是大臣杀了君主,却是由君主的过错引起的,所以说是"君之过"。进而里革还引述了历代君王被流放或杀掉的事例加

---

① 《左传·僖公五年》

以佐证：

桀奔南巢，纣踣于京，厉流于彘，幽灭于戏，皆是术也。

夏桀逃奔南巢，商纣王毙命于京师，周厉王被流放到彘地，周幽王被灭于戏水，都是因为过错太大而失去权威，背离了为君之道而导致被杀或被放逐。这种认识后来在孟子那里得到进一步的强化和升华，《孟子·梁惠王下》中齐宣王问及孟子"汤放桀，武王伐纣"是否为弑君时，孟子断然答道：

贼仁者谓之贼，贼义者谓之残，残贼之人，谓之一夫。闻诛一夫矣，未闻弑君也。

即身为君主失仁失义就是祸国殃民的独夫民贼，人人可得而诛之。在《孟子·离娄下》中孟子还强调了君与臣的对等关系：

君之视臣如手足，则臣视君为腹心。君之视臣如犬马，则臣视君如国人。君之视臣如草芥，则臣视君如寇仇。

《荀子·正论》在回答人们提出的"桀、纣有天下，汤武篡而夺之"的议论时，历数桀、纣的各种罪恶后指出：

然而暴国独侈，安能诛之。必不伤害无罪之民，诛暴国之君若诛独夫。

"安"这里当"于是"讲，就是说残暴的国君奢侈放纵，招致民怨，杀掉他就像诛杀一个众叛亲离的独夫一样。荀子进一步解释说：天下的人都归顺的人叫作"王"，天下的人都抛弃的人叫作"亡"。所以说桀、纣没有天下，汤、武也不是弑君，就是这个道理。汤、武是民众的父母，桀、纣是民众怨恨的盗贼。

天下归之之谓王，天下去之之谓亡。故桀、纣无天下，而汤、武不弑君，由此效之也。汤、武者，民之父母也；桀、纣者，民之怨贼也。

再次，关于民众、社稷与君主的关系。《荀子·哀公》中借孔子之口讲：

且丘闻之，君者，舟也；庶人者，水也。水则载舟，水则覆舟。

《尸子·卷下》记载孔子与弟子商谈论为君之道时，子夏的回答：

"鱼失水则死，水失鱼犹为水也。"孔子对此予以了肯定："商，汝知之矣。"

在孔子看来，君主为舟、鱼，民为水，君民之间是船与水、鱼与水的关系。孟子则视民为诸侯之宝，在《孟子·尽心下》中，孟子认为：

诸侯之宝三：土地，人民，政事。

他还指出：

民为贵，社稷次之，君为轻。是故得乎丘民而为天子。

在总结了天下得失的教训后，《孟子·离娄上》认为，

桀纣之失天下也，失其民也。失其民者，失其心也。得天下有道：得其民，斯

得天下矣。得其民有道：得其心，斯得民矣。

桀纣失掉天下的原因是因为他们失掉了民众的支持。失掉民众支持的原因在于失掉了民心。得天下之道在于得到民众的支持，要得到民众的支持就要赢得民心。故得民心者得天下，失民心者失天下。这可以说是中国古代政治思想的精髓，也是人类社会政治经验与教训的深刻总结。孟子还警告执政者"天作孽，犹可违。自作孽，不可活。"在孟子王道政治理想中，得天下之道的根本在于得道多助，失道寡助。在于顺天者存，逆天者亡。在《吕氏春秋·务本》中也认为：

安危荣辱之本在于主，主之本在于宗庙，宗庙之本在于民。

社稷的安危荣辱的根本在于君主，君主的根本在于宗庙，宗庙的根本在于民众。《吕氏春秋·贵公》里还指出：

天下非一人之天下也，天下之天下也。

可以说这一认识是先秦时代对于君主与民众关系中最为激进的主张，已经隐约有了现代民主政治的影子。

1.3　为君之道——其尔万方有罪，在予一人

此言出自《尚书·汤诰》，"予一人"是秦以前古代帝王的自称。商汤战胜夏桀后对大家宣告：

其尔万方有罪，在予一人；予一人有罪，无以尔万方。

如果你们大家有了罪过，应当由我来承担；如果我有了罪过，不会累及到你们身上。在《尚书》里，商周时期比较英明的君主反复提醒自己、告诫后继者，要不断反省自己，不断检视自己身上的不足。对别人不要总是去求全责备，对自己则要时刻审视，看看有什么地方做得不到。"与人不求备，检身若不及。"① 要以德为怀，要保持品行端正，就是不断地修养自己的德行，"惟新厥德，终始惟一，时乃日新"。② 要知道善事无论多么小都要去做，这样才能够安邦保民，"惟德罔小，万邦惟庆"。③ 要懂得行难，"非知之艰，行之惟艰。"④ 一定要牢记"天难谌，命靡常"⑤ 的道理，一定要牢记上天不会偏爱什么人，只有恭敬做事的人，上天才会爱护；百姓不会永远爱戴什么人，只有行仁政，施仁德的君主，百姓才会爱戴他。"惟天无

---

① 《尚书·伊训》
② 《尚书·咸有一德》
③ 《尚书·伊训》
④ 《尚书·说命中》
⑤ 《尚书·咸有一德》

亲,克敬惟亲。民罔常怀,怀于有仁。"①为此,太甲在经过三年的反省从而悔过自新后,留下了"天作孽,犹可违;自作孽,不可逭"的千古名句。

不仅贤明的君王在反省,士大夫阶层也对为君之道——执政的经验与教训进行了持续的总结与反思。在《左传·庄公十一年》里鲁国大夫臧文仲说:

禹汤罪己,其兴也勃焉! 桀纣罪人,其亡也忽焉!

禹、汤将过错揽在自己身上,所以他们的国家蓬勃兴起;桀、纣总是将过错归咎于他人,所以他们的灭亡实在是太快了。《左传·成公十五年》记载,曹成公被晋厉公捉了,因为他"凡君不道于其民,诸侯讨而执之"。曹成公作为人君不行正道于民众,所以被诸侯捉了起来。在微言大义的《春秋左传》里,"执"专指逮捕不义之君,在春秋时期不义之君不仅民众可以废之、去之,诸侯也可以这样做。《左传·哀公元年》记载,

臣闻国之兴也,视民如伤,是其福。其亡也,以民为土芥,是其祸也。

我听说国家的兴盛是因为对待人民,就好像对待受伤的人一样(关怀、爱惜),这就是他的福祉;国家之所以会灭亡,是因为对待人民如同泥土、草籽一般,这就是招致祸殃的缘故。《左传·襄公十四年》记载,

晋侯曰"卫人出其君,不亦甚乎?"曰:"或者其君实甚! 良君将赏善而刑淫,养民如子,盖之如天,容之如地,民奉其君,爱之如父母,仰之如日月,敬之如神明,畏之如雷霆,其可出乎? 夫君,神之主也,民之望也。若困民之主,匮神之祀,百姓绝望,社稷无主,将安用之? 弗去何为?"

这是晋侯与乐师师旷的对话,晋侯问:"卫国人把他们的国君放逐了,是不是做得有点过了?"师旷回答道:"(不是这样的吧,)大概是他们的国君做得实在太过分了。好的君主会奖赏善良的人而刑罚不善之人,养育人民就好像养育他自己的孩子一样,对百姓的关怀就像天一样(无所不至),宽厚地对待百姓就像大地(能够承载、哺育万物)一样,百姓侍奉他们的君主,如同对待父母一样爱戴他,如同对日月一样仰慕他,如同对神明一样敬畏他,如同对雷霆一样畏惧他,这样的君主怎么会被放逐呢? 君主是神的主人,民众的希望所在。如果是一个让百姓生活困苦的君主,又不敬神,百姓对他也失掉了信心和希望,国家没有了主心骨,要他又有什么用呢? 不放逐他还有别的什么办法吗?"

从这一则则史实中,可以清晰地看到春秋时期,士大夫阶层对于政之兴废、君主的责任、民众的需要与权利的思考。与诸子不同,这些人可都是权力的实际掌

---

① 《尚书·太甲下》

控者,也是时刻陪伴在君主的左右,是实实在在的国之器用,他们这种认识及其对君主的良苦告诫,使我们看到了先秦时期统治者内部对于权力的深刻反省。在政权得失的血雨腥风中,他们清醒地认识到百姓是国家的根本与核心;认识到执政者的地位不是一劳永逸的;认识到政权的合法性源于顺应民心、符合民意;认识到民众是执政的基础;认识到为政者应以民为本、以人为本,造福百姓;认识到悖逆民心的可怖结局和必然结果;认识到为政不仁者人人得而诛之乃天理民心。

2. 执政原则——为政以德,仁政爱民

2.1 为政以德——苛政猛于虎

民心不可违,为政者当如何呢?《尚书·泰誓》指出:"天视自我民视,天听自我民听,"所以,"天矜于民,民之所欲,天必从之。"也就是说"天意"即"民欲","民欲"乃"天意",为政者须关注民众的诉求。"知稼穑之艰难","知小人之依"。这是周公在《尚书·无逸》篇中告诫成王的两句话,只有了解稼穑之艰难,才能了解百姓的疾苦。只有了解生活的艰辛,才能了解百姓的需要。正如《尚书·蔡仲之命》所言:

皇天无亲,惟德是辅。民心无常,惟惠之怀。

强调执政者要以仁、德为政之根本,才能赢得民心。

孔子则鲜明地提出了自己的也是影响到中国历代统治者的政治主张:以德为政,德之核心在于仁。只有这样才能使民众真正围绕在有德之君的周围。孔子对暴政给予了严厉的鞭挞,《礼记·檀弓下》记载了一位失去了三位亲人仍然不愿离开伤心之地的妇人,子路问其原因时答:无苛政。孔子为此感叹道:"苛政猛于虎。"

2.2 明德慎刑——正德、利用、厚生

《尚书·召诰》中反复强调"我不可不监于有夏,亦不可不监于有殷。"我们不能不以夏为鉴戒,也不能不以殷为鉴戒。在总结和反思历代君王执政的得失后,从执政者的角度提出了"明德慎罚"[①]的主张,提出刑法的原则是

与其杀不辜,宁失不经;好生之德,洽于民心,兹用不犯于有司。[②]

与其杀掉无罪之人(以示法律之严格),执法者宁可承担不依法行事的责任;有了爱护百姓的品德,才能让百姓从内心中感到亲近,这样百姓也不会违反法律

---

① 《尚书·康诰》
② 《尚书·大禹谟》

了。这里似乎已经有了"疑罪从无"的影子了,这可以说是先秦时期现实政治的一个重大的反思。在《尚书》的多个篇目里,周王朝的统治者反复强调这一原则,并制定了许多具体的措施。在《尚书·康诰》里就指出施行刑罚主要不是看一个人所犯罪过的轻重,更要看他的主观意愿是否是故意为之。而且要慎重地审查犯人的供词,"要囚,服念五六日,至于旬时,丕蔽要囚。"审察囚犯的供词时要认真考虑五六天的时间,甚至要考虑十天,一定要非常慎重地分析判断犯人的供词。在《尚书·梓材》里提出"罔厉杀人"即不会杀无罪之人,要明白宽恕的道理。在《尚书·吕刑》里提出"敬于刑,有德惟刑"即谨慎地对待刑律,施行法律应有益于德行的树立。"典狱,非讫于威,惟讫于富。"执行法律主要不是用刑威解决问题,而是用德教解决问题,为民谋利。因此,惩罚与罪行要相符;案情不明时,从轻不从重;处罚要灵活掌握——"轻重诸罚有权",要"慎刑"、"祥刑"。

由于君是为民而立,民才是根本,"天佑下民,作之君。"① 所以,在《尚书·咸有一德》中反复强调,君与民之间是相互依存的关系,"后非民罔使",君主如果不能依靠民众,他还能使用谁呢? 所以君主不能"无自广以狭人",不能自高自大轻视民众。如果民众不能为君主尽力,君主如何成就自己的功业?

匹夫匹妇,不获自尽,民主罔与成厥功?

为此,《康诰》提出要"用康保民"即让百姓生活得幸福安康才能为国家基业保有民众。《尚书·大禹谟》指出要做到"德惟善政,政在养民。"要"正德、利用、厚生、惟和。"只有德政才是好的政治,好就好在让百姓生活得好。要端正人的品行,发展生产,满足百姓生活的需要,只有这样社会才是和谐、和睦的。要懂得"满招损,谦受益"的天道。荀子也讲:

天之生民,非为君也;天之立君,以为民也。②

类似这些思想在《左传》里也多次被提出和强调。

2.3　仁政爱民——有恒产者有恒心

"九合诸侯,一匡天下"的现实政治的操盘手管仲在《治国》中强调,

凡治国之道,必先富民。民富则易治也,民贫则难治也。

大凡治国之道路,一定要先让百姓富裕起来。百姓生活富裕了社会就容易治理了,百姓生活贫困则难以治理。在《牧民》里提出:

仓廪实则知礼节,衣食足则知荣辱。

---

① 《尚书·泰誓上》
② 《荀子·大略》

作为执政者必须看到：

能佚乐之，则民为之忧劳；能富贵之，则民为之贫贱；能存安之，则民为之危坠；能生育之，则民为之灭绝。

能使百姓生活安逸的，百姓将与君主共同关心国事；能使百姓生活富裕的，百姓甘愿为君主忍受一时的贫贱；能使百姓生活平安的，百姓才会与君主共患难；能使百姓繁衍生息的，百姓也愿意为君主付出生命。如果执政者漠视民众的利益与生死，致使百姓走投无路时，"故刑罚不足以畏其意，杀戮不足以服其心。"

儒家主张要让民众生活富足，能够丰衣足食，所谓有恒产者有恒心。孔子在《论语·尧曰》中提出"四海困穷，天禄永终"。天下民众陷入困顿贫穷，执政者的禄位也就终结了，在《颜渊》中解析道：

百姓足，君孰与不足？ 百姓不足，君孰与足？

百姓物产富足了，君主（的物质收获）怎么会不足呢？ 百姓收入困顿，君主怎么能够富足呢？ 阐发了"庶民""富民"的主张。孟子提出当政者应施仁政才能天下无敌。在《孟子·梁惠王下》中，他希望执政者：

乐民之乐者，民亦乐其乐。忧民之忧者，民亦忧其忧。

从民众的忧乐始，在《孟子·尽心上》中孟子不仅主张轻徭薄赋，让民众富足，"易其田畴，薄其税敛，民可使富也。"在《滕文公上》中则进而提出了，

民之为道也，有恒产者有恒心，无恒产者无恒心。

在这里孟子阐述了财产、收入与遵守道德、法律的关系，财产、收入与国家安定的关系，特别强调了对民众生活的保障与满足是国泰民安的重要前提。这可以称之为中国历史上第一次为民众的私有财产确立合法地位和明确其社会价值的清醒认识，不过孟子的实际标准在今天看来大体只是温饱的状态。

在"大同世界"只是理想，小康社会亦无法实现的年代，孟子提出建立"王道"政治的主张。《孟子·梁惠王上》提出：

养生丧死无憾，王道之始也。五亩之宅，树之以桑，五十者可以衣帛矣；鸡豚狗彘之畜，无失其时，七十者可以食肉矣；百亩之田，勿夺其时，数口之家，可以无饥矣。

王道社会的建设开始于百姓能够安心生活生产，生养、死丧都没有什么不满意的地方。在五亩的宅院里，种植着桑树，那么，五十岁以上的人就可以穿上丝织的衣服了；家家都有充足的时间和工夫，能饲养鸡、狗、猪等牲畜，七十岁以上的人就可以吃上肉了。一家有一百亩地，不去妨碍他们的生产，一个七八口的人家就可以实现温饱了。

是故明君制民之产，必使仰足以事父母，俯足以畜妻子，乐岁终身饱，凶年免于死亡。

因此，圣明的君主规划人们的产业，一定要让他们上足以赡养父母，下足以抚养妻儿。好的年成能够丰衣足食，坏的年成也不至于饿死。对于无视民众生死疾苦的执政者，孟子痛斥其：

庖有肥肉，厩有肥马，民有饥色，野有饿莩，此率兽而食人也。

对这样的君主，孟子诅咒道：仲尼说过，始作俑者，其无后乎！这是因为木俑、陶俑酷似真人却用它殉葬，令孔子、孟子愤恨不已。试想连用木俑、陶俑殉葬都不能允许，又怎能让这些百姓活活地饿死呢？

墨子在《兼爱》中提出：

欲天下之治，而恶其乱，当兼相爱，交相利。

在墨子看来，兼爱与交利是相互联系、制衡的互动过程，兼相爱是前提与基础，交相利是结果。利己要在利他的基础上才能实现，"利人者，人必从而利之。"惟此才能兴天下之利。这既早于斯密提出的商人先利人后获利的思想，且为利己行为赋予了更高标准的伦理要求。同时，他还主张"节用"，提倡节俭，反对奢侈。《晏子春秋》中同样记载了晏子在对齐景公的劝诫中屡次提及执政者应当体恤民情，关注民生，以民为本，"意莫高于爱民，行莫厚于乐民。"

与诸子的节俭观不同，管子提出"俭则伤事"的思想，《乘马》中讲：

俭则金贱，金贱则事不成，故伤事……事已而后知货之有余，是不知节也。

就是说节俭风气会导致金价下跌，黄金价格下跌会导致生产活动的失败，节俭导致产品过剩，这实在是不明智。因此应通过"侈靡"消费刺激生产，提供就业机会，发展本业（指农业），进而改善普通民众的生活状态，实现社会安定的目的。即《侈靡》中指出的：

兴时化若何？莫善于侈靡。

因为，

饮食者也，侈乐者也，民之所愿也。

丰衣足食、生活安乐是百姓的心愿，只有"足其所欲，瞻其所愿"才能得到百姓的拥护。与"重农抑末"的传统不同，管子还提出应发展工商业和文化消费产业，以推进农业生产。

本善而末事起。不侈，本事不得立。

仁政的落脚点在爱民，亲民，它要求为政者应当切实把握民意，关注民生问题，体察百姓疾苦，保证民众的基本生存权利，维护民众生活的安定，致力百姓生活水平的提高。百业发达,人丁兴旺,只有这样方能赢得民众,才能天下无敌。

2.4 各司其职——国君死社稷,大夫死众,士死制

"国君死社稷,大夫死众,士死制。"这是《礼记·曲礼下》里的一段话,意思是说,国君应当为保卫国家而死,大夫应当为保卫民众而死,士人应当为保卫法制而死。这实际上将处于国家不同地位的人的职责做了一个划分和说明。人们常说,在其位,谋其政,就是强调每个人都有自己的职责担当,处在什么职位上,就要尽职尽责。在《尚书·皋陶谟》里,舜和禹谈话中就论及了国君和臣子各自应当遵循的准则,君主要"克俊明德,以亲九族",①要知人善任,"知人则哲,能官人"。大臣要做到公平正直,举贤任能;要尽心辅佑君主,敢于直言劝谏。晏子在回答齐景公询问贤君应如何治国时也强调:"其政任贤,其行爱民。"②《春秋左传·襄公二十二年》中讲:

君人执信,臣人执共,忠信笃敬,上下同之,天之道也。

就是讲治理国家时,君主要以信义为标准,臣子要以恭敬为标准,上下者坚守忠信笃敬,这才是天之道。还强调国君要"视民如子。"③即要爱之,也要教之。另外,君臣还应同生死共患难,

君为之社稷死则死之,为社稷亡则亡之。④

3.倾听民意——人无于水监,当于民监

3.1 民众监督——鉴于人,无鉴于水

说起唐太宗李世民"夫以铜为镜,可以正衣冠;以史为镜,可以知兴替;以人为镜,可以明得失"⑤这段话,大家可以说是耳熟能详。其实,在炎黄时期,民众监督就已是远古民主政治的重要组成部分,由此,注重民意、认真听取民众心声是中国远古政治的重要内容之一。《尚书·胤征》中记载:

每岁孟春,遒人以木铎徇于路,官师相规,工执艺事以谏。

胤是夏时的六军统帅,由于羲和荒废政务,胤奉命征讨,出征前做《胤征》(即战前动员)以鼓舞士气。"铎"是带有木或铜舌的大铜铃。这段话是说,每年初春,都要派出使臣用木槌敲着铜铃,沿着官道向大家宣布法令。官员不仅要互相规

① 《尚书·尧典》
② 《晏子春秋·内篇问上》
③ 《春秋左传·襄公二十五年》
④ 《春秋左传·襄公二十五年》
⑤ 《旧唐书·魏征传》

诚,还要向国君提出谏议;百工们也要相互规诫,还要根据他们从事的行业中出现的问题向国君提出谏议。这说明早在夏朝时,征询民意就不仅有具体的方法而且还形成了制度。《管子·桓公问》中记载:

黄帝立明台之议者,上观于贤也;尧有衢室之问者,下听于人也;舜有告善之旌,而主不蔽也;禹立谏鼓于朝,而备讯唉;汤有总街之庭,以观人诽也;武王有灵台之复,而贤者进也。此古圣帝明王所以有而勿失、得而勿亡者也。

即是说黄帝设立的明台咨议制度,是为了从官员中收集贤士的意见;尧实行衢室询问制度,是为了听取民间百姓的意见;舜设有告知善恶的旌旗,是为了君主不受蒙蔽;禹在朝堂上设立谏鼓,是为了让民众能够告状(申冤);汤在大道上设总街之庭,是为了收集人们的批评意见;周武王有灵台禀报制度,是为了贤者能够得以进用。这些都是听取民众意见、纳谏改过的渠道,也是古代圣帝明王能够常有天下而不失、常得天下而不亡的原因。木料只有按照绳墨才能取正,君主只有从谏如流才能圣明,"惟木从绳则正,后从谏则圣。"[1]据《周礼》记载,小司寇一职即为征求民众意见的专职官员:

小司寇之职,掌外朝之政,以致万民而询焉。[2]

《吕氏春秋·自知》对此也有记录:

尧有欲谏之鼓,舜有诽谤之木,汤有司过之士,武王有戒慎之鞀。

尧设有供进谏之人敲击的鼓,舜设有供书写批评意见的木柱,汤有主管监察过失的官员,武王设有供告诫君主需要谨慎的人所用的鼓。

《鹖冠子·禹政第六》记载:

禹之治天下也,以五声听。门悬钟鼓铎磬,而置鼗,以得四海之士。为铭于簨,曰:"教寡人以道者,击鼓;教寡人以义者,击钟;教寡人以事者,振铎;语寡人以忧者,击磬;语寡人以狱讼者,挥鼗。"此之谓五声。是以禹尝据一馈而七十起,日中而不暇饱食,曰:"吾犹恐四海之士留于道路。"是以四海之士皆至。是以禹当朝,廷间也可以罗爵。

即禹治理天下时,设钟、鼓、铎、磬、鼗(同"韶",俗称拨浪鼓)等五种器具广纳各种意见和批评,招纳天下贤士。专门刻制铭文加以说明:凡是能教寡人治理天下之道的人,请击鼓;凡是能教寡人仁义之理的人,请击钟;凡是能教寡人如何处理政事的人,请摇铃;能告诉寡人要慎重行事的,请击磬;告诉寡人如何处理政务

---

[1] 《尚书·说命上》
[2] 《周礼·秋官司寇第五》

(公正处理诉讼)的,请挥动鼗。这就是所谓的五种声音。当时大禹(忙于政务殚精竭虑)吃一顿饭都要中断很多次,白天都无暇吃顿饱饭,大禹常说:我非常担心四海之士不能留下来为国家做事。正因为禹如此礼贤下士,求贤若渴,所以四海之士纷纷来朝效力。在禹执政期间,朝廷政治清明。

殷鉴不远,在夏后之世。《尚书·酒诰》中周公在总结商亡的教训对康叔进行教育时就谈到:

古人有言曰:"人无于水监,当于民监"。

人不应当用水做镜子来监督自己的言行,而应当以臣民为镜子。强调为政者应当接受民众的监督,节制规范自己的言行,告诫自己殷商丧失天命、惨遭灭亡的惨痛结局应当永远铭记于心。西周时,官方还设有采诗官到民间采风,以了解国情、察民意、观民俗。春秋时期,伍子胥曾经向吴王夫差建言:"王其盍亦鉴于人,无鉴于水。"[1]子胥以楚灵王失去为君之道,招致民众反抗最后不得不自缢而死的事例规劝吴王,君王为什么不以人为鉴呢? 不要以水为鉴。

3.2 不毁乡校——广开言路

要接受民众的监督,就要广开言路,让民众说话,而不是闭言塞听。从《国语·周语上》中的记载,可以看到邵公深知舆论的力量和广开言路的必要:

防民之口,甚于防川。川壅而溃,伤人必多,民亦如之。是故为川者决之使导;为民者宣之使言。

《左传·襄公三十一年》则记载了著名的"子产不毁乡校"的事迹。

郑人游于乡校,以论执政,然明谓子产曰:"毁乡校何如?"子产回答:"何为? 夫人朝夕退而游焉,以议执政之善否。其所善者,吾则行之;其所恶者,吾则改之。是吾师也,若之何毁之? 我闻忠善以损怨,不闻作威以防怨。岂不遽止? 然犹防川,大决所犯,伤人必多,吾不克救也。不如小决使道,不如吾闻而药之也。"

批评其实是一副苦口良药,为政者应当善待民意,尊重民心,对于批评的态度当是有则改之,无则加勉,对于民众的言论当是引导与疏通而不是压制与禁绝。反之,则如《晏子春秋·内篇谏下第二》所说:

严其听,禁其心,圣人所难也。

严密封锁消息,不让民众知道事情真相,禁锢人们的思想,就是圣人也做不到啊。正因为如此,当有人质疑子产时,孔子回答:

---

① 《国语·吴语》

以是(不毁乡校之举)观之,人谓子产不仁,吾不信也。①

当子产去世时,仲尼更是伤心不已,赞其为:古之遗爱也。

3.3 善于纳谏——从善如流

广开言路后还必须要善于纳谏。广开言路不是为了充门面,不愿听、不会听同样不可。从善如流还是评价、约束君王、官员和君子的言行的重要标准——人不知而不愠,不亦君子乎。《孔子家语·六本》指出,"良药苦口而利于病,忠言逆耳而利于行。"《尚书·无逸》记述周公还政于成王时就特别告诫其要谨慎自己的德行,虚心接受百姓的批评,正确对待小人的怨詈,因为正是自己的错误才会产生怨詈。《论语·子张》从直面自身错误,勇于改过迁善的角度指出:

君子之过也,如日月之食焉。过也,人皆见之;更也,人皆仰之。

君子的过错就像日食、月食一样。犯了错,人人都可以看到;能够改正过错,人们都敬仰他。《孔子家语·辩政》中,孔子还特别说明了劝谏的具体方法:

忠臣之谏君,有五义焉:一曰谲谏,二曰戆谏,三曰降谏,四曰直谏,五曰风谏。

"谲谏"是指委婉地劝谏;"戆谏"是指刚直地劝谏;"降谏"是指苦口婆心地劝谏;"直谏"是指直截了当地劝谏;"风谏"是指用讽喻的方式劝谏。《晏子春秋》中就记载了许多晏婴劝谏齐景公的事例,有意思的是昏庸的齐王尚能接受晏婴在今天看来仍然显得十分辛辣甚或带点嘲讽挖苦意味的规劝。由此而形成的匡正君主,谏净得失的谏净制度,宁鸣而死,不默而生的谏官风骨,豁达大度,从谏如流的开明君主成为中国古代政治史上令人感佩的风景。

早在中华文明曙光之初,为政者就极为注重体察民意,开民视听。广开言路可以了解确实的国情和真实的民意,可以检讨执政中的成败得失,可以提升执政者的德行,可以改过迁善、择善而行,可以缓解社会矛盾、释放化解民怨,可以维护政权的安定,可以遂行和而不同的理念。

4. 治吏不治民——选贤任能,治吏从严

4.1 官员选拔——选贤与能

以民为本、行仁政,以人为鉴、善纳谏,对执政者的素质就提出了很高的要求。虽然先秦诸贤尚没有如柳宗元提出的"官为民役"的思想,(我们今天常说的官员是"人民公仆"就是从这里衍化出来的。)但从实行"仁政""安民""利民""亲民""爱民"的层面阐述了选拔执政者、官员的标准——选贤任能。《礼记·礼运》在描述

---

① 《左传·襄公三十一年》

大同世界时指出对于官员包括君主应"选贤与能"。《韩非子·难三》记载：

> 哀公问政于仲尼,仲尼曰:"政在选贤。"

墨子在历数先圣治国之道后得出"夫尚贤者,政之本也"①的结论。《吕氏春秋·察贤》认为:"立功名亦然,要在得贤。"要开创功名大业,关键在于要得到贤士相助。

贤的要义在于"公正","政者,正也。"②为政,就是公正,无论是行事还是做人,"子帅以正,孰敢不正?"执政者行为端正,办事公正,谁还敢不走正道而去走歪门邪道呢? 在《论语·子路》中孔子再次强调:

> 其身正,不令而行;其身不正,虽令不从。

如果你行为端正,办事公道,即便不发布命令,大家也会依规行事;如果你办事不公,为人不正派,即便发布了命令,大家也不会听从。《吕氏春秋·贵公》同样认为:

> 昔先圣王之治天下也,必先公,公则天下平矣。

另外,孟子则提出贤的标准是要有"富贵不能淫,贫贱不能移,威武不能屈"的大丈夫人格,有"舍生取义"的献身气概,有"浩然之气"的正义风范。

贤的另一要义在于德才兼备。这主要是后来的发挥。司马光在《资治通鉴》中说道:

> 才者,德之资也;德者,才之帅也。

> 是故才德全尽谓之"圣人",才德兼亡谓之"愚人";德胜才谓之"君子",才胜德谓之"小人"。③

怎么才能选贤呢? 先秦走的是选拔之路。在《尚书·立政》中提出了"三宅""三俊"之法。"三宅"是指政务、理民、执法三个方面,是考察官员的方法;"三俊"是指用这三种方法选拔人才。《荀子·臣道》提出臣子有多种,要选拔那些"内足以使一民,外足以使距难,民亲之,士信之,上忠乎君,下爱百姓而不倦"的人。对内足以让民众团结,对外足以抵御侵略,百姓亲近他,士大夫们信任他。对上忠诚于君主,对下爱护百姓而不知疲倦的人。在选拔中要做到"外举不弃仇,内举不失亲"。④ 也叫"近不失亲,远不失举"。⑤ 推举外人不会因为与他有仇而放弃,举荐

---

① 《墨子·尚贤上》
② 《论语·颜渊》
③ 《资治通鉴·周纪一》
④ 《左传·襄公二十一年》
⑤ 《左传·昭公二十八年》

亲人不会因为与自己有亲戚关系而回避。《国语·晋语》里就记载了祁奚认为"择子莫若父",因而向晋悼公推荐自己的儿子的事例。这样才能做到公平正直,这才是王道。即

> 无偏无党,王道荡荡;无党无偏,王道平平。[1]

如何对待贤德之人呢? 在《墨子·尚贤》中,墨子还特别强调了用贤方法:"必将富之贵之,敬之誉之。"要纳贤一定要让被任用的人得到富贵,受到尊敬,享有荣誉(这样才能招揽更多的人才)。用人时则一定要

> 高予之爵,重予之禄,任以之事,断予之令。

即给予足够高的爵位,给予丰厚的俸禄,让他们独当一面、处理政事,还要给他们决断的权力。否则,爵位不高,则民众就不会尊敬他们;俸禄太少,民众会认为这是虚职,因而不信任他们;没有政令的裁断权,则民众就不会畏惧他们(这样就不能真正发挥他们的作用)。

> 爵位不高,则民弗敬;蓄禄不厚,则民不信;政令不断,则民不畏。

选举与选拔是当今之世选用人才的两种方式,中国人重选拔其实源于先秦,商鞅变法废除世袭制,奖励军功是中国古代历史的一重大举措。不是以先天的出身而是以后天的功劳和政绩作为一个人获得社会地位和经济收益的途径与标准,实在是最早对"血统论"的强硬打击。正因为如此,秦军才能成为"虎狼之师"。《战国策·韩策》中载:

> 秦人捐甲徒裎以趋敌,左挈人头,右挟生虏。

只有这样的军队才能横扫六国,一统天下。

选举与选拔孰优孰劣,不可一概而论。一般而言,选举不一定能够选举出最优秀的,却有可能避免选举出最卑劣的;选拔有可能选拔出最优秀的,却不一定能避免选拔出最卑劣的。现代社会里如果单纯地依靠选举,比较容易产生金钱政治。社会政策的公平性与合理性往往具有相对性。社会治理措施往往重其一,则难以重其二,很难有一个政策能够完全充分地兼顾各方,得到十分完美的结果。选举与选拔两种方法如果能够有效融合并用,倒不失为良策。不过,以选拔为主要手段的中国社会,后来经各朝各代不断改进,形成了著名的"科举制度",这实在比欧洲社会长期沿袭的世袭制度大大领先了一步。其根本就在于选拔给予几乎每个人以通过后天努力来改变命运的机会,世袭则以出身而不是能力和水平,决定了每个人所处的社会阶层。一旦阶层固化,社会就会失去向上的动力和可能。

---

[1]　《尚书·洪范》

其实今天许多人诟病的高考制度、各种人才考试选用制度就是以选拔为基本原则的。这相较"文革"时期由"工农兵"推荐上大学,导致走后门之风大行其道,要公平了许多。尽管这种方法不是完美的,而且对人的真实品行很难做出准确的认知,但还有什么方法会更合理呢? 重要的是这不是最优,而是最适宜。

4.2 责任担当——治吏不治民

在官员与百姓的关系上,韩非子发展了儒家的思想,力主治吏而非治民,《韩非子·外储说右下》指出:

人主者,守法责成以立功者也。闻有吏虽乱而有独善之民,不闻有乱民而有独治之吏,故明主治吏不治民。

君主是依靠严守法律与责成臣下去建功立业的。只听说过即使吏治混乱而仍然能自觉守法的民众,没有听说过民众已经作乱而仍然能够依法办事的官吏,所以英明的君主需去管理好官吏,而不必去直接管理民众。韩非认为道理在于:

吏者,民之本、纲者也,故圣人治吏不治民。

官吏是民众依从遵守的样本和纲绳,所以圣明的君主只需要去管理好官吏,而不必去直接地管理民众。

孔子也十分重视对官员的管理,他特别强调官员的责任担当。《礼记·曲礼》提出,

礼不下庶人,刑不上大夫。

以往多认为其含义是庶人没有资格受礼遇,大夫拥有特权可不受刑罚,其实不然。"上下"在古语中实际上含有多少、加减的意思,那么这句话的含义应是"大夫不会因为懂得刑法而加重罪责,庶人不会因为不懂礼制而减轻罪责。"[1]事实上,《史记·五帝本纪》就记载了五帝惩办诸侯、规制刑罚的诸多事实,如黄帝"禽杀蚩尤",尧"象以典刑",流共工,"殛鲧于羽山",舜命皋陶"作士以理民"。对于犯上作乱的臣子自然应受惩处,周公亦诛管叔和蔡叔。同样,"刑不适用于大夫"于夏商周三代亦是反证颇多,夏桀、商纣、周厉王就以残暴嗜杀大臣闻名于世。故"刑不适用于大夫之说"难以成立。

孔子认为士大夫有了过错也要进行惩罚,在《孔子家语·五刑解》中有详细记载,当冉有问及孔子对大夫是否实施刑罚时,孔子说对于大夫犯罪的处理要与平民有所区别,因为,

凡治君子,以礼御其心,所以属之以廉耻之节也。

---

[1] 蔡枢衡:《中国刑法史》,中国法制出版社,2005 年版,第 180 页

对于君子的治理,要用礼来驾驭他们的思想,这样做的原因是因为把君子归属在有廉耻义节的那一类人里了。那么,大夫犯罪后,应如何处置呢?孔子说道:

是故大夫之罪,其在五刑之域者,闻而谴发,则白冠厘缨,盘水加剑,造乎阙而自请罪,君不使有司执缚牵掣而加之也。

也就是说大夫犯了"五刑"之罪,应当免冠素服到君王那里请罪,用盘子盛上水,在上面放上一把剑,请求自尽。而君王也不会派出司法官员拘捕他。这里的"五刑"是先秦时期的墨、劓、荆、宫、大辟等五种刑罚的总称。"盘水加剑"是大臣自请处死的一种方法。

对犯了大罪的,

闻命则北面再拜,跪而自裁,君不使人捽引而刑杀,曰"子大夫自取之耳,吾遇子有礼矣。"

即犯了重罪的大夫应当在听到君主的命令后,面向北方再拜,跪下引咎自杀。君王也对罪臣以礼相待,而不直接派人拘捕并施刑于大夫,而且告诉他,你是大夫,这一切是你自己造成的,我对你已经是以礼对待了。孔子认为:

以刑不上大夫,而大夫亦不失其罪者,教使然也。

由于大夫是受到教化知法懂礼的,却作奸犯科,那么,罪无可恕。所以违反了礼制,触犯了刑法,不应逃避自己的罪行而应自咎其罪。这可能称得上是中国最早的官员"问责"制度了,而非可以逃避惩处。

4.3　勤俭节制——无淫于观逸游田

勤俭节制,关心民众疾苦同样是对执政者的基本要求。《尚书·无逸中》周公就告诫成王,为政者应当,

无淫于观、于逸、于游、于田。

"观"是浏览,"逸"是安逸享受,"游"是游玩,"田"是狩猎。用今天的话就是不要沉溺于游玩享受和田猎。不要贪图安逸享受,要了解种田人的辛劳,知道他们的苦衷。《大禹谟》也提出:

德惟善政,政在养民。

罔失法度,罔游于逸,罔淫于乐。

君主应当"克勤于邦,克俭于家。"善政才是德政,德政在于使百姓生活得幸福安宁,即"养民",不要失去法度,不要沉湎于安逸,不要过分地追求享乐,要为国家勤恳工作,勤俭持家。要知道"满招损,谦受益"的道理。在《酒诰》中,周公再三劝诫年幼的康叔要吸取商亡的教训,就是商纣王"惟荒腆于酒",还不收敛自己的欲望,最后招致身败名裂。《礼记·礼运》中的"货恶其弃于地,力恶其不出于己身"

亦是教人应勤俭,不可浪费、懒惰。《左传·庄公二十四年》中将勤俭视为大德,将奢侈视为大恶:

> 俭,德之共也;侈,恶之大也。

《管子·八观》分析了执政者奢侈将导致的危险可能:

> 国侈则用费,用费则民贫,民贫则奸智生,奸智生则邪巧作。

国家用度奢侈则产生的费用就会很大,耗费太大民众难以承担就会贫困,民众陷于贫困就容易生出奸邪,奸邪产生了种种邪恶狡诈的事就大大地增多了。(这与管子提倡"侈靡"并不矛盾,"侈靡"是指生产和消费环节。)墨子力倡节用,《墨子·辞过》认为"俭节则昌,淫佚则亡。"国家提倡节俭就会事业昌盛,追求奢侈淫佚就会走向灭亡。而孟子更是对执政者提出了须"苦其心志,劳其筋骨,饿其体肤,空乏其身"的磨砺要求。

古人深刻地感悟到官员是治国的重器,要治平天下,就要对官员加以严格的要求与规范。官员选用要以德为先,官员须行为端正、处事公正,官员管理要讲责任担当,官员违纪违法理应刑责相当,官员行为要节制勤俭,以勤俭为德,以奢淫为耻。

5. 仁政难为

5.1 仁政只是理想

首先,先秦民本思想其基点并不是也不可能是科学的唯物史观,并未也不可能认识到人民群众才是历史真正的创造者,其仁政爱民的根本目的亦在于更好地维护统治阶级的利益。所以爱民是手段,是幌子,不是目的,巩固统治才是最为根本的,天下不过是皇帝的私产而已,汉高祖对自己的父亲夸耀"今某之业所就孰与仲多"不就是写真吗?这是古代民本思想无法生发出现代民主政治的原因。而且,一旦民本思想对统治者产生威胁就必然会招致反对与压制,明太祖对孟子的态度即是明证。

其次,至为关键的是与现代民主政治建设要求差异最大的是仁政爱民所依靠的并不是有效的制度建设,而是托付于执政者的道德自觉与内心良知。虽然有贤明君主的自觉,有正直士大夫的冷静,有诸子治国安邦的理想主义追求,然而由于制度建设的缺失和道德力量的软弱,使得这一传统更多的只是在道义和思想的层面存在。没有制度建设和法制建设保障的"仁政",在现实中很容易导致"两张皮",说一套,做一套。仁政是面子,维护统治是里子。而且,难以实现的政治理想最终也必然会沦为暴政的遮盖布。孔子实际上是意识到了这一点的:

子贡曰:"如有博施于民而能济众,何如? 可谓仁乎?"子曰:"何事于仁,必也圣乎! 尧、舜其犹病诸!"①

子贡问孔子:"如果能够做到广泛地施恩于百姓还能够周济大家,(做到这些)如何? 可以称得上是仁义了吧?"孔子回答:"做到这样的层次何止是仁德,一定是圣人之德了。(这样的层次和境界)就是尧舜也很难做到的啊!"

5.2　现实是血淋淋的

人们常说理想很丰满,现实很骨感。史料记载中的齐景公常常出于自己的私欲与怪癖而意图随意杀戮臣民,晋平公因为手下没有捉住自己射中的鸟就要杀人,晋文公仅仅因为烤肉上有一根头发就要杀掉负责烤肉的厨师。在他们的眼中他人的生命能值几何? 不仅君主凶残,臣子中也大有恶劣之徒。吴起不惜杀妻求将,"吴起于是欲就名,遂杀其妻"②。易牙烹子以取悦其主,"桓公好味,易牙蒸其子首而进之"③。连自己的儿子都不爱,都可以痛下毒手的人怎么可能是真正忠君之人? 而吃了人肉的齐桓公还认为易牙是大忠臣。吕后将戚夫人手脚砍掉,挖去双眼,熏聋双耳,下药让她变成哑巴,最后丢进了厕所任人凌辱,还起个名字叫"人彘"。吕后的亲儿子汉惠帝看到后大病一场,一年多不能起床,说:"此非人所为。"④受此打击的惠帝性情大变,此后不再打理朝政。

不仅视生命如草芥,许多君臣对美色的垂涎可以说是丑态百出。孔子第六代祖先孔父嘉的妻子十分美貌,同朝的宋太宰华父督看到后垂涎三尺,为了霸占美人,就杀了孔父嘉,夺了其妻,捎带将对自己的丑行看不下去的宋殇公也杀了。

宋华父督见孔父妻于路,目逆而送之曰:"美而艳。"⑤

宋督攻孔氏,杀孔父而取其妻。公怒,督惧,遂弑殇公。⑥

杀夫、夺妻、弑君,为了私欲又有什么能干不出来的呢? 齐庄公与自己的重臣崔杼的妻子私会,招致杀身之祸。⑦ 更为荒唐的是,陈灵公与大臣孔宁、仪行父一起与夏姬私通,还一同穿上她的内衣,在朝堂上戏要玩笑。

陈灵公与孔宁、仪行父通于夏姬,皆衷其衵服,以戏于朝。⑧

---

① 《论语·雍也》
② 《史记·孙子吴起列传》
③ 《韩非子·二柄》
④ 《资治通鉴·汉纪四》
⑤ 《左传·桓公元年》
⑥ 《左传·桓公二年》
⑦ 见《左传·襄公二十五年》
⑧ 《左传·宣公九年》

这种丑事竟然在《诗经·株林》中亦有描述。这些人的荒诞无耻到了只有想不到，没有做不到的地步。

即便是后来"独尊儒术"，被史家给予很高评价的汉武帝，不仅重用叹息冬季时间太短，不够满足自己杀人愿望的"酷吏"王温舒——"嗟乎！令冬月益展一月，足吾事矣！"[①]而且创制"腹诽"之法。位居九卿的颜异仅仅因为有人当其面指摘武帝所下诏令有不当之处时，稍微撇了一下嘴唇，"微反唇"，就被处死。[②] 多么惊悚啊！从此大臣人人自危，以阿谀谄媚为能以保全身家性命。不让说话的结果一定是伪善和奸佞盛行。汉武帝对大臣的督责亦严厉到被他任命的丞相几无善终，以至于公孙贺得知被任命后，不肯接受印绶，长时间地伏地哭泣不起。最后在不得已接受后长叹："我从是殆矣！"[③]注意，那时候杀大臣不是杀一人，是"诛三族"，后来发展到毛骨悚然的"诛九族"，甚至是"诛十族"。

这里不是想用道德、人性的尺码去做历史评价的标准，只是想说明，历史的真相从来都不是鲜亮温情的，先贤思想的光辉也很难掩盖历史事实的残酷，统治者的真实作为实在是罄竹难书。在肯定先秦政治的可资之处时，千万不要忘记了其残酷无情、毫无人性的一面。所以，韦政通先生告诫人们：

如果对政治上握有最高权力者，只寄望于道德。希望在道德上能自我抑制，那是对权力与人性都缺乏深刻认识的天真想法。[④]

同样对于暴君的反抗，历史真实往往是通过激烈的农民起义、通过改朝换代、通过残酷杀戮来实现的。而每一次这样巨大的社会动荡都造成民众生命、财产的极大损失，带来的是生灵涂炭，哀鸿遍野，导致社会发展的停滞甚至是倒退，使得中国社会在一次次剧烈震荡中循环，并逐渐远离世界发展的大势。先秦的民本思想并没有衍生出近现代民主政治思想和制度以及国家、民族观念，随着君主专制的盛行，孔子讲的"君民对等"，孟子强调的"民贵君轻"到了理学家那里几乎只剩下了君权至上、尊君尽忠的内容了。以韩非的"法"亦不可能生出现代的法治来，那是为秦汉以后的君主专制政体服务的，君主专制的法与现代法治实在是相距太远。当近代中国面临救亡图存的生死抉择之时，中国传统的服务于君主专制需要的政治思想与制度受到强烈的抨击也是情理之中的必然。

---

① 《资治通鉴·汉纪十一》
② 《资治通鉴·汉纪十二》
③ 《资治通鉴·汉纪十三》
④ 韦政通：《中国思想史》（下），吉林出版集团有限公司，2009 年版，第 924 页

不过依然要说的是,先秦仁政思想中的合理内涵依然是中华传统文化的精彩亮点,以人为本、民为邦本、仁政爱民、得民心者得天下、广开言路、当于民监、博施于民而能济众等思想已经深入骨髓,亦是为历代执政者的"镜鉴"。虽然做不到,但有总比没有好,知道这样的道理总比不知道的好。或许可以说伪善也是对美德的一种敬畏,即使这样会造成社会上伪君子猖獗,这可能是为了实现美好社会不得不付出的代价?

6.讽谏——先秦时期的幽默

6.1 中国人不懂得幽默吗

幽默是一种能激发起人类心理情感的智慧,是在对逻辑性进行适当调控后对现实进行某种形式的加工或者破坏。幽默需要的不仅是智商,更需要很高的情商。在先秦文献中,幽默一词最早出自屈原的《九章·怀沙》:"眴兮杳杳,孔静幽默。"当然,这里的幽默还不是今天我们说的幽默的含义,指的是万籁静谧幽深悄然的景象。

坊间曾有种说法讲中国人不懂得幽默,是这样的吗?事实上先秦元典中记录了许多幽默的事例。不过先秦时期的幽默与西式幽默有着较大的不同,西式幽默可以是更加趋向于生活化的内容,而先秦时期的幽默更多的是一种政治上的讽喻,西汉刘向在《说苑·正谏》中将孔子主张的"风谏"解作"讽谏",意为以婉言隐语规劝。不过也有人认为"风谏"与"讽谏"还是有不同的地方。林语堂认为庄子是中国式幽默的鼻祖,庄子善于用寓言来表达自己的思想和情感,许多人们耳熟能详的故事就出自庄子之手,如,庄周梦蝶、望洋兴叹、井底之蛙、邯郸学步、朝三暮四、螳臂当车、东施效颦等。诸子中许多都是寓言高手,列御寇就有杞人忧天、呆若木鸡、愚公移山、夸父逐日、高山流水、疑人窃斧等经典故事。孟子有五十步笑百步、拔苗助长、冯妇搏虎等。韩非子更是寓言大家,自相矛盾、守株待兔、滥竽充数、一鸣惊人、唇亡齿寒、买椟还珠、老马识途等等都为人们所熟知。

6.2 讽谏——政治劝诫

先秦时期诸子的幽默和寓言运用的主要不是为了轻松愉悦,更多的是借题发挥、旁敲侧击,以起到对君主进行规劝、告诫的作用。然而其中的机智、深刻与辛辣仍然令人忍俊不禁、发人深省。

齐国国相晏婴就很擅长讽谏,晏子出使楚国时"使狗国者从狗门入""婴不肖宜使楚""南橘北枳"的机智就令人捧腹。《晏子春秋·内谏篇上》中记载:

景公游于牛山,北临其国城,而流涕曰:"若何滂滂去此而死乎?"艾孔、梁丘据皆从而泣,晏子独笑于旁。公刷泣而顾晏子曰:"寡人今日游悲,孔与丘据皆从寡人而涕,子之独笑,何也?"

一次景公到牛山出游,向北眺望着齐国的都城,忽然流下眼泪说道:"怎么舍得抛弃这盛大的都城而死去啊!"跟随在一旁的艾孔、梁丘据也都陪着一起大哭起来,而晏子却在一旁哈哈大笑。景公擦掉泪水回头望着晏子问道:"今天我出游很伤心,艾孔与梁丘据都跟着我一起哭泣,您却在一旁发笑,这是为什么呢?"

晏子对曰:"使贤者常守之,则吾君安得此位而立焉?以其迭处之,迭去之,至于君也,而独为之流涕,是不仁也。不仁之君见一,陈玉。谄谀之臣见二,此臣之所以独窃笑也。"

晏子回答说:"假如贤德的人能永远守着国家,那么你怎么可能得到这个位置成为国君呢?因为他们交替着做君主,交替着离开,才会传到您这里,而您却为此流泪,这实是没有仁德的表现啊。刚才我看到了一个不仁德的君主,又看到了两个拍马屁的臣子,这就是我独自大笑的原因啊。"晏子面对景公及其佞臣的这番陈词,称得上是不留情面、一针见血。类似的劝谏在晏子与景公间有过很多,构成了先秦政治生活中独特的一道风景。

《国语·晋语四》记载,晋文公重耳在流亡齐国时,贪图齐国的礼遇,沉湎于安逸享受不想回国创立大业,"民生安乐,谁知其他?"其妻姜氏和随从屡次劝谏都不能说动他,于是姜氏与重耳的舅舅子犯一起策划,将重耳灌醉后抬上车赶往晋国。路上重耳醒来后十分生气,拿起长戈追赶子犯,一边追一边喊:我要吃你的肉才能解恨!子犯一边避让一边辩解道:"如果你能成就大业,有什么美味你会吃不到呢?而我的肉又腥又臊,有什么吃头呢?""偃之肉腥臊,将焉用之?"重耳终于醒悟于是继续上路,"遂行"。

《国语·晋语九》记载,有人打官司时向魏献子行贿,大夫阎没和叔宽打算劝谏,于是找了个机会和魏献子一起吃饭。吃饭的时候先后发出三次叹息,魏献子觉得有点奇怪就问二人道:

人有言曰:"唯食可以忘忧"。吾子一食之间而三叹,何也?

人们常说:只有吃饭时才可以忘掉忧愁。你们吃一顿饭工夫三次发出叹息,这是为什么呢?阎没和叔宽一同回答道:我们俩都是小人,很贪心。饭菜刚端上来的时候,担心不够吃,所以叹息;吃到一半时,又自责您请我们吃饭怎么会让我们吃不饱呢?故而再次叹息。后来您终于吃饱了,我们希望您作为君子,您的心就和我们小人的胃口一样,都能够吃饱而止(言下之意,我们这么贪婪的小人之腹都有限度,您如果是君子当然会有节制了),因此又发出第三声叹息。"愿以小人之腹,为君子之心。"魏献子恍然大悟,于是拒绝了贿赂。

《史记·滑稽列传》中同样记录了多位幽默大师,如劝说齐威王应当"不鸣则已,一鸣惊人"的淳于髡。阻止楚庄王欲以大夫之礼厚葬爱马,以免滑天下大稽的优孟。治理邺县,废除河伯娶妇陋习的西门豹等。这里主要说说秦国的优旃。"优旃者,秦倡侏儒也。"优旃是个侏儒,在秦国宫廷里做俳优(说唱艺人)。一次,

> 始皇尝议欲大苑囿,东至函谷关,西至雍、陈仓。优旃曰:"善。多纵禽兽于其中,寇从东方来,令麋鹿触之足矣。"始皇以故辍止。

秦始皇与大臣们商议要把皇家猎场扩大到东起函谷关,西至雍县、陈仓。优旃听到后就插话道:"这是一个好创意。建成后,一定要在里面多养一些野兽,将来万一敌人从东边打来时,就命令麋鹿用角去顶他们的脚(搞他个人仰马翻)。"秦始皇听后一笑,于是停止了扩大猎场的计划。

又一次

> 二世立,又欲漆其城。优旃曰:"善。主上虽无言,臣固将请之。漆城虽于百姓愁费,然佳哉!漆城荡荡,寇来不能上。即欲就之,易为漆耳,顾难为荫室。"于是二世笑之,以其故止。

秦二世即位后,突发奇想要用油漆来刷涂咸阳的城墙。优旃插言道:"真是个好主意!即使陛下您不提这事,我也正想向您提议呢。油漆城墙虽然耗费很大,但这么做有太多的好处了。把城墙刷得油光锃亮,一旦敌人来了想爬城墙,就怎么也爬不上来(滑也能滑死敌人)。咱们说干就干吧!不过,给城墙刷油漆倒是不难,只是要搭一个能够晾干它的棚子就有点麻烦啦。"秦二世一听也笑了,这个宏大的构想就此作罢。司马迁称赞优旃是"善为笑言,然合于大道。"虽然他常常说笑,(看似荒唐)但总是能够合乎大道。可叹的是这种事情在秦皇那里只是想法,在当下却变成现实,不是就有人做过给荒山刷上绿色油漆的事吗?

当然还有口味比较重的,据《战国策·韩策二》记载,公元前307年,楚国围困韩国雍氏达五个月之久,韩国屡次派使者向秦国求救,秦国始终不肯出兵,秦国宣太后(就是大家熟悉的芈月)希望从韩国得到更多的好处,于是对韩国的使者尚子说:

> 妾事先王也,先王以其髀加妾之身,妾困不支也;尽置其身妾之上,而妾弗重也,何也?以其少有利焉。

这段话是说,当年服侍先王的时候(即睡觉),先王把大腿压在我身上,我受不了;但先王把身体整个压在我的身上,我却不觉得重,这是为什么呢?是因为对我有好处。这可以说是先秦历史上最雷人的外交辞令了。其实就是用夫妻间行周

公之礼来加以形容,希望韩使能够明白,要秦国出兵一定要有好处,天底下哪里有免费的午餐呢。后来,有道学家因此对宣太后此举大加鞭挞。不过能够如此直白地向用"唇亡齿寒"来打动太后的韩国使者尚子说明秦国的意图,难怪芈月能这么火。

6.3 讽刺与滑稽——人情冷暖

大家一定都听说过战国时期游说列国主张合纵连横(六国联合起来对抗秦国,为合纵;秦国与六国中任何一国或多国联合,为连横)的苏秦、张仪,《战国策·秦策一》中就记录了苏秦的事迹。苏秦最初向秦王游说连横,先后十次都不被采纳,身上的钱财都花光了,衣服也穿破了,无奈之下,狼狈不堪地回到家中。但一家人见他一事无成都不待见他,

妻不下纴,嫂不为炊,父母不与言。

妻子见他回来,虽是久别重逢却连从织布机上下来迎接他都不愿意,嫂子也不给他做饭,父母不搭理他。后来,苏秦发奋读书,

读书欲睡,引锥自刺其股,血流至足。

终于学到"真经",二次出山,以合纵之策赢得诸国的信任,担任了六国的国相。再次回到家乡时,他的父母听说后,连忙清扫房屋,修整街道,布置乐队,置办酒席,一家人都出至三十里的郊外迎接他。妻子见面后不敢正视他,侧着耳朵听他说话。嫂子像蛇一样在地上匍匐爬行,再三再四地向苏秦跪拜道歉。

父母闻之,清宫除道,张乐设饮,郊迎三十里。妻侧目而视,倾耳而听;嫂蛇行匍伏,四拜自跪而谢。

见此情形,苏秦就问:"嫂子,你为什么以前对我那样傲慢,现在又是这样的谦卑呢?"他嫂子答道:"因为小叔您现在地位高贵而且十分富有啊。"苏秦不禁感叹道:"唉!一个人贫穷落魄的时候,就连自己的父母都不愿意认他。一旦有朝一日富贵了,亲戚朋友们都会非常敬畏他。由此可见人生在世,权势、地位和荣华、富贵怎么可以被忽视呢?"

苏秦曰:"嫂何前倨而后卑也?"嫂曰:"以季子之位尊而多金。"苏秦曰:"嗟乎!贫穷则父母不子,富贵则亲戚畏惧。人生世上,势位富贵,盖可忽乎哉?"

邹忌为齐相,身长八尺,形象光彩照人。一天他照着镜子,越看自己越美,就问他的妻子:"我与城北的徐公相比,谁更美呢?"妻子说:"你美极了,徐公怎么能比得上您呢?"城北徐公是齐国公认的美男子,邹忌有点不自信。于是又问他的小妾:"我与徐公谁漂亮呢?"小妾说:"徐公哪里比得上您呢?"来了一位客人,邹忌言谈间又问他:"我与徐公谁漂亮呢?"客人说:"徐公比不上您漂亮啊!"好在邹忌还

没有被美言冲昏头脑：

　　吾妻之美我者，私我也！妾之美我也，畏我也！客之美我者，欲有求于我也！①

　　我的妻子说我比徐公漂亮，是因为她偏爱自己的丈夫。小妾说我漂亮，是因为她害怕我所以想讨好我。客人说我漂亮，是因为他有求于我。人性都有难以避免的弱点，喜欢被恭维、被奉承，喜欢众星捧月的感觉。看来一个人如果没有清醒的头脑，想拒绝别人的奉承并不是容易做到的。而且好听的话本来就让人会很惬意。

　　也有滑稽可笑的。《礼记·檀弓上》里记载了这么一件事，齐国大夫陈庄子死了，鲁缪公不想为他哭，（因为依照礼制，国君没有哭邻国大夫之礼，但齐强鲁弱，陈氏又是齐国的权贵，鲁君虽不想哭，却又颇有顾忌。）于是召见大夫县子向他请教该怎么办，县子说："哭有二道：有爱而哭之，有畏而哭之。"就是说哭有两种情形，一种是因为"爱他"而哭，一种是因为"怕他"而哭，缪公说：是因为怕他而哭。县子就出了个主意："请哭诸君异姓之庙。"如果是这样，那您就到异姓的宗庙去哭吧。"于是与哭诸县氏"，于是缪公就到县氏的宗庙去哭了一场。还有这种神操作？

　　幽默不同于滑稽，也不同于讽刺，又与两者不可分割。先秦时期的幽默体现了古人的智慧与胸怀，也构成为先秦文化活泼可爱的一页。所以，谁还能说中国人没有幽默？

　　先秦时期的民本政治思想主要是自西周时始，在春秋末年和战国时期发展起来。"先秦诸子，各立门户，辩生末学，相攻尤烈。"②构成了中国政治思想的第一个阶段，并对后世产生很大的影响。其中既有统治者自身的经验总结和反省，也有先秦诸子怀抱着强烈的入世精神和责任担当，为实现经世济民的志向提出的思想主张。对于先秦时期的民本政治思想，大体应有这样的几种态度：虽然这些还远不是现代民主政治思想，但有胜于无。这是其一。尽管有对仁政、王道社会、小康、大同世界等的构想，然而客观而言，君主的荒淫残暴、骄奢淫逸，百姓的生灵涂炭、水深火热应当是先秦时期的真相。仁政是理想而不是现实，是目标而不是结果，是应然而不是实然。这是其二。先秦政治思想给予当下的启示与思考才是最具现实价值的，其中不乏思想的火花与亮点，并对中国人的政治观念产生了深远

----

① 《战国策·齐策一》
② 萧公权：《中国政治思想史》，新星出版社2010年版，第4页

至今的影响。这是其三。先秦现实政治实质上是"霸道"而不是"王道",君王们真正运用的往往不是儒家的"仁政",而是法家的"法术势",仁政很可能只是门面,为达目的无所不用其极才是真实的历史。这是其四。另外还是要说一下,提倡和推崇的不一定是已经拥有和做到的,尽管先秦民本思想有着许多的亮点,但是不是当时社会政治生活的现实是要打上一个大大的问号的。也许正因为如此,先秦时期就初步开始了"知行关系"的思考,《尚书》里讲"非知之艰,行之惟艰。"《左传》中亦讲:"非知之实难,将在行之。"①知行关系也从此构成宋明时期儒学的一个大课题。

①　《左传·昭公十年》

第七章　先秦元典的思想内涵之仁者爱人与"智勇"风骨——立人之本

对政权的持有者要求为政以德，亲民爱民，力求政通人和，博施民而能济众，实现社会的良性运行，在完成了权力、官员与民众关系的思考与设计后，社会生活中人与人应当如何相处呢？德政的道义支持是"仁"，德政不等于仁，仁包括德政。先秦思想家们尤以早期儒家为代表对人与人的关系提出了既具理想性又具一定可行性的设计与构想，即大千世界中芸芸众生如何相处。先秦时期把人与人的关系称之为"人伦"，人伦有五，父母、君臣、夫妇、兄弟、朋友。其核心就是"仁者，爱人"。

1.仁爱是如何产生的

我们要找到仁爱思想产生的原点，仁爱的起源是什么。自然界中生命的生存法则是"弱肉强食""优胜劣汰""物竞天择""适者生存"，这样的法则是残酷的、血淋淋的，要知道"人之所以异于禽兽者几希"，①那么，从自然界中站立起来的人何去何从？事实上，人类社会就是一个不断地摆脱蒙昧野蛮走向文明的进程，人类的文明进步就是一个不断摆脱兽性，建立、充实、丰富人性的过程。仁爱是如何从使人成为人的众多选项中脱颖而出的呢？

1.1　"仁"的字义分析

《说文解字》云：

仁，亲也，从人二。

原来"仁"源于人与人的关系，源于人的社会性，源于"人能群"。对此解说，学界尚有争议，不过任何实存的个体都不是独立自在、与外界与他人毫无关系的，人必须产生、存在于各种社会关系之中。每个人为了自身的生存、延续和发展都要

---

① 《孟子·离娄下》

通过各种方式不断地满足自身的需要,为此就会与自然、社会、他人发生着各种各样的关系。在这个过程中,在社会中的现实的人不仅有利己还有利他,西方在讲个人主义时却只关注了人的利己心,却忘记了人还有利他心。正因为如此,人类社会的运行、人的生存、生活不能遵从"丛林法则"。

《说文解字》又云:

古文仁,从千心。

再云,

古文仁,或从尸。

"从千心"就是讲仁"从身从心"。这里可理解为仁源于"人同此心,心同此理",这样的解释是应当可以成立的,比如斯密在其《道德情操论》里对人类同情心与道德共识的分析即是一例。庞朴先生对"从尸"做了自己的解读,他认为,"尸"是指尸方,是指先秦时从山东沿海到江苏北部一带,在当时属于偏远地区即"东夷"。这个地方保留了人与人之间的亲爱之情——仁,"仁"是尸方人的具有地域性的行为规范和道德准则。① 春秋时期礼崩乐坏,所以孔子要去那还保留着古朴传统的地方寻求做人的道理,"礼失而求诸野"②。

1.2 "仁"的观念的流变

"仁"字在春秋以前较为少见。在《诗经》和《尚书》中偶尔会出现,如在《诗经·郑风·叔于田》:"不如叔也,洵美且仁。"《诗经·齐风·卢令》:"其人美且仁。"主要描写人既具有外在的美——俊秀、英武,又具有好善仁德的行为风格。《尚书·金縢》:"予仁若考,能多材多艺,能事鬼神。"我(周公)具备像你父亲一样的仁德,既多才多艺,还能够侍奉鬼神。这是讲王者的为人品格和德性。这时候的"仁"还没有确切一致的含义。后来,人们逐渐将"仁"作为一种美德,

为仁者,爱亲之谓仁,为国者,利国之谓仁③。

爱亲是一种美德,利国也是一种美德。这里就将爱亲和利国的行为与情感逐渐地联系起来。之后,经过孔子的整理与阐发,仁表现在爱亲为孝悌,表现在国家就是利国为仁(民)即德政。据统计,《论语》中"仁"字出现了 105 次,"仁"成为孔子思想的核心范畴之一。而且在孔子那里,"仁"成为所有道德准则的基础和核心。冯友兰先生认为仁是"心之全德"。从哲学层面上讲,"仁"为本体,是内在的;

① 庞朴:《中华文化十一讲》,中华书局,2008 版,第 100—102 页
② 班固:《汉书·艺文志》
③ 《国语·晋语一》

"礼"是仁的外化,是仁的实践,两者的结合就是"文质彬彬"。仁首先源于亲情,其中家庭亲情中的"孝"很重要,是仁的起点和发端。由亲情出发的"仁"推开、延伸到各个方面。

做人要讲仁,"君子务本,本立而道生。孝弟也者,其为仁之本与!"(《论语·学而》)

择邻而居要讲仁,"里仁为美。"(《论语·里仁》)

求学要讲仁,"博学而笃志,切问而近思,仁在其中矣。"(《论语·子张》)"当仁,不让于师。"(《论语·卫灵公》)

行王者之道要讲仁,"如有王者,必世而后仁。"(《论语·子路》)

个人修为要讲仁,"知者乐水,仁者乐山。知者动,仁者静。知者乐,仁者寿。"(《论语·雍也》)

君子的道行要讲仁,"志于道,据于德,依于仁,游于艺。"(《论语·述而》)

君子"三达德"包含仁,"知者不惑,仁者不忧,勇者不惧。"(《论语·子罕》)"智、仁、勇"大体相当于今天所说的知、情、意。

身为君子要主动为仁、向仁,"仁远乎哉?我欲仁,斯仁至矣。"(《论语·述而》)

什么不是仁?

巧言令色,鲜矣仁!(《论语·学而》)

什么接近于仁?

刚、毅、木、讷近仁。(《论语·子路》)

什么是仁?

樊迟问仁。子曰:"爱人。"(《论语·颜渊》)

子张问仁于孔子。孔子曰:"能行五者于天下,为仁矣。""请问之。"曰:"恭宽信敏惠。恭则不侮,宽则得众,信则人任焉,敏则有功,惠则足以使人。"(《论语·阳货》)

樊迟问仁。子曰:"居处恭,执事敬,与人忠。"(《论语·子路》)

什么是仁的最低标准?

己所不欲,勿施于人。(《论语·颜渊》)

什么是仁的最高标准?

己欲立而立人,己欲达而达人。(《论语·雍也》)

达到仁的表现是什么?

唯仁者能好人,能恶人。

苟志于仁矣,无恶也。(《论语·里仁》)

仁者,其言也讱。

君子以文会友,以友辅仁。(《论语·颜渊》)

怎样才能捍卫仁?

士不可以不弘毅,任重而道远。(《论语·泰伯》)

志士仁人,无求生以害仁,有杀身以成仁。(《论语·卫灵公》)

仁难为!

仁者必有勇,勇者不必有仁。(《论语·宪问》)

仁以为己任,不亦重乎? 死而后已,不亦远乎?(《论语·泰伯》)

微子去之,箕子为之奴,比干谏而死。孔子曰:"殷有三仁焉。"(《论语·微子》)

仁的理想目标是什么?

四海之内,皆兄弟也。(《论语·颜渊》)

孟子继承并进一步发挥了孔子关于"仁"的思想,他讲"仁者,爱人。"① 孟子讲"仁"有这样几点推进和发展。一是将仁与礼更加紧密地结合起来。在《孟子·离娄下》里,孟子认为:

君子所以异于人者,以其存心也。君子以仁存心,以礼存心。仁者,爱人。有礼者,敬人。爱人者,人恒爱之。敬人者,人恒敬之。

这是说君子和普通人的区别在于,君子能够保持心中的仁德。将仁与礼深深地根植于内心之中。仁,是对人的爱心;礼,是对人的尊敬。仁是本性,礼是行动。能够爱人的人,人们也会爱他;能够尊敬他人的人,人们也会尊敬他。二是提出"仁"具有人性本体的意义。在《告子上》里讲:

仁,人心也。

就是认为仁是人的本性。孟子在人性问题上是主张"性善论"的,他认为人有"恻隐之心、羞恶之心、恭敬之心、是非之心"。这些是人所固有的,不是外在的,"非由外铄我也,我固有之也"。三是把仁与义结合起来。还是在《告子上》里:

仁,人心也。义,人路也。

仁是人的本性,义是保持人性(善)、实践人性(善)的准则。义是什么? 义是适宜,义者宜也。怎么行仁? 要有规矩,通过对规则的制定与遵守,实现人与人之间的仁爱。在儒家看来,人与人之间的仁爱是有差等、有区别的。如果没有规矩

---

① 《孟子·离娄下》

就乱套了,反而不能做到仁爱。四是把仁落实在现实之中,就是行仁政。这是孟子讲"仁"的核心点。与孔子略有用词的不同,孔子讲"德政",孟子大讲"仁政"。孟子的志向是要建设"王道"社会的,这样的社会里君主就是行仁政,要"爱民",而孟子面对的现实是"未有不嗜杀人者也"①。要能做到"不嗜杀人"就能够无敌天下,建设成王道社会,所以他讲"仁者无敌"。孟子希望为上者即君王能够做到:

　　乐民之乐者,民亦乐其乐。忧民之忧者,民亦忧其忧。乐以天下,忧以天下同,然而不王者,未之有也。②

　　孟子的思想核心是"爱民",他希望实现天下太平、百姓安居乐业、国家统一的政治抱负,"老吾老以及人之老;幼儿吾幼以及人之幼"③,认为要做到这一点就要施行仁政。不能施行仁、义的君主就是不合乎为君之道的独夫民贼,人人可以得而诛之。

　　这里有一点必须澄清,《周易》里讲"地势坤,厚德载物"。人们对此的认识往往不到位,以为既然天地的本性是仁爱、宽厚的,既然人性源于天性,人间就应当是充满了爱。如果是这样,那么为什么还要强调仁爱呢?其实自然中不仅有温情还充满了凶险,不仅有美好还充斥着丑恶。讲"地势坤,厚德载物"是讲大地胸怀之博大在于容纳万物,特别在于对万物一视同仁,正如老子所讲,"天地不仁,以万物为刍狗"。④ 换句话说,大地以博大胸怀承载万物,但并未完成择善抑恶,而只是顺其自然。人类社会却不能如此便宜行事,人不可与禽兽相提并论,动物是顺其自然、适者生存,而人类的进步之要义在于"择善而从",这是人类社会赖以产生、存在和发展的要件,因此才讲立人之道在于仁与义。

　　1.3　"仁"的产生

　　"人伦肇端于夫妇",《周易·序卦传》讲:

　　有天地,然后有万物;有万物,然后有男女;有男女,然后有夫妇;有夫妇,然后有父子;有父子,然后有君臣;有君臣,然后有上下;有上下,然后礼义有所错。

　　"错"这里是放置、安排的意思。这就是说从万物生成、男女交媾、夫妇之理出发,推而大之、推而远之、推而广之到社会、国家、人类、宇宙等。因此,要看到古人论"仁"是与血缘关系、亲情关系紧密相连的。

---

　　① 《孟子·梁惠王上》
　　② 《孟子·梁惠王下》
　　③ 《孟子·梁惠王上》
　　④ 《道德经·5章》

"仁"的最初意思是指血缘亲族之间的感情以及由此延伸出的宗族内部的亲情。因此,《说文解字》所云"仁,亲也",强调的就是"亲亲",即,有血缘关系的人之间的某种情感。①

血缘关系首先涉及的是孝与悌。孝是对父母长辈的,悌是对兄弟姐妹同辈的。或许有人会问,为什么没有讲对子女晚辈的。从生命传承的角度讲,"爱幼"是生物本能,孝悌才是人文,是文明进步的产物。所以《论语·学而》中才讲:

孝弟也者,其为仁之本与。

孝顺父母,敬爱兄长,这就是仁爱的根本啊。孝具有维系亲情,稳定家庭、社会,实现血脉传承的基本功能。在中国这个农业社会里,以家庭及其家族为其基本社会单元,孝能够维系亲情,规定长幼秩序,是维系社会正常存续的基本的伦理规范。

现实的人的第一层社会关系是别无选择的血缘关系。人不是孙悟空,不是从石头里蹦出来的,不是天造地设,人是依赖于血脉相传的。《孝经·开宗明义》里讲:

身体发肤,受之父母,不敢毁伤,孝之始也。

人的生命是父母给的,不仅给了你生命,还要养育你、照顾你。不仅生还要育,即使不从报恩的层面分析,仅只从生命传承的可能与意义分析,我们每个人都是生命链条中的一环,每一代人同样是生命传承中的一环。在这样的生命链条中,自然法则对每个人都是同等的、公平的,是父母生养的我们,给予我们生命,因此面对父母自当回报。然而在现实中,道理有时候往往不能自然地成为情理,也不一定必然地成为人们的行为准则,所以才讲:

夫孝,德之本也,教之所由生也②。

孝,是道德的基础和根本,是后天教育而生成的。"教"从字形上看,就是"孝"加上"文",即"孝"是通过后天的"教"实现的,是教育、教化的结果。儒家的仁爱思想正是从"孝亲"中引申出来的,孝亲是由血缘关系产生的。由于血缘关系是任何一个个体的人不得不首先接受、面对、处理的关系,这是生命给定的,没有选择也无法选择。所以,孝是仁的根本、根基。当原始人类不再把老人视为无用和负担的时候,就标志着人这个物种从此走上了与禽兽不同的发展道路,这是人类文明进化的重要一环。道德规范不是天上掉下的馅饼,而是源于人的生命活动的基本

---

① 庞朴:《中华文化十一讲》,中华书局,2008版,第103页
② 《孝经·开宗明义》

要求,也是人类走向文明的标志,是教育生发和存在的缘由。

1.4 仁亦有度

孝讲求回报,孝就是回报,然而孝亦有度。《孔子家语·六本》中记载了一件事:

> 曾子耘瓜,误斩其根。曾晳怒,建大杖以击其背,曾子仆地而不知人,久之。有顷,乃苏,欣然而起,进于曾晳曰:"向也参得罪于大人,大人用力教参,得无疾乎?"退而就房,援琴而歌,欲令曾晳而闻之,知其体康也。

曾晳、曾参是父子,都是孔子的学生。曾参著有《大学》《孝经》等。曾晳就是那个说过:"莫春者,春服既成,冠者五六人,童子六七人,浴乎沂,风乎舞雩,咏而归。"引得"孔子喟然叹曰:'吾与点也!'"的曾点。这个事情是说,有一天,曾参在瓜地里除草,一不小心把瓜秧的根锄断了,曾晳非常生气,拿起一根大棍子,狠狠地打在曾参的背上。曾参倒在地上很久都不省人事,过了好一会儿才苏醒过来。醒来后,他神色轻松地站起来,上前对曾晳说:"刚才我得罪了父亲大人。(气得)你用大棍子用力地教育我,你的身体没有因此受到伤害吧?"说完后还不放心,于是又回到屋子里,边弹边唱,想让曾晳听到,知道他的身体已经康复了(请父亲不要为刚才的行为感到不安)。

然而,孔子知道后非常生气。

> 孔子闻之而怒,告门弟子曰:"参来勿内。"

告诉守门的学生:"曾参来了不要让他进来。"孔子弟子三千,其中能够"登堂入室"当面亲耳聆听孔子教诲的并不多,不让曾参进门已经是很重的惩罚了。

曾参以为自己并没有过错,于是请人去向孔子求教(为什么不让他进门)。孔子说:"你没有听说过吗?从前瞽瞍有个儿子叫舜,舜服侍他的父亲时,随时都跟随在父亲的身边。但是当瞽瞍想杀掉舜时,却从来都找不到他。父亲用小木棍打他,他就等着受过挨打;而用大木棍打他的时候他就逃走。所以瞽瞍没有犯下不遵守父道的罪责,而舜也没有丧失他应尽的各种孝道。今天你服侍你的父亲,你父亲大发雷霆时,你也不躲避(还用自己的身体承受)。如果你被打死了,就会让你父亲陷于不义之地,还有哪一种行为比这更不孝的呢?明明知道这样的行为不对,你不去制止,不去躲避,反而用自己的生命去维护所谓的孝道,你的罪过太大了。

一定要注意,行仁必须能知即智。"知"一是要真正地懂得什么是仁,二是要知人。孔子讲"仁者安仁,知者利仁"①。仁者能够坚守仁,时刻施行仁;智者能够正确地认识并实践仁。仁有道,孝亦有道,没有底线的孝是"愚孝"。《论语·里仁》中讲,"事父母几谏"。就是说侍奉父母时(如果他们有了过错)要委婉地加以劝阻。孟子也讲父母有了过错不去规劝而是疏远他们,就是不孝。② "愚孝"不是孝。

没有底线的忠是"愚忠"。"愚忠"不是忠。所以当齐庄公被杀后,晏子虽哭之但并不为之去死:

社稷是主。……社稷是养。故君为之社稷死则死之,为社稷亡则亡之。若为己死而为己亡,非其私昵,谁敢任之?③

(君主是国家的主人,臣子是国家的保护者。)如果人君为了国家而死,那么做臣子的就应当和他一同去死;如果人君为了国家而逃亡,那么做臣子的就应当和他一同去逃亡。如果人君是为了自己的私事而死的,我又不是他的私人物品,怎么能承担这个责任呢?

2. 怎样行仁

2.1　克己复礼为仁

首先要主动向"仁",

仁远乎哉? 我欲仁,斯仁至矣。

这里不仅是说,我要行仁,仁就一定会达到。还在于强调内心要有向仁、行仁的自觉。仁是内在的,不是外在的;仁是需要主动和自觉,也是需要后天不断地养护和培育的。一个人有仁德之心,却无仁德之行。或者不愿为之,或者不能为之,或者没有自觉、主动的行动,是不能称之为仁的,这是在仁的问题上的自觉与自律。第二,孔子回答弟子颜渊:"克己复礼为仁"。④ 原来"仁"就是节制自己的欲望,用礼法规范自己。在这个世界上,能够遵循自身的欲望无所不为这是所有人都能做到的事情,遵从责任、道义、信仰有所不为那才是真正的君子。当颜渊问孔子"克己复礼"有什么具体的要求时,孔子提出:"非礼勿视,非礼勿听,非礼勿言,非礼勿动"。⑤ 不能超越或无视规则去做事,规则是人类社会走向文明的标志和

① 《论语·里仁》
② 《孟子·告子下》
③ 《左传·襄公二十五年》
④ 《论语·颜渊》
⑤ 《论语·颜渊》

要求,其中对人的基本权利的维护成为人类文明的开端和基点。所以汉高祖进入咸阳城后首先"法三章"。不仅是法律,任何道德规范也都需要一些基本的禁忌,需要厘定一些"不能为""不可为""不应为"的领域。做人要懂得必要的界限和必需的节制,不可随心所欲、任性随意,更不可为所欲为、恣意妄为。宗教同样如此,《旧约》中有"摩西十诫",佛门有"五戒十善"。

2.2 从我做起

行仁的要义在于"从我做起",从自己做起,立足于"反求诸己"。行仁不是对别人的要求,而是对自己的要求;行仁不是要求别人要怎样,而是自己要怎样;行仁不是推出去,而是揽过来。要积极主动地践行。同时,遇到问题先从自己查找原因,不是把责任推出去,而是揽回来;遇到困难不是只讲客观情况,更要分析主观因素,看看自己有什么不足。面对责任要勇于承担;道德修为在于己修己成。正所谓:性由天生,德由己成。凡事先问问"我怎么了""我做得怎么样""换了别人会怎么样""别人会这样吗""我怎么会这样"。只是在现实生活中,很多人遇到困难总认为是别人的问题,遇到失败就是别人的责任。成功了就趾高气扬、目空一切,失败了就垂头丧气、怨天尤人。看到社会生活、国家发展中存在的问题,往往只是做一个批评者、旁观者,却忘记了自己的责任与担当,忘记了自己作为社会一员、作为国家公民为这个社会、这个国家应有的担承。不要忘了孟子说过的话:

爱人不亲,反其仁。治人不治,反其智。礼人不答,反其敬。行有不得者,皆反求诸己。其身正而天下归之。《诗》云:"永言配命,自求多福。"[①]

我关爱人,人们却不亲近我,那就要反省自己的仁爱是不是真诚,做得是否合宜;管理大家没有管好,那就要反省自己的智慧和知识够不够;礼貌待人,却得不到应有的回应,就要反省自己是否还做得不够。任何行动没有得到预期的效果,都要反身思考,从自己查找原因。自身的行为言谈端正了,天下的人就会归顺他。正如《诗经·文王》所说的:要顺应天意,幸福是要靠自己的努力才能得到的。

2.3 从小事做起

行仁的要义还在于从小事做起。凡事无论大小都起于细微点滴之处,要成就大业,先从头开始。老子就说过:

天下大事必做于细,天下难事必做于易。

合抱之木,生于毫末;九层之台,起于累土;千里之行,始于足下。[②]

---

① 《孟子·离娄上》
② 《道德经·63、64 章》

　　大事一定是从小事做起,难事一定是从简单处开头。人的一生中哪里会有那么多轰轰烈烈? 更多的是鸡毛蒜皮。善于注重小节才能成就大业。中国古人的道德修为就是从自己开始,从点滴开始,扫得了一屋才能扫得了天下,这是自身的修为,这是别人代替不了的。故先修身,再齐家,然后才能治国平天下。小事是历练,大事是担当。

　　在行仁的问题上还须执着坚定,绝不能妥协退让。

　　志士仁人,无求生以害仁,有杀身以成仁。①

　　在孔子看来,志士仁人不会在仁的问题上苟且偷生、贪生怕死,为了践行仁可以不顾自身的安危,甚至能够不惜牺牲自己的生命。在行仁弘道的原则问题上,古圣先贤没有丝毫的犹豫和退让,即使要为此付出生命的代价亦在所不辞。这也正是为孟子所力倡的"富贵不能淫,贫贱不能移,威武不能屈"的大丈夫人格。

　　2.4　以对等的原则行仁

　　先秦文化讲对等,"己所不欲,勿施于人"。出发点是群体关系,在一个群体中,人与人关系处理的基本要求是对等。人类生存是社会性生存,所谓社会性生存是指人类是在群体中、在群体关系中、在一定的具体组织形式中生存的。任何社会关系都是有层级结构的,在层级结构中生存的个体的关系一定是有层级的。人与人之间关系处理的原则自然应当是对等,只有这样才能恰如其分。所以当有人问孔子:以德报怨,何如? 孔子说:"(以德报怨,)何以报德? 以直报怨,以德报德"。道德的遵循是要讲回报的,不能只是付出。一个人努力工作、爱岗敬业是要能够得到公平合理的报酬;一个人友爱他人是要能够得到对方的友爱。只求付出不求回报的道德行为是圣人才能做到的。道德行为的遵守与付出是双向的,付出者和享有者是相互回应的,利益是共享的。这是源于道德是人与人、人与群体和社会之间的关系规范,这是一种对应关系,不是单向度的。道德作为一种关系准则,是在双方或多方的关系下存在的。即使是爱国主义情怀同样具有双向性,民众热爱国家、建设国家、保卫国家,国家护佑人民、造福人民。

　　在人与人之间关系的处理上,社会运行的基本要求在于公平(公正),只有公平(公正)实现了,社会才能安定。斯密说过,正义比仁慈更重要,一个社会如果没有仁慈,尽管过得不是十分舒适但仍然可以存在;但如果没有了正义一定会摧毁这个社会。② 因此当子贡赎人不求回报时,孔子就提出了批评,因为他的作为超

---

　　①　《论语·卫灵公》
　　②　[英]亚当·斯密著,谢宗林译:《道德情操论》,中央编译出版社 2009 年版,第 103 页

出了社会一般的道德行为标准,换言之其超出时代常态的无私行为使得这种义举有沦于无人作为、无人愿为的可能;而在子路救人得牛后,孔子闻之欣然赞道:"鲁人必拯溺者矣。"这则故事见《吕氏春秋·察微》:

> 鲁国之法,鲁人为人臣妾于诸侯,有能赎之者,取其金于府。子贡赎鲁人于诸侯,来而让,不取其金。孔子曰:"赐失之矣。自今以往,鲁人不赎人矣。取其金则无损于行,不取其金则不复赎人矣。"子路拯溺者,其人拜之以牛,子路受之。孔子曰:"鲁人必拯溺者矣。"孔子见之以细,观化远也。

鲁国有法律规定,凡是鲁国人在别的诸侯国做奴隶的,如果能够把他们赎回来的,可以从国库里领取酬金作为补偿。子贡将鲁人从别的诸侯国赎回后,却辞让不领取酬金。孔子知道后说:"端木赐这样做是不对的。从今以后,鲁国人不会再去赎人了。领取国库的酬金不会损害一个人的品行,不领取酬金就不会再有人去赎人了。(因为你赎了人不领取酬金的做法会让其他人也不好意思去领取酬金,不能领取酬金还要赎人,这是大多数人都做不到的。)"子路救了一个落水的人,被救者送给他一头牛表示感谢,子路欣然接受了。孔子又说话了:"从此鲁国人都会去救人了。"(不仅冒着危险救了他人性命,还因为这样的行为得到了应有的回报。)孔子从细微之处考察一个人践行"仁"的行为的影响,从而能够看到事情发展的趋势与可能。

这一思路对治理当今中国社会的道德乱象则极具启示意义,原因在于即使是道德亦有公德与私德之别,有良善美德与基本道德之分。如公共汽车上让座体现的是尊老爱幼的美德,我们不能强求只宜提倡,不能用违法方式强迫他人让座,更不能有意炒作"不让座"的行为以挑战美德。我们不能用无德挑战美德,用低俗践踏良善,也不能用违法的方式捍卫道德。再如无良的人自己摔倒后讹人,侵害的是美德,伤害的是人与人之间的信任与友爱,造成的是人与人之间的冷漠,这种行为不仅失德、缺德,更涉嫌诬陷、敲诈,对正常的社会秩序,对良善行为,对好人好事有着极大的伤害,事情虽小贻害极大。对此公权力要主动作为,进行严厉打击,让其行为得不偿失。又如过去我们鼓励人们做好人好事时,提倡不求回报。做好人好事,助人为乐、见义勇为是美德,并非人人都能主动、亦非人人都能够做到,因此就不仅要有精神层面的奖励,更要有物质层面的奖励。试想,如果能够通过必要的,也可以是丰厚的物质奖励,从而在全社会上形成良好的风尚又何乐而不为呢?以金钱、物质和名誉的付出换来社会的进步、美德的张扬、人与人之间的友善又有何不可呢?人们往往把赚钱作为生活中的一大目的,其实如果说获得金钱是目的也只能是阶段性的目的,最终的目的是要通过获得金钱实现对幸福生活的追求,从根本上讲金钱只是手段和工具。既然金钱是工具,是实现目的的手段,那么,工具就是要使用的。如果工具的使用能带来美好良善的结果,为什么不能做呢?所以我们要构建一个好人不吃亏的社会制度和社会风尚,要让好人做好事有好报。如果能够做到好人有好报这个社会就一定是美好社会。

2010年,新京报网报道,一位杭州市民不慎在晨练时跌入西湖,周围人将她救起送至医院,见义勇为者中就有一位八旬老人。被救者向老人表示感谢时,这位老人不要一分一厘,但提出了一个特别的要求——宣传这件好人好事。被救者的女儿发帖叙述了此事,谈及自己的纠结时:"我内心真是五味杂陈。本来一件见义勇为的好事,如今哽得我像吃了苍蝇一样……"是啊,救了人,该不该"求表扬"?做好事不求名、不求利,这是我们中华民族的一种美德,社会上也存在很多这种无私可爱的人,这种精神值得弘扬。但是出于人性角度来说建立更好的见义勇为表扬奖励机制才是根本。社会道德的进步并不能永远只靠自觉,无私与高尚,更多应该是宣扬、奖励与保障。①

3. 仁爱如何生发散播,惠及众生

3.1 推己及人

首先是推己及人。孟子认为:

> 恻隐之心,人皆有之;羞恶之心,人皆有之;恭敬之心,人皆有之;是非之心,人皆有之。恻隐之心,仁也;羞恶之心,义也;恭敬之心,礼也;是非之心智也。仁义礼智,非由外铄我也,我固有之也,弗思耳矣。②

正因为恻隐之心、羞恶之心、恭敬之心、是非之心是人的天然本性使然,是人之固有即人皆有之。人同此心、心同此理,我们待人接物才要将心比心、一视同仁,而不应亲疏有别、内外有分。

只爱自己还不是仁,正常人都会爱惜自己,仁是自己与他人的一种关系。如果只爱自己而对他人却恣意伤害,那就更不是仁了。从爱护自己的本性出发,先是关爱亲人,再是关爱他人,"故人不独亲其亲,不独子其子"③。还应当对待别人的老人也要像对待自己的老人一样尊敬,对待别人的孩子也要像对待自己的孩子

---

① 新京报网:《杭州八旬老人跳水救人"求表扬"》,http://www.bjnews.com.cn/news/2010/08/02/57002.html
② 《孟子·告子下》
③ 《礼记·礼运》

一样爱护,即"老吾老,以及人之老;幼吾幼,以及人之幼"①。不仅在日常生活中应该这样,在社会生活中也应当这样。

推而广之,统治者同样应当有仁爱之心,有爱民之心,努力推行仁政。孔子要求对百姓要"庶之、富之、教之",孟子认为仁者无敌,希望执政者行仁政,要使百姓有"恒产",要做到"乐民之乐者,民亦乐其乐。忧民之忧者,民亦忧其忧。"②要建设王道社会,保证民众的生存权、健康权和财产权。

3.2　同心圆放大

其次是同心圆放大效应。董仲舒讲"推恩者,远之而大"③。有一个基本点,然后一层层一圈圈放大、扩散出去,推而远之,由小到大,由点到面,将仁爱之心、仁爱之为推广出去惠及民众、惠及四方,由孝亲到关爱他人再到爱社稷、爱天下。为此,第一要务是夫妻恩爱、家庭和睦。家庭是人类社会最基本的社会组织,需要完成养育后代、赡养老人、满足生理欲望、实现情爱的要求。古人认为兄弟如手足,然而两个毫无血缘关系的人走在一起后如何成为血肉相连不可分离的一体?

昏礼者,将合二姓之好,上以事宗庙,而下以继后世也。共牢而食,合卺而酳,所以合体同尊卑以亲之也。故曰:昏礼者,礼之本也。④

通过这一仪式,实现"宴尔新昏,如兄如弟。"⑤两个不是兄弟即没有血缘关系却因为婚姻走到一起的人不仅要相濡以沫,同甘共苦,情同手足,还要百年好合,执子之手,与子偕老。两个人组成家庭不只是男欢女爱,更要完成承上启下、承继过去延续未来的责任。上要孝亲下要爱子,这只是人生的第一步,要完成这一步就要自我修为。《礼记·大学》在谈到君子的修为时指出:

古之欲明明德于天下者,先治其国;欲治其国者,先齐其家;欲齐其家者,先修其身;欲修其身者,先正其心;欲正其心者,先诚其意;欲诚其意者,先致其知,致知在格物。物格而后知至,知至而后意诚,意诚而后心正,心正而后身修,身修而后家齐,家齐而后国治,国治而后天下平。

这里的行为路线是身修、家齐、国治、天下平,这是一个由小及大,由内及外,由个体到群体,由个人到社会、国家的层层放大的过程。这即是一个从小事做起,逐步再到做大事的过程,也是一个不仅要自己好、还要家人好、朋友好、人人好、社

---

① 《孟子·梁惠王上》
② 《孟子·梁惠王下》
③ 《春秋繁露·竹林》
④ 《礼记·昏义》
⑤ 《诗经·谷风》

会好的进程,一个不仅要提升自我,还要帮助别人,服务社会的进路。一个真正的君子不仅要自我的修养提升,还要带动别人一同进步。不仅要管好自己、管好家人,还要自觉主动地为社会、为国家做贡献。不仅要做人同样也要做事。不仅要修己,还要安人。为此要求大丈夫当志存高远,不仅要独善其身,还要兼善天下。所以这里的放大不仅是广度的,还是深度层面的,是有着升华的。

4.仁爱的衡量标准是什么

4.1 己所不欲,勿施于人

关于仁爱思想的内涵我们已经说了很多,这里特别要强调的是古人践行仁爱的衡量标准、尺度。这个标准有二,一是己所不欲,勿施于人;[①]二是己欲立而立人,己欲达而达人。[②] 前者是"恕",后者是"忠"。前者是说"不要做什么",后者是说"要去做什么";前者是消极原则,是底线;后者是积极原则,是理想。先谈己所不欲,勿施于人。它要求的是待人如待己,平等对待是该准则的关键。具体说来它包含了这样几个方面的含义:

自己不想做的,就不要要求别人去做;

自己做不到的,就不要要求别人做到;

自己不想对别人做的,也不要要求别人对自己做;

自己不想别人对自己做的,自己也不要对别人做。

换言之,就肯定意义而言就是:你想让别人对你怎样,你就要对别人怎样;从否定意义而言则是:你不想让别人对你怎样,你就不要对别人怎样。一句话就是"将心比心",不要伤害他人。用现在的话叫换位思考。注意,换位思考与将心比心是有一定差异的,将心比心是自然情感,是一般状态下人与人相处的方式。换位思考是不同社会地位与身份之间的人的相处方式,不一定具有普遍性。它是有方向性的,主要应该是居上位者对在下位者、强势者对弱势者的体谅、理解,而不是相反。即使不能帮助他人,也不要为了满足自己的欲望去损害他者的利益。要管住自己,这是一条底线。正如孔子所讲:

我不欲人之加诸我也,吾亦欲无加诸人。[③]

这一准则维护的是人与人、人与社会正常运行的基本要求。你的生命、健康、

---

① 《论语·卫灵公》

② 《论语·雍也》

③ 《论语·公冶长》

财产、自尊、名誉很重要,对他人来说同样如此。一个社会的正常运行,一个人的正当生活和需求必须给予关注、保证和满足,否则就会造成人人相残、社会动荡。正因为如此,孔子家中马厩失火,孔子得知后关注的是:"伤人乎?"而"不问马"。他对"人殉"的恶习极为痛恨,即使用木制或陶制的偶人来陪葬亦持强烈的反对态度,怒斥:"始作俑者,其无后乎?"①因为孔子认为,"为俑者不仁——殆于用人乎哉?"②有学者认为骂人断子绝孙不符合孔子的身份和一贯主张,"无后"不仅仅是没有后代这么简单,而是说没有后祀,指的是封地的丧失,家族的败落,甚至是王朝的覆灭。其对"无后"的解读确实有新意,但讲孔子不会骂人似乎并不成立。孔子一生不仅骂过人,如对弟子宰予,斥之为"朽木不可雕也";也打过人,对老朋友原壤,不仅骂他,还"以杖叩其胫";孔子还杀过人,据《史记》所载,齐鲁夹谷相会时,诛优倡侏儒。任鲁大司寇时诛鲁大夫乱政者少正卯。

孟子同样谴责那些无视民众生死疾苦的执政者,称其"庖有肥肉,厩有肥马,民有饥色,野有饿莩,此率兽而食人也。"因此,"己所不欲,勿施于人"可以说是社会正常运行的底线要求,体现着人道、平等、公正的基本要求,东西方的伦理思想和宗教思想都从不同角度涉及了这一点。每个人都必须得到人道的待遇,每个人都不应当为了自己的利益去损害他人的利益。也就是说,在任何情况下,都要把人作为目的而不仅仅作为手段来对待。从这个角度来看杨朱讲的话,会有与孟子不同的认识。杨朱讲:古人即使拔一根毫毛以利天下也是不肯做的;而让天下的人都来奉养自己也同样是不肯做的。每个人都不肯损伤自己一根毫毛,每个人都不愿意取利于天下,那么天下就太平可治了。即:

古之损人一毫利天下不与也,悉天下奉一身不取也。人人不损一毫,人人不利天下,天下治矣。③

从底线原则上讲,正是"己所不欲,勿施于人"。前一点讲的是不愿意伤害自己成全别人,后一句讲不愿意强迫他人来满足自己,如同不愿意他人强迫自己来满足他人一样。这是有深刻的道理的,也正因为如此,杨朱的主张在当时获得了很多的认同:

天下之言,不归杨,则归墨。④

---

① 《孟子·梁惠王上》
② 《礼记·檀弓下》
③ 《列子·杨朱》
④ 《孟子·滕文公下》

　　孟子思想很激进，没有悟到这一层，所以对杨朱批判极狠，称其"是禽兽也"。事实上，杨朱的话很实在，是现实的、真实的。不吹牛、不说大话其实是很难得的品质，知识分子尤其要注意这一点，不要不食人间烟火，不接地气。儒家成为主流意识后很厉害，将不符合儒家主张的言论剔除得很干净，今天人们已经看不到杨朱更多的思想和主张了。除了《列子·杨朱》篇有所论及，知道的这一点还是孟子批判杨朱时保留下来的。

　　唉！既不愿意伤害自己成全别人，也不会强迫他人来满足自己，一般社会能做到这一点已经是十分不易了。

　　4.2　己欲立而立人，己欲达人而达人

　　谈了"己所不欲，勿施于人"，再来谈"己欲立而立人，己欲达人而达人"。前面讲的是己所不欲，勿施于人，这里讲的是"己之所欲，亦施于人"。借用以赛亚·伯林将自由划分为消极自由与积极自由的思路，"己之所欲，亦施于人"就有了点积极自由的味道。与西方对积极自由的高度警觉不同，孔子希望君子有为，要以天下为己任。不仅自己要进步成长，还要带动别人一道进步成长。不仅自己要生活幸福，也要帮助他人实现幸福生活。不仅要独善其身，亦当兼济天下，正所谓"士不可不弘毅，任重而道远"，这是行仁、弘道的必然要求。这样的标准和要求体现了刚健有为、积极进取、博爱仁民的价值取向，也成为激励中国历代志士仁人为之奋斗的指向。这是对社会中的优秀分子即君子讲的，不是对所有人的要求。而且这是个高标准，是努力的方向，具有理想主义色彩，并不容易做到。

　　中国古圣先贤关于"仁"的内涵与实践的思考为现实社会生活中人与人的关系定位奠定了理论基础与实践可能，这是极为重要与睿智的。如果只是简单地讲天人合一、天道自然，我们很可能陷入理论与实践的尴尬境地中。原因在于第一，天人合一的一个重要关系指向是天从人愿，天随民意。由于"天地不仁"即天、地是没有善恶是非的概念与标准的。人愿民意有善、有恶，那么，天可能从恶，也可能从善。天地应当是从恶还是从善呢？这对天地来讲可能是无所谓，而对人类社会而言方向的正确与否却是性命攸关的。注意，在天地有德无德的问题上，儒家与道家有所不同。儒家认为天有大德，道家认为天地不仁。但天人合一的思想为解决双方这一矛盾提供了可能，那就是天遂人愿，人愿向善。

　　第二，"天行健"强调的是永不停息的变化，可以是好的变化亦可以是坏的变化，此为自然之道，无所谓善恶。不过对人类社会而言，则不能如此任性。这种种变化对人而言是向好的方向变还是向坏的方向变？为此，就必须循人性界定什么是良善，什么是丑恶，为人们的行为划定标准。促使人性向好的方向变化，防止人性向坏的方向变化。圣人君子就必须居安思危、小心谨慎,积极促成向好的方面的变化和发展,努力防止事物向坏的方向变化。

第三,"地势坤"强调的是大地能够承载万物,海纳百川,对待万物不偏不倚,一视同仁。可世间万物对人来说却是有利有弊的。仁人志士为人处世不仅应当宽厚包容,还应当扬善抑恶,弘扬正气、摒除邪恶。一方面在处世为人中需要宽容仁厚,海纳百川,和而不同。另一方面还要立场坚定,爱憎分明,对一切丑恶的人与事毫不容情。这一切都为了让明天更美好,世界更美好。特别在真假、善恶、美丑等原则问题上务必坚持原则,坚守文明底线,对假、恶、丑切不可事不关己、高高挂起,明知不对、少说为佳。

第四,"反者,道之动"。① 由于阴阳两个方面是不断互相变化的,凶吉之间:从潜龙勿用到亢龙有悔。祸福之间:祸兮,福之所倚;福兮祸之所伏。如果没有人力的参与,这样的转化就成了周而复始的循环,而人类需要的是进步,是发展。那么,怎样才能逢凶化吉、遇难呈祥? 君子既要谦虚谨慎,还应戒骄戒躁,更须防微杜渐,不断培育、及时发现并促成好的转化,时刻警醒、及时发现并遏止坏的转化,尽管这种进步的实现是艰难曲折的,呈现出螺旋式上升和波浪式发展。为此,君子就要有胆识、有担当。

4.3　仁难为

仁难为。再强调一下,社会价值标准往往是追求目标而不是现实事实。仁,爱人,仁政都不是先秦社会的主流。因为没有,所以倡导;因为缺失,所以希望;因为希望,所以追求。一个人爱自己是平常自然的,爱别人却不是轻易能做到的。这个世界爱自己而不爱别人的人很多,这很正常。不过,爱自己却害别人的人也不少,还有打着爱人的旗号去干害人勾当的人同样大有人在。对待自己的亲人、朋友有仁爱之心并不是太难,对待与自己没有关系的人也能有仁爱之心就比较难了,如果对待与自己有意见对立、利益冲突、立场相反的人还能有仁爱之心就难上加难了。能够做到这一点的即"博施于民而能济众"的,即使是尧舜都几乎是做不到的,这样的人已经是圣人了。要知道人间其实并没有什么圣人。所以孔子才说:

仁以为己任,不亦重乎? 死而后已,不亦远乎?

把实现仁作为自己的追求,这个责任不也是太重大了吗? 奋斗不息至死方休,不也是任重道远吗? 做人难,行仁更难。仁爱需要有一种对人对事有宽容的

---

① 《道德经·40章》

态度和做派,然而人类世界别说是因为物质利益,就是仅仅因为信仰、见解的不同而大开杀戒,欲置之对方于死地的情形不是几乎每天都在上演吗? 那种"杀了别人进天堂"的凶残不是就发生在我们的身边吗? 今天的网络世界里不是还有很多人因为意见与立场的不同,要杀尽对方"祖宗十九代"吗? 不要忘记在自然生命界,人类大概是唯一敢于、勇于对同类进行种族灭绝式杀戮的物种了,而且还是具有高级智慧和思想的唯一物种。即使是被有些人推崇为"千古第一完人"的曾国藩,话确实是说得漂亮极了,今天许多人在拜读了《曾国藩家书》尚被打动得涕泪交加,但曾某在杀人方面也几乎是登峰造极的,而且是站在道德的至高点上杀人如麻,听说民间赐予其"曾剃头"的"光荣"称号。

善良的人们,不要被美丽的希望蒙蔽了双眼。事实真相是,如果社会能够做到杨朱所希望的样子,就已经很不错了,更别说儒家的仁爱了。理想的世界,面对理想,只能是不抛弃、不放弃。因为我们是生活在花园里辛苦劳作的蜜蜂,而不是花朵。

4.4 "仁爱""兼爱""博爱"

在儒家思想里讲"仁爱",在墨家那里讲"兼爱",西方基于基督教的传统讲"博爱",这三者有什么不同呢?

首先,仁爱是基于人的本性,源于血缘亲情的有差等即对等的爱。仁爱是自然主义的,仁爱是人有仁心因而有爱;兼爱是基于人的相互利益需要的,不分差等,普遍的、平等的爱。兼爱是功利主义的,兼爱是"交相利,兼相爱"。两者之间是互为前提和基础的,相爱才能相利,相利会推进相爱。就是说要利己需要先利他,如果总是企图损人利己,最后也一定会损害自己。所以,"利人者,人亦从而利之。"这样大家相互关爱,相互获利,才能兴天下之利。博爱是基于上帝面前人与人的关系。博爱是具有宗教情怀的,由于都是上帝的子民,在上帝面前人人平等,所以应当相互关爱。

其次,仁爱更加容易为普通民众所接受,因为它是从亲情出发的,推而广之的。它讲究人同此情,心同此理,将心比心。特别是考虑了如果总是相互伤害,谁也没有好的结果和未来。比如孝,人需要有远虑。自己年轻时要为年老时考虑,今天怎么对待老人,当自己老了,子女就可能会怎样对待自己。兼爱由于和利益相关,所以面对利益得失时,如何取舍就成为一个难题。在利益面前不考虑长远,只注重眼前往往是经常性的行为。有时候还会做一锤子买卖而不会顾忌将来,还可能走极端"宁可我负天下人,不可天下人负我"。对这些损人利己的行为如何有效约束,也在不断地探索中。博爱更加容易理想化,它忽略或忘记了现实世界是有阶级对立、阶层差异等种种难以调和的矛盾和冲突的。因此可以说,博爱看起来很美,但现实是骨感、残酷的。

第三,基于宗教的爱其实仍然是有局限的。《圣经》中耶稣说:

你们不要以为我来,是为把平安带到地上;我来不是为带平安,而是带刀剑。因为我来,是为叫人脱离自己的父亲,女儿脱离自己的母亲,儿媳脱离自己的婆母;所以人的仇敌,就是自己的家人。谁爱父亲或母亲超过我,不配是我的;谁爱儿子或女儿超过我,不配是我的。①

这里宣扬的是爱吗?当然是,只是这个爱是建立在对神的信仰的前提下的,而且必须是同一个神。对于异教徒是鲜有友爱的,"不信道者,他们将受重大的刑罚"。"须知真主是仇视不信道的人们的"。大家都成为同一个上帝的子民后,方能谈及人与人之间的平等和关爱。即使法国大革命将"博爱"视为天赋人权,其西式价值取向也并不能将这种爱真正地施于全体人类。回顾在资本主义开拓海外市场、掠夺殖民地、贩卖黑奴、屠杀印第安人、推进全球化、推行西式民主自由的几百年的历程中,对落后地区和那里的人民什么时候施行过"博爱"。

另外,宗教有一个悖论式的困境,那就是亚当和夏娃在伊甸园里偷吃"禁果"的故事。在上帝创世纪的故事里,上帝用 7 天创造了世界万物,最后按照自己的样子,用泥土创造了亚当。因为亚当很孤单,所以上帝趁亚当睡着的时候,又从他身上取了一根肋骨,创造了夏娃。上帝把亚当和夏娃安排在东方的伊甸园里,伊甸园里有很多树,其中一颗叫智慧之树,一棵是生命之树,据说吃了生命之树的果子可以长生不老,吃了智慧之树的果子就拥有了智慧。上帝告诫亚当夏娃,在伊甸园里,你们可以做任何事情,但唯有智慧之树上的果子你们不能吃。但是有一天夏娃受到了蛇(撒旦)的诱惑,并鼓动亚当和她一起偷吃了智慧之树上的果子。于是他们就犯了罪,被赶出了伊甸园。由于亚当和夏娃是人类的祖先,因他们有罪,所以人人生而有罪。这就是"原罪"。

这个故事给了我们许多的困惑。首先,人是有思想的高等动物,然而在这里拥有思想是一种罪过。正因为这种"罪过"人类才做到了"人猿揖别"。其次,人类因为有了思想才认识到生命的有限,因为了有智慧才会追求生命的价值和意义。第三,"禁果"不仅是指人有了思想,"禁果"还有另外一层寓意,那就是男欢女爱。今天的文学作品中常讲在一个月黑风高的夜晚,男女主人公终于不顾一切突破了理智、道德等等的界限,偷吃了禁果。原来,人之性爱也是罪过。几乎大多数宗教

---

① 《圣经·马太福音》

教义都视人之自然需要为万恶之源,所以人要向善,要摆脱苦难必须克制、甚至泯灭欲望。教徒们一边享受着美食,一边为自己的欲望感到痛苦;一边进行着男欢女爱以完成传宗接代的使命,一边忏悔着自己的所为。做人难啊,真的太难了。

好在先秦的中国人不是这样看问题的,告子说:

食、色,性也。①

享受美食和性爱,是人的自然本性、自然需要啊。告子太可爱了,太实在了。欲望本身无所谓善恶,欲望的内容和边界、欲望满足的手段才是产生善恶的根源。欲望的满足一定要讲合宜即"义"。当然,如果更为准确地表述不应是"欲望",而应当是"需要"。欲望太难操控了,充满了无法也难以限制的想象力,欲望几乎是没有边界的。正常情形下,应当是需要。需要本身无所谓善恶,需要的内容和边界、需要满足的手段才是产生善恶的根源。所以,告子又说:

仁,内也,非外也。义,外也,非内也。

食色是人的本性,是内在的、自然的。满足人的本性要讲"义",要有规矩,这是外在的、后天的。通过一定的规矩满足人的自然需要,这是人类文明的起点和标志,也是衡量文明发展进化程度的尺度。

5. 先秦的"智勇"风骨

5.1 君子"三达德"

《论语》的《宪问》《子罕》两篇里都讲道:"知者不惑,仁者不忧,勇者不惧。"只是三者排列顺序略有不同。"知(智)、仁、勇"成为君子的"三达德",即君子应当具备的三种全面的德行,"达"作全面的、通行的讲。《中庸·二十章》里讲:

知、仁、勇三者,天下之达德也,所以行之者一也。

智、仁、勇是天下三种通行的德行,是用来履行五伦的,它们实行的效果是一致的。

知即智,指的是知识,更主要的是智慧。首先是知己,就是要"认识你自己",然后是知人知事。智很重要,"未知,焉得仁?"②没有知识、特别是没有智慧是不能达到仁的要求和层次的。在《论语·雍也》里记录了孔子与弟子的一段对话:

樊迟问知。子曰:"务民之义,敬鬼神而远之,可谓知矣。"

这里"知"就是智慧的意思。

---

① 《孟子·告子上》
② 《论语·公冶长》

仁是仁爱。樊迟又"问仁。曰：'仁者先难而后获，可谓仁矣'。"知道万事开头难，没有付出就没有收获，勇于担当而在获取上懂得退让，这可以说是仁。勇，勇敢，主要是指见义勇为的勇气和精神。孔子认为：

见义不为，无勇也。①

遇到迫不得已的事情不得不"豁出去"这是许多人都能做到的，但在日常生活中遇到不合理、不公正的人和事，能不能勇敢地站出来批评、指正，不怕得罪人，不怕被"穿小鞋"，不怕被打击报复，却不是容易做到的。溜须拍马易，仗义执言难。见到合乎正义的事不去做，这是没有勇敢精神的表现。勇不是鲁莽，作为君子的德行之一，勇需要遵守礼义，"勇而无礼则乱"②。勇需要遵循仁的原则，"仁者必有勇，勇者不必有仁"③。没有仁德的勇，孔子并不看好，认为这不是真正的仁者。当然，勇也包括在战场上气吞万里如虎的无畏精神，捐躯赴国难，视死忽如归。

大体上智、仁、勇分别可以对应今天所讲的知、情、意。知者不惑即明白事理，通达人情，善解人意。仁者不忧即内心强大、安宁，能够处变不惊，保持积极的心态。勇者不惧即勇敢而无所畏惧，敢于担当而不退缩。对于儒家讲智、仁，大家都比较熟悉。但对于勇，人们常以为儒生都是手无缚鸡之力的文弱书生，这是很大的误解。春秋时期，君子要担当大任，是要有真功夫、真本事的。否则根本上不了台面，也不可能融入贵族阶层。孔子就精通"礼、乐、射、御、书、数"即"小六艺"。其中射、御都是军事技能，用今天的话可以叫"功夫"。能够成为君子的是要有本领、有功夫的真英雄，那个身高"九尺六寸"的长人——孔子就曾经和人比试过驾驭战车的本领。

另外，勇敢也不是鲁莽和没头脑。《吕氏春秋·当务》里就记载了两个这样的"没脑子"：

齐之好勇者，其一人居东郭，其一人居西郭，卒然相遇于途。曰"姑相饮乎？"觞数行，曰："姑求肉乎？"一人曰："子肉也？我肉也？尚胡革求肉而为？于是具染而已。"因抽刀而相啖，至死而止。勇若此，不若无勇。

齐国有两个自称是很勇敢的人。一个住在城东，一个住在城西，一天，他们在路上不期而遇。于是说："我们难得见面，不如一起去喝几杯吧。"酒过几巡之后，一个人说："要不要弄点肉吃啊？"另一个人说："你，是肉；我，也是肉，我们身上都

---

① 《论语·为政》
② 《论语·泰伯》
③ 《论语·宪问》

是肉,何必再去找肉吃呢?准备一些蘸酱就可以啦。"于是两个人就拔出身上的刀,割着身上的肉,蘸着酱相互吃了起来,直到两人都被吃死。要是这样也称得上是勇敢的话,还不如不勇敢啊。

5.2　战场人道主义

有点历史知识的人可能都知道一个叫宋襄公的人,宋襄公这个人被称为"春秋五霸"之一,不过其业绩与任用管仲为相,打出"尊王攘夷"旗号,最终"九合诸侯,一匡天下"的齐桓公;取得春秋战争史上第一个以弱胜强的城濮之战胜利,"会盟天下"的晋文公;晋文公的老丈人,"独霸西戎"的秦穆公;不飞则已,一飞冲天,不鸣则已,一鸣惊人,问鼎中原的楚庄公这几位实在是难以相提并论。而宋襄公之所以让世人皆知的,倒不是他的成就,而是一场在毛泽东主席的经典著作《论持久战》一书中被称之为"蠢猪式的仁义道德"[①]的泓水之战。据《左传·僖公二十二年》记载,

宋公及楚战于泓。宋人既成列,楚人未既济。司马曰:"彼众我寡,及其未既济也,请击之。"公曰:"不可。"既济,而未成列,又以告。公曰:"未可。"既陈而后击之,宋师败绩,公伤股,门官歼焉。国人皆咎公。公曰:"君子不重伤,不禽二毛。古之为军也,不以阻隘也。寡人虽亡国之余,不鼓不成列。"

宋国与楚国在泓水展开大战。宋国已经排列好战阵,楚军还在渡河。司马子鱼说:"敌众我寡,请您赶快趁他们渡河之际下令攻击他们。"宋襄公说:"(我们号称是仁义之师),不可以(趁人家渡河之时进攻)。"等楚军全部过了河,还没有来得及列阵时,司马子鱼又请下令攻击。宋襄公说:"不可以。"楚军列好军阵后,宋军开始进攻,结果大败。不仅宋襄公的大腿受了伤,他的侍卫也都被全部杀死了。宋国国人都责备宋襄公。宋襄公却说:"君子在战斗中不会伤害已经负伤的人,也不会擒拿头发斑白的人。古时候指挥作战时,是不会凭借地势险要取胜的。我虽然就要亡国了,但不会去攻打没有布好战阵的敌人。"

这是一场多么奇葩的战争啊!难怪毛主席对宋襄公提出了严厉的批评:"我们不是宋襄公,不要那种蠢猪式的仁义道德。"然而与关系到中华民族生死存亡的抗日战争不同,先秦时期确实存在着这样的战争模式,当然这与当时的历史条件是分不开的。先秦兵法之一的《司马法》(《史记》亦称之为《司马穰苴兵法》)的观点就很有意味:

古者以仁为本,以义治之之谓正,正不获意则权,权出于战,不出于中人。是

---

① 《毛泽东选集》第2卷,人民出版社,1991年版,第492页

故，杀人安人，杀之可也；攻其国爱其民，攻之可也；以战止战，虽战可也。

这段话是讲，古人以仁爱为根本，以正义的方法治理国家是正当适宜的。通过正常手段达不到目的的就不得不变通，战争是变通下采取的手段（不得已为之），是违背中庸和仁爱的。因此，如果杀人能够使大众得到安宁，（才）是可以杀人的；如果攻打一个国家是为了保护它的民众，（才）是可以攻打它的；通过战争制止战争，即使发动战争也是可以的。古人深刻地认识到战争是政治的继续，战争是不得已的最后的手段。战争的性质应当是正义的，是为了保护大多数人的利益的。不是为了战争而战争，发动战争是为了制止战争。同时，进一步指出：

故仁见亲，义见说，智见恃，勇见身，信见信。内得爱焉，所以守也。外得威焉，所以战也。

即治国者当以仁爱使民众能够亲近，以正义使民众感到欣慰，以智谋使民众感到有依靠，以勇敢让民众能够效法，以诚信让民众能够信任。对内得到民众的拥护和爱戴，所以能够守疆卫土。对外具有强大的威慑力，因此能够战胜敌人。仁、义、智、勇、信成为进行战争的基本指导原则。正因为如此，一定要慎战：

故国虽大，好战必亡。

同时，又要时刻保持警惕：

天下虽安，忘战必危。

因此，钱穆先生说："当时的国际间，虽则不断以兵戎相见，而大体上一般趋势，则均重和平，守信义。"①《司马法》还提出，发动战争时要不忘"爱民"：

战道：不违时，不历民病，所以爱吾民也。不加丧，不因凶，所以爱夫其民也。冬夏不兴师，所以兼爱民也。

战争的原则是：不违背农时，不在发生疫情时发动战争，这是为了爱护自己的百姓；不乘敌国国丧期间去攻打它，也不要趁敌国出现灾荒时去攻打它，这是为了爱护敌国的百姓；不在冬夏两季（因其气候恶劣）兴师出兵，这是为了爱护双方的百姓。

另外，

古者逐奔不过百步，纵绥不过三舍，是以明其礼也；不穷不能而哀怜伤病，是以明其仁也；成列而鼓，是以明其信也；争义不争利，是以明其义也；又能舍服，是以明其勇也；知终知始，是以明其智也。

古时，追击溃逃的敌人时不会超过一百步（古时一步是指两脚各迈一次，大约

---

① 钱穆：《国史大纲（上）》，商务印书馆，2013年版，第124页

是 140～150 厘米），追踪退却的敌人不超过九十里（古时一舍为三十里），这是为了表示礼让；不杀害丧失战斗力的敌人，哀怜其伤病人员，是为了表示仁爱之心；待敌人列阵完毕再发起进攻，是为了表示诚信；追求正义不争小利，是为了表示战争的正义；能够赦免投降的敌人，是为了表示勇敢；能够预见战争的走向和结果，是为了表示出统帅的智慧和谋略。在《礼记·檀弓下》中也有记载：

古之侵伐者，不斩祀、不杀厉、不获二毛。

即古人作战时，不破坏敌人祭祀的宗庙（意指不灭绝人口），不杀害生病的战士，不俘虏鬓发斑白的人。强调的是师出有名以及战争的正义性与正当性，战争不应当以杀人掠夺、攻城略地为目的，战争不是惨无人道，战亦有道。钱穆先生说：

中国军人的精神修养，基本着重在智、仁、勇三达德。我中华民族虽尚武，而不流于残忍。中国军事要讲顺天应人，替天行道。所谓"止戈为武"，"仁者无敌"，战争乃为一种吊民伐罪，以杀止杀的行为。故军队则称为仁义之师。[①]

仁义之师救民于水火，所以民众才会"箪食壶浆，以迎王师"[②]。而古代的五礼（吉、凶、军、宾、嘉）即包括军礼。战争既讲究仁义之道，又要讲忠勇，还要讲智慧。孟子讲："春秋无义战"，主要是批评那时的诸侯间战争破坏了"礼乐征伐自天子出"的礼制。

还是在《礼记·檀弓下》中记载：工尹商阳和陈弃疾追赶敌人，追上后，陈弃疾提醒工尹商阳，为了完成国君的命令你可以用弓箭（射杀敌人）了，工尹商阳这才取出弓箭。陈弃疾又提醒工尹商阳，你可以射击了。工尹商阳才把箭射出去。每射一箭，工尹商阳都要把弓收起来。陈弃疾又一次提醒他可以射箭了，他才再次射击。如此射了三箭，杀死了三个敌人。每次工尹商阳都要捂上自己的眼睛不忍心看被自己射杀的人。射杀了三人后，工尹商阳命令驭手停车不再追杀。"孔子曰：'杀人之中，又有礼焉。'"即使是在战场上杀人，也要遵循礼制。可惜，到了春秋末期和战国时代，兼并战争彻底改变了这一切，攻城略地、杀人如麻、哀鸿遍野成为战争的普遍结局。不以"礼"而是以"诡道"，主张"兵不厌诈"，为达目的不择手段，重结果、重取胜成为战争的主流。

5.3 尚武有道

不仅攻击杀伐如此，就连发动战争亦有规矩。首先一定要下战书，约定好战

———

① 钱穆：《中华文化十二讲》，九州出版社，2012 年版，第 150 页
② 《孟子·梁惠王下》

斗的时间和地点,而且用词十分讲究,"寡君闻君亲举玉趾,将辱于敝邑"①,"天王亲趋玉趾"②。都是讲对方是屈尊而来,就是劳烦贵体的意思。"玉趾",如玉一般的脚。黄仁宇在《赫逊河畔谈中国历史》中说:

春秋时代的车战,是一种贵族式的战争,有时彼此都以竞技的方式看待,布阵有一定的程序,交战也有公认的原则,也就是仍离不开"礼"的约束。③

需要,

结日定地,各居一面,鸣鼓而战,不相诈。④

要公平。《左传·昭公二十一年》记载公子城与华豹对射的情形:

豹射出其间。将注,则又关矣! 曰:"不狎鄙。"抽矢,城射之殪。

两人对阵,华豹先射出一箭但射偏了,公子城刚要张弓,华豹手快又拉弓搭箭。公子城大喊:"不让我和你交替互射,你这样做太卑鄙了。"(古时对射,是你射一箭,我再射你一箭,交替进行。)于是华豹就放下不射,公子城一箭就射死了华豹。华豹的驭手看到华豹死了,于是请公子城把自己也射死,以示对王命的遵守,共赴死难。用今天的立场实在难以理解。

要尊上。《国语·晋语六》记载了"郤至勇而知礼"的故事:

鄢之战,郤至以韎韦之跗注,三逐楚恭王卒,见王必下奔退战。王使工尹襄问之以弓,曰:"方事之殷也,有韎韦之跗注,君子也,属见不穀而下,无乃伤乎?"郤至甲胄而见客,免胄而听命,曰:"君之外臣至,以寡君之灵,闻蒙甲胄,不敢当拜君命之辱,为使者故,敢三肃之。"君子曰:勇以知礼。

鄢陵之战中,郤至穿着用红色的熟皮缝制的连体军服,数次追逐楚恭王的士兵,不过只要一见到楚恭王就一定会下车退出战斗。楚恭王派出工尹襄赠送给郤至一张弓,向郤至转告楚王的话:"刚才战事紧张之时,有一位穿着用红色的熟皮缝制的连体军服的人,一定是君子。遇到不穀("不穀"即"不谷",君王之谦称)就下车退避,他应该没有受伤吧?"郤至身着甲胄接见来客,脱下头盔听命:"君王的外臣郤至,托晋君之福,近来身披铠甲(指参加战斗),不敢接受并拜谢君王的馈赠。为表示对使者(襄)的尊重,我在此再三向您和君王表示感谢。"君子说:"郤至是既忠勇又知礼。"此事《左传·成公十六年》里亦有详细记录。

---

① 《左传·僖公二十六年》
② 《国语·吴语》
③ 转引自张宏杰:《中国国民性演变历程》,湖南人民出版社,2013年版,第25页
④ 《公羊传·桓公十年》

要敬师。《左传·襄公十四年》记载,当年尹公佗向庾公差学习射箭,庾公差又师从公孙丁。一次作战中,尹公佗和庾公差驾车追赶卫献公,而给卫献公驾车的正是他们的师父公孙丁。庾公差说:如果向师父射箭就是违背师恩;如果不射他就违抗了命令会被执行军法杀头。怎么办呢?还是依照礼制行事吧。于是向车辕上射了两箭就回去了。

子鱼曰:"射为背师,不射为戮,射为礼乎?"射两鞘而还。

还有点耍赖。《左传·宣公十二年》记录了这么一件事。楚晋两军交战,晋军大败而逃,战车在逃跑时陷入大坑中。楚军教他们去掉车上的栏杆(以减轻重量),还是不能出来,于是又教他们去掉车上的大旗,这样兵车才冲出大坑。

楚人恭之,脱扃,少进,马还,又恭之,拔旆投衡,乃出。

这还没完,晋军士兵得了便宜嘴还不饶人:

顾曰:"吾不如大国之数奔也!"

直译就是,一边逃跑,一边回头说:我们晋军不如你们大国曾经屡次逃跑。言下之意就是,你们经常逃跑都有经验了。呵呵,一群无赖!

仁爱是一种很善良、很美好的情感,它的出现给了这个冰凉的世界一丝温情和些许亮色。就像一首歌中曾经唱到的那样:让世界充满爱。然而一个"让"字就说明这是希望而不是现实。先秦思想家们主张的"仁爱"思想主要是对着君子以及那些想成为君子的人,还有就是那些手握生杀予夺大权的君主和官员们说的,就像他们主张的中庸、和而不同、仁政、以民为本。这些美德对于普通人来说可能都会显得比较遥远,需要有一种高山仰止、景行行止的情怀。仁爱是个好东西,现实的世界里仁爱还是一种奢侈品,哪怕是至亲之间是否能有真心、持续的仁爱?也不好说,今天的世界还不能说是美好与可爱的,这也正构成了我们努力的动力和方向。

第八章　先秦元典的思想内涵之自强不息与内圣外王——精神目标

如何在风谲云诡的现实生活中遵循中庸之道与和而不同的立世法则,实践以民为本与选贤任能的政治智慧,坚守仁者爱人与"智勇"风骨的立人之本,需要强大的精神支持和坚定的目标指向。具有理想主义情怀的先秦诸子的思想主张要在现实中加以实现,绝非易事。因此,古人十分注重实现齐家、治国、平天下目标时的道德修为和精神力量。

1. 自强不息的奋斗精神

中庸之道、和而不同,以民为本、选贤任能,仁者爱人、"智勇"风骨,这些社会目标与价值尺度兼具理想性与现实性。要实现这些目标,践行这些价值理念不仅需要完善的制度设计和制度建设,同样需要强力的精神支持。先秦思想家们更注重道德修为与精神层面的力量。正因为如此,孟子才说出这样的千古名句:

故天将降大任于斯人也,必先苦其心志,劳其筋骨,饿其体肤,空乏其身,行拂乱其所为,所以动心忍性,增益其所不能。[1]

1.1　自强不息与厚德载物

《周易》的核心思想之一就是"变",宇宙中的自然、人事都处于不断的变化之中,变化是具有多种方向和可能的。《周易·系辞传上》中讲道:

《易》与天地准,故能弥纶天地之知。仰以观于天文,俯以察于地理。

就是说"易"的精髓在于把握了天地运行的规律,概括了天地变化的可能。通过对天文、地理的认识,转而理解了人类社会的运行与变化。《周易》肯定了天地自然的变化及其生生不息,所以讲:

---

[1] 《孟子·告子下》

大哉乾元！万物资始。至哉坤元！万物资生。①

又讲"日新之谓盛德,生生之谓易"②。不过对人类而言,自然变化具有自身的独立性:

天何言哉,四时行焉,百物生焉,天何言哉。③

自然的变化如果离开人类的需要无所谓好坏,从人类的立场和要求来看,阻止倒退、尊重循环、促成进步是基本选择。社会与人的变化则需要符合人类的发展目标和价值取向。那么在不断变幻的天地之中,人应当如何?

天行健,君子以自强不息。地势坤,君子以厚德载物。④

先秦思想赋予天地与人性相通的人文意蕴,使得中华传统文化远离了宗教神秘主义,以自然和朴素的心态应对自然、世事和人生,观照和处理人与自然的关系。特别需要强调的两点是:第一,自然的规律是事物总是处于变化之中,君子一方面要遵循自然之道,直面变化;另一方面则要奋发有为,通过自身的努力让自然、世事、人生向好的方向进化、发展,也就是说要有良好的德行并付诸实践。否则变化的方向和结果即使不是坏的,至少也是令人不安的。

天地之大德曰生,圣人之大宝曰位。⑤

天地之最高尚的品格是不断孕育和产生新的事物,圣人之最重要和宝贵的是恪守本位、职责和担当。所以才讲"士不可以不弘毅,任重而道远"⑥,讲"天将降大任于斯人也",讲"大人虎变,君子豹变,小人革面"⑦。(这是说,君王之变是改天换地的巨变,君子之变是顺应时势的权变,小人之变是改头换面的颜变。)讲面对世事变迁与自觉担承,"发愤忘食,乐以忘忧,不知老之将至"⑧。

第二,自然的法则是万物都有其存在的原因和理由,大地之厚德能够孕育生命、承载万物,显现出勃勃生机。君子一方面要有宽厚、仁义的品格,另一方面还要努力培育积极向上、海纳百川的气度,同时赋予社会以良好的道德规范。在人类世界里这个"物"可以是人与自然之物,可以是人与社会之物,可以是人与他人之物,也可以是人与文化之物等等。从与不同的物的关系上,呈现出人类的胸怀

---

① 《周易・象传》
② 《周易・系辞传上》
③ 《论语・阳货》
④ 《周易・大象传》
⑤ 《周易・系辞传下》
⑥ 《论语・泰伯》
⑦ 《周易・小象传》
⑧ 《论语・述而》

与担承。地球自诞生了生命以来,生灵万千,但能够改变地球的只有人类这个物种,人来到这个世界能够做什么,不应当做什么,一定需要清醒、深刻地考量。面对不断变化、不断产生新动向的自然世界、人类社会、人生和自我,应当采取什么样的态度,应当怎么去做,最为合理的、适宜的就理当是自强不息、厚德载物。就是如"天地位焉,万物育焉"。

儒家继承并发挥了《周易》这种刚健有为的积极进取的变化观。孟子特别强调了每个人都应当努力成为有为、有用之才,他列举了古时的诸位圣人君子的成长,以激励大家:

舜发于畎亩之中,傅说举于版筑之间,胶鬲举于鱼盐之中,管夷吾举于士,孙叔敖举于海,百里奚举于市。①

舜是从田野中得到起用的,后来成为一代圣王;傅说是筑墙修路的奴隶,后来成为殷商高宗武丁的宰相,辅佐高宗开创"武丁中兴";胶鬲是贩卖鱼盐的商贩,辅佐文王除纣;管夷吾经历坎坷,甚至入狱,后来辅佐齐桓公成为春秋第一霸主;孙叔敖是打鱼出身,为楚庄王所用,助力其成为春秋五霸之一;百里奚出身家奴,是秦穆公用五张羊皮从市场上换回来的,辅佐秦穆公成为春秋霸主。

道家则从内敛、隐忍的层面提出了变化的思想,希望人们能够遵从自然的法则即道法自然,不强求、顺势而为,以期实现生命的价值,捍卫生命的尊严。冯天瑜先生提出,儒家变易观是阳刚型的,道家的变易观是阴柔型的。一个刚健有为,一个柔弱守持,进退有据,刚柔相济形成互补、互动,使得君子在"穷""达"间游刃有余,这样才有"穷则独善其身,达则兼善天下"。如果说儒家的变易观是基线,道家的变易观就是底线。"底线是防止沉沦的,基线则是激励向上的。"②

1.2 忧患意识

孟子讲"生于忧患死于安乐",这是先秦文化和诸子思想中非常深刻的自觉。"忧"在《诗经》已经大量出现,如,忧心忡忡;忧心且悲;知我者,谓我心忧等等。"患"在先秦元典中也常出现,如,患难相死等。而《周易》里面对变动不居的世事人情,表现出了本原性的忧患意识。《周易·系辞传下》中讲道:

作《易》者,其有忧患乎?

《易经》之所以有如此强烈的忧患,一是在于看到了变化是世间万物万事的常

---

① 《孟子·告子下》
② 陈少明:《做中国哲学:一些方法论思考》,三联书店,2015年版,第211页

态，"《易》著天地阴阳四时五行，故长于变。"①变化是常态，是事物存在的方式。二是事物的变化会有反复。"无平不陂，无往不复。"②没有哪一块平坦大地是不会变成山坡的，没有什么事从来不会有反复的。三是"物极必反"。事物的变化走到头就会走向反面、对立面。"亢龙有悔，穷之灾也。"③即使身居高位也要懂得谦逊、矜持，否则会因失败而后悔。世间万物变动不已，这是事物存在的常态。因此一定要清醒地意识到变化是必然。要随时注意到变化的趋向、变的方向和结果有可能是好的，也有可能是不好的。要知道事物的变化是有反复的，不可能一劳永逸，也须时刻警惕。要知道对于变化不可任其随意发展，要防止物极必反，这就要把持好变化的度，防止过犹不及。对于变化要高度警惕，所以才讲"生于忧患，死于安乐"。儒家有这样的自觉，道家对此亦同样有深刻的认识，老子讲："祸兮，福之所倚；福兮，祸之所伏。"④也是这样的思考。

第一，《易经》的出现正值商周朝代变换之际。

《易》之兴也，其当殷之末世，周之盛德邪？当文王与纣之事邪？是故其辞危。危者使平，易者使倾，其道甚大。百物不废，惧以终始，其要无咎。此之谓《易》之道也。⑤

《易经》出现于殷商衰落西周强盛之时。讲述的是文王与纣王的事。所以言辞中隐含着危机。处在危机四伏的环境中，只有时刻保持谨慎小心，才能转危为安。通常人们在安逸的环境中往往容易懈怠，反而会倾覆。世间的事物都是这样的，只有采取谨慎的态度，善始善终，才能保得平安。这就是《易经》中所包含的深刻道理。

第二，要居安思危。

危者，安其位者也；亡者，保其存者也；乱者，有其治者也。是故君子安而不忘危，存而不忘亡，治而不忘乱。是以身安而国家可保也。《易》曰："其亡其亡，系于苞桑。"⑥

孔子说过，危险产生于自认为地位牢固；灭亡产生于自以为可以长存；混乱产生于自认为治理得当。所以君子安定时而不会忘记危机的可能，存在时而不忘记

---

① 《史记·太史公自序》
② 《周易·易传·泰卦》
③ 《周易·文言传》
④ 《老子·58章》
⑤ 《周易·系辞下》
⑥ 《周易·系辞下》

灭亡的可能,天下得到治理时不忘记产生混乱的可能。只有这样才可能保证自身的安全,保证家与国的安全。《易经》里说过:"(要)灭亡了!(要)灭亡了!(要时刻警惕)就好像把重物挂在桑树的嫩枝上,(随时有坠落的可能)。"

第三,要防患于未然。要有未雨绸缪的自觉。事物处于不断的变化之中,任何变化都是一个逐渐积累的过程,对此不可轻视、不可大意。"善不积不足以成名,恶不积不足以灭身。"① 始终要有战战兢兢,如临深渊、如履薄冰的戒备与自觉。要懂得"多行不义,必自毙"②;要知道:

积善之家,必有余庆;积不善之家,必有余殃。臣弑其君,子弑其父,非一朝一夕之故,其所由来者渐矣,由辨之不早辨也。③

第四,要有长远的考虑和打算。孔子讲:"人无远虑,必有近忧。"④ 为人做事处世都要要有长远的眼光和预测。《左传·襄公十一年》里讲:"居安思危。思则有备,有备无患。"要处理好当下、今后和长远的关系。防止乐极生悲。

第五,要积极推进变革。不要因为变化难以把握和预测而反对,更不要因为会有向不好的方面变化的可能而反对。要懂得变化是事物存在和发展的方式,认识到"穷则变,变则通,通则久"的道理。要"与时偕行"⑤,主动积极地应对变化。要顺应时代和时势的方向,顺应百姓的意愿和要求,"顺乎天而应乎人"⑥。要努力促成事物向好的方面发展,防止事情趋向坏的方向。在《周易·杂卦传》中讲:

革,去故也;鼎,取新也。

"革"是指清理水井,水井长时间不清理,水就会变得混浊;"鼎"是用来蒸煮食物的。在《周易》里"革"卦象征着"变革";"鼎"卦象征着鼎器,意味着新物的产生。联系起来就是,革除陈旧,促成新物。

从忧位到忧国,从忧国到忧民,从忧民到忧天下,忧患意识成为先秦君子的自觉意识,这里浸润的是强烈的社会责任感和担当意识,是深刻的历史感,是对潜在的危机的预防和洞见,是"士不可以不弘毅,任重而道远"。《周易》里讲:"天下同归而殊途,一致而百虑,天下何思何虑?"诗人讲:"人生几何,对酒当歌。"都是深刻地体味到世间变化而采取积极有为的态度和立场。与"忧"相对应的是"乐","乐"

---

①　《周易·系辞下》
②　《左传·隐公元年》
③　《周易·文言传》
④　《论语·卫灵公》
⑤　《周易·彖传》
⑥　《周易·彖传》

不是"独乐",而是与"众乐",

　　乐民之乐者,民亦乐其乐;忧民之忧者,民亦忧其忧。①

　　"忧"与"乐"都与百姓、国家的前途、命运相联系,与百姓的心愿相呼应,这种积极担当的自觉到范仲淹那里成为君子、士大夫的立身之基:

　　不以物喜,不以己悲。居庙堂之高则忧其民,处江湖之远则忧其君。是进亦忧,退亦忧。然则何时而乐耶?其必曰"先天下之忧而忧,后天下之乐而乐"乎。②

　　这同样成为中华民族五千年来栉风沐雨、薪火相传的历程的真实写照;成为中华民族五千年来筚路蓝缕、玉汝于成的历程的坚实支撑。近代一百多年来,中华民族正是以这种自觉意识,以百折不挠的气概,以气壮山河的奋斗,实现了救亡图存,实现了民族独立,实现了强国富民,如今正在进行实现伟大复兴的最后冲刺。然而如果将复兴放入历史长时段来考察,中华民族与中华文化还是要始终保持高度自觉的忧患意识,不断地砥砺前行,并为人类力争做出更多更大的贡献,在人类历史上不断创造辉煌。一个国家是这样,一个民族是这样,一个人也是这样,幸福生活是通过奋斗才可能创造出来的,人生的价值不仅在于说了些什么,更在于做了些什么。如果二十岁时就可以预见三十年后的人生场景,这对一个人的生命来说,的确很可能是有些许的悲哀的。一个人不能"佛系"人生,一个人活着总要做点什么,这是"人"这个万物之灵的宿命。青年人更应当志存高远,要有远见,要有长远规划,要努力地"与时偕行",要深刻理解和实践"国家兴亡,匹夫有责",去创造美丽的人生。生命的价值不仅在于其长度,更在于其厚度。

2. 内圣外王的实践理性

　　与众多宗教倡导的出世功夫不同,中华文化力倡的忧国忧民的担当和经世致用的价值取向彰显出中华文化坚定平实的入世精神。中国人不仅要将人生修养的功夫做在当下,做在自我,还要把人生的价值与意义着落在现实之中,由内及外,由小到大,所谓"格物,致知,诚意,正心,修身,齐家,治国,平天下"的君子修养八条目正是如此。简言之就是自强不息、厚德载物是为了内圣与外王,内圣就是要修身,培育自己良好的德性与品格;外王就是责任担当与积极实践,为他人、为社会、为国家实实在在地做事情。如此说来,"学而优则仕"强调的是不仅要学,提高自己的素质,还要去做事,要学以致用。虽然"内圣外王"一说最初并非出自儒

---

① 《孟子·梁惠王上》
② 范仲淹:《岳阳楼记》

家,而是《庄子·天下》篇首倡,

是故内圣外王之道暗而不明,郁而不发,天下之人各为其所欲焉,以自为方。

但儒家继承并发挥了这一思想,并以此作为君子对内修身养性、对外有所作为的基本思想、行为路线。

2.1　内圣修养,修己以敬

古人极为重视个人的道德修为,修养的至高境界是圣人,理想层面是君子,现实层面是"狂者""狷者"。认为这是成为一个对自己负责、对家庭有用、对社会有益的人的前提。这一考量体现了先秦文化中极为强烈的责任意识与担当意识,构成了中国文化中的经世主义传统。

首先,修养的内化目的是什么? 修养是为了修炼身心、修养心性,做好自己。要修养自己就要学习,孔子曾说过:"吾十五有志于学"。要学习就要有正确的目标、端正的态度,"古之学者为己,今之学者为人"。[①] 强调的就是君子好学不倦是为了提高自身的品性和修养,首先是努力学习不断地提升自我,使自己具备良好的道德与品行,只有这样才能为今后有所作为打下良好的基础。

是故君子有诸己而后求诸人,无诸己而后非诸人。[②]

君子做事总是在自己能够做到以后才去要求别人也去做;总是自己能够做到不做不该做的事以后,才去要求别人也不要做。修养是自我的修养,是对着自己的,是镜子,总是照着自己;而不是手电筒,只会照着别人,看不见自己"灯下黑"。

其次,修养中要注意什么? 修养要做到在思想层面上讲"仁",在行为层面上讲"义",将仁与义结合起来。就是要做到言行一致,知行合一。不仅要内化还要外化。不仅要在思想上完成自我的修养,还要自觉地付诸行动。道德修为是一个内在修养与外在行为的统一。在行动中实践德行,修正认识,改正行为。不是闭门思过,更不是与世无争,而是在日常生活中、在起居洒扫中也就是点滴之处修养自己。正所谓:风声雨声读书声声声入耳;家事国事天下事事事关心。很难想象一个自己和家事都处理得十分狗血、狼狈不堪的人能够成就经世济民的大业。修养不是封闭自己,是胸怀天下。另外,修养出于自觉而不是强制,孔子讲"我欲仁,斯仁至矣"就是这个道理。是"我要做"而不是"要我做",这是涉及修为过程中的主动性、自觉性和积极性的方面。后来大大推进了佛教中国化的禅宗也特别强调修行过程中内在的自觉,而不仅仅外在的苦行。

---

① 《论语·宪问》
② 《论语·宪问》

第三，修养的外化要求是什么？是为了担当大用。儒家主张德治，行仁政。要做到这一点，为政者自身首先要品行端正，即"政者，正也。子帅以正，孰敢不正"？① 要以身作则、率先垂范，要求别人做到的，自己首先要做到；要求百姓做到的，自己首先要做到。这就对为政者的道德修为提出了很高的要求，需要坚持不懈地进行自我修养，需要将自己的道德层次提升到较高的境界。这是中国传统政治文化中非常重要的一点，为政者须是道德上不断趋向完善的人，是一个坚持道德操守的人，是一个自律且能够自我批评的人，不是总在指摘他人的不是，指摘属下的不是。你身居高位，享有厚禄都做不好，做不到，怎么去要求他人，要求属下呢？

第四，如何修养？"吾日三省吾身"。个人修为是一个长期的、细致的过程，需要不断地在生活与学习中修炼、提升自我。《论语·为政》讲：

吾十有五而志于学。三十而立。四十而不惑。五十而知天命。六十而耳顺。七十而从心所欲，不逾矩。

个人的道德品行的修为就是这样一个锲而不舍的修炼路程，在这个过程中，不断地改过迁善、不断地进步、不断地升华自己。

学不可以已。故不积跬步，无以至千里；不积小流，无以成江海。骐骥一跃，不能十步；驽马十驾，功在不舍。锲而舍之，朽木不折；锲而不舍，金石可镂。②

只有也必须不断地学习、反思才能真正地提升自己，才能做到"青出于蓝而胜于蓝"。

第五，修养什么？孔子讲"仁"，并以智、勇为器用支撑。孟子讲"富贵不能淫，贫贱不能移，威武不能屈"的"大丈夫"。老子讲无为而治，大智若愚，顺应自然。庄子讲"与天地精神同游"的内心强大、洒脱率性的"真人"。墨家讲能够"爱利万民""爱利天下"的"兼士"，法家讲"能法之士"。其中比较关键的是，儒家讲"仁义礼智信""孝义忠恕"，崇尚进取精神。道家讲返璞归真，崇尚自由人格。整合起来就是品行高尚、行为务实、精神自由、人格强大，既能有穷则独善其身，达则兼济天下的务实精神；又有"独与天地精神往来，而不敖倪于万物"的精神境界。③ 在修为过程中提升自身的能力，以"判天地之美，析万物之理，察古人之全"④。

---

① 《论语·颜渊》
② 《荀子·劝学》
③ 《庄子·天下》
④ 《庄子·天下》

第六，修养的标准是什么？在《荀子·大略》中荀子提出了一个尺度：

口能言之，身能行之，国宝也。口不能言，身能行之，国器也。口能言之，身不能行，国用也。口言善，身行恶，国妖也。

最高的层次是国宝——口言身行，其次是国器——能做事但不长于言谈，再次是国用——长于言谈（思想），行动力不足。最恶者乃国妖——满嘴仁义道德，满肚子男盗女娼；说的是天花乱坠，干的是丧尽天良。伪君子身居高位，手握重权就一定会成"国妖"。对每个时代而言，都应当：

治国者，敬其宝，爱其器，任其用，除其妖。

面对这样的标准与要求，每个人应当怎样，应当在历史的记忆里留下怎样的一笔，答案不言自明。

一个人是什么样的人不是自己以为自己是什么，而是他的思想、言语、行为共同作用的结果，而这个结果一定会影响到自己、他人及他物。"人的真正本性在于他是什么而不在于他有什么"。① 一个人如果只是拥有大量的金钱，他可以满足自己很多的需要，但这很难说明他是什么、能什么。只有能够进行改变和建设自己的创造性活动，并对自己、他人、社会产生相应的影响，他才可能具有真正的自我，并彰显出自己的本质和价值。一个人的好坏不是自己说了算，是他人、社会说了算；一个人的成就与否不仅是自己的感觉，更在于他给他者带来的感受和影响。在各种关系的连续、联合体中，一个人的角色定位、品格形象是自身与他者共同作用的结果。

2.2 外王实践，修己安人（民）

如果说格物、致知、诚意、正心是内圣，修身是基点，齐家、治国、平天下就是外王，这是中国文化传统中的实践理性得以发扬、光大的路径。所有的修养功夫都不仅仅是内在的，而是要为他人、为社会、为国家做些什么。中国人的修为是入世的，而不是出世的。

首先谈谈外王的路线。先是齐家，自己做好了还不够，还要从孝亲出发，实现父慈子孝、兄友弟恭、夫仁妇义。家庭是社会的基本细胞，家和是做好大事的基础，"一屋不扫何以扫天下"就是这个道理。先秦时代极为重视男女性爱、婚姻、家庭的地位与价值。

---

① [美]路德·宾克莱：《理想的冲突——西方社会中变化的价值观念》，商务印书馆，1983 年版，第 71 页

云行雨施,天下平也。①

　　直译就是男女和谐的性爱,使得天下平安顺利。婚姻是"合二姓之好",婚姻的目标一是解决"食、色,性也";二是传宗接代,"上事宗庙,下继后世"。因为只有这样才有家庭,才有人伦,才有社会。有了夫妇,才有父子,才有兄弟,才有亲戚,才有邻居,才有社会,才有上下。第二步是治国。在这里往小了看是集体、群体,往大了去看是社会、国家。君子修为应当坚持天下兴亡,匹夫有责。为百姓的幸福、为国家的强大、为社会的安宁做出自己的努力。第三步是平天下。君子当以天下为己任,安定天下,协和万邦,宾服四夷。这里的"平"不是扫平、荡平,是平和、安定、治理的意思。是以和为贵,和平共处。

　　其次讲讲外王的目标。建设美好社会是古圣先贤的理想与追求。为此,孟子希望建立"王道"社会,要求是:

　　养生丧死无憾,王道之始也。五亩之宅,树之以桑,五十者可以衣帛矣;鸡豚狗彘之畜,无失其时,七十者可以食肉矣;百亩之田,勿夺其时,数口之家,可以无饥矣。谨庠序之教,申之以孝悌之义,颁白者不负戴于道路矣。②

　　这一标准在今天看来并不算高,但在诸侯杀伐生灵涂炭的先秦已是奢望了。孟子也是明知不可能而为之。孔子的理想是"大同世界"。在理想与现实巨大的落差下,孔子提出了小康目标:

　　今大道既隐,天下为家,各亲其亲,各子其子,货力为己,大人世及以为礼。城郭沟池以为固,礼义以为纪;以正君臣,以笃父子,以睦兄弟,以和夫妇,以设制度,以立田里,以贤勇知,以功为己。故谋用是作,而兵由此起。禹、汤、文、武、成王、周公,由此其选也。此六君子者,未有不谨于礼者也。以著其义,以考其信,著有过,刑仁讲让,示民有常。如有不由此者,在执者去,众以为殃,是谓小康。③

　　"执"同"势"。如今大道已不能施行,天下成为一家私有之产,每个人都只是亲爱自己的亲人,慈爱自己的儿女,财货劳力都只为自己,天子诸侯之位都是世袭的。建造城郭和护城河作为防护,制定礼义制度作为约束。用以摆正君臣的名分,强调父子的慈孝,和合兄弟的友爱,和睦夫妇的恩爱,并通过制度设置,划分田地,建立户籍,尊重有勇有谋的人,为自己建功立业。因此,欺诈阴谋由此产生,战乱由此兴起。禹、汤、文、武、成王、周公是由此产生的杰出人物。这六位君子,能

---

　　①　《周易·文言传》
　　②　《孟子·梁惠王上》
　　③　《礼记·礼运》

够恪守礼制,弘扬仁义,成全信义,指摘人们的过失,遵循仁爱提倡礼让,向民众昭示伦常。如果有不遵守礼制的,就要罢免他的官位,让民众明白他是祸首。这样的社会就是小康社会。

第三,说说外王实现的措施。《大学》的最后一章在阐释"平天下在治其国"的主题下,具体提出了如下几方面的措施,一是君子有絜矩之道。所谓"絜矩之道"就是指君子要以身作则,推己及人。

所谓平天下在治其国者,上老老而民兴孝;上长长而民兴弟;上恤孤而民不倍。是以君子有絜矩之道也。

要安定天下首先要治理好自己的国家;在社会上层的人尊敬老人,百姓中就会兴起孝顺的风气;在社会上位的人尊重长辈,百姓中就会兴起孝悌的风气;在社会上层的人体恤孤幼,百姓就不会背弃这一德行,所以,品德高尚的人总是实行以身作则、推己及人的"絜矩之道"。

二是得民心者得天下。

民之所好好之;民之所恶恶之。此之谓民之父母。道得众则得国,失众则失国。

(为君者)百姓喜爱的,他也喜爱;百姓厌恶的,他也厌恶。这样的君王才称得上是百姓之父母。得到民心才能得到国家,失去民心就会失去国家。

三是以德为先,德本财末。

德者,本也;财者,末也。是故财聚则民散,财散则民聚。

君子不爱财,不与民争利,让利于民,要关心百姓生活,行"庶民""富民"之政。要使百姓丰衣足食、安居乐业。这样百姓才能团结起来为国家服务。

四是做人用人,要以仁为宝。要能够以仁爱为标准选人用人,要爱憎分明,亲贤德君子,远奸佞小人。要知人善任,选贤与能。

亡人无以为宝,仁亲以为宝。

仁人为能爱人,能恶人。

流亡之人没有什么宝贝,以仁爱众人为宝。仁德之人能够爱护他人,也能憎恶坏人。

是故君子有大道:必忠信以得之,骄泰以失之。

所以君子有正道:必定遵循忠诚信义,以获得天下;而放纵骄奢就会失去天下。

五是利与义的关系。

国不以利为利,以义为利。

国家以义为本,而不能以利为本。这样才能服膺百姓,安定人心,谐和社会。

2.3 天下大同

内圣外王的理想目标在孔子看来是"大同世界",具体就是:

大道之行也,天下为公。选贤与能,讲信修睦,故人不独亲其亲,不独子其子,使老有所终,壮有所用,幼有所长,矜寡孤独废疾者,皆有所养。男有分,女有归。货恶其弃于地也,不必藏于己;力恶其不出于身也,不必为己。是故谋闭而不兴,盗窃乱贼而不作,故外户而不闭,是谓大同。①

在大道施行的年代里,天下是天下人的。选拔贤德和有能力的人当政,人与人之间自觉地讲究信用,彼此和睦。因此人们不会只是亲爱自己的亲人,慈爱自己的儿女,能让社会上的老者都能安享晚年,青壮年都能为社会贡献自己的力量,孩子们能够健康地成长,鳏寡孤独以及残疾人都能得到供养。男人有自己的本职工作,女人有自己合意的家庭归宿。爱护财物不会随意丢弃,但也不会藏匿在自己身上;人尽其力不会偷奸耍滑,而且出力也不是只为自己。因此,阴谋诡计不会产生,偷盗作乱也无人去做,门户也不必关闭(建造门户只是为了遮风挡雨),这就是大同世界。

大同与小康相比,大同是高级阶段,是理想社会,小康是初级阶段,是现实社会。当然 在先秦时代,小康也并没有实现。大同是公天下,小康是家天下;大同是没有礼义制度的,人们的生活是自由自觉的。小康是以礼义制度来治理的。大同是人人能过上幸福的好日子,小康是人人能够生活下去。很显然"大同"是理想。什么是理想,就是作为追求目标的理想永远处在追求的路上。而且随着时代的发展和人们认识的不断深化,理想还会不断地调整和修正。

还有一点就是大同世界是和而不同,求同存异,是共存共荣。人与人的关系是"四海之内皆兄弟"②,国与国的关系是"协和万邦"③。另外,再说一下,这种关系是对等的,不是平等的。平等是理想,不是现实。有人说,即使地位不平等,但人格是平等的。现实中这是很难做到的,如何在地位比你高、权力比你大、资源比你多的人面前实现人格平等? 其实,这种人格平等更多是内心的自我感觉,说得狠一点就是自我安慰。对方尊重你是客气,对方使唤你是本分。

一个积极健康的社会并不是表现在总是要求人们不做什么,或者总是要求人

---

① 《礼记·礼运》
② 《论语·颜渊》
③ 《尚书·尧典》

们要做什么,而是能够给予每个人的意愿以充分可能的实现空间。一个美好社会大体可能是这样的:

在美好社会里,所有公民都必须有个人自由、基本的福利、种族和民族平等以及过一种有价值生活的机会。①

超越古圣先贤充满"乌托邦"色彩的理想社会设计的我们所追求的发展,既是手段也是内容。社会变革的方向就是让每个人都有自由发展的可能,并能为每个人提供自由发展的条件。这样的社会才是公平、合理的社会,在这样的社会里,

真正的平等不是以同样的标准对待每个人,而是对每个人的不同需要给予同等的关注。……每个人都同等享有自我实现的权利,都有权以自己的行动塑造社会生活。②

每个人的成长与成功都不以损害他人、他物、他者为代价,每个人的成长与成功都同样并同时助力于他人、他物、他者的成长与成功。在社会进步、每个人幸福的实现道路上,做到和谐共赢。这样的社会状态在伦理层面上可以表述为"老吾老以及人之老,幼吾幼以及人之幼"。在社会目标的层面上,可以表述为"国强,民富"即国家强大,人民生活幸福、安居乐业。而且国家的强大不是为了强大而强大,而是能够为民众创造更加自由、安定的生存环境,国家的存在和强大是为了民众的。在理想层面可以表述为"大同世界"。理想社会不是一个点,更不是"历史的终结",理想社会更在于是人类不断努力前行的过程与方向,在于社会更美好,人们更幸福,明天会更好的历史趋向。理想社会不是那个理论家的自我救赎,也不是哪个慈善家的良心发现,它是一场持续不断的社会运动,是一场亿万民众参与的群众运动,它也是置身于现实的大的改造世界的理想和信念。人类社会是一个不断进步发展的过程,阶级社会包括资本主义社会并不是人类社会发展的终点和理想目标。人类的最高理想在于全人类共同的解放——自由全面的发展。

立足天人合一,道法自然的宇宙视野,在哲学意义上形成了"阴阳"两个基本范畴,对于事物的认知一开始就是从"关系"出发,以"俩俩"定位,而不是从"一"出发,以"本质"来定位。不是追求万物唯一性的本原问题,而是关注万物存在的基本图式——阴阳即万物莫不有对。这自然地形成了注重关系、崇尚对等的思想立

---

① [美]约翰·肯尼思·加尔布雷斯著,王中宝、陈志宏、李毅译:《美好社会——人类议程》,江苏人民出版社,2009年版,第3—4页

② [英]特里·伊格尔顿著,李杨、任文科、郑义译:《马克思为什么是对的》,新星出版社,2011年版,第107页

场和价值取向。讲"天人合一",就不可能将上天放置于高高在上的地方,就会关注和解读"合一"状态下,人与天的互动关系。从人事出发直面社会现实问题,形成注重民本、远离鬼神、统摄天命与民心的思想立场和价值取向。从而形成"敬鬼神而远之"的鬼神观,"人与天地叁"的天(地)人观,仁爱"万物之灵"的人权(人本)观。从阴阳的关系出发,形成了阴阳辩证法的思维模式,注重处理好存在于关系中的双方的相互依存、相互补充,解决好相互对立、相互冲突,以实现双方的相互融洽、相互融合、相互融入。进而促成注重和合、倡导共存的人文思想立场及其价值取向。有了这样的宇宙观、社会观、人生观和思维方法论,对于问题的思考就有了自身鲜明的特征。

在这样的出发点和立场下,兼以强有力的现实主义情结,自觉的担当与责任意识,进而展开并确定了中庸之道与和而不同的立世法则,以民为本与选贤任能的政治智慧,仁者爱人与"智勇"风骨的立人之本,假以自强不息的奋斗精神、厚德载物的仁爱胸怀,加上内圣外王的实践理性——内圣修己、外王安民,努力去实现齐家、治国、平天下的目标。在中华文化的"轴心时代",一并构成了中国先秦时期的思想内涵和精神力量,也奠定了中华文化的基本走向和价值取舍,积淀成了中国人深层次的文化心理结构。对于今天的人来说,那个时代虽然从未去过,也不曾有来过。但屈原曾喝过的江水,庄生仰望过的撩人月色,在水一方的窈窕伊人,知君心忧的依依杨柳,死生契阔的约定,浪子当哭的长歌……这些好像就在眼前,从来都是那样的真切,从来都未曾离开。

那么,坚持入世精神和实践理性的先辈,摆脱了宗教诱惑,远离了鬼神世界,执着于现实的凶险莫测中实现自我,在残酷的社会里,战战兢兢、如临深渊、如履薄冰地追求理想,他们如此而为的支持是什么? 他们有没有信仰? 如果有,是什么样的信仰?

第九章　立德立功立言——中国人的信仰

　　近几年来一个令国人十分纠结的话题就是：中国社会缺少宗教传统，因此中国人是个没有信仰的民族。不仅西方人这么说，一些国人也颔首称是，并以此为中国社会近年来价值失范、道德旁落、乱象频生的根据。其实这里产生了几个问题：第一，什么是信仰？第二，难道只有宗教信仰才是信仰吗？第三，中国人真的没有信仰吗？中国先贤的大同理想是不是信仰？如果是，中华文化是怎样构筑这个理想的？第四，现时代的中国人需要什么样的信仰坚持？等等此类问题需要思考和回答。①

1. 什么是信仰

1.1　信仰的内涵

　　要说清什么是信仰，首先要分析信仰的对象是什么？要说清楚信仰的对象，我们就会发现由于人们的思想立场不同，信仰的指向对象是不同的。围绕信仰问题，人类的思想立场可以分为两大类，一是有神论，一是无神论。有神论认为某种超自然、超世俗、超验的神秘存在就是信仰的对象，对它们的坚信与膜拜，并以此作为自己精神与心灵的寄托与归宿就构成了信仰。由于超验所以只有也只能信仰。正如德尔图良所言：因其荒谬，所以可信。同时人类世界进化以来有各种神灵信仰，有图腾崇拜，有巫术，有多神信仰，有原始宗教，有三大宗教（其内部派别林立），虽然都信神，却信仰着各自的不同的神灵。无神论者放弃了这种看不见、摸不着、说不清也说不得的神秘所在，在现世与现实中发掘信仰的对象，把对现世中人的幸福追求，对美好未来的向往和对理想社会的希冀作为信仰。但这种努力往往被有着宗教信仰的人视为无信仰，因为他们认为这种信仰缺少超验性。只是忘记了自己信仰的神五花八门、林林总总，甚至相互抵牾，却对无神论的信仰追求

---

　　①　本章参见拙作《中国人的信仰与构筑——兼论"中国人没有信仰"》,《理论月刊》,2015年第12期;《马克思主义信仰及其构筑》,《科学与无神论》,2019年第6期

说三道四,其间表现出的只能是偏狭和傲慢的话语霸权。有了这样的分析和认识,什么是信仰似乎可以下定义了,信仰是人所独有的精神追求,是对某种思想、主义、神灵的认同,并以此作为生命追求的价值目标进而将其作为精神与心灵寄托的终极所在。因此,信仰可能是对神灵的信仰,可能是对精神思想的信仰,可能是对某种主义和主张的信仰。信仰也就有了无神论信仰与有神论信仰的区隔,有了"纯粹"精神信仰与将理想同现实相结合的信仰的区隔,有了科学信仰与非科学信仰的区隔。同时,这样的界定就将物质追求从信仰的领域中排挤出去了,不过需要注意的是:没有了物质的依托与满足,信仰的存在可能会在某种程度上失去可能。而过度地追求物质性需要,也可能使信仰丧失理想性与超越性,失去了崇高性,从而失去其存在的价值和意义。

从这个界定上来分析信仰的类型,可以看出信仰不仅是个体的,也是群体的;不仅是宗教的,也是世俗的;不仅是来世的,也是现世的;不仅有科学的,也有非科学的。也就是说,从信仰的主体来看,信仰有个人信仰和群体信仰。从信仰的着落点来看,有个体信仰和社会信仰。从信仰的对象来看,有宗教信仰(严格而言,宗教信仰只是信仰的表现形式,其实质是神灵信仰或者是某种超验对象信仰)和社会(政治)信仰。从信仰的实现可能来看,有来世信仰和现世信仰。从信仰的性质来看,有科学信仰和非科学信仰。从信仰的现实类型来看,有科学信仰、社会信仰、政治信仰。因此,宗教信仰是一种信仰,不过信仰不等于宗教信仰,没有宗教信仰不等于没有信仰。各种信仰共存于这个纷繁芜杂的社会之中,满足着各色人等的不同境界的精神需要和价值追求。

如果说宗教信仰、"神秘精神"的信仰是将生命的价值与意义安放在并不存在的彼岸所在,用人造的幻象满足人们对美好未来的欲求,用以安慰甚至可以说是麻醉人们的痛苦与不满,那么,科学信仰就是把人类对美好未来的追求、对生命有限性的超越安放在个体生命的历程中、人类前进的历史路途中。另外,在信仰问题上我们不应当彻底断裂物质生活与精神生活、世俗社会与理想社会的关系,视两者之间的关系为水火不相容。我们不应当将信仰问题完全置于与世俗世界、与现实社会毫无连接可能的境地里。

1.2 信仰的特征

再看看信仰的特征。显然,信仰是人所特有的精神需要,是人的情感、精神与心灵的寄托,它当源于现实生活又高于现实生活。信仰具有理想性、超越性、排他性和永恒性的特征。就其理想性而言,信仰来源于人们对现实的不满意、不认可,源于对现实自我或现实自我境遇的否定,源于对现实社会状况的否定,希望或认为会有更加美好的所在。无论是来世信仰和现世信仰,宗教信仰和社会(政治)信仰都将信仰对象和价值目标置于未来之中,将希望与归宿置于现实中尚不存在的所指。正因为如此恰恰构成了人们追求的目标和努力方向,从而为人们提供高于现实的精神寄托、努力方向和追求指针。就其超越性而言,信仰因其理想性而具有超越性,人们在生存和发展中需要超越自我,超越有限,超越当下,超越物质层面的满足,追求和实现"大我",追求和实现无限,追求和实现永恒,追求和实现精神层面的满足和升华。这种超越性体现在社会理想层面就表现为,社会在其发展的历程中需要不断纠错,不断修正,不断完善,达至更加公正、更加合理、更加美好。就其排他性而言,不同的立场所信仰的对象往往是不相容的、对立的、相互排斥的。人们往往会认为自己的信仰具有唯一正确性、唯一合理性、唯一可行性、唯一可信性——一元性。这往往会产生问题:不同信仰的人群能否尊重、理解、认可、善待他人的信仰,做到相互容纳、和谐共处。就其永恒性而言,信仰几乎可能伴随人类的始终,伴随人类社会的始终,伴随一个人生命的始终。它代表着人类及其社会对理想的执着追求,对美好的坚定向往,对现实的不断超越。信仰还可能具有功利性和非功利性交织的矛盾特征,从信仰的本性上讲应当是非功利性的,然而毫无功利性、极端的纯粹性有可能会使信仰失去吸引民众的可能与基础。宗教信仰和非科学性的信仰可能具有非理性和狂热性的特征。社会信仰和科学信仰则会具有实践性的特征,就此而言,社会信仰或政治信仰必须根植于现实之中,并在人们现实的努力和奋斗之中前行。它不仅是一个目标,更重要的是一个过程。它不是一个终结,可能意味着不断的新开始。

2.中国人构筑信仰的出发点与思维模式

当人类文明苏醒之时,对于生命的价值与意义的思考,对于生命的超越性的思考就成了一个永恒的话题。雅斯贝斯认为在人类文明的轴心期,在中国、印度和西方这三个地区的人类,

全都开始意识到整体的存在、自身和自身的限度。人类体验到世界的恐怖和自身的软弱。他探询根本性的问题。面对空无,他力求解放和拯救。通过在意识上认识自己的限度,他为自己树立了最高目标。他在自我的深奥和超然存在的光辉中感受绝对。①

---

① 〔德〕卡尔.雅斯贝斯著,魏楚雄,俞新天译:《历史的起源与目标》,华夏出版社,1989 年版,第 8—9 页

为此,古希腊的哲学家把关注的目光投向了浩瀚未知的自然,犹太人的先知把生存的意义托付于神秘的天堂,印度次大陆的修行者把希望安放在了来世。与世界其他文明不同,中国的思想家没有将实现生命的超越性追求寄托于彼岸世界,寄托于空间的方向上,而是在生命的历史进程中、在人类历史发展的时间路向上寻求生命的价值、意义和永恒。

2.1 中国人信仰构筑的立场

中国人为什么走了如此一条与西方基督文化和印度佛教文化完全不同的道路呢? 恰恰在于当文明肇始的人们纷纷思考万物生成和宇宙本原的时候,在超验中寻找和安放本原与灵魂的时候。中国人认为人与天地并不是各自独立自在的,也不是截然对立的,人是可以知性、达道,进而可以与天地参。中国人认为天文与人文是并行互通的,"观乎天文以察时变,观乎人文以化成天下。"① 与西方人主客二分式的思维认知方式不同,与印度既否定是,亦否定非的思维认知方式不同。中国人是在天、地、人三者的关系中以阴阳互补、相反相成的态度关照这个世界。

有天道焉,有人道焉,有地道焉。兼三才而两之。②

立天之道,曰阴阳;立地之道,曰柔与刚;立人之道,曰仁与义。③

在这样重关系、泯对立的认知与思维方式中,天、地、人实现了合一,即所谓天人合一。《中庸》里讲:

唯天下至诚,为能尽其性;能尽其性,则能尽人之性;能尽人之性,则能尽物之性;能尽物之性,则可以赞天地之化育;可以赞天地之化育,则可以与天地参矣。

我们没有把人生的一切交付给神秘的上天,没有把生命的归宿托付于神秘上天派来的使者,没有把生死置于无常,也没有把对自然的征服视作人生成功的标志。中国人将自己的生命功课托付给了现实,在天(地)人合一中完成并实现自己的存在与意义。④ 在西方世界为了实现人的意志自由直至近代还在与上帝斗争,并终于认识到"神是人的本质的异化",艰难地把上帝限制在信仰的领域,为西方社会的变革提供了思想可能。⑤ 而中国人早已不把上天视作与人无关的、对立

---

① 《周易·贲卦》

② 《周易·系辞下》

③ 《周易·说卦传》

④ 注:钱穆先生认为人参加了这个天地,与天地鼎足而三,故曰"与天地参"。而最后成为天、地、人之三位一体。即是"性道合一","人天合一"。见钱穆《中华文化十二讲》,第 97,99 页。

⑤ 注:需要注意的是西方思想界在十七、十八世纪时,还因为经典物理学泰斗牛顿将物质、运动、时间、空间视作各自独立自在的实体而无法自圆其说,甚至最后不惜将已经被科学从其领地驱逐出去的上帝再请回来,借助它的手完成宇宙运行的第一次推动。

的、神秘的所在,什么是宇宙?"四方上下曰宇,往古来今曰宙"。宇宙就是现实的存在,实存的时空,生命依托、拥有的实在。

2.2　人与神关系的重新定位

西周时期的执政者们已经开始重新审视人与神、民与国、君与民、君与国的关系,面对"无常"的天命,认识到政权合法性的来源不是与人无涉的上天、神灵,《左传·桓公六年》提出:"夫民,神之主也。"《尚书·五子之歌》指出,民惟邦本。要实现这一点则应"顺乎天而应乎人",这就是说为政之道即政权合法性的来源首先在于顺应民心,合乎民意。因为上天并不简单地高高在上,天意与民(人)心是息息相关的。正如《尚书·泰誓》中指出的:

"惟人万物之灵",

"天视自我民视,天听自我民听,"

所以,

"天矜于民,民之所欲,天必从之。"

在这里"天意"即"民欲","民欲"乃"天意",为政者须关注民众的诉求。为政无德,残害百姓,暴殄天物是"自绝于天,结怨于民。"为此,《尚书·大禹谟》强调"德惟善政,政在养民。"周公在《尚书·无逸》篇中告诫成王应"知稼穑之艰难","知小人之依"。强调执政者要以仁、德为政之根本,关注民生才能赢得民心。这里统治者虽然"奉天承运",却是担负着天意、德运和民心,天意、德运和民心又是一体的。他们关注的不是那个高高在上、虚无缥缈'不食人间烟火的神秘上苍,关注的是合为一体的天命与民心。

先秦时期的思想家们更是充分发挥了这一认识。《管子·牧民》中指出,政之兴废在于民心,顺则兴,逆则废。其《霸言》里亦重申:

夫霸王之所始也,以人为本。

为此,《吕氏春秋·务本》认为:

安危荣辱之本在于主,主之本在于宗庙,宗庙之本在于民。

在孔子看来,君民之间是船与水、鱼与水的关系。孟子则视民为诸侯之宝,他还提出民贵君轻的主张,指出得民心者得天下。并警告执政者"天作孽,犹可违。自作孽,不可活。"在孟子王道政治理想中,顺天者存,逆天者亡。天和人是一体的,天意即是民(人)心。

在人鬼关系上,虽然儒家对当时人们敬畏鬼神的做法给予了相当宽容的态

度:"祭神,如神在"。① 但更多的时候是:

子不语怪、力、乱、神。②

未能事人,焉能事鬼。未知生,焉知死。③

厚重的人文情怀使得我们的先哲们更多地关注着的是"以人为本",关注的是现实的人情世故,关注的是民心所向,民心所欲,关注的是实实在在的生活与鲜活的生命,而不会把人类的思想、灵魂与情感寄托于虚构出的超验的神秘上天。即使是"明鬼"的墨子也是因为深恐人类若没有一种行为上的制裁力,便要为非作恶,为着实际上的应用,为着民德归厚,而请回鬼神来赏善惩恶。④

2.3　先秦思想的逻辑思维模式

为什么中国人会这样构筑对于天地人的关系和认知呢？还是源于中国人特有的思维方式。西方单子式的思维必然要在人与物之间划清一条鸿沟,从主客的对立中、物我的二分中去厘清认识,标定人与自然的界限。即使是其丰富的辩证法同样强化的是矛盾双方间的差异、不同、对立和对抗。中国人的阴阳辩证法却是"和"的辩证法,着重的是"和实生物,同则不继"。注重的是双方的统一、共生、互动、促进、融合、生成。中国先贤看问题的立场不是"一",而是"二",更关键的是在关系中、在两者同一中去认知和体会。《周易·系辞上》曰:"一阴一阳之谓道"。道不直接等同于阴阳,而存在于阴阳之中,存在于阴阳的循环往复之中。老子在《道德经》中提出"道生一,一生二,二生三,三生万物,万物负阴而抱阳,冲气以为和"。这样的思维模式当然要着重于"和",旨在"和也者,天下之达道也"。⑤ "和"关注的是矛盾统一体中双方的相互依存——万物莫不有对;双方的相互融合——负阴抱阳,冲气以为和;双方的相互转化——反者,道之动;双方的相互交合——和实生物。

在这样的思想关照中,孔子关注的是人,从仁出发,孔子构建了人本主义的传统。老子关注的是自然,从道出发,老子构建了自然主义的传统。经孟子、庄子的发展,逐渐形成了"穷则独善其身,达则兼善天下"的于穷独之间立定人生,提升境界,实现生命意义的儒道互补的文化模式。论及天人之间不是对立,天亦不是高高在上,人亦不需顶礼膜拜,天人皆法道,而道为自然而然。

① 《论语·八佾》
② 《论语·述而》
③ 《论语·先进》
④ 胡适:《中国哲学史》,新世界出版社,2012年版,第137页
⑤ 《中庸》

孔孟、老庄论天人,其重点不同,孔孟重人事,以人事看天道,老庄则推天道明人事。但二者有共同点,即不讲神道。他们从人类或自然本身中寻找规律,摆脱了传统的天命鬼神观的控制,奠定了中国传统哲学的走向。[①]

3.中国人信仰的安放——超越性与当下性

然而当其他地区的人们还未真正苏醒之时,中国人已经把目光从天上拉回到了人间。当那些地区的人们还痴迷于构筑超验的领域以安放灵魂时,当他们还热衷于把人生的意义、价值、寄托、归宿交付于身外之物时,中国人已经把更多的关怀放在了人自身及其生存的世界,从人与自然、人与人、人与社会的关系中关注这个世界。

3.1 立德、立功、立言——中国人的信仰

没有了来世寄托,没有了神秘上天,摆脱了宗教迷狂,中国人的理想、信仰和心灵安放在哪里呢? 如何才能"死而不朽",实现永恒? 仅仅靠"人法地,地法天,天法道,道法自然"是不够的。需要在历史的长河中实现不朽。《左传·襄公二十四年》记载:

春,穆叔如晋。范宣子逆之,问焉,曰:"古人有言曰:'死而不朽',何谓也?"穆叔未对。宣子曰:"昔匄之祖,自虞以上为陶唐氏,在夏为御龙氏,在商为豕韦氏,在周为唐杜氏,晋主夏盟为范氏,其是之谓乎?"穆叔曰:"以豹所闻,此之谓世禄,非不朽也。鲁有先大夫曰臧文仲,既没,其言立,其是之谓乎! 豹闻之,'太上有立德,其次有立功,其次有立言',虽久不废,此之谓三不朽。"

范宣子向叔孙豹请教,什么是"死而不朽"? 范宣子认为自己的祖先历代为官,血脉传承不断就是"不朽"。叔孙豹回答,这不是"不朽",而是"世禄",即世代享受俸禄。鲁国有一个大夫臧文仲,人虽然死了,但他说过的话还留在世上,这才是"不朽"。叔孙豹听说,最好的是树立德行,其次是建立功劳,再次是留言后世。即使岁月流逝,仍然不会消失,这才是"死而不朽"。世禄非不朽,不朽需要坐落在对物质利益的超越之上,"立德,立功,立言"都是如此。范宣子自以为家族血脉的世代传承为"死而不朽",叔孙豹认为:"此之谓世禄,非不朽也。"唐人孔颖达在《春秋左传正义》中对德、功、言三者分别做了界定:

立德谓创制垂法,博施济众;

---

① 谢龙(编):《中西哲学与文化比较新论——北京大学名教授演讲录》,人民出版社,1995年版,第38页

立功谓拯厄除难,功济于时;

立言谓言得其要,理足可传。

真正的不朽是在于德、行、言。这三不朽即"立德""立功""立言"的次序如何排定的呢? 钱穆先生认为:

"立功"只是一时的贡献,"立言"始是万世教训,更高过了立功。"立德"则只在一己。①

即最高境界是立言——留言万世,启迪心智,引领历史;其次是立功——泽被当代,福荫后人,世代留名;再次是立德——反求诸己,身修楷模,众人仰慕。这样的排列相较于人类历史进程的实际更加合理、准确。

这样的三不朽都坐落在人世间,坐落在现实的生活与行为中,坐落在社会的实际中,坐落在有历史脚步中。为什么要在这里着落人生的不朽呢? 就因为当中国的先贤们将天(地)人合为一体之后,天命与民心一脉相承,自然而然当顺天应人,"天地交而万物通也,上下交而其志同也"。② 应当在当下、在现实中、在历史进程中下功夫、做功课,承担责任,安放灵魂,升华人生,而不是把生命的永恒与不朽置于天堂之上、涅槃之中。

3.2 "足食、足兵、民信"解

《论语·颜渊》载:

子贡问政。子曰:"足食,足兵,民信之矣。"子贡曰:"必不得已而去,于斯三者何先?"曰:"去兵。"子贡曰:"必不得已而去,于斯二者何先?"曰:"去食。自古皆有死,民无信不立。"

这段话常常把"信"译作"诚信"。这样的意思就是:子贡向孔子请教治理国家的方法。孔子回答,要有充足的粮食,强大的军备以及人民讲诚信就可以了。子贡问,如果迫不得已要去掉一项,三项之中先去掉哪一个呢? 孔子说,去掉军备。子贡又问,如果迫不得已还要去掉一项,两项中去掉哪一项呢? 孔子说,去掉粮食。自古以来人都难免一死。但如果人民不讲诚信,国家就不能存在。问题是这里的"信"只能是讲"诚信"吗? 其实这里的"信"可以做"信任""取信""诚信"和"信仰"等多种解释。从不同的用法,再联系全文,可以得到以下的认识:

第一,做"信任"讲。百姓丰衣足食、国家武备强大、人民信任政府。因为自古以来人难免一死,如果人民不信任政府,则国家就不能存在。

---

① 钱穆:《中华文化十二讲》,九州出版社,2012 年版,第 36 页
② 《周易·象传》

第二，做"取信"讲。百姓丰衣足食、国家武备强大、政府能取信于民。因为自古以来人难免一死，如果政府不能取信于民，则国家就不能存在。

第三，做"诚信"讲。百姓丰衣足食、国家武备强大、人民能够讲诚信。因为自古以来人难免一死，如果人民不讲诚信（欺骗政府），则国家就不能存在。

第四，做"信仰"讲。百姓丰衣足食、国家武备强大、人民心中有信仰。因为自古以来人难免一死，如果人没有信仰，何以安身立命。

从这里可以看出，从语法关系来讲，这是一个"使动"结构，即使百姓丰衣足食，使国家军备强大，使人民相信政府、或使政府取信于民、或使人民有诚信、或使人（民）有信仰。如果从先秦的民本传统来看，这里似乎更应做"政府取信于民"来讲。同时，如果从孔子所代表的儒家的经世主义立场和强烈的责任担当来看，从君子对生命价值的追求来看，则可以说是"信仰"。民众没有信仰，国家就没有希望，信仰是支撑一个人、一个民族、一个国家前行的根本。而当我们反思人类文明之时，当我们看到人类社会唯有中华文明源远流长、从未断裂时，我们才能真正地感悟到中国人信仰的价值与意义，感悟到中国人信仰的力量与伟大。

3.3　中国人信仰的指向

这样作为要达成的理想和目标是什么呢？是使人类和社会向更加美好的方向行进和发展，其至高理想就是"大同"——"大道之行也，天下为公，……是谓大同。"[1]自始，人人无病苦，人人皆饱暖，老吾老以及人之老，幼吾幼以及人之幼就成为中国人的生活追求和社会理想。当然，这样的理想的实现必是一个漫长的过程。为此，崇尚中庸的先贤们并没有因为理想的遥远而丧失信心，他们同时还设定了阶段性的目标——小康社会，这是当"大道既隐，天下为家，各亲其亲，各子其子"时。当然还包括孟子再退而求其次的"王道"社会，他希望为政者应当施仁政于民，实现"数口之家，可以无饥矣"的"养生丧死无憾事"的温饱社会。[2]

从先秦诸子的思想中可以看到，中国人所有的理想都寄托在现世之中，都安放于民生之中，都布置在社会发展的进程之中，而不是缥缈的来世或上天。在这里，人生的理想、担当与社会理想契合在一起，一方面是个体生命的不朽，一方面是大同社会理想的追求，在两者的相互作用与结合中共同发展与实现个体目标与社会目标。个体作为社会的一分子立志于将人生的价值与意义在社稷、家国的兴旺发达中实现，于美好社会的实践与追求中实现人生的不朽；社会作为个体生存

① 《礼记·礼运》
② 《孟子·梁惠王上》

活动的基本领域,把理想社会的实现付诸每一个个体力求人生不朽的现实努力之中,而不是虚无缥缈的来世或上天。这就为个体理想与社会理想统合在一起提供了一条现实的实现路径,两者之间是相互作用、相互促成的关系。

　　3.4　中国人信仰需要的努力

　　为此,无论人性善、人性恶,都需要通过教育、学习、思考,使得人人朝向尧舜的方向努力。孔子、孟子讲人性善,通过后天的学习进一步巩固发扬人的善性,因为有这样的努力方向,那么学习和思考都是一件快乐的事。荀子讲人性恶,其善者伪,只是需要通过长期、持续的坚持和善行的不断积累方能实现青出于蓝而胜于蓝。由是,儒家极为重视人的后天的学习与成长,这是一个痛并快乐着的过程,是一个清晰地意识到以天下为己任的君子必须有的"生于忧患,死于安乐"的责任担当。"故天将降大任于斯人也,必先苦其心志,劳其筋骨,饿其体肤,空乏其身,所以动心忍性,增益其所不能"。① 这样,"大学(大道之学)之道在明明德,在亲民,在止于至善"。② 要完成如此的责任担当就要从基础做起,从点滴做起,从日常的扫洒小事做起——"天下大事必做于细,天下难事必做于易"。践行担当的程序和路径是"格物,致知,诚意,正心,修身,齐家,治国,平天下"。在这里,要通过学习和思考,明白事理、人情、世道,从而懂规则——孝、悌、忠、信、礼、义、廉、耻;能自持——慎独;有理念——中庸之道;会方法——勿以善小而不为,积小善成大德;讲原则——己所不欲,勿施于人;敢担当——天下兴亡,匹夫有责。要完成这样的修行与磨砺,要实现这样的事业成就,就要锻炼自己的心性、意志,培养浩然之气,要建树起"智、仁、勇"三达德。有思想、有识人视事之智慧,有仁爱、有爱人为民之心,有勇敢、有舍我其谁之担承,才能实现"为天地立心,为生民立命,为往圣继绝学,为万世开太平"的理想,达到人生不朽的境界。为了达到这样的目标,儒家甘愿舍生取义,杀身成仁;墨家不惜赴火蹈刃,死不旋踵。就连素以柔弱为本的老子同样出于对现实的痛恨而向"率兽食人"的统治者发出"民不畏死,奈何以死惧之"的警告。

　　理想与现实当然需要结合起来,所以在高大上之后,立足于现实的先贤们同样提出了一些具体的要求。《孟子·梁惠王下》中对执政者要求其"与民同乐",

　　乐民之乐者,民亦乐其乐;忧民之忧者,民亦忧其忧。

　　只有仁者才能无敌,才能王霸天下。对普通民众并不苛求,把更多的关注置

---

　　① 《孟子·告子下》
　　② 《大学》

放在他们的生活和需要之中,孔子讲"庶、富、教",孟子强调"有恒产者有恒心",要关心民众疾苦、百姓温饱。

是故明君制民之产,必使仰足以事父母,俯足以畜妻子,乐岁终身饱,凶年免于死亡。①

管仲在《治国》中强调:

凡治国之道,必先富民。民富则易治也,民贫则难治也。

这是一条在时间路向上展开的生命之旅、理想之旅,把有限的生命融入无限的历史之中,把有限的个体融入无限的宇宙之中。从修身出发达到治国平天下的社会理想,构成了中华精神中内圣外王的实践路径和生命目标。在坚实的现实关照之中,中国人从天人合一———信仰,知行合一———修养,情景合一———审美中实现着人生的真善美,实现着鲜活生命的境界、风格和气象。

3.5 现实主义信仰的意义

不把信仰放置在上天,不把信仰放置在来世,就把信仰安放在社会历史前行的路途中。因此,我们希望人更完善,希望社会不断进步,希望生活越来越幸福,希望明天会更美好。我们追求美德,追求美满,追求美好,并将这一切在现实中通过人们的自觉努力逐步地接近、渐次地实现。古人希望建立"大同"世界,到那时,大道之行也,天下为公。政治清明高效,人人诚信友爱,社会和睦安宁,大家各尽所能,没有生计之苦,没有自私自利。今天我们更是希望实现每个人自由而全面地发展。

美好社会从来都不是天上掉下的馅饼,需要每一个人的努力与奋斗,在历史的进程中每个人的努力都会最终形成一股合力。回想在中国历史上流芳百世的人哪一位不是为人民、为社会、为国家担当大任,对人民、对社会、对国家做出贡献的呢?在生命价值与意义实现的道路上,要有担当:"为天地立心,为生民立命,为往圣继绝学,为万世开太平。"要有情怀:"先天下之忧而忧,后天下之乐而乐。"要有勇气:"当今之世,舍我其谁。"要有行动:"天下大事必做于细,天下难事必做于易。"

这样,中国人把信仰安放在历史的脚步之中,在现实中实现人生的价值与意义,而不是在缥缈的上天、来世、彼岸。中国人把信仰安放在时间的长河里,在人生的路途上完成生命的不朽,而不是在发达想象力构筑的幻象里。只有这样,不是只为自己而是为他人、为社稷、为天下做出成绩,才能实现死而无憾、永垂不朽。

---

① 《孟子·梁惠王上》

3.6 对宗教信仰的思考

首先宗教的产生与人对自身的思考紧密相关,"与其他生物不同,人类会不停地追问意义。"人之所以能够这样,在于人类有理性能力和想象力,问题是人类什么时候开始具备了这种能力,当今得到公认的是尼安德特人开始埋葬自己的同伴标志着这种能力的产生。凯伦·阿姆斯特朗认为:

尼安德特人墓葬群表明,当人类的先民产生死亡意识之后,便开始创造某类与死亡相反的叙事,以便能面对死亡。①

这里实际上为我们点出了宗教产生的可能与渊源。从神话开始,"我(我们)是谁?","我(我们)从何处来?","我(我们)向何处去?"就几乎成为人类永恒的话题。围绕这些话题,我们先用神话解释这个世界,后来又试图用巫术控制这个世界,再后来就是宗教(同样经历了万物有灵、图腾崇拜、多神教和一神教等发展过程)。根据弗雷泽先生在其《金枝》中的观点:

宗教从一开始仅是对超人力量的微小的、部分的承认,随着知识的增长而加深为承认人完全地、绝对地依赖于神灵。②

宗教的创立者们同样热衷于此,用超自然的、超人的存在解释世界的产生、生命的起源和人的出现。从这个意义上讲,宗教甚至逊于巫术,巫术还要试图控制自然,宗教则将人类的命运与自然奥秘完全地交给了上帝,而且是毫无保留、毫不质疑地交给了上帝。所以德尔图良才对怀疑上帝的人说:"因其荒谬,所以可信。"有人说德尔图良太不讲理了,不,恰恰相反,这才是德尔图良比奥古斯丁、托马斯·阿奎那高明之处。想一想这两位对上帝存在的证明,你就明白了:他们不仅费了九牛二虎之力去证明上帝的存在,而且当他们把"理性"引入对上帝存在的证明之时,实际上却为上帝挖好了坟墓。因为,理性要求的是实证,换言之可称为证实。这一点很重要,就如我们说在平面几何中三角形内角之和是 180o,这一论断可证实、可重复——只要是在平面几何中,无论什么三角形,其内角之和都是180o,否则这一论断就不可能成为公理。由此看来,尽管有很多神迹出现,但可重复、可再现吗? 同样,人们如何证实看不见、摸不着的上帝的存在呢? 更可恨的是当僧侣们处处宣扬上帝无处不在、无所不能、无所不知时,有好事者却说:"上帝能否造出一块自己也举不起来的石头?"所以,对未知的好奇心使人们渐渐地感到了上帝的无力。说到这里,就应该明白科学对人类的意义和作用,应该认识到什么

---

① [英]凯伦·阿姆斯特朗著,胡亚豳译:《神话简史》,重庆出版社,2005 年版,第 2 页
② [英]J.G.费雷泽著,徐育新等译:《金枝》,新世界出版社,2006 年版,第 60 页

才是检验真理的尺度,什么才是检验一个事物存在与否的尺度。当然,科学也曾经犯了错误,以为自己无所不能,如今终于认识到自身的有限性,从科学的功用上讲我们习惯说它是双刃剑。对一个事物的评价要么是"万能",要么是"无能",我们曾经陷入这种非此即彼的西式思维模式之中。其实中国先贤早就说过:过犹不及。意思就是要我们看问题、做事情不要走极端,以此来看宗教,在此类问题上就会清晰许多。

有学者认为:宗教能够实现获取知识、修炼自我和构建社会这三大功能。问题在于是否只有宗教修炼才能完成这些功能? 现代社会这些功能的实现主要依赖宗教吗? 事实上是,一则不是只有宗教才有这种能力;二则这三大功能在现代社会中的实现主要是教育、制度和治理。其三,即使是修炼自我也不是只有宗教才能完成,也不是宗教完成得最好。为什么呢? 这就要看宗教修炼的目标是什么,"灵魂得救""生命永恒""品行端正""扬善抑恶",还是别的什么……中国古代君子恪守的八条目——"格物、致知、诚意、正心、修身、齐家、治国、平天下"——同样要完成这样的任务。只是君子的修为不仅仅是为了"灵魂得救",还为了齐家治国平天下,所谓"为天地立心,为生民立命,为往圣继绝学,为万世开太平"是也。换句话说就是,中国人所有的理想都寄托在现世之中,都安放于民生之中,都布置在社会发展的进程之中,而不是缥缈的来世或上天。在这里,人生的理想、担当与社会理想契合在一起,一方面是个体生命的不朽,一方面是大同社会理想的追求,在两者的相互作用与结合中共同发展与实现个体目标与社会目标,这就为个体理想与社会理想统合在一起提供了一条现实的实现路径。说到这里,只求"灵魂得救""生命永恒""品行端正"和中国人传统的道德修为、行为要求和信仰相比,似乎缺少点什么。

有人认为:"宗教强调普适性的爱"。是这样的吗? 如果宗教强调的是普适性的爱,为什么不同宗教、同一宗教的不同教派间充满敌对甚至杀戮呢? 如果真是这样,又如何解释《圣经》中耶稣说:

你们不要以为我来,是为把平安带到地上;我来不是为带平安,而是带刀剑。因为我来,是为叫人脱离自己的父亲,女儿脱离自己的母亲,儿媳脱离自己的婆母;所以人的仇敌,就是自己的家人。谁爱父亲或母亲超过我,不配是我的;谁爱儿子或女儿超过我,不配是我的。①

这个爱是建立在对神的信仰的前提下的。对于异教徒是鲜有友爱的。反而

————————

① 《圣经·马太福音》

是中国人讲的"仁爱"是建立在孝亲的基础上，然后放大出去。孔子将"仁"视作君子的三达德之一，以人伦亲情为基点，一层层地外推到朋友、乡党、百姓、天下。从基本人性——人之亲情始，一步步地放大、扩散。强调"仁者，爱人"，要求君子以纯真的赤子之心去仁爱大众。

另外，有人强调宗教劝人向善，惩戒作恶。问题在于只有宗教有这样的要求与价值取向吗？我们的舆论、教育、宣传不都是在宣扬做好人、做好事，什么时候教人作恶啦？而且社会主义追求每个人的幸福与自由难道不是最大的善吗？而中国共产党更是将"全心全意为人民服务"作为自己的宗旨，将一生做好事的雷锋作为助人为乐的楷模。还有宗教之善的实际作用究竟如何也值得人们思考，据说当今世界70多亿人中有80％以上的人信仰各种各样的宗教，如果宗教劝人向善，惩戒作恶的作用巨大，那么，为什么还有那么多的丑恶现象？意图以宗教信仰涵养人类所有的理想与追求，对无神论者评头论足，以此嘲笑他们没有信仰，这里面包含的不尊重、不宽容难道也是善吗？还是让我们无神论者与有神论者和平共处，一起为减少直至消除人类社会的罪恶与肮脏努力吧。再者，善恶的内涵在不同的时代是有不同的内容和要求的，如果没有善恶的具体内容和标准，没有与时代相符合的具体要求，简单地"炒概念"并没有太大的意义，尤其是怎样实现善、怎样惩治恶，更是考量着人类文明进步的程度和社会治理的能力与水平。

有人认为："宗教的始祖带有神性，至少说是超越世俗的特质，构成让人膜拜的权威，满足了人对无限的渴望和崇拜，满足了人对控制自然与人生进程的超人力量的迎合或抚慰，满足了孤单的人们对神圣对象敬畏、爱戴的需求。"细想一下，这些愿望本身就合理吗？另外这些愿望只能靠宗教满足吗？这些愿望宗教能满足吗？或许有人会说这是人的自然而然的愿望，那么，还要说的是——自然的就是好的吗？看了《甄嬛传》，我还想妻妾成群呢！这种动物性的自然欲望合理吗？正当吗？同样，如果要讲"人们对神圣对象的敬畏、爱戴"，面对为人类幸福和进步做出巨大贡献的那些人，难道不值得人们敬畏和爱戴吗？当然我们也十分赞同"在物质高度发达的社会，人还是要有点精神的。"问题是我们需要什么样的精神？怎样构筑我们的精神？也举双手赞成"我们应该以更包容的心态借鉴古今中外一切人类文明的成果，包括精神文明，包括各大宗教文明，将这些文明成果消化吸收，为我所用？"问题是怎样借鉴？怎样消化吸收？怎样为我所用？

4.中国传统信仰存在的瑕疵及改进

西方创设了原罪救赎说、天堂地狱说、世界末日说、最后审判说，三大宗教热衷于地狱、火狱、天堂,痴迷于寂灭、超脱、轮回。他们把人类的理想、寄托与终极关怀放在了理性无法把握、现实并不存在的境况之中。这是一条空间意义上的路向,只是这个空间并不是实存的空间,人们却对其顶礼膜拜,痴迷不能自拔。中国人在自己独特的文明之旅中,走出了循天道尚人文,近人世远鬼神的道路,把人类的理想、寄托与终极关怀,放在了源于现实又高于现实的世界大同、天下太平、天下为公的历史进程中,这是一条时间意义上的路向,虽不存在却能够通过坚持与努力,不断地靠近和落实。我们就把生命的不朽寄托在了充满历史感的现实、现世之中,而不是宗教迷狂之中。韦政通先生就指出中国人的三不朽:

与灵魂信仰完全无关,不含有任何宗教的色彩,纯是就有功于社会国家者而言。这是人本主义的不朽论,人类如必欲满足不朽的愿望,唯此可求,亦唯此当求。①

4.1　自然主义的生死观

当然,我们也没有忘记人类对死亡的恐惧和对死亡恐惧的恐惧。与宗教把这种恐惧的克服寄托于上帝、天堂不同,老子开启的自然主义理路为中国人的灵魂安放设定了方向。从"天地不仁,以万物为刍狗"的理智出发,老子就认为生命即是"出生入死"。② 生死本就是生命的应有之意,顺应自然,当然要平静坦然地面对生死。万物莫不有对,没有生哪里有死,没有死哪里有生? 庄子更是将死视作人出于自然、又回归自然的过程,既然是自然当然坦然。庄子妻死,"箕踞鼓盆而歌";③子桑户死,他的朋友:

或编曲,或鼓琴,相和而歌:"嗟来桑户乎! 嗟来桑户乎! 而已反其真,而我犹为人猗!"④

有作曲的,有弹琴的,一齐唱着歌:啊,桑户! 你已回归本真,而我们还不得不是人(生活于浊世之中)。这些做派在常情看来似乎难以接受、无法理解,甚至不可理喻,却是对生命自然过程的礼赞。在道家看来:

古之真人,不知悦生,不知恶死。⑤

人的生死原本是气之聚散,气聚则生,气散则死。生命本身就是"出生入死",生命虽短暂,死却是永恒。所以人生不必拘泥于富贵荣华,不必纠结于生老病死,不必沮丧于贫贱饥寒,而应追求精神的洒脱与自由。人生需要的是"天地与我并

生,而万物与我为一"①的格局,生活需要的是"判天地之美,析万物之理,察古今之全"②的气象,生命需要的是"独与天地精神往来,而不敖倪于万物"③的境界。在思想与情感的国界里"汪洋恣肆以适己",实现精神的自由与生命的洒脱。

这样,儒家的人本主义和道家的自然主义为中国人的心灵安放、生命寄托提供了两个基本的支持,它们互为补充,互为借鉴,互为修正,构成了中华文化对于人生"终极关怀"的两大路向。虽有后来佛教的补充,但并没有改变入世主义的立场。由是,中国人的不朽不在于天堂上苍,不在于轮回转世,而在于经世致用中以天下为己任的担承,在于现实生命历程中的作为,完成历史——来到世间走一回——的使命,在于"长太息以掩涕兮,哀民生之多艰",在于"先天下之忧而忧,后天下之乐而乐",在于"人生自古谁无死,留取丹心照汗青"。我们在历史中完成生命的价值,实现人生的不朽,而只有着落在世界大同、人间太平、天下为公,渐次推进社会进步、人类幸福、世界祥和,才能真正彰显此中大义。

4.2 信仰之艰难

可惜的是,这样的境界在一定程度上尚为芸芸众生难以接受、理解和认可,对于常人而言,这种理智的生死观毕竟不能完全解决面对死亡产生的恐惧感,而这种恐惧感往往是非理智的,单单依靠自然与理性的态度并不能一劳永逸地解决一切,这就为宗教的传入提供了可能。后来,佛教传入后,为各阶层的人们提供了面对死亡、面对死亡恐惧的一剂新药方。随着佛教中国化的完成,儒释道互补成了中国传统文化的特有结构。

只是中国人的宗教信仰更多的是功利式的,没有用的神是不必敬的。与其说中国人对宗教的信仰是为了实现灵魂的不朽,不如说是为了在现实中获得安慰;与其说中国人对神的膜拜是为了安放灵魂,不如说是为了实现对无常世事的掌控。换言之,是为了解决现实中的困惑、无力感提供些许帮助与慰藉。尽管这些在根本上是虚幻的,但要使人们认识到这一切,尤其是在认识到之后能够抛弃这一切仍然需要时间和过程,而且这个过程可能是漫长的。这或许是普通中国人将长期拘泥于此而很难超越的基本现实,但这并不构成对内圣外王之不朽追求的根本性伤害和冲击。因为,中国文化具有的厚重历史感和对现实的责任感已深深浸入我们的骨髓与信念之中。

---

① 《庄子·齐物论》
② 《庄子·天下》
③ 《庄子·天下》

"三不朽"的人生追求主要是对君子而言,对普遍的多数人来说似乎有点高远,要想做到并不是一件简单、简易的事情。当然,古人并非没有意识到这一点,因此反复告诫人们对于高尚的事物、行为和人物,应当心存敬意,心怀渴望,谓之"高山仰止,景行行止。虽不能至,然心向往之"。① 人不能因为自己的平庸而放弃或蔑视高尚与神圣,你可以做不到,但不能无耻。② 对人类高尚行为与精神心存敬意与敬畏,意识到自身的不足与可能努力的方向,是人类精神的指针和人类进步的希望所在。忽视或蔑视这一切,必将是人性的混沌与黑暗和人类的悲哀,也会给人类的前景蒙上厚重的阴影。为此,深谙中庸真谛的冯友兰先生也给中国人开出了不同的药方,使得人们既有立足的基点,又有努力的方向。既有平凡平淡的世俗,又有高雅高尚的追求。他认为人生有四种境界:天然的自然境界;讲求实际利害的功利境界;正其义、不谋其利的道德境界;超越世俗、自同于大全的天地境界。其中,前两种境界是人的自然状态,是平常态,但不宜久留,也不应永留。后两种境界需要自我的清醒和超越的自觉,就是要追求道德的完美和人生的大功业,用古人的标准就是"成圣"。人理应仰慕、敬畏和追求这两种境界。③

4.3 信仰之改进

如此厚重的历史积淀,如此深邃的责任领悟,如此睿智的生命思考在 19 世纪中叶以来中华民族面临生死存亡的危机时,焕发出了强大的力量。特别是当与马克思主义这一科学理论结合在一起的时候,就为中华民族追求民族独立、国家富强、人民幸福奠定了更为坚实的信仰支持。正是有了这种信仰,自 1840 年以来中国人民无论面对怎样凶恶残暴的对手都毫不退缩,不惧牺牲,敢于亮剑,勇于胜利。而当坊间一些小丑以其龌龊卑微的心灵揣度英雄时,却把自己所谓"智慧"的脑子想破了也想不通,为什么邱少云能在熊熊烈火中一动不动地坚持那么长的时间?请看看上甘岭战役中的主力十五军编撰的《抗美援朝战争战史》:

上甘岭战役中,危急时候拉响手雷、手榴弹、爆破筒、炸药包与敌人同归于尽,舍身炸敌地堡、堵敌枪眼等,成为普遍现象。也只有这样一个民族的优秀儿女,才能这样地把个人生死置之度外。时任该军军长的秦基伟将军在战后的总结中说道:"上甘岭战役是一场特殊的战役,它既是敌我双方军力的较量,又是两种世界

---

① 《史记·孔子世家》

② 注:汶川地震时,一所中学的老师范美忠为了给自己丢下学生率先逃命的行为加以辩解,对舍己救人的行为进行攻击,引起舆论大哗。后有人指出,我们可以不崇高,但是不能允许无耻。

③ 冯友兰:《中国哲学简史》,新世界出版社,2004 年版,第 298—300 页

观、两种价值观、两种思想体系的较量。"①

在这场较量中,凭借着对历史责任、国家强盛、民族独立与自由的现实担当,中华儿女的理想与精神取得了完全的胜利。在将自己的生命义无反顾地交付于中华民族独立自由的伟大事业中实现了人生的不朽,这样的不朽教对手胆寒,教世人尊敬,教每一个真正的中国人感到骄傲和自豪。

不仅是在国家危难、民族危亡之际,需要义无反顾、挺身而出。注重细节和点滴之处的自律、自觉意识,还使胸怀大理想的人们立足于从小事做起,将远大的理想和坚实的人生融入为国家、为人民服务的无限长河之中。使得短暂的生命在为未来理想社会奉献的时间维度上实现价值、获得永恒,使得个体的小我在为大仁大义的坚守与践行的空间维度上融入人民群众之中。正是这样的怀大理想,做小事情的志向与努力,让无数普通人在历史的长卷中留下了自己浓墨重彩的一笔,形成了推进社会进步、发展的历史合力。正因为这样的道德自律与责任担当,才使每一个真正的中国人始终秉持着天下兴亡、我的责任的坚守与努力,也正因为有这样的目标坚持,才源源不断地书写着中华文明五千年的华彩篇章。同样,也正因为中华文化传统中的精华与马克思主义理论精髓的神交与契合,使得中华民族的理想与奋斗有了更为科学的理论支撑和更加坚定的信仰支柱。马克思主义在批判资本主义社会资本面对劳动的贪婪与野蛮时,在批判资产阶级将自己眼中的"自由、平等、博爱、民主"作为人类的普世价值时,在批判资本主义社会把创造了巨大社会财富的劳动者置于社会底层的不公正时,将空想社会主义者希望有产者用爱心、良心发现、自我节制来安慰、帮助劳动者的幻想扔到了爪哇国里。明确地指出无产者只能自己拯救自己,在资本主义社会中由劳动者创造的巨大社会财富的物质基础上,用自己的双手和力量在现实中改变所有的不公正、不合理、不人道,让劳动真正成为劳动者解放自己、实现理想社会的手段和途径。理想社会只能在现实的批判和改造中才能够实现,无产阶级只能解放了全人类才能解放自己。这样,伟大的理想与在批判现实中改造世界的坚实路径,使得中国人民在争取民族独立、自由的过程中,秉承着中华文明的优秀传统、义无反顾地接受了马克思主义,并在实现中华民族伟大复兴的道路上取得了一个又一个骄人的成就。

中国人的传统信仰与宗教信仰不同在于,"三不朽"将信仰放在现实之中,在自己努力为他人、为民族、为社会、为国家、为人类造福中实现生命的价值和人生

① 戴旭.东西方最优秀民族选手钢铁和意志的对决[EB/OL].http://blog.sina.com.cn/s/blog_63ebbbb501016msg.html,2012-11-25

的不朽。宗教信仰则是为了得到自己生命的再生与永恒，自我灵魂的救赎。前者为人，后者为己。由于信仰的产生根源于人对生命的眷恋、对死亡的恐惧；对生命短暂的伤感、对死亡恐惧的恐惧，所以仅仅把信仰安放在历史的脚步之中并不能完全解决人们对生的渴望和对死的厌恶。宗教作为麻醉剂起到了一定的慰藉作用，天堂与来世给了人们虚幻的寄托，没有宗教信仰的普通民众也对神明有种莫名的敬畏。而这正说明了信仰的艰难，说明了把信仰寄托于历史中，把生命的价值与意义安放在现实的行动中需要勇气、自觉和智慧。应该承认普罗大众如果没有这种自觉，没有持之以恒的修养，要达此境界是困难的。因此，信仰将是伴随人类的永恒话题，也是伴随人类永恒的难题。但与其欺骗自己不如清醒地面对。

　　面对信仰问题，我们需要有理论自信，我们有这样的理论自信。因为我们正在进行的是前无古人的伟大事业，我们面临的是前所未有的历史机遇，我们承担的是实现中华民族伟大复兴的历史责任。由是，将人生之不朽放置在现实、现世之中的中华信仰与坚持在实践中、在行动中实现劳动者的自我解放与救赎，在解放全人类的宏大理想中实现无产阶级的自身解放结合起来，就一定能在现实的大地上不断推进人类文明的进步，推进美好社会的到来，推进人类不断地前行，推进每一个人的幸福的实现。如果我们自觉地意识到这一点，并将自己的有限生命融入其中，而不仅仅是拘泥于"小我"的喜怒哀乐、悲欢离合，那么就一定会以劳动者的群像在实现中华民族伟大复兴的时间路向中实现人生的不朽和生命的永恒。历史将证明这一点。历史一定会证明这一点。

后 记

　　对先秦文化的喜爱终于以一本小书的形式做了个托付。要想在一本书中把方方面面都说清楚、讲透彻显然是力不能逮。只是努力地试图说明自己对先秦文化的一点拙见。

　　时值当下大力弘扬中华优秀传统文化之际,想在阐述先秦文化"是什么"的同时,讲一讲"怎么样"和"为什么",讲一讲汲取先秦文化的方法,特别是讲一讲思想生成的逻辑。对先秦文化的提炼应持守批判性继承、创造性改造、创新性发展和普适性建构等四条方法。对先秦思想的生成逻辑要看到,先秦时期重事物间的关系而不是重本原性的思想出发点,确立了"天人合一"的哲学立场,推演出了以阴阳为核心的思维图式。由是形成中庸之道与和而不同的立世法则;以民为本与选贤任能的政治智慧;仁者爱人与"智勇"风骨的立人之本;自强不息与内圣外王的理想追求;以及立德、立功、立言的现实主义信仰。同时,指出中庸之道、以民为本、仁者爱人、自强不息和"三不朽"等是美德,是高标准,在实际社会生活中的推进不仅需要自觉且强大的精神支持与品格修为,还需要制度的建设保证。另外,自由与平等是理想,不是现实。先秦思想处理各种关系时的准则是对等。一并对坊间有人认为,先秦文化缺乏勇敢精神,中华传统文化缺少幽默感,中国传统社会没有信仰等问题加以回应。还想说的是,价值取向和目标不等于现实,美好的设计与构思是前行的方向和动力。追求超越现实的道德标准需要警惕两种情形,一是因多数人达不到而又有敬畏导致伪善盛行,一是喜欢唱高调,唱得多了就以为自己也很高尚了,这是意淫。

　　限于本书的逻辑设计,"天人合一""知行合一""情景合一"即中华传统文化对于真善美的追求与思想建构未能涉及,还有待今后进一步的研究与阐述。随着考古工作的深入,如果有更多的史料能够呈现在人们面前,或许在许多问题上会有新的认识。

　　在文字叙述上尝试通俗性与可读性,能不能真正做到还请读者评判。

　　感谢家人、朋友和弟子对我的工作的关心与支持。感谢易慧老师为本书出版所做得大量细致周到的工作。

张轩

2020 年 4 月 20 日

参考文献

[1]《诗经》

[2]《尚书》

[3]《周易》

[4]《礼记》

[5]《春秋左传》

[6]《大学》

[7]《中庸》

[8]《论语》

[9]《孟子》

[10]《荀子》

[11]《老子》

[12]《庄子》

[13]《墨子》

[14]《管子》

[15]《孙子兵法》

[16]《列子》

[17]《韩非子》

[18]《晏子春秋》

[19]《吕氏春秋》

[20]《淮南子》

[21]《尸子》

[22]《史记》

[23]《战国策》(上、下)

[24]《国语》

[25]《周礼》(上、下)

[26]《汉书》

[27]《资治通鉴》

[28]《楚辞》

[29]《孔子家语》

[30]《孝经》

[31]《诸子集成》(上中下),广西教育出版社,陕西人民教育出版社,广东教育出版社,2006年版

[32]熊武一主编:《古代兵法鉴赏辞典》,军事译文出版社,1991年版

[33]《马克思恩格斯选集》第1—4卷,人民出版社,1995年版

[34]《毛泽东选集》第2卷,人民出版社,1991版

[35][德]卡尔·雅斯贝尔斯著,魏楚雄,俞新天译:《历史的起源与目标》,华夏出版社,1989年版

[36][德]恩斯特·卡西尔著,甘阳译:《人论》,上海译文出版社,2004年版

[37][德]黑格尔著,杨一之译:《逻辑学》(下册),商务印书馆,1976年版

[38][美]威尔·杜兰特著,金发燊等译:《哲学的故事》,三联书店,1997年版

[39][美]房龙著,迮卫,靳翠微译:《宽容》,三联书店,1985年版

[40][美]杜卡斯、霍夫曼:《爱因斯坦谈人生》,世界知识出版社,1984年版

[41][美]约翰·罗尔斯著,何怀宏,何包钢,廖申白译:《正义论》,中国社会科学出版社,1988年版

[42][美]约翰·肯尼思·加尔布雷斯著,王中宝、陈志宏、李毅译:《美好社会——人类议程》,江苏人民出版社,2009年版

[43][英]凯伦·阿姆斯特朗著,胡亚豳译:《神话简史》,重庆出版社,2005年版

[44][英]J.G.弗雷泽著,徐育新等译:《金枝》,新世界出版社,2006年版

[45][英]约翰·斯图亚特·密尔著,赵伯英译:《论自由》,陕西人民出版社,2009年版

[46][英]德博诺编著,蒋太培译:《发明的故事》,三联书店,1986年版

[47][英]以赛亚·伯林著,胡传胜译:《自由四论》,译林出版社,2003年版

[48][英]R.K.G.坦普尔著,陈养正等等译:《中国的创造精神——中国的100个世界第一》,人民教育出版社,2003年版

[49][英]特里·伊格尔顿著,李杨,任文科,郑义译:《马克思为什么是对的》,新星出版社,2011年版

[50][法]涂尔干著,林宗锦、彭守义译:《宗教生活的初级形式》,中央民族大学出版社,1999年版

[51]联合国教科文组织国际教育发展委员会编著:《学会生存——教育世界的今天和明天》,教育科学出版社,1996年版

[52]冯天瑜:《中华元典精神》,武汉大学出版社,2006年版

[53]韦政通:《中国思想史》(上、下),吉林出版集团有限公司,2009年版

[54]萧公权:《中国政治思想史》,新星出版社,2010年版

[55]卢守助:《晏子春秋译注》,上海古籍出版社,2006年版

[56]李宗侗:《〈春秋左传〉今注今译》(上中下),新世界出版社,2012年版

[57]王梦鸥:《〈礼记〉今注今译》,新世界出版社,2011年版

[58]金景芳:《周易讲座》,广西师范大学出版社,2005年版

[59]夏传才:《诗经讲座》,广西师范大学出版社,2007年版

[60]冯友兰:《中国哲学简史》,新世界出版社,2004年版

[61]吕思勉:《国学知识大全》,海潮出版社,2008年版

[62]吕思勉:《吕思勉中国文化史》,吉林出版集团有限责任公司,2012年版

［63］梁漱溟：《东西文化及其哲学》，商务印书馆，1999 年版

［64］李泽厚：《美学三书》，天津社会科学院出版社，2003 年版

［65］李泽厚：《中国古代思想史》，天津社会科学出版社，2004 年版

［66］陈少明：《做中国哲学：一些方法论思考》，三联书店，2015 年版

［67］陈来：《中华文明的核心价值——国学流变与传统价值观》，三联书店，2015 年版

［68］周桂钿：《中国儒学讲稿》，中华书局 2008 年版

［69］周桂钿：《十五堂哲学课》，中华书局 2006 年版

［70］庞朴：《中国文化十一讲》，中华书局 2008 年版

［71］易中天：《中国智慧》，上海文艺出版社，2011 年版

［72］李零：《丧家狗—我读〈论语〉》，山西人民出版社，2007 年版

［73］孔祥骅：《孔子新传》，华东师范大学出版社，2009 年版

［74］鲍鹏山：《孔子是怎样炼成的》，中国民主法制出版社，2010 年版

［75］蒙培元：《蒙培元讲孔子》，北京大学出版社，2005 年版

［76］蒙培元：《蒙培元讲孟子》，北京大学出版社，2006 年版

［77］钱穆：《国史大纲（上）》，商务印书馆，2013 年版

［78］钱穆：《中华文化十二讲》，九州出版社，2012 年版

［79］胡适：《中国哲学史》，新世界出版社，2012 年版

［80］廖名春：《〈周易〉经传十五讲》，北京大学出版社，2004 年版

［81］谢龙编：《中西哲学与文化比较新论——北京大学名教授演讲录》，人民出版社，1995
年版

［82］龚鹏程：《中国传统文化十五讲》，北京大学出版社，2006 年版

［83］林德宏，肖玲：《科学认识思想史》，江苏教育出版社，1995 年版

［84］彭林：《儒家礼乐文明讲演录》，广西师范大学出版社，2008 年版

［85］张岂之：《中华人文精神》，人民出版社，2011 年版

［86］张岂之主编：《中华优秀传统文化经典要义》，太白文艺出版社，2013 年版

［87］肖群忠：《中国道德智慧十五讲》，北京大学出版社，2008 年版

［88］王宁：《汉字与中华文化十讲》，三联书店，2018 年版

［89］向世陵：《中国哲学智慧》，中国人民大学出版社，2000 年版

［90］宋志明，向世陵，姜日天：《中国古代哲学研究》，中国人民大学出版社，1998 年版

［91］田汝康，金重远选编：《现代西方史学流派文选》，上海人民出版社，1982 年版

［92］樊树志：《国史概要》，复旦大学出版社，2008 年版

［93］罗竹风：《宗教通史简编》，华东师范大学出版社，1990 年版

［94］张宏杰：《中国国民性演变历程》，湖南人民出版社，2013 年版

［95］张轩：《和谐思维——辩证法的新路向》，《理论月刊》，2012 年第 3 期

［96］张轩：《中国人的信仰与构筑——兼论"中国人没有信仰"》，《理论月刊》，2015 年第 12 期

［97］张轩：《马克思主义信仰及其构筑》，《科学与无神论》，2019 年第 6 期

［98］张轩：《〈管子〉"侈靡"观的内涵与现实意义分析》，《商情教育经济研究》，2008 年第 7 期